W0295898

Peter Joachim Lapp
General bei Hitler und Ulbricht

Peter Joachim Lapp

General bei Hitler und Ulbricht

Vincenz Müller – Eine deutsche Karriere

Ch. Links Verlag, Berlin

Die Deutsche Bibliothek verzeichnet diese Publikation in der Deutschen Nationalbibliographie; detaillierte bibliographische Daten sind im Internet über http://dnb.ddb.de abrufbar.

1. Auflage, August 2003
© Christoph Links Verlag – LinksDruck GmbH
Schönhauser Allee 36, 10435 Berlin, Tel.: (030) 44 02 32-0
Internet: www.linksverlag.de; mail@linksverlag.de
Umschlaggestaltung: KahaneDesign, Berlin,
unter Verwendung eines Fotos aus dem Archiv des Autors
Lektorat: Antje Taffelt, Berlin
Satz: Michael und Eleonara Haas, Berlin
Druck und Bindung: Freiburger Graphische Betriebe, Freiburg

ISBN 3-86153-286-7

Inhalt

Vorwort

»Ich halte Vincenz Müller für einen Mann von Wahrhaftigkeit, der dem deutschen Gedanken dienen wollte.«
Fritz Schäffer (CSU), Bundesminister a.D., 1964

Was Fritz Schäffer mit diesen Worten rückblickend resümiert, mag eine unzweifelhaft wesentliche Seite im – späten – Wirken Vincenz Müllers benennen, gleichwohl trifft diese Aussage nur eine der vielen Facetten seiner bewegten Biographie. Kaum ein anderer Lebensweg eines hohen deutschen Militärs verlief ähnlich bizarr. Wer Müllers Weg nachgeht, dem bietet sich die Chance, deutsche Geschichte des 20. Jahrhunderts aus einem besonderen Blickwinkel und in ihren markantesten Brüchen zu verfolgen. In der Person des Generals spiegeln sich Irrungen und Wirrungen der Geschichte ebenso wie Verstrickung und Verhängnis einer Generation, die an der Schwelle des vergangenen Jahrhunderts geboren wurde. Vincenz Müller (1894–1961) diente als Offizier und General dem deutschen Kaiser Wilhelm II., den Reichspräsidenten Ebert und Hindenburg, er diente dem nationalsozialistischen »Führer« Hitler ebenso wie dem Kommunisten Ulbricht. Er brachte es vom Fähnrich im Ersten Weltkrieg zum Chef des Generalstabes einer Armee im Zweiten Weltkrieg und schließlich zum Chef des Hauptstabes im Range eines Generalleutnants in der Nationalen Volksarmee der DDR.

Diese groben Koordinaten lassen schnell erahnen, daß eine solche Biographie in erheblichen Widersprüchen verlaufen sein muß. Es stellen sich Fragen nach Gewissensnöten, Gesinnungswandel, nach der Kollision von militärischer Karriere und Professionalität mit den ethischen Grundsätzen klassischer Bildungsideale, nach der Verführbarkeit durch Intelligenz und Ehrgeiz. Müllers Leben in der Verschränkung mit den historischen Abläufen rankt sich zwangsläufig um solche und ähnliche Fragen: Wer war dieser Vincenz Müller, der an der Ostfront mitverantwortlich war für die Verbrechen der Wehrmacht und nach der Kapitulation seines XII. Armeekorps in der Kriegsgefangenschaft Mitglied des Nationalkomitees Freies Deutschland wurde und sich zum Marxismus-Leninismus bekannte? Warum ließ er sich nach mehrjähriger Kriegsgefangenschaft für den Aufbau der ostdeutschen

Streitkräfte rekrutieren, obwohl er als »klassenfremdes Element« demonstrativ von der Staatssicherheit überwacht wurde? Was bezweckte er mit seinen Geheimkontakten in den Westen? Auf alle Fragen gibt diese umfassende Biographie Antworten und schließt damit eine Lücke bei der Aufarbeitung einer der widersprüchlichsten Persönlichkeiten deutscher Geschichte.

Die Zahl der Veröffentlichungen über Vincenz Müller ist bisher nur spärlich. Aus naheliegenden Gründen hatte die DDR wenig Interesse daran, Müllers Rolle im Zweiten Weltkrieg offenzulegen. Und obwohl er nicht nur die widersprüchlichste, sondern auch die rätselhafteste Figur aus dem Kreis deutscher Generalität darstellt, die später am Aufbau der DDR-Streitkräfte beteiligt war, wie es eine britische Zeitschrift 2002 formulierte, erwähnte die DDR-Militärgeschichtsschreibung ihn allenfalls am Rande. Die SED als Partei der Machthaber hatte ein hohes Interesse daran, die Verwendung eines Generals der faschistischen Wehrmacht dem Vergessen anheimzustellen. Erst 1989 erschienen auf dem Gebiet der ehemaligen DDR einige Artikel über den ersten Generalstabschef der ostdeutschen Streitkräfte, der zwischen 1952 und 1958 die militärische Nummer eins darstellte.

Müllers persönliche Erinnerungen, die 1963 im Ostberliner Deutschen Militärverlag in nur einer Auflage erschienen, glätten seine Biographie, sind unvollständig und verstümmelt. Authentisch sind seine Memoiren bis Anfang der 30er Jahre des vorigen Jahrhunderts, danach bestehen sie aus Fragmenten, über deren Auswahl er nicht mehr selbst entschied. Diese Erinnerungen beschreiben seine Jugendjahre, seine Militärzeit im Ersten Weltkrieg und in der Weimarer Republik, vor allem aber enthalten sie breite Schilderungen seiner Verwendung im Reichswehrministerium in der Abteilung des Kurt von Schleicher.

Auch im Westen Deutschlands blieb das Leben und insbesondere die Rolle des Generals unaufgearbeitet. Man sah in ihm einen Verräter, der gleich zwei deutschen Diktaturen gedient hatte – den Nazis und den Stalinisten. Konservative wie Linke lehnten Müller ab, konnten ihn politisch nur schwer einordnen und gingen bis heute auf Distanz. Bis auf den Bonner Politologen Hanns Jürgen Küsters, der sich 1992 mit den deutschlandpolitischen Aktivitäten Müllers (und Schäffers) befaßte, und den Freiburger Militärhistoriker Georg Meyer, der 1995 eine längere Abhandlung über Müller (zusammen mit einem Lebensbild von Heusinger und Speidel) verfaßte, interessierte sich niemand ernsthaft für diesen General. Umfangreichere Vorhaben über

Müller wurden wegen der schlechten Materiallage aufgegeben, was u. a. auch daran lag, daß die noch lebenden Zeitzeugen – in erster Linie seine Vertraute und langjährige medizinische Betreuerin sowie seine Schwiegertochter – nicht auffindbar bzw. nicht bereit waren, Auskünfte über Vincenz Müller zu geben.

Längst war es also Zeit, den Lebensweg des deutschen Generals ohne Auslassungen und gründlich nachzuzeichnen. Dazu wurde das gesamte Archivmaterial ausgewertet; auch sind zahlreiche Zeitzeugen befragt worden, darunter mehrere, die erstmals bereit waren, über ihre Erlebnisse mit Vincenz Müller zu sprechen.

Die Geschichte von Vincenz Müller ist zugleich die Geschichte der 17. Armee der Deutschen Wehrmacht und umgekehrt. Er baute die Armee auf und war von Ende 1940 bis März 1943 ihr erster Stabschef – im wesentlichen kann diese Truppe als sein Werk betrachtet werden; hier konnte er all seine militärischen Fähigkeiten und Begabungen unter Beweis stellen. Deshalb ist das Kriegstagebuch der 17. Armee als Hauptquelle für die Zeit des Zweiten Weltkrieges stärker ausgewertet worden, zumal nur wenige persönliche Briefe und Nachrichten Müllers aus dieser Phase überliefert sind.

Aus Müllers Jahren in der Sowjetischen Besatzungszone bzw. in der DDR existieren zwangsläufig größere »Hinterlassenschaften«: Hier sind zuerst die umfangreichen Berichte des Ministeriums für Staatssicherheit zu erwähnen, die in der Behörde der Bundesbeauftragten für die Unterlagen des Staatssicherheitsdienstes der ehemaligen DDR aufgefunden wurden, ferner der – leider nur schmale – Nachlaß von Vincenz Müller im Bundesarchiv-Militärarchiv in Freiburg und der umfangreichere Nachlaß seines Wehrmachtkameraden Oberst i. G. Hermann Teske. Zu nennen sind außerdem Dokumente der National-Demokratischen Partei Deutschlands, die heute in der Stiftung Parteien und Massenorganisationen der DDR in Berlin einzusehen sind.

Darüber hinaus waren eine Reihe von Zeitzeugen bereit, Auskunft über Vincenz Müller zu geben, darunter ehemalige Unterstellte aus den Reihen der Kasernierten Volkspolizei und der Armee bzw. aus dem Stab/Hauptstab von KVP und NVA.

Besonders ergiebig waren Gespräche mit Eveline Wunderlich (1926–2002), der langjährigen Vertrauten und Freundin des Generals. Nach ihrem Ableben stellten mir dankenswerterweise Verwandte einen Teil ihres Nachlasses, Vincenz Müller betreffend, zur Verfügung.

Schwierig gestaltete sich die Kontaktaufnahme zur Schwiegertochter des Generals, die heute zurückgezogen in München lebt. Aus nachvollziehbaren Gründen hatte Mathilde Müller starke Vorbehalte gegen Journalisten und Publizisten, weil sie fürchtete, sie seien an »Sensationen« mehr interessiert als an Tatsachen. Schließlich konnte ich erfreulicherweise doch noch den Kontakt zu ihr aufnehmen, der mir neue Erkenntnisse vermittelte. Außerdem gab Frau Müller wichtige Dokumente, Unterlagen und Fotos zur Veröffentlichung frei.

Während seiner Zeit in der DDR bemühte sich Vincenz Müller um die Verständigung zwischen den beiden deutschen Staaten. Höhepunkte dieser Bestrebungen waren die Kontakte zu Bundesfinanzminister Fritz Schäffer in den Jahren 1955 und 1956. Das gehört ebenso zu Müllers Leben wie seine Irrtümer und Verfehlungen. Sein Ende belegt nochmals eindringlich die Widersprüchlichkeit seines Weges: Als suchender Patriot setzte er sich die Einheit seines Vaterlandes zum Lebensziel und – scheiterte im Strudel unterschiedlicher Machtinteressen.

Gegen alle Widerstände zum Militär – Jugend und Erster Weltkrieg (1894–1918)

Bei den Müllers wehte bei festlichen Anlässen neben der weiß-blauen Fahne immer auch die schwarz-weiß-rote Flagge des deutschen Kaiserreiches; Ferdinand Müller war zwar ein überzeugter Bayer, aber kein »Preußenfresser«. Vincenz Müller wurde als zweiter Sohn des Rotgerbermeisters am 5. November 1894 in der kleinen Stadt Aichach vor den Toren Augsburgs geboren. Er hatte einen tüchtigen Mann zum Vater, der es zum Vorsitzenden des bayerischen Gerberverbandes brachte und politisch interessiert war. Ferdinand Müller trat der Zentrumspartei bei und saß ab 1913 als Abgeordneter im bayerischen Landtag. Später wurde er Mitbegründer der Bayerischen Volkspartei, für die er bis 1929 ebenfalls ein Landtagsmandat erlangte.

Die Mutter Viktoria geb. Deuringer stammte aus gutbürgerlichen Verhältnissen. Ihre Vorfahren waren Bierbrauer, die allerdings Anfang der 80er Jahre des 19. Jahrhunderts Bankrott anmelden mußten. Auch den Müllers blieben Schicksalsschläge nicht erspart: Drei ihrer sieben Kinder starben schon im frühen Kindesalter. Am Leben blieben Vincenz' ältere Schwester Therese, sein fünf Jahre älterer Bruder Eugen (der später katholischer Pfarrer wurde) sowie seine jüngere Schwester Maria, die Medizin studierte und Ärztin wurde.

Die Familie lebte sehr zurückgezogen auf ihrem Grundstück in Aichach, das sich seit 1630 in ihrem Besitz befand. Die Eltern waren streng katholisch, vor allem Mutter Viktoria. Wie es christlich-katholischer Tradition entsprach, verhielten sich die Müllers gegenüber Kranken und Armen in ihrer Nachbarschaft mildtätig und hilfsbereit; Vincenz brachte diesen Leuten oftmals Essen und im Winter auch Brennholz. So bekam der Junge früh Einblick auch in schwierige soziale Verhältnisse.

Vincenz' Kindheit verlief an der Schwelle zum 20. Jahrhundert. Das industrielle Zeitalter warf seine Schatten voraus – das Gerberhandwerk hatte keine Zukunft mehr, die aufkommende Lederindustrie ließ dem väterlichen Gewerbe keine Chance. Deshalb waren Vater und Mutter bestrebt, ihren Kindern eine gute Ausbildung zu ermöglichen. Die schulischen Angebote in Aichach und Umgebung hielten die Eltern für ungenügend; sie meldeten ihre beiden Söhne nach den ersten vier Volksschulklassen beim Klostergymnasium Metten (bei Deggendorf) an, das rund 150 Kilometer von Aichach entfernt lag. Eugen und Vincenz blieben im angeschlossenen Internat und verbrachten von da an lediglich ihre Schulferien im Elternhaus.

Die Schule wurde von Mönchen des Benediktinerordens geleitet und hatte einen hervorragenden Ruf. Wenngleich katholische Grundsätze den Lehrbetrieb bestimmten, vermittelte die Schule durchaus kein verengtes Weltbild. Unterricht und Erziehung orientierten sich in den ersten Klassen an Bildungsidealen des griechisch-römischen Altertums, in den oberen Klassen ging der Lehrstoff jedoch weit darüber hinaus, vor allem in den Fächern Geschichte, Literatur und Kunsterziehung. Der Religionsunterricht gab den Schülern der Oberklassen Gelegenheit, philosophische Probleme zu diskutieren und sich mit aktuell-politischen Ereignissen der Gegenwart zu beschäftigen. Man lehrte verschiedene Sprachen wie Latein, Griechisch und Französisch und ging auch hier mit historischen Themen um. Vincenz absolvierte außerdem mit gutem Erfolg dreijährige Kurse in Englisch und Italienisch. Die Abgeschiedenheit des Klostergymnasiums begünstigte das konzentrierte Lernen und beförderte das Interesse der Schüler für Literatur: Der junge Vincenz las zum Beispiel Leo Tolstois mehrbändigen Roman »Krieg und Frieden«, der das Schicksal dreier Familien vor dem Hintergrund der Napoleonischen Kriege schildert. Inwieweit die Lektüre seinen Lebensweg beeinflußt hat, mag dahingestellt bleiben.

In den ersten Jahren in Metten – der Junge kam Ende 1904 ins Internat – zeigte er nach eigener Einschätzung in seinen 1963 veröffentlichten Erinnerungen Mängel in Fleiß und im Betragen. Ab 1910/11 entwickelte Vincenz eine Vorliebe für geschichtliche Themen und »verschlang« Bücher, die sich mit den großen preußischen Reformern Boyen, Gneisenau, Scharnhorst und von Stein befaßten. Zugleich prägten sich erste militärische Neigungen aus; 1911 dachte Vincenz erstmals daran, Offizier zu werden. Als er seinen Eltern zwei Jahre später diesen Berufswunsch eröffnete, waren die alles andere als begeistert; sie reagierten befremdet bis ablehnend. Die Mutter schlug vor, Vincenz solle Medizin studieren, dann habe er bald ein gesichertes Einkommen. Der Vater machte gesellschaftspolitische Vorbehalte geltend. Seiner Meinung nach setze sich das Offizierskorps in erster Linie aus Adligen zusammen, ferner aus Offiziers- und Beamtensöhnen. Kandidaten aus anderen Schichten hätten da kaum eine Chance. Wenn Vincenz überhaupt eingestellt würde, käme er nicht um die »Majorsecke« herum, außerdem gäbe es in der Familie keinerlei militärische Traditionen, nur einer von Vincenz' Großvätern sei 1848 in der Bürgerwehr gewesen. Ohne Beziehungen wäre man beim Militär chancenlos.

Vincenz ließ sich durch derartige Einwände seines Vaters aber nicht verunsichern, sondern hielt an seinem Berufswunsch fest. Erstaunt nahmen seine Eltern diese Eigenwilligkeit zur Kenntnis und kapitulierten schließlich nach langen Auseinandersetzungen. Ferdinand Müller lehnte es aber ab, sich in seiner Eigenschaft als frisch gewählter Landtagsabgeordneter für die Einstellung seines Sohnes als Fahnenjunker bei einem bayerischen Truppenteil einzusetzen. Erste eigene Bewerbungen des Gymnasiasten, geschrieben Ende 1912/1913, schlugen fehl bzw. wurden abgelehnt.[1]

Im Juli 1913 machte Vincenz das Abitur, von der mündlichen Prüfung wurde er befreit. In den Fächern Geschichte und Turnen schnitt er am besten ab und erhielt die damals seltene Note eins. Seine Lehrer bescheinigten ihm im Zeugnis bereits eine besondere Liebe zum Militärischen; ein leicht gehässiger Unterton in der Charakteristik des Abiturienten war unverkennbar. Die Mönche hätten Vincenz lieber anderswo als beim Militär gesehen. Der 18jährige dürfte die Ablehnung gespürt haben, die ihm von seinen Lehrern in Bezug auf seinen Berufswunsch entgegengebracht wurde. Er trug es ihnen aber nicht nach und erinnerte sich noch in seinen letzten Lebensjahren gern an die prägenden Jahre in Metten (1904–1913). Seinen Freunden und Kameraden gegenüber lobte er immer wieder die breite und gute Ausbildung am Klostergymnasium. In der Tat: Geschichte, Literatur und Kunst blieben zeitlebens im Mittelpunkt seiner außerberuflichen Interessen. Die Grundlage dafür legten die Jahre im Bayerischen Wald.

Allen Widerständen und Vorbehalten zum Trotz erreichte Vincenz Müller schließlich auf eigene Initiative den Zugang zum Offiziersberuf, wenn auch über Umwege: Am 1. Oktober 1913 trat er beim 1. bayerischen Pionier-Bataillon in München als Einjährig-Freiwilliger an. Er landete damit bei einer Waffengattung, die nicht zu den feinsten zählte, über die manche Infanterie- und Kavallerie-Offiziere die Nase rümpften – auch deshalb, weil die Adelsdichte in diesen Trup-

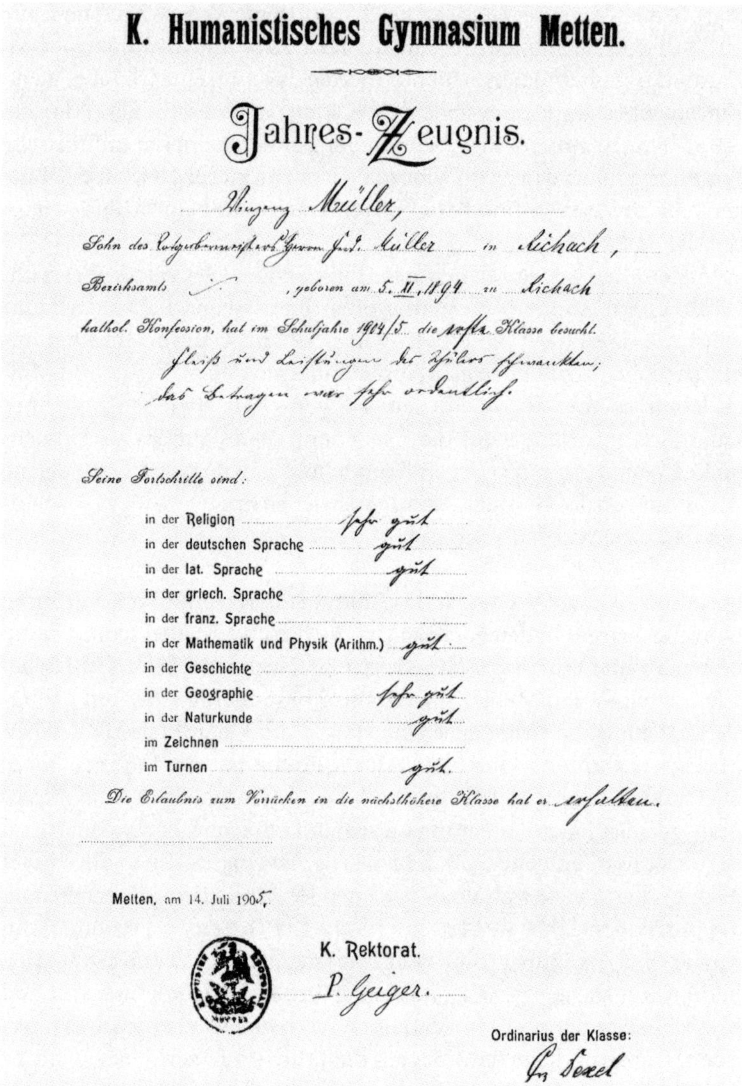

K. Humanistisches Gymnasium Metten.

Jahres-Zeugnis.

Vinzenz Müller,

Sohn des Rotgerbermeisters Herrn [illegible] Müller in Aichach,

Bezirksamts ./., geboren am 5. II. 1894 zu Aichach

kathol. Konfession, hat im Schuljahre 1904/5 die erste Klasse besucht.

Fleiß und Leistungen des Schülers schwankten; das Betragen war sehr ordentlich.

Seine Fortschritte sind:

in der Religion	sehr gut
in der deutschen Sprache	gut
in der lat. Sprache	gut
in der griech. Sprache	
in der franz. Sprache	
in der Mathematik und Physik (Arithm.)	gut
in der Geschichte	
in der Geographie	sehr gut
in der Naturkunde	gut
im Zeichnen	
im Turnen	gut

Die Erlaubnis zum Vorrücken in die nächsthöhere Klasse hat er erhalten.

Metten, am 14. Juli 1905.

K. Rektorat.

P. Geiger.

Ordinarius der Klasse:

P. [illegible]

Das Zeugnis von 1905 bescheinigt Vincenz Müller den erfolgreichen Abschluß des ersten Schuljahres auf dem Klostergymnasium in Metten.

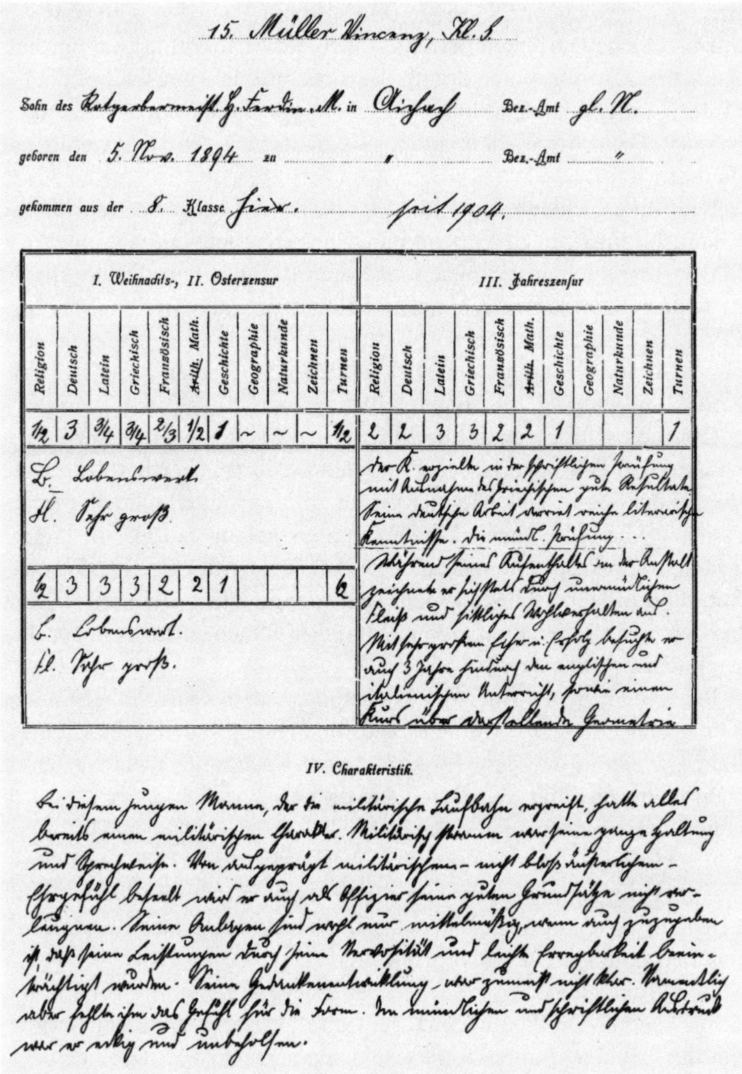

»Bei diesem jungen Mann … hatte alles bereits einen militärischen Charakter«, merken Vincenz' Lehrer treffend auf seinem Abiturzeugnis von 1913 an.

penteilen niedrig war. Pioniere (Fußsoldaten) wurden seinerzeit vor allem zu Schanzarbeiten herangezogen, die Ausbildung zum infanteristischen Kampfpionier, der im Angriffs- und Festungskampf die Infanterie unterstützen sollte, war erst ein paar Jahre zuvor eingeführt worden. Diese Art Waffenhandwerk galt als hart, grob und wenig heldenhaft.

Der junge Soldat erlebte in München eine höchst konventionelle Erstausbildung mit den üblen mannigfaltigen Schikanen seiner Ausbilder. Aber auch die primitivsten Drangsalierungen und schlimmsten Erniedrigungen konnten Vincenz Müller nicht davon abhalten, den Offiziersberuf anzustreben. Nachteiliger empfand er dagegen eine erste Dienstverletzung: Beim Springen über den Kasten zog er sich eine Knieschädigung zu, die Folgen haben sollte.

Letztlich schreckten Müller die herben Erfahrungen dieser ersten Monate bei den bayerischen Pionieren nicht ab, eher bestärkten sie ihn bei der Suche nach Möglichkeiten, sein Berufsziel schneller zu erreichen. Mit Hilfe eines aktiven Offiziers gelang es ihm, im Januar 1914 eine Stelle als Fahnenjunker im 13. Württembergischen Pionier-Bataillon in Ulm zu bekommen. Damit endete fürs erste sein Dienst bei den bayerischen Pionieren in München. Nachgetrauert hat er dieser Einheit nicht.

Bei seinem neuen obersten Dienstherrn, dem württembergischen König, hatte Vincenz Müller eine echte Perspektive und die Chance, bald Offizier zu werden. Er wurde einer Kompanie zugeteilt, deren Führer ein gerechter Mann war. Auf die gängigen Schikanen reagierte er mit sofortigen Strafmaßnahmen für die Verantwortlichen. Das imponierte Müller, der seinen Kompaniechef bald verehrte. Der veranlaßte, daß der Fahnenjunker zum Unteroffizier befördert wurde und zu einem Lehrgang an die königlich-preußische Kriegsschule nach Kassel kam; das Leutnantspatent war nun in greifbarer Nähe. Als sollte er sich seine militärische Karriere gegen besondere Widerstände erkämpfen müssen, ereilte Müller an der Kriegsschule ein erneutes Mißgeschick, das ihn fast den »bunten Rock« gekostet hätte: Er verletzte sich beim Dienstsport am Knie und mußte – inzwischen zum Fähnrich befördert – im Juli/August 1914 ins Garnisonslazarett Kassel. Dort eröffnete ihm der Leiter der Chirurgischen Abteilung, ein Oberstabsarzt, durch die mehrfache Verletzung würde eine Knieschwäche zurückbleiben. »Es wird sich ... kaum umgehen lassen, daß wir ein Verfahren einleiten, um Ihre Entlassung wegen Dienstuntauglichkeit herbeizuführen«, lautete der ernüchternde Kommentar des Arztes.[2]

Währenddessen hatten sich die politischen Spannungen in Europa zugespitzt, ausgelöst durch das Attentat auf den österreichischen Thronfolger Erzherzog Franz Ferdinand Ende Juni 1914. Vier bis fünf Wochen nach dem Anschlag serbischer Nationalisten folgten Mobilmachungen und Kriegserklärungen. Das Deutsche Reich erklärte Rußland und Frankreich den Krieg – als Folge seiner Bündnisverpflichtungen gegenüber Österreich-Ungarn, das seinerseits Serbien schon am 28. Juli den Krieg erklärt hatte. Die Völker reagierten mehrheitlich begeistert, und jede Nation reklamierte für sich das Recht auf Selbstverteidigung und einen gerechten Kampf. Kaiser Wilhelm II. erklärte vor dem Reichstag am 4. August, daß Deutschland der Krieg aufgezwungen worden sei und man nunmehr aus »Notwehr« handele und das Schwert »mit reinem Gewissen« ergreife. Im übrigen kenne er keine Parteien mehr, sondern nur noch Deutsche.

Die Kriegsbegeisterung erfaßte auch den verletzten Fähnrich Vincenz Müller im Kasseler Lazarett. Kurzerhand meldete er sich bei der Leitung des Hauses ab und kehrte zu seinem Heimatstandort Ulm zurück, um den Krieg nicht zu verpassen. Die angedrohte Entlassung wegen Dienstuntauglichkeit war damit erst einmal vom Tisch, die Knieverletzung vergessen. Doch der 19jährige kam zu spät, die 4. Kompanie war bereits am 31. Juli an den Oberrhein abgerückt. Müller blieb nichts anderes übrig, als zunächst bei der Armierung der Festung Ulm mitzuhelfen. Als Degenfähnrich und angehender Berufsoffizier empfand er das Schanzen, also das Befestigen und Ausbessern der Verteidigungsanlagen, als Schmach und fürchtete, womöglich nicht rechtzeitig an die Front zu kommen. Schließlich hieß es, der Sieg würde schon Weihnachten errungen sein. Er bat deshalb seinen alten Kompaniechef, der mit seiner Truppe in Frankreich stand, ihn umgehend anzufordern. Müllers Plan ging auf – am 28. August konnte er Ulm verlassen und befand sich kurz darauf wieder bei seiner Kompanie und dem von ihm geschätzten Hauptmann. Der nahm den jungen Fähnrich gleich in der ersten Nacht mit auf Patrouille an die Front. Der Trupp kehrte mit zwei gefangenen französischen Alpenjägern und einem gefallenen deutschen Unteroffizier zurück. Vincenz Müller hatte seine Feuerprobe bestanden.[3]

Doch wieder mußte er einen Rückschlag hinnehmen. Am 6. September 1914 wurde die Pionierkompanie, die in der Nähe von Saint Die an der Meurthe in Ostfrankreich lag, als Infanterie eingesetzt. Beim Angriff auf die Franzosen erlitt Müller Gesichtsverletzungen; ein Steckschuß traf ihn in den Hals. Man transportierte ihn umgehend zurück in die Heimat, wo er im Städtischen Krankenhaus von Pforzheim schnellstens operiert wurde, da sein Hals inzwischen stark angeschwollen war und sich Atembeschwerden eingestellt hatten. Die Operation verlief gut, doch in den Wochen darauf konnte er nur mit Hilfe eines Silberröhrchens, das durch den Mund in den Hals geführt wurde, ernährt werden. Als Trostpflaster und quasi als Lohn für seine Hartnäckigkeit beförderte man ihn Ende September zum Leutnant. Nach genau einem Jahr Dienst war er nun Offizier geworden und hatte gegen alle Widerstände erreicht, was er wollte.

Im November kehrte Müller, inzwischen gerade 20 Jahre alt, in seinen Heimatstandort Ulm zurück. Vorerst war er nicht feldverwendungsfähig, doch damit wollte er sich nicht abfinden. Mit derselben Ungeduld, mit der er zuvor seinen Weg verfolgt hatte, ersuchte er schon nach wenigen Tagen im Ersatzbataillon energisch um Versetzung zur Fronttruppe. Auch diesmal setzte er seine Absicht durch: Mitte Dezember 1914 ging der junge Leutnant als Zugführer in der 1. Reservekompanie des 13. Reservepionierbataillons zurück an die Front.

Die Kompanie handelte im Verband der 28. Badischen Reservedivision in der Gegend von Bapaume in Nordfrankreich. Müller wird diesen Dienst mit einiger Wehmut angetreten haben, denn lieber wäre er zu seiner 4. Kompanie zurückgekehrt. Mit Genugtuung registrierte er dagegen, daß inzwischen die Pionierwaffe im Stellungskrieg höher im Kurs stand als zuvor im Bewegungs- und Angriffskampf, weil diese Truppe das Schanzen von der Pike auf gelernt hatte und nunmehr gut ausgebaute Unterstände das Überleben erleichterten. Allerdings behagte Müller das Leben im Schützengraben nicht, er sehnte sich nach Veränderung. Eine neue Art der Kriegsführung kam ihm da gerade recht: Als Reaktion auf französische Aktionen zur Unterminierung deutscher Stellungen konzentrierte sich seine Kompanie im Frühjahr 1915 ebenfalls auf diese Art der Kriegsführung. Für Müller war das eine willkommene Herausforderung, und bald schon entwickelte er sich zum Spezialisten für diese Art der Kampfführung. Zum einen mußte die gegnerische »Minierarbeit« mittels Abhörens genau verfolgt und geortet werden, um dann durch Sprengungen Teile des feindlichen Graben- und Minensystems zerstören zu können, zum anderen ging es darum, unter die Stellungen des Gegners zu gelangen, um diese zu vernichten. Müllers Erfolge veranlaßten seine Vorgesetzten dazu, ihn Ende April 1915 nach Péronne zu einem Erfahrungsaustausch deutscher Pionieroffiziere der Westfront über den Minenkrieg zu delegieren. Die Leitung der Zusammenkunft hatte ein Pionieroberst der Obersten Heeresleitung. Weil seine Minierarbeit so wirkungsvoll war, mußte Müller seine Erfahrungen an die anwesenden Offiziere weitergeben. Sein Vortrag beeindruckte vor allem höhere Dienstgrade. Seine besondere Tapferkeit vor – oder besser: »unter« dem Feind sollte »oben« für Aufmerksamkeit sorgen und seine weitere Zukunft beeinflussen.

Im Mai 1915 rief der Adjutant des XIV. Reserve-Armeekorps Müller zu sich und trug ihm an, sich in die Türkei versetzen zu lassen; für die Kämpfe in den Dardanellen brauche man dort einige im Minenkrieg bewanderte jüngere deutsche Pionieroffiziere. Müller sagte sofort zu. Zwei Tage später kam ein Telegramm folgenden Inhalts:

»Leutnant Müller, Reservepionierbataillon 13, wird mit sofortiger Wirkung zum Ersatzbataillon des 2. Grenadierregiments zu Fuß nach Berlin versetzt zwecks Inmarschsetzung zur deutschen Militärmission Konstantinopel.«[4]

In Berlin sollte er sich beim Leiter der Pionierabteilung des preußischen Kriegsministeriums melden. Wie sich bald herausstellte, hatte Müller eine Verwechslung dorthin geführt, die im nachhinein erklärte, warum ihn der Major in Berlin überraschend herzlich begrüßte und sich nach dem Befinden seines Vaters erkundigte. Im Kriegsministerium hatte man Müller schlichtweg für den Sohn eines Generals Müller gehalten, den man in Berlin kannte. Obwohl Vincenz den Irrtum an Ort und Stelle aufklärte, blieb es bei seinem Einsatz in der Türkei – letztlich zählten seine besonderen Erfahrungen im Minenkrieg.[5] Eine wahrhaft preußische Entscheidung! Ausschlaggebend war Sachkenntnis, nicht etwa Protektion.

Im Juni 1915 brach Vincenz Müller zum deutschen Pionierkommando in die Türkei auf, das von Berlin aus in Marsch gesetzt worden war. Mit einem Zivilpaß, der die Berufsbezeichnung »Bankangestellter« auswies, erreichte der 20jährige über Wien, Budapest, Rumänien und Bulgarien per Eisenbahn Konstantinopel, von da ging es zur Halbinsel Gallipoli, der westlichen Landseite der Dardanellen.

Engländer, Franzosen, Australier und afrikanische Truppenteile waren hier am 25. April 1915 mit einem Aufgebot von mehr als 200 Kriegs- und Transportschiffen gelandet. Knapp vier Monate später, am 8. August, gingen von See her noch einmal fünf britische Divisionen an Land. Ziel der Alliierten war es, die Meerengen der Dardanellen und den Bosporus einzunehmen, um eine kurze und direkte Verbindung zum russischen Bündnispartner zu gewinnen. Einerseits sollten damit dessen ungeheure Hilfsmittel an Menschen, Getreide und Erzen für die Entente nutzbar gemacht werden, andererseits wollte man die russischen Armeen mit westlichem Kriegsmaterial versorgen. Durchbruchsversuche eines englisch-französischen Flottenverbandes waren im Frühjahr 1915 gescheitert, deshalb setzte man nunmehr auf die Eroberung der türkischen Meerengen. Dazu gingen 80 000 Mann an Land. Die alliierte Führung hatte jedoch die Widerstandskraft der Türken unterschätzt; dem Landungskorps gelang es nicht, ins Land vorzustoßen, man war gezwungen, zum Stellungskrieg überzugehen. Dem deutschen Pionierkommando fiel die Aufgabe zu, die Türken beim Stellungsbau anzuleiten, nach dem Vorbild der Westfront in Frankreich. An einigen Abschnitten hatten die Engländer mit dem unterirdischen Minenkrieg begonnen. Da kamen Leute wie Vincenz Müller gerade recht, der jetzt zum kaiserlich-osmanischen Oberleutnant aufgestiegen war, denn jeder deutsche Offizier in türkischen Diensten wurde einen Dienstgrad höher eingestuft. Seine Aufgabe war es, die zunächst skeptischen türkischen Soldaten mit dem unterirdischen Minenkampf vertraut zu machen.

Die türkischen Truppen standen unter deutschem Befehl, das Kommando hatte der deutsche General der Kavallerie und türkische Marschall Liman von Sanders.

Der junge deutsche Offizier Vincenz Müller, jetzt in türkischer Uniform, leistete auch hier seinen Dienst mit vollem Einsatz: Er suchte die Gefahr, die Herausforderung in vorderster Front, wie schon in Frankreich. Er wollte auch hier Vorbild seiner Unterstellten sein und schonte sich nicht. Anfang November 1915 traf ihn eine britische Handgranate, und er mußte für vier Wochen in ein türkisches Lazarett. Wenige Wochen später, nach rund achteinhalb Monaten blutiger Kämpfe, zogen die Alliierten ihre Truppen etappenweise zurück; die türkische Gallipoli-Armee hatte mit deutscher Hilfe gesiegt. Oberleutnant Müller empfand ein »angenehmes Gefühl«, als der Gegner verschwand und der Krieg in dieser Region zum Ende kam.

Inzwischen war jedoch in Mesopotamien, dem späteren Irak, eine gefährliche Lage für die Türken entstanden, da englische Truppen vom Persischen Golf her auf Bagdad zu marschierten. Im Februar 1916 erhielt das deutsche Pionierkommando deshalb den Befehl, sich nach Bagdad zu begeben. Das war leichter befohlen als realisiert. Da die Bagdadbahn noch nicht ausgebaut war, mußte die Reise zu Pferde, zu

Fuß und auf Booten bewältigt werden. Mehrere Monate war die kleine Truppe unterwegs. Auf größeren Flößen gelangten die Männer auf dem Euphrat in die Nähe Bagdads, bevor sie die letzten 50 Kilometer zum Tigris im Nachtmarsch erledigten. Die Floßfahrt stand – passenderweise – unter dem Kommando des Kapitänleutnants Hellmuth von Mücke. Der hatte sich mit einem Teil der Besatzung des Kleinen Kreuzers »Emden« an die arabische Küste retten können und unterstellte sich dem deutschen Marinekommando in der Türkei. Der Seeheld brachte die deutschen Pioniere sicher an ihr Ziel. Das Schicksal sollte die beiden Militärs noch einmal zusammenführen. Fünfunddreißig Jahre später begrüßte Müller den eigenwilligen Seeoffizier mehrmals in Ostberlin: Mücke ließ sich nach dem Zweiten Weltkrieg mit der kommunistischen Weltfriedensbewegung ein und besuchte deren Kongresse im damaligen Ostblock. 1950/51 traf er mit Vincenz Müller, seinerzeit stellvertretender NDPD-Vorsitzender, zusammen.

Der strapaziöse Weg führte die Truppe endlich Mitte Juni 1916 nach Bagdad. Zur allgemeinen Enttäuschung aller gab es für die deutschen Pioniere keine rechte Verwendung. Die Offiziere nutzten deshalb die Gelegenheit, sich mit Land und Leuten vertraut zu machen. Müller war entsetzt über die Armut, auch die Stadt selbst enttäuschte ihn. Er fand keine Spur von dem, was in den alten Märchen von Tausendundeiner Nacht so farbenprächtig geschildert wurde. Schnell wurde es dem unruhigen Geist in Bagdad zu eintönig. Überdies war Müßiggang seine Sache nicht; ihn trieben Tatendrang und die Suche nach neuen Herausforderungen, bei denen er seine Fähigkeiten unter Beweis stellen konnte. Kurzerhand meldete sich Müller freiwillig zu einem türkischen Pionier-Bataillon, das in den nächsten Wochen nach Persien aufbrechen sollte. Im Norden von Persien hatte man dann Gefechtsberührung mit russischer Kavallerie, zu ernsthaften Auseinandersetzungen kam es aber nicht.

In der Oktobermitte erhielt der Oberleutnant den Befehl, nach Bagdad zurückzukommen. Drei Wochen später traf er dort zu Pferde ein. Hier erfuhr er, daß das deutsche Pionierkommando »mangels geeigneter Verwendung in Kleinasien« nach Deutschland zurück sollte. Zunächst ging es nach Konstantinopel. Vincenz Müller gelang das nur unter Aufbietung seiner letzten Kräfte; er hatte hohes Fieber und heftige Leibschmerzen. Unvernünftigerweise unterzog er sich keiner Behandlung, sondern nahm den nächsten Fernzug in die deutsche Heimat. Wegen seines hohen Fiebers veranlaßte der Schlafwagenschaffner, daß Müller in Ulm, seinem alten Friedensstandort, ausgeladen wurde. Man brachte ihn sofort ins Seuchenlazarett – Diagnose: Typhus und Malaria.[6]

Fast sechs Monate verbrachte der Heimkehrer im Lazarett. Während die Ärzte ihn vom Typhus heilen konnten, hielten die Malariaanfälle an. Die Fieberschübe schwächten auf Dauer das Herz und untergruben Müllers Gesamtkonstitution nachhaltig, der abenteuerliche Aufenthalt im Zweistromland zwischen Euphrat und Tigris, die subtropischen Temperaturen und die Ausflüge nach Persien hatten den jungen Offizier gesundheitlich fast ruiniert. Von nun an sollte er zeitlebens an die Monate im Osmanischen Reich erinnert werden, da sich die Malariaanfälle bis zu seinen letzten Lebensjahren ständig wiederholten. Nur Müllers unbändigem Willen war es zuzuschreiben, daß er es lernte, mit der Krankheit umzugehen.

Im Juni 1917 – die Kriegslage hatte sich für das Deutsche Reich ungünstig entwickelt – wurde Vincenz Müller aus dem Lazarett entlassen und »garnisonsverwendungsfähig« geschrieben, obwohl seine Vorgesetzten von seiner Erkrankung wußten. Kaum wieder etwas bei Kräften, beendete der Leutnant seinen Dienst in der Etappe und erreichte es mit Hilfe von persönlicher Fürsprache, erneut in der Türkei eingesetzt zu werden: Für ein knappes Dreivierteljahr blieb er als Lehroffizier an der Pionierschule in Konstantinopel, dann meldete sich der ehrgeizige junge Berufsoffizier Anfang 1918 nach Deutschland zurück, um die »Entscheidungsschlacht« an der Westfront nicht zu verpassen: Die Oberste Heeresleitung plante eine kriegsentscheidende Offensive, eine letzte große Kraftanstrengung, um den Sieg zu erringen. Der Friedensschluß von Brest-Litowsk im März 1918 beendete den Zwei-Fronten-Krieg und setzte Truppenverbände im Osten frei. Jetzt suchte man den endgültigen Erfolg im Westen. Da konnte Vincenz Müller nicht abseits stehen.

Seit Ende Februar 1918 befand er sich wieder bei seinem 13. Württembergischen Ersatzpionierbataillon in Ulm. Zu seinem Leidwesen hatte er die erste große deutsche Frühjahrsoffensive im März versäumt, weil er erneut einige Wochen an Malaria erkrankt war und ihn seine Vorgesetzten daran hinderten, trotzdem an die Front zu gehen. Aber seine Ungeduld trieb ihn hinaus; kurzerhand meldete er sich als Kompanieführer zur Infanterie.

In einer neuen Offensive Ende Mai 1918 konnten deutsche Truppen über die Aisne bis zur Marne vordringen und beträchtliche Ge-

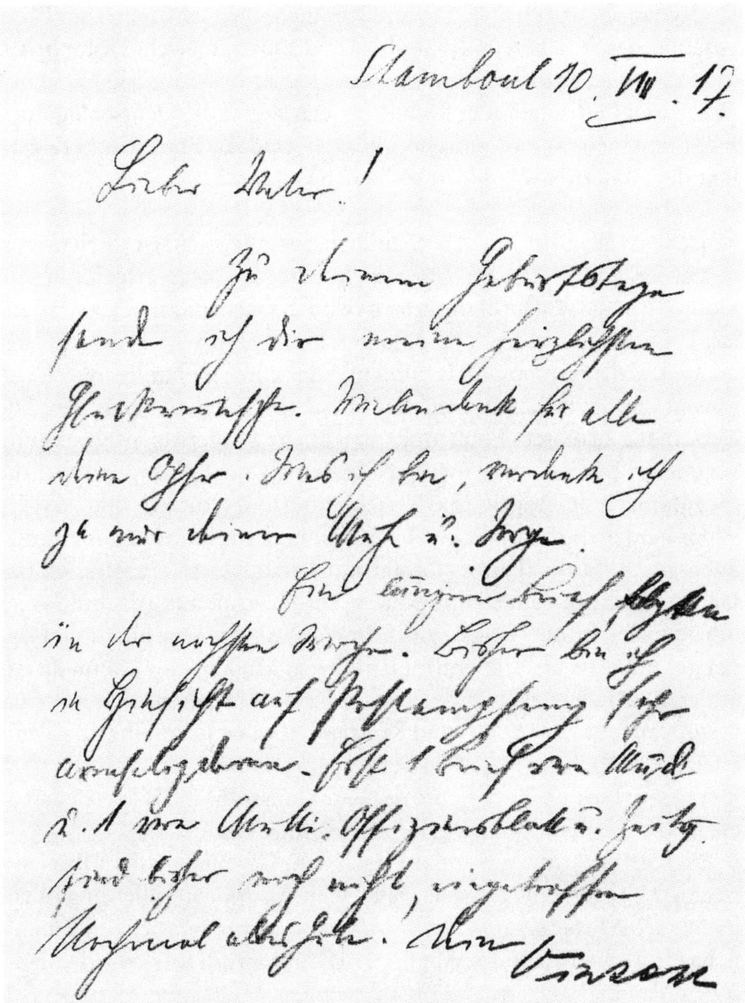

»Lieber Vater! Zu Deinem Geburtstag sende ich Dir meine herzlichsten Glückwünsche«, schreibt der osmanisch-türkische Oberleutnant fürsorglich 1917 aus der Türkei, wo er sich als Lehroffizier aufhält, an Ferdinand Müller. »Vielen Dank für alle Deine Opfer. Was ich bin, verdanke ich ja nur Deiner Mühe und Sorge. Ein längerer Brief folgt in der nächsten Woche … Nochmals alles Gute. Dein Vincenz«.

ländegewinne erzielen. Paris war nicht mehr weit, ein deutsches Ferngeschütz beschoß bereits die Stadt. Der große strategische Durchbruch kam aber wieder nicht zustande – der Gegner war zu stark: Nicht nur Franzosen und Engländer kämpften jetzt gegen die Deutschen, auch mehr und mehr amerikanische Soldaten. Und die Materialüberlegenheit der Alliierten wurde zur tödlichen Gefahr.

Vincenz Müller, im Juni 1918 endlich auch deutscher Oberleutnant geworden und Träger des Eisernen Kreuzes I. Klasse, erhielt auf sein Gesuch hin die Aufforderung, sich beim 2. Gardepionierersatzbataillon in Berlin zu melden. Diese Einheit hatte das an der Westfront stehende Gardereservepionierregiment – das einzige Flammenwerferregiment der deutschen Armee – mit Ersatzpersonal zu versorgen. Die Versetzung zu diesem Elitetruppenteil durfte Müller als Auszeichnung verstehen. Die »Flammenwerfer« galten als neue Kampftruppe, die die Infanterie bei Angriff und Verteidigung unterstützen sollte. An der Front kamen die beweglichen Flammenwerfer verstärkt zum Einsatz, auch gegen Tanks (Panzer); aufgrund seiner Masse eignete sich das Gerät jedoch nur zum Stellungskrieg. Die Heeresleitung dachte daran, die neue Waffe, die ebenso wirksam wie grausam war und vom Gegner gefürchtet wurde, überall einzuführen. Müller war zusammen mit anderen Offizieren der Pionierwaffe dazu ausersehen, sich mit dem Gerät vertraut zu machen und Konzepte für den Fronteinsatz zu entwickeln. Im Stab des Flammenwerferregiments bei Chaville sollte Müller sich auf Grund der Berichte der Bataillonsstäbe ein Bild davon machen, wie die neue Waffe verwendet werden konnte.

Ein solcher Auftrag war ganz nach dem Geschmack des Oberleutnants. Die allgemeine Kriegslage ließ seine Ausführung allerdings nicht mehr zu, die Ereignisse an der Westfront überstürzten sich: Eine feindliche Großoffensive am 8. August 1918 führte zum Rückzug der deutschen Armee, die eigenen Kräfte schwanden. Müller aber glaubte noch immer an die Überlegenheit der deutschen Waffen und an den Sieg.

Mitte September 1918 ernannte man ihn zum Führer der 9. Flammenwerfer-Kompanie, die im Bereich der 7. Armee an der Aisnefront stand. Doch setzte man Müllers Einheit nur für Bewachungsaufgaben ein. Unwillig kommentierte der diese Mißachtung seiner Truppe: Sie sei »offenkundig nur im Wege«[7]; zum Fronteinsatz kamen seine Männer nicht mehr. Das ging dem frisch ernannten Kompaniechef gründlich gegen den Strich. Er haßte jede Art von Etappe und suchte den Kampf. Dafür war er schließlich Offizier geworden.

Der gebürtige Bayer, zunächst württembergischer Offizier, dann kaiserlich-osmanischer Oberleutnant, schließlich auch deutscher Oberleutnant in einem Eliteverband, stand zu diesem Krieg. In Diskussionen mit seinem Vater, mitunter auch mit der Mutter und dem Bruder, der ebenfalls als Soldat diente, verteidigte er die deutschen Kriegsziele. Allerdings nie mit dem Nachdruck einer konservativen und stramm kaisertreuen, sondern eher aus einer national-liberalen Position heraus. Als überzeugter Katholik war Müller zwar kaisertreu, anerkannte aber zugleich eine höhere Macht. Im deutschen Kaiser sah Vincenz Müller nur den obersten Repräsentanten Deutschlands, jedoch keine Person, »dem das ganze deutsche Volk gehört«. Mit anderen Worten: Der Oberleutnant hielt den Kaiser nicht für berechtigt, für das Volk zu handeln, sondern der Kaiser hatte sich am Volk zu orientieren. So jedenfalls äußerte er sich gegenüber Kameraden.

War Müllers Entscheidung, Berufsoffizier zu werden, ursprünglich der ehrgeizigen Suche nach einer wirklichen Herausforderung geschuldet, so bestärkten die Kriegserfahrungen den tatendurstigen intelligenten jungen Mann in seinem Weg, auch wenn er mit seinen Verwundungen und Erkrankungen einen hohen Preis für seine militärische Karriere zahlen mußte. Motive von Ehre und Vaterlandsliebe rechtfertigten im nachhinein seine eigenwillige Entscheidung gegenüber den Eltern. Er war bereit, für sein Land zu kämpfen und notfalls auch zu sterben. »Drückeberger« und »Etappenkrieger« verabscheute er ebenso wie adlige Generalstabsoffiziere, die kein Verständnis für die Truppe zeigten. Wie Hunderttausende andere Soldaten stand auch Müller unter dem starken Eindruck des Fronterlebnisses und der Kameradschaft im Schützengraben. Bei aller Professionalität des Kriegshandwerks bewahrte er sich den Sinn für soziale Belange, auch für die Nöte der Zivilbevölkerung. So beklagte er beispielsweise ausdrücklich die Vorgehensweise der Türken, die vor Massenmord nicht zurückschreckten, gegen die Armenier; zugleich nahm er die Probleme der einfachen türkischen Bürger und Soldaten wahr und bewunderte den Langmut der Menschen. Hier wirkten vermutlich die elterlichen Prägungen und christlich-humanistischen Werte seiner klösterlichen Ausbildung nach, was auch seinen Umgang mit Unterstellten ausmachte, das von Verständnis, Hilfsbereitschaft, Milde und Nachsicht zeugte und frei von Dünkel blieb, was aber nicht bedeutete, daß er jedermanns Kumpel wurde. Letztlich war Vincenz Müller ein Einzelgänger, der zwar nicht als arrogant galt, seinen gleichgestellten Kameraden – Offizieren seines Ranges – aber eher abweisend und abwesend begegnete.

Außer gegen Hauptmann Neininger aus Ulm, seinen ersten Kompanieführer, den er verehrte, wie er es später seinen Erinnerungen anvertraute, hegte er vielfach Vorbehalte, Zurückhaltung und Mißtrauen gegen seine Vorgesetzten. Er widersprach gern, legte sich mit ihnen an, wurde manchmal heftig, auch grob und ungerecht. Es scheint, als suchte er auch in den Beziehungen zu ihnen unbedingte Herausforderung und Bestätigung – ein Wesenszug, der sich in den ersten frühen Jahren seiner militärischen Karriere spürbar ausprägte.

Vorbehaltlos auf dem Boden der demokratischen Verfassung – Offizierskarriere in der Weimarer Republik (1918–1933)

Das Ende des Ersten Weltkrieges brachte Vincenz Müller nicht zwangsläufig das Ende seiner militärischen Karriere. Die Jahre in der Republik von Weimar besiegelten seinen einmal eingeschlagenen Weg. Er konnte eine Generalstabsausbildung absolvieren und kam 1923 erstmals ins Reichswehrministerium; eine höherwertigere Qualifizierung war nicht denkbar.

Fast auf den 24. Geburtstag des jungen Oberleutnants und Kompanieführers im 2. Gardepioniersersatzbataillon fiel der Waffenstillstand am 11. November 1918. Die Flammenwerfer-Kompanie folgte Müller in voller Ordnung nach Deutschland, bis in die Berliner Garnison, obwohl auch in seiner Einheit schon Soldatenräte eingesetzt worden waren und sich die Stimmung gegen die Offiziere zu drehen begann. Der Zusammenhalt der rund 100 Mann, auf den der junge Berufsoffizier sehr stolz war, entsprang dem entspannten Verhältnis Müllers zu seinen Soldaten.

Zwei Tage vor Weihnachten 1918 erreichte die Truppe Berlin. Bei ihrer Ankunft am Anhalter Bahnhof hörten die Soldaten Maschinengewehrfeuer – die Zeichen der aufkommenden revolutionären Unruhen in Berlin waren unverkennbar. Der Kaiser hatte sich nach Holland abgesetzt, und auch das Gros der Kompanie entschloß sich, der Fahne den Rücken zu kehren: Die Leute gingen einfach nach Hause, ohne nach einer Genehmigung zu fragen. Vier Jahre Krieg waren mehr als genug. Nur sechs Unteroffiziere blieben der Einheit treu.

Der junge Kompaniechef erhielt Weisung, sich in der Pionierabteilung des preußischen Kriegsministeriums zu melden: Die Oberste Heeresleitung und die höheren Dienststellen arbeiteten noch und waren hinlänglich intakt. Dort unterbreitete ihm ein Major die Möglichkeit, sich dem Grenzschutz Ost zur Verfügung zu stellen, der eine Front gegen den Bolschewismus im Baltikum aufbauen und zugleich polnische Übergriffe auf deutsches Gebiet abwehren sollte.

Der Oberleutnant zögerte zunächst – er sei schließlich ein Bayer und württembergischer Offizier, was solle er da im Osten? In schwierigen Zeiten habe der Offizier mehr denn je zu seinem Vaterland zu stehen, wandte der Major ein, gerade jetzt brauche man Leute wie Müller. Der sah sich bei seiner Ehre gepackt und versprach dem Stabsoffizier, sich nach einem Urlaub in Süddeutschland am 3. Januar 1919 wieder bei ihm zu melden, um sich dann dem Grenzschutz Ost anzuschließen.[8]

Allzu schwer wird Müller diese Entscheidung nicht gefallen sein, denn eine zivile Berufsperspektive ließ sich nicht erkennen, und ein anderes außer dem Waffenhandwerk beherrschte er nicht. Ohnehin suchten Zehntausende Offiziere nach dem Zusammenbruch des Kaiserreichs eine neue Tätigkeit, die wenigsten mit Erfolg. Dankbar griff man deshalb zu, wenn einem die Gelegenheit geboten wurde, den »bunten Rock« zu behalten, und sei es in paramilitärischen Verbänden mit halblegalen Aufgaben; man war froh, noch gebraucht zu werden. Bei der Abwehr von Anarchie und Bolschewismus zum Einsatz zu kommen wurde seinerzeit als sinnvolle Aufgabe anerkannt. Das wird auch Müller so gesehen haben. Es galt, das alte Reich zu verteidigen, wenigstens das, was davon übriggeblieben war. Vor allem im Osten, wo die Nachbarstaaten territoriale Forderungen stellten, bestand Handlungsbedarf.

Die Mehrheit der Offiziere nahm die im Entstehen befindliche erste deutsche Demokratie hin, ohne sie mit innerer Überzeugung zu unterstützen. Die Politiker betrachtete man mit Skepsis und Ablehnung ebenso wie das Parteienwesen. Aus der aktuellen Politik hielt man sich soweit wie möglich raus. Die Haltung der Offiziere war konservativ, reichs- und kaisertreu; sie vertrauten den eigenen Vorgesetzten, weniger den Politikern. Müller machte da keine Ausnahme, auch er hatte zunächst starke Vorbehalte gegen die junge Republik. Sozialdemokraten, Kommunisten und Anarchisten fanden schon gar nicht seine Sympathie, wenn überhaupt konnte er sich mit dem katholischen Zentrum oder der Deutschen Demokratischen Partei anfreunden. Beide Parteien bildeten – gemeinsam mit den Sozialdemokraten – die Weimarer Koalition.

Vincenz Müller wie auch seine Kameraden hielten sich mit Zustimmungsbekundungen zurück; es galt in Offizierskreisen als unehrenhaft, sich parteipolitisch einseitig festzulegen. Da man von Wahlen ausgeschlossen war, entfiel auch die Notwendigkeit, sich zu erklären. Und der eigenen Karriere hätte so etwas eher geschadet.

Oberleutnant Müller hielt sich an seine Zusage und verbrachte die ersten Wochen und Monate des Jahres 1919 beim Grenzschutz Ost, zunächst als Adjutant eines Generals der Pioniere bzw. bei den Überresten des Stabes des Armeeoberkommandos 10 in Lötzen (Ostpreußen). Schon im Februar 1919 wurde dieser aufgelöst. Offiziere, die bleiben wollten, kamen zum Stab des Armeeoberkommandos Grenzschutz Nord, unter ihnen auch Müller. Das neue AOK lag im ostpreußischen Bartenstein, Chef des Stabes war Generalmajor Hans von Seeckt.[9] Dieser hatte wie Müller im Ersten Weltkrieg einige Zeit Dienst in der verbündeten Türkei geleistet.

In Bartenstein lernte Vincenz Müller den höheren Offizier Werner Freiherr von Fritsch kennen, damals erst Major, der es später zeitweise zum Oberbefehlshaber des Heeres bringen sollte. Im Frühsommer 1919 wurde Müller dessen Ordonnanzoffizier. Er erhielt in dieser Position erstmals Einblick in Angelegenheiten, die ansonsten Leuten seines vergleichsweise niedrigen Dienstgrades nicht zugänglich waren. Major Fritsch diente als erster Generalstabsoffizier des AOK. Da Müller sich in seiner neuen Stellung überdurchschnittlich gut bewährte, »reichte« man ihn nach oben weiter; schließlich wurde er Ordonnanzoffizier des Generalstabschefs. Man setzte Vertrauen in den jungen Offizier und betraute ihn mit Aufgaben, die am Rande der Legalität angesiedelt waren. Es ging beispielsweise um Bestechungen von Personen, die dem Grenzschutz von Nutzen sein konnten. In dieser Mission war Müller des öfteren mit größeren Geldbeträgen unterwegs.

Die »wilden Zeiten« des Grenzschutzes gingen im Februar 1920 zu Ende, und ein Abwicklungsstab, dem Müller angehörte, besorgte schließlich die befohlene Demobilisierung, die dann nach dem sogenannten Kapp-Putsch in Berlin (März 1920) abgeschlossen wurde. Der Ex-Grenzschützer hatte sich in Zivil zum Pionier-Bataillon 13 nach Ulm zu begeben, seinem alten Heimatstandort.[10] In der zweiten Märzhälfte nahm er dort seinen Dienst auf und mußte enttäuscht feststellen, daß er nur als Zugführer eingesetzt wurde, eine Dienststellung, die er längst absolviert hatte und die praktisch einer Zurückstufung gleichkam, aber die im Entstehen begriffene Reichswehr konnte einem Oberleutnant keinen anderen Posten anbieten. Müller mußte froh sein, überhaupt eine Verwendung zu finden, denn das Millionenheer des Kaisers wurde auf Grund der Auflagen der alliierten Siegermächte schließlich auf 100 000 Mann (plus 15 000 Mann Reichsmarine) begrenzt, die Zahl Offiziere auf 4 000.

Der Vertrag von Versailles erlaubte lediglich sieben Infanterie- und drei Kavallerie-Divisionen und verbot einen Generalstab alter Form, schwere Waffen, Panzer, Flugzeuge, größere Kriegsschiffe und die Einfuhr von Waffen und Munition. Ferner war die Wehrpflicht abzuschaffen, Soldaten und Unteroffiziere hatten sich künftig für 12 Jahre zu verpflichten.[11] Aus der Not machte man eine Tugend: Das Hunderttausend-Mann-Heer der Weimarer Republik wurde als Freiwilligentruppe zu einer Eliteformation. Andererseits entwickelte sich die Reichswehr zum »Staat im Staate«, zu einer Truppe, die sich nach außen hin unpolitisch gab, aber auf Befehl des Reichspräsidenten jederzeit – per Notverordnung – in die inneren Belange des Deutschen Reiches von Weimar eingreifen konnte.

In dieser kleinen Berufs- bzw. Freiwilligenarmee entstand – gefördert vom Reichswehrministerium und vor allem von der Heeresleitung – ein Geist, der primär auf konservatives Soldatentum abhob und sich mehr an der Vergangenheit als an Gegenwart und Zukunft orientierte. Die Reichswehr sollte nie wirklich in der Republik ankommen, weil sie sich selbst verweigerte und weil die deutsche Sozialdemokratie als demokratische Linke sich seinerzeit schwer tat, zur Reichswehr ein entspanntes Verhältnis zu finden. Während die schmale demokratische Mitte eine mehr oder weniger neutrale Position einnahm, lehnten die Kommunisten die Truppe als reaktionär ab, auf der anderen Seite fand sie bei Rechtsparteien breite Sympathie. Wenn sich Reichswehrangehörige überhaupt politisch engagierten, taten sie es in Parteien rechts von der Mitte.

Vincenz Müller hielt sich parteipolitisch zurück. Er war glücklich, in die Reichswehr übernommen worden zu sein, das hatten die wenigsten seiner Weltkriegskameraden geschafft. Und es gelang ihm im August 1920, die sogenannte Wehrkreisauswahlprüfung für die Lehrgänge zur »Führergehilfenausbildung« zu bestehen, was den Weg freimachte für eine verdeckte Generalstabsausbildung, die dem Buchstaben nach durch den Versailler Vertrag verboten war.[12] Am 2. Januar 1921 wurde er zum Stab des Wehrkreiskommandos V nach Stuttgart kommandiert und absolvierte hier – unterbrochen durch vierteljährliche Truppenpraktika – bis Ende September 1922 zwei aufeinanderfolgende Lehrgänge, zusammen mit 19 anderen Offizieren, vom älteren Leutnant bis zum älteren Hauptmann. Als relativ junger Oberleutnant (er war jetzt 27 bzw. 28 Jahre alt) wurde er allerdings vom dritten Lehrgang, der die Generalstabsausbildung beenden sollte, ausgeschlossen.

Während dieser Zeit lernte er die Rechtsanwaltstochter Maria Brandl aus dem bayerischen Deggendorf näher kennen und lieben, mit der er sich alsbald verlobte.

Anfang Oktober 1922 kehrte Müller zum Pionier-Bataillon 5 nach Ulm zurück und wurde abermals als Zugführer eingesetzt. Das wird für ihn äußerst unbefriedigend gewesen sein, aber die Karrierechancen in der Reichswehr waren nun einmal überschaubar, auch eine Dienstrangerhöhung stand vorerst nicht an. Als Zugführer in einer Pionierkompanie war der Mann längst überqualifiziert, zumal er in der zweijährigen Ausbildung zum Führergehilfen Leistungen gezeigt hatte, die weit über dem Durchschnitt lagen: Er hatte keinerlei Probleme mit dem Stoff, bewies wie bei jeder Aufgabe, die er zu bewältigen hatte, Fleiß und Ehrgeiz; das Ausarbeiten von Befehlen und Befehlsgrundlagen machte ihm keine Mühe. Besonderes Interesse zeigte er für das Fach »Kriegsgeschichte«, darüber hinaus fand er Gefallen an dem neuen Fach »Staatsbürgerkunde«.

Im Osterurlaub (April 1922) erfuhr er vom Abschluß des Vertrages von Rapallo zwischen dem Deutschen Reich und der jungen Sowjetunion, den er wie die Mehrheit seiner Lehrgangskameraden begrüßte, weil das Abkommen die Isolierung Deutschlands beendete. Damit befand er sich in Übereinstimmung mit der Reichswehrführung unter Hans von Seeckt, die auf »Ostorientierung« setzte, um den eigenen Handlungsspielraum zu erweitern. In der Folge kam es zu geheimen Absprachen und Abkommen mit den Sowjets, die der Reichswehr eine geheime Waffenausbildung und -entwicklung auf dem Boden der UdSSR erlaubten. Müller erfuhr davon erst später.

Im Krisenjahr 1923 diente der Oberleutnant als Zugführer in Ulm und heiratete am 24. September seine 1901 geborene Frau in Deggendorf, einer kleinen Stadt am Bayerischen Wald in unmittelbarer Nähe des Klostergymnasiums Metten.

Sorgenvoll beobachtete Müller die Unruhen in Deutschland, die Aufstandsversuche in Sachsen und Thüringen, sowie den Einmarsch der Franzosen ins Ruhrgebiet. Heftig befürwortete er die Bestrebungen der Reichswehrführung, gegen die Franzosen bewaffneten Widerstand zu leisten. Er begrüßte den Einsatz der Reichswehr gegen kommunistisch-anarchistische Aktivitäten. Obwohl gebürtiger Bayer, lehnte er partikularistisch-separatistische Wege für seine Heimat ab und stand treu zur Verfassungsordnung der Weimarer Republik soweit diese die Integrität des Reiches schützen half. Seine politische Einstellung legte er in einem Brief vom 30. Oktober 1923 an seine damalige Verlobte dar:

»Für die Staatsform sind nicht die Interessen der Dynastien oder bestimmter Kreise maßgebend, sondern nur die Interessen des ganzen deutschen Volkes. Von diesem Standpunkt ausgehend, stehe ich vorbehaltlos auf dem Boden der republikanischen Verfassung von Weimar ... Ich weiß wohl, daß die republikanische Verfassung erst ihren Befähigungsnachweis erbringen muß, aber jedenfalls ist sie für absehbare Zeit unser Schicksal. Mit ihrem Zusammenbruch stünde für den großen Teil Deutschlands nicht die Aufrichtung der Monarchie, sondern der Zerfall Deutschlands und auch Bayerns vor uns.«[13]

Vincenz Müller stand also eher aus Vernunftsgründen zur Weimarer Republik und ihrer Verfassung, eine Herzensangelegenheit war ihm der Staat jedoch nicht. Damit befand er sich in Übereinstimmung mit vielen seiner Offizierskameraden, die allerdings zum Teil die Republik auch verachteten.

Die extremsten seiner Kameraden unterstützten jene Rechtskreise in Bayern, die 1923 einen Marsch auf Berlin forderten, und die sich dann am 9. November an einem Marsch auf die Feldherrnhalle in München beteiligten. Der Putschversuch der Hitlerbewegung und anderer rechtsreaktionärer Kreise scheiterte bekanntlich, obwohl sich einzelne Offiziere dem Marsch angeschlossen hatten.

Etwa um den 20. November 1923 erreichte den »Oberleutnant Müller, Pionier-Bataillon 5« ein Fernschreiben des Reichswehrministeriums aus Berlin. Das Heerespersonalamt teilte ihm mit, er sei »mit sofortiger Wirkung zum Reichswehrministerium, Truppenamt (T 1 III), kommandiert. Das Kommando ist einer Versetzung gleich.«[14]

Mit diesem Befehl begann die eigentliche militärische Karriere von Vincenz Müller, eine Versetzung ins Truppenamt galt als ganz große Auszeichnung.[15] Womit er diese verdient hatte, blieb ihm zunächst unklar.

Die Abteilung T 1 III des Truppenamtes, der Müller zugeteilt wurde, arbeitete als selbständige Gruppe unter Leitung des damaligen Majors im Generalstab, Kurt von Schleicher[16], der als politischer Berater des Chefs der Heeresleitung, des Generals Hans von Seeckt, und als Bearbeiter für politische Angelegenheiten beim Reichswehrminister eingesetzt war. Die Abteilung Schleicher verfügte nur über wenige, handverlesene Mitarbeiter, darunter die Hauptleute/Rittmeister Heinrich Freiherr von Vietinghoff, Erich Marcks, Eugen Ott, die Hauptleute Winzer und Ziegler sowie Erwin Planck. Letzterer war der Sohn des weltbekannten Physikers Max Planck und fungierte als Verbindungsoffizier zum Reichskanzler.

Zu ihnen stieß nun der Pionieroberleutnant Müller, der als Bürooffizier eingesetzt wurde und praktisch das Vorzimmer des Abteilungschefs leitete – offenbar mit Erfolg, denn er blieb drei Jahre dort. Die Position war eine Vertrauensstellung; Müller erhielt hier Einblick in nahezu alle Probleme, die die Reichswehrführung beschäftigten. Der neue Mann sollte ein unbeschriebenes Blatt sein und in Berlin über keine Verbindungen verfügen, er sollte intelligent, verschwiegen und flexibel sein, Mut und Zivilcourage haben und der Republik nicht ablehnend gegenüberstehen. All diese Anforderungen erfüllte Müller.

Die Abteilung konnte man schon damals, 1923/24, als die wichtigste des Truppenamtes bezeichnen, und ihr Chef sollte es noch weit bringen: Kurt von Schleicher wurde später General, Reichswehrminister und letzter Reichskanzler der Weimarer Republik.

Der junge Offizier ging mit Freude an die Arbeit. Müller konnte sich bei Schleicher weitgehend selbständig bewegen, und der Zusammenhalt der wenigen Kameraden funktionierte gut.[17] Der Abteilungschef verstand es, seine Leute an sich zu binden und sie zu Höchstleistungen zu motivieren. Die Offiziere ihrerseits verehrten ihren Vorgesetzten und gingen für ihn durchs Feuer.[18] Auch Müller schätzte den Chef, der für ihn bald zu einem väterlichen Freund wurde und bei der Geburt seines Sohnes in Berlin-Tempelhof 1926 die Patenschaft übernahm. Müller orientierte sein Verhalten und auch sein politisches Denken zunehmend an Schleicher, der sein weiteres Leben nachhaltig beeinflußte.

Im Laufe seiner drei (ersten) Dienstjahre im Reichswehrministerium von 1923 bis 1926 kam Müller dienstlich und gelegentlich auch privat in Kontakt mit Dutzenden von höheren und hohen Offizieren und Politikern aller Parteien, die er im Auftrag Schleichers aufsuchte oder mit denen er schriftlich und fernmündlich verkehrte. Er erhielt so Einblicke in die Politik, die anderen verwehrt waren; seine Rolle innerhalb der militärischen Hierarchie der Reichswehr überragte seinen relativ niedrigen Dienstgrad bei weitem, da er »im Auftrag« des führenden politischen Kopfes der Streitkräfte handeln konnte. So korrespondierte er beispielsweise mit Vorgesetzten, die in den 30er und 40er

Jahren zu Heerführern aufstiegen und sich später an ihn erinnern sollten.

Im Oktober 1924 richtete er an den damaligen Chef des Stabes im Wehrkreiskommando VII (München) ein Schreiben im Namen seines Vorgesetzten, in dem er sich für die behutsame und kluge Arbeit des Oberstleutnants in Sachen »Angleichung des Verhältnisses Bayern – Reich« bedankte.[19] Der Adressat war Oberstleutnant Wilhelm Ritter von Leeb, dem Vincenz Müller später als Erster Generalstabsoffizier, sogenannter Ia, in seiner Heeresgruppe 1939/40 dienen sollte – der Oberstleutnant war inzwischen zum Generaloberst aufgestiegen und wurde 1940 nach dem siegreichen Frankreichfeldzug zum Generalfeldmarschall befördert. Leeb schätzte Müller und förderte ihn.

Zu den Aufgaben eines Bürooffiziers in der Abteilung des Reichswehrministeriums gehörte es unter anderem, Beziehungen zu den diversen Wehr- und Traditionsverbänden zu unterhalten. Eine Arbeit, zu der sich Müller in seinen Erinnerungen – geschrieben zwischen 1958 und 1961 – mit Antipathie äußerte; allerdings ist nicht auszuschließen, daß es sich um eine nachträgliche Wertung handelt. In jedem Fall aber bewältigte der Oberleutnant auch diese Pflichten anstandslos und zur vollen Zufriedenheit seiner Vorgesetzten. Zumindest im ersten Dienstjahr im Ministerium verstand sich Müller in erster Linie als gewissenhafter Zuarbeiter, der die Dinge um ihn herum eher still beobachtete und daraus seine Schlüsse zog, die seiner Karriere von Nutzen sein konnten. So entging ihm auch nicht die 1924/25 einsetzende Entfremdung zwischen seinem Vorgesetzten Kurt von Schleicher und dem Chef der Heeresleitung, General Hans von Seeckt, die sich noch vertiefte, als Seeckt die Nachfolge des 1925 verstorbenen ersten Reichspräsidenten Friedrich Ebert (SPD) anstrebte und mit diesem Ansinnen bei Schleicher »abblitzte«. Er unterstützte vielmehr den alten Generalfeldmarschall Paul von Hindenburg, der sich schließlich durchsetzen konnte und zum zweiten Präsidenten der Weimarer Republik gewählt wurde. Schleicher versprach sich von dieser Wahl Vorteile für die Reichswehr, da von Hindenburg breite Kreise des Volkes erreichte und die Interessen der Streitkräfte besonders zu berücksichtigen schien.

Schleicher und Hindenburg wie auch dessen Sohn Oskar, der seinem Vater als Adjutant zugeteilt wurde, verband der gemeinsame Dienst im 3. Garderegiment. Das verschaffte Schleicher in den folgenden Jahren direkten Zugang zum neuen Reichspräsidenten und dessen Sohn und weitete seinen politischen Einfluß aus; der Generalfeldmarschall vertraute dem »jungen Freund« bis in den Januar 1933 hinein. Daß sein Vorgesetzter nun mehr Möglichkeiten hatte, politisch zu wirken, konnte Müller nur recht sein, war es doch sowohl für die Reichswehr als auch für ihn persönlich möglicherweise von Vorteil.

Nach drei Jahren Erfahrung als Bürooffizier im Reichswehrministerium bei Schleicher wurde Vincenz Müller endlich am 1. Oktober 1926 zum dritten und letzten Lehrgang der Führergehilfenausbildung zugelassen. Er stand jetzt kurz vor seinem 32. Geburtstag und war noch immer nur Oberleutnant – seit nunmehr acht Jahren.

Zwanzig Lehrgangsteilnehmer umfaßte der Kurs im Reichsministerium, der unter der Leitung von Oberst Werner von Blomberg (später unter Hitler Reichskriegsminister) stand und dann – ab Frühjahr 1927 – von Oberst Wilhelm List (später Generalfeldmarschall und zuletzt Oberbefehlshaber der Heeresgruppe A im Kaukasus, in der 1942/43 die 17. Armee Müllers operierte) beaufsichtigt wurde.

Der Lehrgang unterschied sich wesentlich von den beiden ersten: Die operative Ausbildung sah für die 20 Teilnehmer diesmal Aufgaben auf der Ebene von Armeekorps vor; bisher war es stets bei der Regimentsebene geblieben.

Um die Frage, wer letztlich für den Generalstabsdienst zugelassen wurde, will Müller keinen unkameradschaftlichen Konkurrenzkampf erkannt haben, man verhielt sich »ehrenhaft«. Das ist glaubhaft, handelte es sich doch bei ihm und seinen Lehrgangskameraden um bereits mehrmals geprüfte und ausgewählte Leute, die die (erste) Wehrkreisprüfung sowie die beiden Vorauslehrgänge erfolgreich überstanden hatten (jeweils nur ein geringer Prozentsatz der Teilnehmer). Von den bisher Erfolgreichen mußten trotzdem rund 50 Prozent zur Truppe zurück, so daß schließlich nur sehr wenige der ursprünglichen Kandidaten die Qualifikation zum Generalstabsdienst erreichte. Diese kleine Gruppe durfte sich dann zu Recht zur militärischen Elite der Reichswehr zählen.

Müller gehörte zu den Erfolgreichen des dritten Lehrgangs und beendete ihn als einer der Besten. Sein Lehrgangskamerad Hans Speidel, später Generalleutnant und Chef des Generalstabes der Heeresgruppe B, nach dem Zweiten Weltkrieg Vier-Sterne-General und Mitbegründer der Bundeswehr, billigte ihm einen »durchgreifenden Verstand und hervorragende militärische Führungsqualitäten« zu.[20]

Nach mehreren Truppenpraktika gönnte sich Vincenz Müller im Juni 1927 eine Pause und meldete sich zu einem dreiwöchigen Urlaub ab, den er gemeinsam mit seiner Frau in Italien verbrachte. Jetzt konnte er durchatmen: Seit dem 1. Februar war er nun endlich Hauptmann. In vollen Zügen genoß er die Schönheiten des Landes, das er liebte und das er bereits 1921 für vier Wochen bereist hatte. Schon im Klostergymnasium hatte er Italienisch gelernt und in der Reichswehr sogar die Dolmetscherprüfung abgelegt. Er begeisterte sich für die Geschichte Italiens, seine Kunstschätze und Bauten. Stationen seiner Reise waren unter anderem Bozen, Florenz, Rom, Neapel und Sizilien. Am wohlsten fühlte er sich auf Capri, diese Vorliebe teilte er mit vielen Deutschen.

Alles Militärische und Politik blendete er auf dieser verspäteten Hochzeitsreise offenbar aus, war ganz auf Land und Leute konzentriert. So gibt es auch keine Äußerung zum italienischen Faschismus aus dieser Zeit. Allerdings beklagte er – zum Beispiel in Neapel – die »furchtbare Armut« der Bevölkerung.

Der Ende Mai 1926 in Berlin geborene Sohn Friedrich (genannt Fritz) blieb während des Urlaubs bei den Schwiegereltern in Deggendorf. Die Kleinstadt am Bayerischen Wald, Heimat seiner Ehefrau, war Müllers Hauptwohnsitz. In Berlin wohnte er nur zeitweise mit seiner Frau zusammen, ansonsten war er ein »möblierter Herr« und hatte ein Zimmer in der Wilhelmstraße.

Müller schottete sein Privatleben ab und lebte zurückgezogen, er selbst bezeichnete sich als ungesellig und vermied die üblichen Saufgelage und Ausschweifungen, die das Berliner Nachtleben bot. Aber er war kein Kind von Traurigkeit: Frauen interessierten ihn immer, besonders solche mit Vorlieben für Kultur und Kunst – Geliebte und gute Freundinnen hatten immer einen Platz in seinem Leben. Als verheirateter Reichswehroffizier und Katholik wußte er das zu verbergen.

Mit seinen Kameraden durchstreifte er einmal im Monat Berliner Lokale, um – wie es in seinen Offizierskreisen hieß – die »Volksseele zu studieren«.[21] Regelmäßig besuchte er die Berliner Theater und Museen. Auch sein Umgang mit Literatur hielt an, er las Werke von Franz Werfel, Heinrich und Thomas Mann, von Leo Tolstoi. Selbst der Antikriegsroman »Im Westen nichts Neues« von Erich Maria Remarque gehörte zu seiner Lektüre. Die pazifistische Zeitschrift »Die Weltbühne« schätzte er zutreffenderweise als ausgesprochen militär- und reichswehrfeindlich ein, kaufte sie aber trotzdem.[22]

Man konnte den Pionieroffizier und ausgebildeten Generalstäbler also keineswegs als »Kommißkopp« bezeichnen. Die Interessen Müllers entsprachen eher denen eines höheren Beamten, eines Lehrers, eines Akademikers. Seine künstlerischen und geistigen Interessen nahmen neben seiner militärischen Karriere einen großen Raum ein. Insofern war er ein völlig untypischer Vertreter seiner Stammwaffe. In Kameradenkreisen galt er deshalb auch als besonders belesener und gebildeter Offizier, dem allerdings der Ruf vorausging, ein komplizierter Charakter zu sein und ein starker Charakter ohnehin; der untersetzte, kräftige Mann, knapp 1,70 Meter groß, lebte aus dem vollen, rauchte und trank phasenweise kräftig Alkohol, obwohl er durch die nie ausgeheilte Malaria gesundheitlich vorgeschädigt war und nach wie vor mit Fieberanfällen zu kämpfen hatte, die das Herz schädigten. Dazu kam seine preußische Arbeitsweise, die den ehrgeizigen Offizier auszeichnete, ihn aber auch bis an die Grenzen der Zumutbarkeit belastete. Das mußte gesundheitliche Folgen haben.

Ein wenig Muße gewährte dem frisch ernannten Hauptmann die Zeit nach Generalstabsausbildung und Italienurlaub, in der er für ein Jahr der militärischen Abteilung des Reichsarchivs zugeordnet war, um hier seine Kenntnisse über das Offizierskorps des Ersten Weltkrieges zu vertiefen – eine eher beschauliche Tätigkeit.

Mit dem 1. Oktober 1928 war es damit vorbei: Erneut wurde Müller ins Reichswehrministerium kommandiert und erhielt in der neuen Wehrmachtsabteilung des Hauses die Position eines Referenten für Landes- und Grenzschutz. Damit gelangte Müller abermals ins Zentrum der militärisch-politischen Willensbildung der Weimarer Republik, in dem sein Freund und Förderer Kurt von Schleicher inzwischen zum Oberst i. G. aufgestiegen war und mehr und mehr hinter den Kulissen die Fäden zog. Schleicher wies ihn an, zunächst die politisch-militärische Propagierung des Panzerkreuzers A, des geplanten Neubaus eines größeren Kriegsschiffes, der auf erheblichen Widerstand stieß, zu übernehmen sowie die Legalisierung der bisher geheimen Aufrüstungsmaßnahmen der Reichswehr zu betreuen, die von den Majoren Ott und Theissen bearbeitet wurden. Die Regierung der Republik stand seit Juni 1928 unter Leitung des Reichskanzlers Hermann Müller (SPD), Reichswehrminister war seit Januar 1928 General a.D. Wilhelm Groener, der mit Schleicher befreundet war und weitgehend unter dessen Einfluß stand.

Mit Wirkung vom 1. März 1929 schuf man im Ministerium ein Ministeramt und betraute – wen wunderte es – Schleicher mit der Führung; zugleich wurde er zum Generalmajor befördert. Vincenz Müller arbeitete von da an unter einem neuen Abteilungsleiter, aber Schleicher ließ die Verbindung zu seiner alten Dienststelle nicht abreißen und nahm weiter an deren Arbeitsbesprechungen teil.

Inzwischen zeichnete sich bereits die Krise des parlamentarischen Systems deutlich ab, und die wirtschaftlichen Rahmenbedingungen der Republik verschlechterten sich rapide. Der neue Referent hatte sich zukünftig in erster Linie mit Planungen zur Aufstockung der Reichswehr zu befassen, über die Schleicher seit 1930 mit den Franzosen und Briten verhandelte und die eine Verdreifachung der Truppe zum Ziel hatten. Müller qualifizierte sich zum Mobilmachungsexperten, zum Fachmann für die Aufstellung neuer Verbände, für die Aushebung neuer Soldaten. Er bearbeitete Planungsunterlagen, die für den sogenannten A-Fall (Aufstellungsfall) beim Heer die Erweiterung von sieben auf 21 Infanterie-Divisionen und die Aufstellung von elf Grenzschutz-Divisionen – davon drei in Ostpreußen – vorsahen. Vorbereitungen für diese Verdreifachung der Reichswehr waren vorab schon in den bestehenden Divisionen getroffen worden, nach dem Grundsatz: Jeder Reichswehrangehörige muß befähigt werden, die Funktion der nächsthöheren Position auszuüben.

Außerdem befaßte sich Müller schwerpunktmäßig mit Fragen des Grenzschutzes und dessen personeller Sicherstellung. Diese Aktivitäten waren illegal und verlangten vom Referenten ein hohes Maß an verdeckter Tätigkeit. Sie durften nur seinen direkten Vorgesetzten bekannt werden. Er besuchte die Ostprovinzen und sorgte dort für die Organisation des Grenzschutzes, kümmerte sich um die Zeitfreiwilligenausbildung und überwachte die Ausrüstung mit leichten Waffen. Alles Arbeiten ohne Rechtsgrundlage, die Müller in aller Stille gründlich und zur Zufriedenheit seines Auftraggebers Kurt von Schleicher erledigte.[23]

Das Vertrauen, das Schleicher seinem Mitarbeiter entgegenbrachte, war so groß, daß er ihn im Frühjahr 1930 in die Sowjetunion schickte. In Müllers Erinnerungen findet sich erstaunlicherweise dazu kein Wort. Die Reise führte in die deutsch-sowjetischen Ausbildungszentren, in denen Reichswehrangehörige an Panzern und Flugzeugen ausgebildet wurden und die auf Grund geheimer Absprachen zwischen Deutschland und der UdSSR in den 20er Jahren eingerichtet worden waren. Damit umging Deutschland die Verbote, die der Versailler Vertrag verfügt hatte.

Müller kam per Handelsschiff von Stettin nach Leningrad (dem heutigen Sankt Petersburg), zur Fracht gehörten zwei »Traktoren«, in Wahrheit zwei Panzer aus deutscher Entwicklung, die in Rußland für Übungen genutzt werden sollten. Auf Höhe Riga in der mittleren Ostsee geriet der Dampfer in schwere See und drohte zu kentern. Der Kapitän erwog deshalb, den lettischen Hafen anzulaufen. Das aber hätte wegen der geheimen Deckslast zu Verwicklungen führen können; in der lettischen Hauptstadt befanden sich alliierte Diplomaten und Offiziere. Müller erreichte, daß die Fahrt fortgesetzt wurde. Ohne Zwischenfall gelangte das Schiff in die russische Hafenstadt.

Der Hauptmann hielt sich nun sechs Wochen in der UdSSR auf und inspizierte im Mai und Juni im Auftrag der Reichswehrführung Ausbildungseinrichtungen. Müller konnte Eindrücke von Menschen und Landschaft gewinnen, die er mit großem Interesse in sich aufnahm. Erstaunt berichtete er später Kameraden und Bekannten von der Improvisationsfähigkeit der Russen, beispielsweise in Stalingrad, wo die Fabriken schon Traktoren (und Panzer) produzierten, als die Außenwände und das Dach noch fehlten. Die Betreuung durch sowjetische Begleitoffiziere empfand er als angenehm.[24]

Wer solche Aufträge erhielt, auf den mußte hundertprozentig Verlaß sein. Müller erfüllte alle Anforderungen dafür und galt in den Augen seiner Vorgesetzten als organisatorisch begabt, war verschwiegen, sprach mehrere Sprachen und konnte neue Situationen blitzschnell erfassen. Er berechtigte zu den größten Hoffnungen.

In Deutschland hatte sich die innenpolitische Lage inzwischen weiter verdüstert. Seit dem »schwarzen Freitag« in New York am 25. Oktober 1929 befand sich auch die deutsche Wirtschaft auf Talfahrt. Die Zahl der Arbeitslosen stieg drastisch an, ebenso die Wählerstimmen für radikale Parteien. Im März 1930 war das Kabinett von Hermann Müller (SPD) zerbrochen, neuer Reichskanzler war der Zentrumspolitiker Heinrich Brüning geworden. Dieser konnte sich allerdings auf keine parlamentarische Mehrheit stützen, weshalb der Reichspräsident gezwungen war, mit Hilfe von Notverordnungen nach Artikel 48 der Weimarer Verfassung die Regierung im Amt zu halten. Das Parlament, der Reichstag, konnte aber derartige Notverordnungen durch einen Mehrheitsbeschluß wieder aufheben, so daß die amtierende Regierung genötigt war, ständig zu lavieren und von Fall zu Fall Mehrheiten zu gewinnen.

Der Reichspräsident konnte das Parlament aber auch auflösen, wenn keine dauerhafte Regierung zustande kam oder Notverordnungen abgelehnt wurden wie im Sommer 1930. Aus den Neuwahlen gingen die Radikalen als klare Sieger hervor: Die Nationalsozialistische Deutsche Arbeiterpartei konnte ihre Sitze von bisher 12 auf 107 erhöhen, die KPD kam von 54 auf 77 Mandate. Das war der Anfang vom Ende der Republik, auch wenn das damals freilich so nicht erkannt wurde.[25]

Kurt von Schleicher versuchte aus der Kulisse heraus, die bisherige Regierung zu stabilisieren, und das Minderheitenkabinett des Reichskanzlers Heinrich Brüning blieb erst einmal im Amt. Mehr denn je kam die sogenannte Präsidialregierung in Mode, die ohne parlamentarische Mehrheit mit der Autorität des Reichspräsidenten über die Runden zu kommen glaubte. Eine inoffizielle Tolerierung durch die SPD ermöglichte vorerst das Weiterbestehen der Regierung.

Die Reichswehr war inzwischen so etwas wie die letzte Stütze der Republik geworden – gegen ihren Willen, weil sie in der Hand des Reichspräsidenten, der sie befehligte, ein Garant der herrschenden Ordnung war und eine Sperre gegen die Radikalen von links und rechts darstellte. Die politische Nummer eins der Reichswehr, Generalmajor Kurt von Schleicher, bemühte sich nun stärker als bisher darum, die radikalen Kräfte einzugrenzen, um die Gefahr für die Republik abzuwenden. Dabei griff er zu unkonventionellen Mitteln, die bis heute umstritten sind, und verhandelte mit Naziführern aller Schattierungen. Zeitweise versuchte er – mit Aussicht auf Erfolg – die NSDAP zu spalten und wollte ein Bündnis mit der NS-Linken unter Gregor Strasser eingehen, zu dem die SPD und die Gewerkschaften stoßen sollten.[26]

Aus heutiger Sicht waren das abenteuerliche Vorstellungen, aber der Republik stand das Wasser bis zum Hals, da die innere Reststabilität des Systems verlorenging und die Gefahr eines Bürgerkrieges zunahm.

Vincenz Müller wurde nach drei Jahren Dienst im Reichswehrministerium wieder zur Truppe versetzt und trat Anfang Oktober 1931 als Kompaniechef im Münchener 7. Pionier-Bataillon an. Sorgenvoll hatte er die Reichshauptstadt verlassen, wohl ahnend, daß sich die innenpolitische Lage weiter zuspitzen würde. In der bayerischen Landeshauptstadt war es 1931/32 noch vergleichsweise ruhig, obwohl die Weltwirtschaftskrise die Verhältnisse auch hier zu destabilisieren begann. So gut er konnte, tat der neu ernannte Kompanieführer seine

Pflicht als Chef der 2. Kompanie, hielt aber von sich aus Verbindung zu den Kameraden in Berlin und zu seinem Freund und Förderer Schleicher. Der geriet jetzt nicht ohne eigenes Zutun in den Mittelpunkt des politischen Entscheidungsprozesses, er bestimmte schließlich darüber mit, wer wann welches Amt erhielt oder verlor. Am 1. Oktober 1931 beförderte man ihn zum Generalleutnant, ein gutes halbes Jahr später, im Mai 1932, wurde er Reichswehrminister.

Zuvor hatte er den Rücktritt der Regierung Brüning in die Wege geleitet und dann dem Reichspräsidenten vorgeschlagen, Franz von Papen zum neuen Reichskanzler zu ernennen. Im Juni 1932 trat Papen das Amt an, auch er war ohne parlamentarische Mehrheit und vom Wohlwollen des Reichspräsidenten abhängig.[27]

Ohne parlamentarische Mehrheit war im Land Preußen, dem Kernstaat Deutschlands, auch eine Koalitionsregierung unter Führung der SPD: Diese hatte am 24. April 1932 praktisch die Landtagswahl verloren, blieb aber geschäftsführend im Amt. Die Radikalen von links und rechts bestimmten die Szene, ihre Landtagsabgeordneten schlugen sich im Plenum, die einen sangen das »Horst-Wessel-Lied«, die anderen stimmten die »Internationale« an. Eine geordnete Parlamentsarbeit war unmöglich geworden, das Chaos regierte, die amtierende Landesregierung unter Otto Braun (SPD) verlor jede Autorität.

Diese Zustände rief nun »das Reich« auf den Plan, das schon längere Zeit am Dualismus Reich – Preußen Anstoß genommen hatte und nunmehr Ordnung schaffen wollte, auf Kosten Preußens. Mit Genehmigung des Reichspräsidenten schritt Reichskanzler Papen zur Tat: Per Notverordnung machte er sich selbst zum Reichskommissar von Preußen und jagte die preußische Landesregierung aus dem Amt. Um denkbare Unruhen oder sogar aktiven Widerstand – zum Beispiel durch die 60 000 Mann starke preußische Polizei – von vornherein auszuschließen, wurde dem Reichswehrbefehlshaber im Wehrkreiskommando III (Berlin), Generalleutnant Gerd von Rundstedt (später Generalfeldmarschall der Wehrmacht), die vollziehende Gewalt übertragen. Damit begann am 20. Juli 1932 der Ausnahmezustand.[28]

Vincenz Müller sollte unmittelbar in diese Vorgänge verwickelt werden: Am 19. Juli, also einen Tag zuvor, erreichte ihn ein Telefonanruf des damaligen Leiters der Wehrmachtsabteilung des Ministeriums, Oberst Eugen Otts, der ihm befahl, sofort nach Berlin zu kommen. Gegenüber seinem Pionier-Bataillon sollte er Stillschweigen darüber bewahren und offiziell Urlaub wegen einer dringenden Familienangelegenheit beantragen. Der Befehl, nach Berlin zu reisen, dürfte auf Schleichers Initiative zurückzuführen gewesen sein.

Müller traf am Morgen des 20. Juli zwischen 8 und 9 Uhr in der deutschen Hauptstadt ein. Ein Zivilangestellter der Wehrmachtabteilung holte ihn vom Anhalter Bahnhof ab und informierte ihn in groben Zügen über die Vorgänge und geplanten Maßnahmen. Er erfuhr, daß man den Ausnahmezustand über Groß-Berlin und die Mark Brandenburg verhängen wolle, um die Regierung Preußens abzusetzen. Sein Part sollte es dabei sein, als Bearbeiter für Fragen des Ausnahmezustands dem Befehlshaber des Wehrkreiskommandos III unmittelbar zuzuarbeiten und die Durchführung aller Maßnahmen anzuleiten. Als erster Schritt war vorgesehen, die Schutzhaft des Polizeipräsidenten und seines Stellvertreters zu veranlassen und den Kommandeur der preußischen Polizei in Berlin festzusetzen.

Müller meldete sich wenig später bei Gerd von Rundstedt, der gerade ein Telefonat mit Schleicher führte, in dem der Reichswehrminister mitteilte, daß die entsprechende Notverordnung zur Absetzung der preußischen Regierung vom Reichspräsidenten soeben unterzeichnet worden sei und man nun tätig werden könne. Seinem Schützling Müller wünschte Schleicher ebenfalls telefonisch Hals- und Beinbruch für die bevorstehende Aktion.

Müller diktierte sogleich Schreiben an die betreffenden Herren im gewohnten Befehlsstil: »Mit Bezug auf die Verordnung des Reichspräsidenten zur Wiederherstellung der öffentlichen Sicherheit und Ordnung vom 20. Juli 1932 werden Sie Ihrer Stellung als ... enthoben. Der Überbringer des Befehls ist beauftragt, Sie im Weigerungsfalle in Schutzhaft zu nehmen.«[29] Sodann beauftragte er einen Hauptmann vom 3. Bataillon des Infanterieregiments 9 in Spandau, mit drei Feldwebeln die Befehle vor Ort den Empfängern zuzustellen, und gab Weisung, daß diese Verpflichtungserklärungen unterschrieben werden sollten; erst dann wäre der Amtsverzicht anzuerkennen. Wenn das nicht geschähe, seien sie in Schutzhaft zu nehmen und der Militärarrestanstalt Moabit zuzuführen.

Die betreffenden drei Polizeioberen ließen sich jedoch nicht ohne weiteres auf die Unterschrift ein und versuchten erst einmal, Zeit zu gewinnen. Sie verlangten Änderungen am Wortlaut der vorgelegten Verzichts- bzw. Rücktrittserklärungen. Dem wurde entsprochen: Drei neue Briefe wurden geschrieben und mit Meldefahrern überbracht, jetzt persönlich von General Rundstedt unterschrieben. Trotzdem weigerten sich die drei Herren, ihren Rücktritt schriftlich zu fixieren, und der Infanterie-Offizier telefonierte daraufhin mit Müller, dieser trug die Angelegenheit Rundstedt vor. Nachdem der General entschieden hatte, gab Hauptmann Müller die folgende Weisung an den Offizier im Polizeipräsidium:

»Nehmen Sie alle drei vorläufig in Schutzhaft und bringen Sie sie ins Offizierskasino des Wachregiments.«[30]

Nach Ausschaltung der preußischen Polizeiführung leitete Reichskanzler Papen die Absetzung der Landesregierung ein, die keinen Widerstand leistete. Die Sache hatte zwar noch ein Nachspiel vor dem Staatsgerichtshof, das Urteil – ergangen Ende Oktober 1932 – brachte der alten preußischen Landesregierung aber nur teilweise Genugtuung. Unterm Strich wurde der sogenannte Preußenschlag hingenommen und die Reichsexekution vom 20. Juli 1932 akzeptiert.

In den Augen mancher Beobachter war der Ausnahmezustand die letzte Möglichkeit, eine Übernahme der Regierungsgewalt durch die NSDAP in Preußen zu verhindern, denn bei den Landtagswahlen im April waren die Nazis stärkste Partei geworden. Jedenfalls sahen das Schleicher und sein Anhang so. Wenige Tage später, am 26. Juli, wurde das Ausnahmerecht aufgehoben, da am 31. Juli Reichstagswahlen anstanden.

Vincenz Müller kehrte zu seinem Pionier-Bataillon nach München zurück. Wieder einmal hatte er sich als begabter, rasch zupackender und kluger Generalstabsoffizier bewährt. Seine Vorgesetzten konnten bedingungslos auf ihn zählen, in der engeren Reichswehrführung machte er sich spätestens bei dieser De-facto-Beerdigung Preußens einen Namen als konsequenter »Durchführer« von ungewöhnlichen Befehlen in kritischen Situationen.

Die Reichstagswahlen vom 31. Juli 1932 leiteten das Ende der Weimarer Republik ein, da die NSDAP mit Adolf Hitler 230 der 608 Sitze erhielt und damit stärkste Partei auch in der obersten deutschen Volksvertretung wurde. Zugleich konnte auch die KPD zulegen. Die Radikalen von links und rechts untergruben das parlamentarisch-demokratische System, und sechs Millionen Arbeitslose destabilisierten die kapitalistische Wirtschaftsordnung. Die Regierung Papen blieb im Amt.

Reichswehrminister Schleicher versuchte wieder einmal, mit allen Seiten zu verhandeln, um den Bestand der Demokratie zu sichern. Auf Dauer, das wußte er, konnte die Minderheitsregierung nicht überleben. Er erwog daher, ein breites Bündnis ins Leben zu rufen, zunächst ohne die Beteiligung der NSDAP. Schleicher ging auf die Gewerkschaften und die SPD zu, die ihm jedoch kein Vertrauen schenkten, nicht zuletzt deshalb, weil der General inzwischen mehrmals Gespräche mit Nazigrößen geführt hatte, was jetzt bekannt wurde. Die Unterredungen hatten mit Wissen und Billigung des Reichspräsidenten stattgefunden.

Etwa ab Herbst 1932 schien für Schleicher kein Weg mehr an einer Beteiligung der Hitlerbewegung an der Reichsregierung vorbeizuführen – wohlgemerkt: Von einer Beteiligung war die Rede, nicht von einer Kanzlerschaft des Adolf Hitler. Dem Chef der NSDAP wollte man höchstens die Vizekanzlerschaft antragen. Die aber wollte Hitler nicht, er strebte die Reichskanzlerposition an.

Innenpolitisch wurde die Lage im Reich langsam ungemütlich, die Gefahr eines Bürgerkriegs wuchs, der Druck der Straße nahm zu, Rotfrontkämpfertrupps und SA lieferten sich Saalschlachten und gewalttätige Auseinandersetzungen, die Zahl der Toten und Verletzten stieg. In ihrer Gegnerschaft zum »System« waren sich NSDAP und KPD oft einig. Allein die Reichswehr stand in dieser Zeit noch zur Republik, war Garant der öffentlichen Ordnung, auch wenn die ersten jungen Offiziere jetzt mehr oder weniger offen mit den Nazis sympathisierten. Die Stabsoffiziere und die Generalität gehorchten dem Reichspräsidenten und Reichswehrminister. Schleicher sah in diesen kritischen Monaten im Herbst 1932 keinen anderen Ausweg, als versuchsweise völlig neue Weg zu gehen. Im November intensivierte er deshalb seine Bemühungen zur Bildung einer sogenannten Querfront zur Unterstützung bzw. Tolerierung der amtierenden Präsidialregierung. Diese Querfront sollte – verkürzt gesagt – von der NSDAP-Linken um Gregor Strasser bis zur rechten SPD- und Gewerkschaftsführung reichen und vor allem einem Ziel verpflichtet sein: der Arbeitsbeschaffung.

Schleicher versuchte, zunächst durchaus mit Erfolgsaussichten, die Reichstagsabgeordneten der NS-Linken auf seine Seite zu ziehen, er wollte die NSDAP spalten.

Bei den wiederum vorgezogenen neuen Reichstagswahlen am 6. November 1932 erlitten die Nazis rund zwei Millionen Stimmenverluste im Vergleich zu den Wahlen davor, deshalb entstand in Teilen der Partei Unzufriedenheit mit dem Kurs Hitlers. Von den 196 NS-Abgeordneten des Reichstags hätten eventuell – so die Rechnung Schleichers – 60 bis 100 für eine Regierungsbeteilung votieren können, die nicht unter der Führung Adolf Hitlers stehen würde, sondern unter einem Kanzler aus den Reihen der bürgerlichen Parteien. Aber derartige Planspiele führten nicht zum Ziel, blieben Illusionen.[31]

Planspiele ganz anderer Art, die wesentlich realistischer waren, ließ Schleicher von Oberst Eugen Ott aus der Wehrmachtsabteilung des Reichswehrministeriums anfertigen: Unter dem Eindruck des (wilden) Verkehrsarbeiterstreiks in Berlin (3. bis 9. November 1932) sollte einmal durchgespielt werden, wie ein Ausnahmezustand im Reich zu überstehen sei. Die Studie ging dabei von einem allgemeinen Generalstreik und einem gleichzeitigen Aufstand der Radikalen von links und rechts aus, also der denkbar schwierigsten Lage.[32]

Teilnehmer an diesem Planspiel der Reichswehr waren am 25. und 26. November die Chefs der Stäbe von fünf Divisionen, hohe Marineoffiziere, Polizeiführer und Angehörige der Technischen Nothilfe sowie leitende Mitarbeiter von Behörden.

Auf Befehl der Reichswehrführung wurde zu diesem Bürgerkriegsplanspiel auch Hauptmann Vincenz Müller vom 7. Pionier-Bataillon aus München in die Reichshauptstadt gerufen; beteiligt war außerdem der damalige Oberleutnant Adolf Heusinger, später Chef der Operationsabteilung im Generalstab des Heeres und nach dem Zweiten Weltkrieg erster Generalinspekteur der Bundeswehr. Aus diesem Arbeitskontakt entstand zwar keine Freundschaft zwischen den beiden Offizieren, man begegnete sich jedoch seither mit gegenseitigem Respekt und sollte sich im Krieg vertrauliche Mitteilungen schreiben.

Das Ergebnis der Übung erschreckte die Verantwortlichen: Die Reichswehr wäre in einer Großkrise nicht in der Lage gewesen, Sicherheit und Ordnung im Lande zu garantieren. Überlegungen der Regierung Papen, mit Hilfe des militärischen Ausnahmezustandes in einer solchen Krise über die Runden zu kommen, hatten sich damit erübrigt.

Eine der Schlußfolgerungen aus dem Planspiel war es, die Reichswehr für die Abwehr von inneren Unruhen im Reich zu stärken. Wer war dazu besser geeignet als Vincenz Müller aus München! Abermals wurde der Hauptmann nach Berlin befohlen und von Oberst Ott in die Bearbeitung einer neuen Vorschrift eingewiesen. Das Dokument sollte folgende Grundsätze enthalten: Festlegungen über den Truppeneinsatz im Innern, über den Waffengebrauch, die Befugnisse der Militärbefehlshaber und Truppenführer, Festlegungen zum Verhältnis von Reichswehr und zivilen Behörden, Sicherstellung der Nachrichtenverbindungen sowie Schutzvorschriften für lebenswichtige Objekte. Mit einem Satz: Müller hatte so etwas wie eine Notstandsgesetzgebung auszuarbeiten. Wer einen solchen Auftrag erhielt, zählte zu den Vertrauenspersonen ersten Grades. Auftraggeber war Kurt von Schleicher.

Der war Anfang Dezember 1932 selbst Reichskanzler geworden, er blieb zugleich auch Reichswehrminister. Spätestens jetzt war der Freund und Förderer der wichtigste Mann der Republik; die Ausarbeitung der neuen Vorschrift konnte nur bedeuten, daß er die Anwendung militärischer Gewalt im Innern nicht ausschloß.

Schleicher bemühte sich abermals darum, eine »Querfront« zu etablieren, um überhaupt eine eigene parlamentarische Basis zu erhalten. Hitler aber lehnte alle Angebote ab und strebte nach wie vor die ganze Macht an.

Am 15. Dezember 1932 wandte sich Schleicher über den Rundfunk mit einer Regierungserklärung an das Volk und versprach, keine Militärdiktatur errichten zu wollen und vor allem einem Ziel verpflichtet zu sein: Der Arbeitsbeschaffung, dem wirtschaftlichen Wiederaufschwung. Die öffentliche Ordnung des Staatswesens sei im Moment gesichert, wenn es aber erneut zu staatsgefährdenden Unruhen komme, werde er handeln – eine sehr einschneidende Verordnung läge dafür »im Schubkasten« bereit.

Spätestens hier dürfte Vincenz Müller aufgemerkt haben, das war sein Metier, auf diesem Gebiet war er in den letzten Wochen und Monaten tätig gewesen, diese Verordnung hatte er vorbereitet.

Das öffentliche Echo auf diese Rede war insgesamt verhalten positiv, aber die Messer zum Sturz der Regierung wurden bereits gewetzt. Die angekündigten sozialpolitischen Maßnahmen, verbunden mit Elementen einer modernen Wirtschaftspolitik, fanden kaum Unterstützung in rechtskonservativen Kreisen, und der Linken gingen sie nicht weit genug. Dennoch glaubte Schleicher, mit Hilfe von Notverordnungen und immer wieder neuen Parlamentsmehrheiten bestimmte Gesetzesvorhaben verwirklichen zu können; notfalls war er bereit, den Reichstag erneut aufzulösen. Hinter dem Rücken des amtierenden Reichskanzlers machte sich allerdings sein Vorgänger daran, die politischen Gewichte zu verschieben: Franz von Papen verfolgte eigene Pläne und wollte zurück an die Macht. Dazu bediente er sich nun Adolf Hitlers, den er »einzubinden« versuchte in eine national-konservative Regierung, getragen von der Deutsch-Nationalen Volkspartei und den Nazis, die tatsächlich zustande kam.

Reichskanzler Kurt von Schleicher war jetzt gezwungen, die offene Auseinandersetzung zu suchen und bat den Reichspräsidenten am 23. Januar um die Vollmacht, den Reichstag aufzulösen. Eine Neuwahl solle dann vorerst ausgesetzt und der Staatsnotstand erklärt werden, bei gleichzeitigem Verbot der KPD und NSDAP. Damit holte Schleicher die große Keule der Staatsgewalt hervor und drohte mit einer befristeten Militärdiktatur. Der Reichpräsident aber sollte sich verweigern, er befürwortete eine neue Regierung Papen.

Franz von Papen hatte aber inzwischen die Kanzlerschaft von Hitler akzeptiert. Wiederholt verlangte Schleicher Vollmachten zur Auflösung des Reichstags, ohne Erfolg. Paul von Hindenburg lehnte ab, und Schleicher erklärte am 28. Januar seinen Rücktritt als Reichskanzler.[33]

Vincenz Müller, abgeordnet in die Wehrmachtsabteilung des Reichswehrministeriums zur Überarbeitung der Reichswehrvorschrift »Verwendung im Reich«, beobachtete die dramatischen Vorgänge aus nächster Nähe. Er und seine Kameraden versuchten bis zuletzt, ihren alten Chef zu stützen. Forderungen, den Ausnahmezustand auszurufen bzw. die Reichswehr einzusetzen, lehnte Schleicher unter Hinweis auf die Verfassungswidrigkeit des Ansinnens ab und vergab damit die letzte Chance, die Weimarer Republik zu retten.

Die Nervosität der Lage kennzeichnete ein am späten Nachmittag des 29. Januar aufkommendes Gerücht, Schleicher habe die Potsdamer Reichswehrgarnison alarmiert und es stünde ein Putsch bevor, um die bevorstehende Regierungsbildung zu verhindern und den Reichspräsidenten festzusetzen.[34] Das Gerücht erwies sich als falsch, es reichte aber aus, um die Bildung der Hitler-Regierung zu beschleunigen und den noch amtierenden Reichswehrminister Schleicher schnellstmöglich abzulösen: Am 30. Januar 1933, noch vor Bildung des neuen Kabinetts, wurde General Werner von Blomberg vom Reichspräsidenten zum neuen Reichswehrminister ernannt – ein Mann, der den Nazis nahestand.

Vincenz Müller hatte die Absetzung seines Freundes und Förderers Schleicher mit Sorge verfolgt und sicher gehofft, daß sich noch eine gütliche Lösung finden würde. Die trat nicht ein. Die Beziehungen zwischen Müller und Schleicher rissen aber auch nach dessen Entlassung nicht ab; man traf sich nun ab und an privat und diskutierte offen über Vergangenheit und Gegenwart, was den neuen Machthabern natürlich zu Ohren kam. Vorerst blieb Müller im Ministerium und konnte seine Arbeit an der Vorschrift »Verwendung im Reich« beenden, bevor er im Frühjahr 1933 in sein altes Pionier-Bataillon nach München zurückkehrte.

Schon im April 1933 erhielt er eine andere Aufgabe: Für die kommenden zweieinhalb Jahre sollte er Leiter der Mobilmachungsorganisation im Generalstab des Wehrkreiskommandos VII (München) werden, am 1. Dezember – kurz nach seinem 39. Geburtstag – erfolgte die Beförderung zum Major i. G.; damit nahm Müller endlich die »Majorsecke«. Daß dies erst unter dem neuen Regime geschah, war den Sparsamkeitsgeboten der Weimarer Republik und der Reichswehr zuzuschreiben.

Die Republik von Weimar hat das politische Denken Vincenz Müllers entscheidend geprägt, in den 20er und frühen 30er Jahren wurde er ein Anhänger der Republik, befürwortete den Pluralismus des politischen Systems, schätzte dessen bürgerlich-demokratische und künstlerische Freiheiten.

Der Dienst im Reichswehrministerium unter seinem Freund und Förderer Kurt von Schleicher hat ihm die militärische Karriere geebnet. Müller sah in Schleicher sein persönliches Vorbild, bewunderte den Mann, der schon als Major und Oberstleutnant über Einfluß verfügte, den höhere und hohe Offiziere nie erhalten sollten. Müller gewann durch seinen sechsjährigen Dienst im Reichswehrministerium Einblicke in Reichswehr und Staat und dazu Ansehen und Gestaltungschancen, von denen andere nur träumen konnten. Er kam als Bürooffizier und als Referent in der Wehrmachtsabteilung mit Leuten zusammen, die ihn, den Gerbermeistersohn aus Bayern und Subalternoffizier der Pionierwaffe, ansonsten nicht eines Blickes gewürdigt hätten. Die Tätigkeit im Reichswehrministerium bedeutete für den Oberleutnant und Hauptmann den sozialen Aufstieg in einer Militärgesellschaft, die seinerzeit noch überproportional vom Adel dominiert wurde.

In den Jahren der Weimarer Republik prägten sich wesentliche Charakterzüge Müllers aus. Schleicher hatte eine Atmosphäre der Offenheit und Toleranz um sich verbreitet, und nicht zuletzt durch dessen Einfluß und Vorbild entwickelte Müller Verhaltensweisen, die jenseits bis dahin üblicher preußischer Offiziersumgangsformen lagen. Er katzbuckelte nicht nach oben, sondern ging – ermuntert von Schleicher – eigene Wege. Im Kreise seiner Kameraden galt er nach wie vor als ein sehr gebildeter und qualifizierter Offizier mit starkem Gerechtigkeitsgefühl, zugleich aber auch als temperamentvoll – in der Regel freundlich und sachlich, gelegentlich aber aufbrausend und unbeherrscht. Daran hatte sich nichts geändert.

Auf Grund seiner humanistisch-christlichen Erziehung war ihm das »Rabaukentum« der Nazis von Beginn an fremd. Ihr Aufstieg bereitete ihm Gewissensqualen. Müller stand 1932/33 auf der Seite der Demokraten von Weimar, er wollte den Niedergang des Staates nicht, er glaubte – wie sein Freund und Förderer – bis Anfang 1933 daran, daß die Hitleranhänger eine Übergangserscheinung seien, die man in ein demokratisches System einbinden könnte. Müller schätzte die bürgerlichen Freiheiten der Republik, ihn bedrückten aber die wirtschaftlichen Probleme, vor allem die Massenarbeitslosigkeit. Er war wie Schleicher offen für einen »Dritten Weg« in der Gesellschafts- und Wirtschaftsordnung, er tendierte zu einem vom Staat gezügelten Kapitalismus.

Außenpolitisch setzte er auf einen Ausgleich mit der UdSSR, ohne ostorientiert zu sein; er wollte lediglich eine geregelte, gute Nachbarschaft mit den Russen und eine Politik ihnen gegenüber, die der des Fürsten Otto von Bismarck entsprach. Als Berufsoffizier belasteten ihn die alliierten Siegerauflagen und der Versailler Vertrag, die der Republik und vor allem der Reichswehr kaum Entwicklungsmöglichkeiten ließen. Er neigte aber nicht zur Revanchepolitik wie viele seiner Kameraden, sondern befürwortete eher eine Revision der Bestimmungen im gegenseitigen Einvernehmen.

Militärische Professionalität und Pflichtbewußtsein – Nationalsozialismus und Zweiter Weltkrieg (1933–1944)

Karriere kontra Gewissensnot – Aufbau der Wehrmacht (1933–1939)

Mit der Machtübernahme der Nazis am 30. Januar 1933 war es mit der bisherigen Bescheidenheit der Reichswehr vorbei: Adolf Hitler forcierte von Anfang an deren Aufrüstung und garantierte der Reichswehrführung, ihre Streitkräfte als einzig reguläre Truppe zu akzeptieren – zum Entsetzen der SA-Leitung unter Ernst Röhm. Dieser hatte sich Hoffnungen auf eigene bewaffnete Militärformationen gemacht oder wollte zumindest Teile der SA in die Reichswehr überführen. Röhm, ein ehemaliger Hauptmann, jetzt Stabschef der SA, gab seine Ansprüche so schnell nicht auf und glaubte, Hitler würde letztlich nicht über diese Forderungen hinweggehen, wenn man sie nur energisch genug geltend machte. Die SA ihrerseits suchte Kontakt zur Reichswehr, um ihre Absichten durchzusetzen, traf dort aber auf einhellige Ablehnung: Mehrheitlich wollte man mit den braunen Kolonnen nichts zu tun haben.

Diese Haltung vertrat auch Vincenz Müller, seit April 1933 im Generalstab des Wehrkreiskommandos VII (München) mit dem Aufbau der Mobilmachungsorganisation beauftragt. Er sollte hier die personelle und materielle Aufstockung der Reichswehr in die Wege leiten, dabei vertraute man seinen Kenntnissen und seiner Durchsetzungsfähigkeit. Sein oberster Vorgesetzter in München war General Ritter von Leeb, mit dem er schon in den 20er Jahren im Auftrage Schleichers korrespondiert hatte; man kannte sich also. Leeb förderte Müller, da er dessen fachliche Qualitäten schätzte. Darüber hinaus waren sie landsmannschaftlich verbunden und hatten das gleiche christlich-katholische Bekenntnis. Was aber noch wichtiger war: Beide nahmen auf Grund ihrer Herkunft und Erziehung eine distanzierte Haltung zur NSDAP ein. Sie erlebten Adolf Hitler im April 1933, als er in München vor Offizieren im Kasino des Infanterieregiments 19 sprach und wo auch Leeb das Wort ergriff. Während der Reichswehrgeneral bewußt die Gegenwart aussparte, von alten Zeiten schwärmte und damit an den Offizieren vorbeiredete, stieß die Ansprache Hitlers bei der Mehrzahl der Anwesenden auf begeisterte Zustimmung, da der neue Reichskanzler versprach, die Wehrmacht künftig »groß und stark« zu machen. Im übrigen würde die Reichswehr der einzige Waffenträger der Nation bleiben, und demnächst seien viele Änderungen zugunsten der Streitkräfte zu erwarten.

Müller verfolgte die Hitler-Rede eigenen Angaben zufolge ohne innere Begeisterung, er wartete erst einmal ab und hoffte auf andere Zeiten. Das hinderte ihn nicht daran, als Berufsoffizier mehr als seine Pflicht zu tun. Noch fragte er nicht nach den politischen Auswirkungen der Aufrüstung und begriff sich jetzt ausschließlich als Soldat. Dabei hatte er zunächst sogar mit vielen militärischen Zielen der neuen Herren sympathisiert; als Offizier konnte er nichts gegen eine Aufwertung der Truppe haben, von der er selbst profitierte. Schließlich plante man schon in der Reichswehr der Weimarer Republik eine starke Aufstockung der Streitkräfte, die jetzt von der Naziführung verwirklicht wurde.

Seine Auffassung von Pflichterfüllung brachte ihn bis an die Grenze seiner persönlichen Leistungsfähigkeit, manchmal auch darüber hinaus. Sein nicht nachlassender Ehrgeiz trieb ihn an, und noch hielt der Enddreißiger das gesundheitlich durch, trotz seiner Vorschädigung durch Malaria. Für ein Familienleben blieb ihm nur wenig Raum. Die knapp bemessene freie Zeit verbrachte er mit seiner Frau und seinem Sohn in Deggendorf, später zogen die beiden zu ihm nach München, in eine gemeinsame Wohnung in der Viktor-Scheffel-Straße 19 im Stadtteil Schwabing.

Als Generalstabsoffizier beim Münchener Wehrkreiskommando hatte er ab und an Gelegenheit zu Dienstreisen nach Berlin. Zu den früheren Kameraden hielt er Kontakt. Auch die Verbindung zu Kurt von Schleicher ließ er nicht abreißen, obwohl das mittlerweile seiner Karriere sicher eher schadete. Bei einem Besuch Müllers im Potsdamer Haus des ehemaligen Reichskanzlers, wo auch Generalmajor Ferdinand von Bredow und ein Ehepaar aus Vorpommern anwesend waren, kam es zwischen Schleicher und Müller zu einer längeren Aussprache über die Ereignisse von 1932/33. Schleicher nahm die Gelegenheit wahr, Müller rückblickend seine Absichten und den Verlauf der Dinge darzulegen. Dabei bezeichnete Schleicher den Sohn des Reichspräsidenten, Oskar von Hindenburg, als »gemeinen, hinterhältigen Intriganten, der ihn um das Vertrauen des Reichspräsidenten gebracht« habe. Ähnlich kritisch äußerte sich der Ex-Kanzler über Franz von Papen. Seine Motive und Absichten, so erklärte er seinem Gast, hätten darin bestanden, die NSDAP an das herrschende System heranzuführen wie 1918/19 die SPD an den Staat – bei gleichzeitiger Bekämpfung der radikalen Teile. Er sei der Auffassung gewesen, daß es in der SA »viele gute Kräfte« gegeben habe, und nur weil er die NSDAP von der Macht fernhalten wollte, habe er mit Röhm, Strasser und auch mit Hitler persönlich verhandelt. Schließlich sei ihm die Zeit davongelaufen, da er sein eigenes Regierungsprogramm noch nicht einmal ansatzweise hätte verwirklichen können. Die Verhandlungen mit den Gewerkschaften seien durchaus aussichtsreich gewesen.

Es kennzeichnete das enge Vertrauensverhältnis der beiden Männer, daß Schleicher offen über seine Sicht auf die Ereignisse sprach und Fehler einräumte. Müller beschränkte sich aufs Zuhören und stellte nur einige wenige Fragen, beide schieden in freundschaftlichem Einvernehmen.[35] Es sollte ihr letztes Zusammentreffen gewesen sein.

Zwei Monate später, am 30. Juni 1934, wurden Kurt von Schleicher und seine Ehefrau sowie General von Bredow in Folge der sogenannten Röhmaffäre von SS-Angehörigen umgebracht. Vincenz Müller war indirekt mit den Mordaktionen der Nazis befaßt, weil er – wie es der Zufall wollte – als Verbindungsoffizier der Reichswehr zum bayerischen Innenministerium mit dem Geschehen konfrontiert wurde.

Der Befehlshaber des Wehrkreiskommandos München, General Wilhelm Adam, schickte Müller in der Nacht vom 29. zum 30. Juni entsprechend einer Weisung aus Berlin zum bayerischen Innenminister, wo er einen »wichtigen Befehl« des Reichskanzlers Adolf Hitler entgegennehmen sollte. Es ginge um die SA, erfuhr Müller aus wenigen Sätzen von Adam, Näheres wußte der General nicht. Der bayerische Innenminister informierte ihn genauer: »Es gilt, eine geplante Revolte der SA niederzuschlagen. Der Führer hat alle hohen SA-Führer zu einer Besprechung nach Wiessee bestellt. Das dürfen Sie aber nur Ihrem Befehlshaber mitteilen. Der Führer wird Ihnen Weiteres sagen.«[36]

Hitler traf kurz nach 2.00 Uhr am Morgen des 30. Juni im bayerischen Innenministerium ein und fragte sogleich nach dem »befehlsempfangenden Offizier«, worauf sich Müller bei ihm meldete, um die Weisung entgegenzunehmen: »Sagen Sie Ihrem Befehlshaber, was sich in den nächsten Stunden hier abspielen wird, ist reine Sache der Partei. Die Truppenteile haben in den Kasernen zu bleiben. Die Truppe hat mit der ganzen Sache nichts zu tun. Wir waschen unsere dreckige Wäsche allein. Eine Gemeinheit ist nur, daß die Generale von Schleicher und von Bredow dabei sind.«[37]

Müller konnte sich auf Grund seines letzten Gesprächs mit Schleicher nur schwer vorstellen, daß dieser mit Röhm in Verbindung stehen könnte und gemeinsam mit ihm gegen die NSDAP vorgehen wollte. Schleicher hatte sich ausgesprochen abfällig über Röhm geäußert. Doch Müller erkannte die Gefahr, in der sein vertrauter Freund stand, und dachte darüber nach, ihn zu warnen. General Adam, dem er seine Sorge mitteilte, hielt ihm entgegen: »Wie stellen Sie sich das denn vor? Die hören doch sein Telefon ab, wenn sie ihn nicht schon verhaftet haben.«[38]

Das Gespräch Müller – Adam fand am frühen Morgen des 30. Juni statt, die SS-Mörder sollten erst mittags in das Haus von Schleicher eindringen und ihn erschießen, eine Warnung wäre also noch zur rechten Zeit gekommen. Müller hätte aus eigenem Antrieb handeln und von sich aus Schleicher über die Gefahr informieren müssen, das war er ihm eigentlich schuldig. Ob allerdings Schleicher daraus Konsequenzen gezogen hätte, ist fraglich. Daß man ihn ermorden wollte, wäre ihm vermutlich ganz unglaubhaft vorgekommen und war in der Tat bis dahin unvorstellbar; in Deutschland war es bislang nicht üblich, ehemalige Reichskanzler und Generale umzubringen.

Mit diesen Morden ließen die Nazis ihre letzte Maske fallen. Was am 30. Juni 1934 geschah, öffnete den Weg in ein Terrorsystem, an dessen Ende der Holocaust stand.

Unfaßbar ist es aus heutiger Sicht, daß die Verantwortlichen in der Reichswehr diese Morde hinnahmen. Immerhin, so berichtete Müller in seinen Lebenserinnerungen, fand beim Befehlshaber des Münchener Wehrkreiskommandos am 1. Juli eine längere Unterredung statt, die die Ereignisse zum Inhalt hatte. Das Ergebnis der Zusammenkunft faßte General Wilhelm Adam mit dem Satz zusammen: »Für die Reichswehr ist die Frage der Erschießung der Generale Schleicher und Bredow wichtig ... Sind sie nur als unliebsame Zeitgenossen erledigt worden, so können wir das einfach nicht hinnehmen.«[39] Ein derartiger Beitrag war mehr als das, was sich Reichswehroffiziere normalerweise erlauben durften, und wird Hitler mit Sicherheit verärgert haben.

Im Pionier-Bataillon 7 in München war die Erregung im Offizierskorps so heftig, daß Major i. G. Vincenz Müller auf Bitten des Kommandeurs seine Kameraden darüber aufklären mußte, was geschehen war; anders war der Empörung nicht beizukommen. Am Nachmittag des 2. Juli erläuterte er die Vorkommnisse, hielt sich aber weitestgehend bedeckt und verbreitete nur die amtliche Version. Abschließend verwies er auf die angekündigte Rede Hitlers. Mehr konnte er nicht tun, wollte er sich nicht selbst gefährden, eine Verurteilung der Maßnahmen hätte den Abschied von der Truppe bedeutet. Er wird unter der Ermordung seines Freundes und Förderers gelitten haben. Daß die NS-Anschuldigungen gegen Schleicher aus der Luft gegriffen waren, hat er gewußt.

Die Erklärung Hitlers zu den Ereignissen erfolgte am 13. Juli vor dem Reichstag. Der Kanzler fabulierte von angeblichen Verschwörern gegen das Reich und von Plänen Röhms und Schleichers, das derzeitige Regime gewaltsam zu verändern. Schleicher sei an der außenpolitischen Vorbereitung der »Aktion« maßgeblich beteiligt gewesen, Bredow habe Kurieraufgaben ausgeübt. Auch Gregor Strasser, den die Nazis ebenfalls umbrachten, sei »beigezogen« worden und in den Putschversuch verstrickt. Schließlich wurden die Morde vom Reichstag im nachhinein von Hitler für legal erklärt, weil sie in Staatsnotwehr erfolgt seien.

Es spricht für die Courage vieler Offiziere, daß sie sich mit diesen Erklärungen nicht zufriedengaben. Insbesondere die Tötung der beiden Reichswehrgenerale sorgte für Unruhe, und sie forderten von ihrem Oberbefehlshaber eine genaue Untersuchung der Vorgänge. General von Fritsch, der 1938 selbst über eine üble Intrige stürzen sollte, wandte sich an Reichswehrminister Werner von Blomberg und bat um Aufklärung. Der aber beschied, daß es genügend Beweise gegen Schleicher und Bredow gebe, im übrigen sei eine offizielle Untersuchung außerhalb jeder Diskussion. Intern versuchte der »Schlieffen-Verein«, eine Gruppierung ehemaliger Generalstabsoffiziere, der auch Schleicher und Bredow angehört hatten, die beiden Generale zu rehabilitieren, was wenigstens teilweise gelingen sollte. Politische Führung und Reichswehrleitung nahmen das unwillig zur Kenntnis und verordneten im April 1935 »Schluß der Debatte«: Eine geheime Anordnung des Reichswehrministers Blomberg verbot es Reichswehroffizieren, über den Tod der beiden Generale weiterhin zu sprechen.[40]

Klaus-Jürgen Müller, einer der bekanntesten deutschen Militärhistoriker, kam zu dem Urteil, daß beim Offizierskorps der Reichswehr in den Fällen Schleicher und Bredow Grundsätze von »Ehre und Kameradschaft« deshalb nicht durchsetzungsfähig waren, weil die legitimierten Vertreter der Streitkräfte bereits in die NS-Machenschaften verstrickt gewesen seien. Zugleich wies er darauf hin, daß dieses Ereignis für manche Offiziere Auslöser dafür war, über das neue Regime mehr als bisher nachzudenken und auf Abstand zu gehen.[41]

Inwieweit das auch für Vincenz Müller zutraf, bleibt im ungewissen. Er hatte den Tod seines Freundes und Förderers zu beklagen – da liegt es auf der Hand, daß er starken Gewissensnöten ausgesetzt gewesen sein dürfte, denn von nun an diente er den Mördern seines Vorbilds. Tatsache bleibt, daß er den Dienst nicht aufgab, was ihm sein damals achtjähriger Sohn, der mit Schleicher seinen Patenonkel »Schleich« verlor, später zum Vorwurf machte.

Aus heutiger Sicht ist Müllers Inkonsequenz, sein Stillhalten, auf den ersten Blick nur schwer nachvollziehbar. Verständlicher wird seine Haltung nur, wenn man bedenkt, was eine Demissionierung nach sich gezogen hätte: 1934 war der Major fast 40 Jahre alt und seit 20 Jahren Berufssoldat, eine vergleichbare zivile berufliche Alternative war damit ausgeschlossen; er hätte einen sozialen Abstieg in Kauf nehmen müssen. Und er wird, wie auch immer die Umstände waren, noch immer gern Offizier gewesen sein, und: Er stand mit seiner Entscheidung nicht allein. Viele seiner Offizierskameraden in höheren und hohen Dienstgraden hatten den Dienst ebenfalls nicht quittiert, obwohl auch sie die Ereignisse mit Empörung wahrnahmen und den Nazis ablehnend gegenüberstanden. Dazu zählten in erster Linie ältere Offiziere und Generale national-konservativer Gesinnung mit religiösem Hintergrund. Solange diese Männer »bei der Fahne« blieben, wird Müller, wie andere auch, darauf gehofft haben, daß Hitler nur eine Episode sei.

Im September 1935 wurde Müller abermals in die deutsche Hauptstadt versetzt und im neuen Generalstab des Heeres (dem bisherigen Truppenamt) mit der Leitung der Gruppe Mobilmachung betraut. Dieser Aufgabe widmete er sich zwei Jahre lang, ab 1. April 1936 als Oberstleutnant i.G. Die Mobilmachungsorganisation hatte er von der militärischen Pike auf gelernt und bereits in München auf diesem Feld Erfolge erzielt.

Nach Ausrufung der »Wehrhoheit« mit der Wiedereinführung der allgemeinen Wehrpflicht im März 1935 beabsichtigten die NS-Machthaber, die Deutsche Wehrmacht personell stark aufzustocken, wobei ihnen die nach dem Tod des Reichspräsidenten Paul von Hindenburg

(2. August 1934) unmittelbar auf Adolf Hitler vereidigten Offiziere mehrheitlich freudig folgten. Müller beobachtete Tempo und Umfang der Wiederaufrüstung mit zunehmender Sorge, da er als Generalstabsoffizier den Wert einer soliden, längeren Ausbildung schätzte. Er teilte in dieser Zeit offenbar die Befürchtungen des Oberbefehlshabers des Heeres, des Generalobersten Fritsch, der die von Hitler und Blomberg befohlene Eile der Aufrüstung als nachteilig für das innere Gefüge der Truppe ansah. Und der Oberstleutnant äußerte sich, zumindest im engeren Kreise seiner Kameraden, besorgt darüber, daß nun ein anderes Offizierskorps im Entstehen sei, das auf forcierte Aufrüstung setze. Er kritisierte intern, daß man denjenigen Offizieren mit Verabschiedung drohe, die sich diesem Weg widersetzten. Müller sah darin eine »Korrumpierung und Einschüchterung«.[42]

In der neuen Dienststellung im Generalstab des Heeres bewährte sich Müller wie gehabt, seine Vorgesetzten waren mit ihm zufrieden. Quasi als Belohnung konnte er im Sommer 1937 wieder einmal in sein Lieblingsland Italien reisen und an Manövern der faschistisch-italienischen Armee teilnehmen. Auf Grund seiner perfekten italienischen Sprachkenntnisse war er in der Lage, auch Mängel in Ausbildung und Führung der Truppe zu erkennen.

Von Oktober 1937 bis März 1938 kommandierte man Müller an die neu gegründete Wehrmachtsakademie, die unter Leitung von General Wilhelm Adam stand, den er schon aus seiner Münchener Zeit kannte. Während des Halbjahreslehrgangs bekam Müller vom Oberbefehlshaber des Heeres Fritsch den Befehl, deutsche Ausbildungseinrichtungen in Spanien zu inspizieren, die dort zur Unterstützung franco-spanischer Truppen unter dem Kommando der »Legion Condor« eingerichtet worden waren. Die Flugreise führte ihn von Ende Dezember 1937 bis zum 15. Januar 1938 an die Panzer-, Artillerie-, Nachrichten- und Infanterieschule in Alhama, Burgos, Valladolid, Avila und Toledo, wo er innerhalb von drei Wochen im Auftrage des Oberkommandos des Heeres Lehrkräfte und Ausbilder überprüfte. Diese Inspektionsreise durfte als abermaliger Vertrauensbeweis angesehen werden, der ihm von Seiten des Oberbefehlshabers zuteil wurde und der Müller seit den 20er Jahren persönlich kannte.

Kurz nach seiner Rückkehr aus Spanien überstürzten sich die Ereignisse in der obersten Wehrmachtführung: Werner Freiherr von Fritsch, Heeresoberbefehlshaber, wurde wegen homosexueller Vorwürfe aus dem Amt gedrängt, und Reichskriegsminister Werner von Blomberg hatte seinen Dienst aufzugeben, weil er »unstandesgemäß« eine Frau geheiratet hatte, die zuvor im ältesten Gewerbe der Welt tätig gewesen war. Am 4. Februar 1938 erfuhr die Öffentlichkeit, daß der Reichskriegsminister und der Oberbefehlshaber des Heeres »aus Gesundheitsgründen« ausgeschieden seien und der »Führer und Reichskanzler« nun selbst den Oberbefehl über die Wehrmacht übernommen habe.

Aus der Sicht der Nazis war diese neue Machtkonzentration nur konsequent und längst überfällig. Hitler etablierte anstelle des alten Reichskriegsministeriums ein Oberkommando der Wehrmacht, das vom »Führer« künftig eher als sein persönlicher Arbeitsstab angesehen werden sollte; außerdem entstand ein Wehrmachtführungsamt (später Wehrmachtführungsstab), das bestimmte operative und/oder militärpolitische Probleme lösen sollte. Praktisch gab es nunmehr vier Generalstäbe: Das OKW mit dem Wehrmachtführungsamt, das Oberkommando bzw. den Generalstab des Heeres, das Oberkommando der Luftwaffe mit dem Generalstab der Luftwaffe und das Oberkommando der Kriegsmarine bzw. die Seekriegsleitung (Admiralstab). Daneben existierte noch eine Generaladjutantur, die mit jungen Offizieren besetzt wurde, die dem »Führer« besonders ergeben waren.

Damit wurden nicht etwa übersichtliche Strukturen geschaffen, sondern ein organisatorisches Durcheinander, das im Zweiten Weltkrieg noch böse Folgen haben sollte.

Über allen diesen hohen militärischen Dienststellen thronte Hitler als Oberbefehlshaber der Wehrmacht.

Müller hatte die unwürdige Verabschiedung des Generalobersten Fritsch, dem er einmal für kurze Zeit als Ordonnanzoffizier zugeordnet worden war, ebenso entsetzt wie die Mehrzahl seiner Kameraden. Aber die höchsten Offiziere schwiegen auch hier, zeigten sich zwar »unangenehm berührt«, vermieden jedoch jede ernsthafte Solidarität mit ihrem verabschiedeten Oberbefehlshaber.

Generaloberst Fritsch gelang es schließlich, sich zu rehabilitieren, doch wurde er nie wieder in Führungsfunktionen verwendet. Zu Beginn des Zweiten Weltkrieges suchte er vor Warschau am 22. September 1939 den Tod.

Die Verabschiedung des Generalobersten paßte vor allem SS-Führer Heinrich Himmler ins Konzept, weil sich Fritsch in der Vergangenheit mehrmals gegen die Waffen-SS gewandt und deren Auflösung gefordert hatte.

Neuer Oberbefehlshaber des Heeres wurde Generaloberst Walther von Brauchitsch, der dieses Amt bis Ende 1941 bekleidete. Chef des Stabes blieb – vorerst wenigstens – der General der Artillerie Ludwig Beck, der sich 1938 bei Hitler allerdings schon unbeliebt gemacht hatte, weil er einen Krieg verhindern wollte und dem »Führer« und Reichskanzler alle Pläne auszureden suchte, diesen weiter vorzubereiten.

Beck sollte nach seiner Verabschiedung zum führenden Kopf des konservativen Widerstands im Dritten Reich werden, und sein Name ist bis heute untrennbar mit dem 20. Juli 1944, dem Attentat auf Hitler, verbunden. Sein Nachfolger als Chef des Generalstabes des Heeres wurde am 1. September 1938 der Generalleutnant Franz Halder.

Das Jahr 1938, das letzte Friedensjahr, brachte in der Führung der Streitkräfte die stärksten Veränderungen, die es seit 1933 gab. Mit Brauchitsch und Halder standen nun zwei hohe Offiziere an der Spitze des Heeres, die als regimetreu galten, aber – wie sich später noch zeigen sollte – alles andere als willenlose Werkzeuge Hitlers waren.

Auch für Oberstleutnant i. G. Vincenz Müller ergaben sich im Jahr 1938 einschneidende Änderungen: Im März kam er als Erster Generalstabsoffizier (Ia) zur Heeresgruppe 2 nach Kassel und bekleidete von nun an eine Dienststellung, die seinen Neigungen und Fähigkeiten voll entsprach. Der Ia ist nach dem Oberbefehlshaber und Chef des Stabes der drittwichtigste Mann einer solchen Formation, gewissermaßen ein »Mädchen für alles« auf hohem Niveau und Cheforganisator einer Armee bzw. Heeresgruppe.

Auf diesem Posten konnte Müller nun all seine Erfahrungen und Fähigkeiten, die er im Laufe der Jahre erworben hatte, einbringen.

Oberbefehlshaber der Heeresgruppe 2 war zunächst General Erwin von Witzleben (1938/39), danach – ab September 1939 – Generaloberst Wilhelm Ritter von Leeb. Mit letzterem war Müller schon näher bekannt.

Die Heeresgruppe 2, später Heeresgruppe C, zunächst in Kassel, dann in Frankfurt am Main, hatte den Auf- und Ausbau der Befestigungen im Westen Deutschlands zu besorgen; darüber hinaus war die Heeresgruppe gehalten, Truppenteile aufzustellen und auszubilden, die den Festungskampf beherrschten und eventuell auch als Besatzung des »Westwalls« Verwendung finden konnten. Mit andern Worten:

Die Heeresgruppe war dafür ausersehen, die künftige Westfront gegen Frankreich zu sichern, von Luxemburg bis zur Schweizer Grenze.

Die Truppe war eher »schwach dotiert«, verfügte also weder über Panzerverbände noch über ausreichende Panzerabwehrmittel, das Gros stellten Infanterie-Divisionen; wichtige operative Aufgaben waren mit derartigen Kräften nicht zu bewältigen.

Am 1. Januar 1939 beförderte man Müller zum Oberst i.G. und gewährte ihm damit bereits die dritte Höherstufung seit dem Machtantritt der Nazis 1933. Seine hochwertige Generalstabsausbildung in der Weimarer Republik zahlte sich jetzt im Regime Hitlers aus, der sich anschickte, die Nachkriegsordnung in Europa gewaltsam zu verändern. Instrument dieser Revisions- und Revanchepolitik sollte die Wehrmacht werden, die Oberst i.G. Vincenz Müller in leitenden Dienstpositionen mit aufgebaut hatte. Sein Ehrgeiz und sein militärisches Können hatten ihn in gefährliche Nähe zur Macht gebracht, einer Macht, die sich diametral zu den Werten seiner humanistisch-christlichen Erziehung verhielt. Hoffnungen, daß Hitler nur eine Episode sein würde, hatten sich 1934/35 zerschlagen.

Wenn Müller seinem Gewissen gefolgt wäre, hätte er spätestens Mitte 1934 – nach der Ermordung Schleichers – die Uniform ausziehen müssen. Aber Müller wählte die Karriere, paßte sich an, machte mit wie so viele andere auch. Er fand nicht die Kraft, sich zu verweigern, er ließ sich einbinden in ein System, das er eigentlich ablehnen mußte. Die »Teilidentität der Ziele« (Manfred Messerschmidt) mit den Nazis, hier bezogen auf den Aufbau der Wehrmacht, führte bei Müller zur »Teilkorrumpierung« seines Gewissens.

Im März 1939 konnte Müller, inzwischen mit seiner Familie in Frankfurt am Main, Schumannstraße 65 wohnhaft, noch einmal für vier Wochen in Urlaub an die italienische Riviera fahren. Es sollte für lange Zeit sein letzter Urlaub gewesen sein.

Versuchte Verschwörung – Erstes Kriegsjahr (1939/40)

Zu den beiden Oberbefehlshabern der Heeresgruppe, Witzleben und Leeb, hatte Müller einen persönlichen Zugang, beide schätzten den Oberst. Mit dem Chef des Generalstabes der Heeresgruppe, Generalleutnant Georg von Sodenstern, war Müller sogar in Duzfreundschaft verbunden.

Witzleben, Leeb und Sodenstern gehörten zur Fraktion der sogenannten Skeptiker in der deutschen Generalität.[43] So bezeichnete man hohe Offiziere, die nicht dem »Genie« Hitlers verfallen waren und manche seiner Ansichten nicht teilten, vor allem aber keinen neuen Krieg riskieren wollten. In diesem Kreis, und dazu zählte Müller auch, war man mehr oder weniger entschlossen, den »Führer« eher gewaltsam abzusetzen als einen Waffengang zu wagen.

Daß Hitler auf Krieg zusteuerte, war 1938 in der Sudeten- oder Tschechenkrise deutlich geworden; durch das Münchener Abkommen konnte der Frieden noch einmal gesichert werden, aber nicht für lange Zeit. Als die Wehrmacht im Frühjahr 1939 die »Rest-Tschechei« besetzte und Böhmen und Mähren zum Protektorat des Reiches wurden, stieg die Kriegsgefahr in Europa an. Und die Lage sollte sich noch verschärfen, als die Nazis die Korridorfrage mit massiven Drohungen lösen wollten. Der Korridor trennte seit dem Ende des Ersten Weltkrieges das Reich von der Provinz Ostpreußen und gehörte zu Polen. Die polnische Regierung war nicht bereit, Entgegenkommen zu zeigen und dem Reich einen kontrollfreien Transit zu gewähren, so daß eine friedliche Beilegung des Konflikts kaum noch möglich schien. Die Westmächte Frankreich und England standen zu Polen, die Polen selbst vertrauten den Schutzversprechungen und erwarteten keinen deutschen Angriff.

Hitler aber gab nichts auf die Schutzversprechungen und glaubte, ein gewaltsames Vorgehen gegen Polen würde folgenlos bleiben. Und er sicherte sich im August 1939 durch einen Nichtangriffspakt mit Moskau gegen einen möglichen Zweifrontenkrieg ab und schloß ein Freundschafts- und Grenzabkommen mit der UdSSR. Nun konnte der Krieg gegen den ungeliebten Nachbarn im Osten beginnen, das Risiko schien gering zu sein und ein längerer Waffengang vermeidbar. Wehrmacht und Rote Armee besetzten Polen in einem Blitzkrieg und teilten es auf. Doch Frankreich und England kamen ihren Bündnisverpflichtungen nach und erklärten – zur Überraschung der Nazis – Anfang September 1939 dem Reich den Krieg.

Zunächst hatte das keine großen Auswirkungen, denn die Streitkräfte beider Länder blieben in Frankreich stehen und begnügten sich mit gelegentlichen Artillerieüberfällen auf deutsches Gebiet. Das dauerte von September 1939 bis Mai 1940 und ging als »Sitzkrieg« in die Geschichte ein.

Müllers Heeresgruppe C unter dem Oberbefehlshaber Leeb stand an der Grenze zu Frankreich, noch ohne eigentliche Feindberührung.

Nach dem deutschen Überfall auf Polen am 1. September 1939 verstärkten die Generale Witzleben, Leeb und Sodenstern ihre Bemühungen, Adolf Hitler festzusetzen, um den Krieg baldmöglichst zu beenden.[44] Die ersten größeren Verbrechen, angerichtet von der SS in Polen, wurden bekannt und führten in Teilen der Wehrmachtsführung zu der Überzeugung, jetzt handeln zu müssen. Vincenz Müller wurde in die konspirativen Absichten eingeweiht, die zunächst vor allem von Sodenstern und Witzleben ausgingen.[48] Der Oberst war ihnen als Nazigegner bekannt, galt als zupackend und gewandt; außerdem kannte man sich persönlich seit Jahren, zum Teil sogar seit Jahrzehnten. Daß Müller mit Schleicher befreundet gewesen war, mag das Zutrauen zu ihm noch gestärkt haben.

Oberst Hans Oster besuchte Müller im Auftrag von General Witzleben Anfang November 1939 in Frankfurt am Main und erläuterte ihm ausführlich den geplanten Putsch gegen Hitler, vermutlich mit Duldung seines Chefs, des Admirals Wilhelm Canaris, Leiter des Amtes Ausland/Abwehr im Oberkommando der Wehrmacht. Nach Ansicht von Oster sollte unbedingt vor Beginn der geplanten Westoffensive der Wehrmacht gegen Frankreich gehandelt werden. Da diese Offensive immer wieder verschoben wurde, glaubte man in Teilen der Führung, es könne doch noch zu einer Verständigung zwischen Hitler und England kommen.

Oster informierte Müller, daß man fest mit der Unterstützung des Generalstabschefs des Heeres, Franz Halder, rechne. Eingeweiht in die Putschabsichten seien darüber hinaus der Oberquartiermeister I im Generalstab des Heeres, Carl-Heinrich von Stülpnagel, der Oberstleutnant i. G. Henning von Tresckow vom Generalstab der Heeresgruppe A und Oberstleutnant Helmut Groscurth von der Abteilung Heereswesen im OKH.

Dann präsentierte Oster ihm zwei Aufrufentwürfe – an das »Deutsche Volk« und an die »Deutsche Wehrmacht« – in denen es unter anderem hieß, daß man Hitler und Göring beseitigen müsse, um den Krieg zu beenden.

Auf Müllers neugierige Frage, wer denn die beiden Herren beseitigen solle, wo und wann und bei welcher Gelegenheit, mußte Oster einräumen, daß sich bislang niemand gefunden hätte, »Hand anzulegen«, ein Attentäter also noch nicht zur Verfügung stehe. Müller hielt es für angezeigt, Oster darauf hinzuweisen, daß die Vorbereitungen für den Putsch wohl »noch wenig fortgeschritten« seien und redete Oster ins Gewissen, künftig nichts Schriftliches mit sich zu führen, weil das viel zu gefährlich wäre. Die beiden Aufrufentwürfe wurden sofort verbrannt.[45]

Kurz darauf bat Witzleben Müller – nach Rücksprache mit Leeb – sich noch in der Nacht vom 9. zum 10. November 1939 nach Zossen zum OKH zu begeben und Franz Halder aufzusuchen. Er solle Halder sagen, daß Leeb eine Denkschrift gegen den Westfeldzug ausarbeite, und ihn fragen, ob dieses Dokument seiner Ansicht nach Einfluß auf Hitler und Brauchitsch haben könne. Sodann habe er den Generalstabschef über den Besuch Osters zu informieren und Halder zu sagen, daß er – Witzleben – diesem Mann »bedingungslos vertraue«, deshalb habe er Unterstützung verdient. Ferner beauftragte Witzleben ihn, Halder nach möglichen zuverlässigen Truppen zu fragen, die im Falle des Putsches zum Einsatz kommen könnten.

Das Vier-Augen-Gespräch zwischen Vincenz Müller und Franz Halder kam am Morgen des 10. November 1939 in Zossen zustande. Das Ergebnis dürfte die Verschwörer in der Heeresgruppe C kaum zufriedengestellt haben, denn Halder machte keinerlei Zusagen. Er verstehe zwar, daß Witzleben ihn dränge, aber er könne »keine Division verschieben«, auch auf die Besetzung der Kommandostellen habe er keinen Zugriff.

Carl-Heinrich von Stülpnagel, Oberquartiermeister I im Generalstab des Heeres, den Müller auftragsgemäß über das Gespräch informierte, ließ sich nicht entmutigen und kam zwei Tage später in die Mainmetropole zu einem Treffen mit Oberst Müller und General Witzleben, der über Halders Reaktion äußerst ungehalten war. Stülpnagel forderte Müller auf, »mit Vorsicht Divisions- und Regimentskommandeure festzustellen, auf die man sich verlassen« könne.

Versuche des Oberstleutnants i. G. Henning von Tresckow, den Generaloberst Fedor von Bock, Oberbefehlshaber der Heeresgruppe B, sowie den Oberbefehlshaber der Heeresgruppe A, Generaloberst Gerd von Rundstedt, und dessen Chef des Stabes, Generalmajor Erich von Manstein, für ihre Pläne zu gewinnen, schlugen fehl – die Generale wollten, so ließ er Müller wissen, von Putschplänen nichts hören.[46]

Vincenz Müller war an allen Aktionen der Verschwörer beteiligt: Er fungierte als Kontaktperson und Mittelsmann zwischen den Generalen der Heeresgruppe C und dem Oberkommando des Heeres und führte wichtige Gespräche unter anderem mit den Widerständlern Hans Oster und Henning von Tresckow.

Der Ia der Heeresgruppe C stand damit im Herbst 1939 im Zentrum der Anti-Hitler-Fronde der deutschen Generalität, was darauf schließen läßt, daß er sich mit den Putschabsichten voll identifiziert hatte.

Die diversen konspirativen Kontakte im Herbst 1939 haben zu einem erheblichen Teil seine spätere militärische Laufbahn beeinflußt. Offiziere und Generale, darunter einige in höchsten Funktionen wie z. B. Franz Halder, die in diesen Wochen mit Müller zusammentrafen, um mit ihm über einen möglichen Putsch gegen Hitler zu sprechen, konnten sich auch später auf seine absolute Integrität und Verschwiegenheit verlassen. Diese Geheimtreffen unter dem Siegel dienstlicher Belange schufen eine starke Vertrauensbasis, da man sich seines Gegenübers absolut sicher sein mußte. Schließlich war das, was man plante, in den Augen der NS-Machthaber Hochverrat und bedeutete – vor allem in Kriegszeiten – bei Entdeckung den sicheren Tod. Es gehörte viel persönlicher Mut dazu, sich in solche Kreise zu begeben. Müller ist während des Krieges immer wieder einmal auf Vorgesetzte getroffen, die ihn als Mitverschwörer kannten und schätzten; das gilt in erster Linie für den General der Infanterie, Carl-Heinrich von Stülpnagel, und für General Gerd von Sodenstern.

Müllers eigentliche Aufgabe im Herbst 1939 und im Winter 1939/40 bestand darin, kritische Abschnitte der Front zu besuchen, oft als Begleitung des Oberbefehlshabers. Mehrmals war er in Berlin und in Zossen, um neue oder geänderte Angriffspläne für den künftigen Westfeldzug der Wehrmacht in Empfang zu nehmen sowie eigene Vorstellungen bzw. die seiner unmittelbaren Vorgesetzten einzubringen. Das wiederholte sich bis Anfang Mai 1940; immer neue und modifizierte

Pläne mußten ausgearbeitet werden, weil die Offensive der Wehrmacht wieder und wieder, bis zum 10. Mai 1940, verschoben wurde. Die Wehrmacht besiegte Frankreich dann in nur sechs Wochen. Bereits am 24. Juni trat das Waffenstillstandsabkommen in Kraft.

Kaum einer der Offiziere und Generale hatte mit einem so raschen Sieg über Frankreich gerechnet. Die meisten hatten einen monate- bzw. jahrelangen Stellungskrieg wie einst 1914/18 erwartet. Zu ihnen gehörte auch Oberst i. G. Müller.

Mit dem Waffenstillstand trat etwas Ruhe ein, und der Stab der Heeresgruppe Leeb siedelte nach Dijon um, einer größeren Stadt im Osten Frankreichs. Jedoch schon Ende Juni brachte Müller aus Versailles Befehle zur Umgruppierung des Heeres mit, die am 12. Juli in Kraft traten: Zur Heeresgruppe C mit dem Oberbefehlshaber Generalfeldmarschall von Leeb gehörten von nun an die 2. Armee (unter Weichs), die 12. Armee (unter List) und – wie bisher – die 1. Armee (unter Witzleben).

Der schnelle Sieg über Frankreich beförderte Pläne, jetzt auch noch die neutrale Schweiz »zu kassieren«. Die Heeresgruppe Leeb stand in der Nähe zur Grenze. Im Oberkommando des Heeres hatte man bereits mit Vorplanungen begonnen und wohl auch Leeb informiert. Jedenfalls brach der schon am 10. Juli in Begleitung seines Ia Vincenz Müller zur »Erkundung« der Schweizer Grenze auf und notierte in sein Tagebuch: »Keine Geländeschwierigkeiten bei Einmarsch in die Schweiz!«[47]

Die Vorbereitungen zur Invasion wurden unter dem Namen »Operation Tannenbaum« getroffen. Den Auftrag erhielt die Heeresgruppe Leeb am 26. August 1940 aus der Operationsabteilung des Generalstabes des Heeres; zugleich ergingen Rahmenanweisungen, an denen Adolf Heusinger, seit Herbst 1940 Chef der Operationsabteilung, mitgewirkt haben soll. Der Stab der Heeresgruppe legte am 4. Oktober das Papier für die »Operation Tannenbaum« vor – den Plan zum Überfall auf die Schweiz. Mit ziemlicher Sicherheit hat Vincenz Müller daran mitgewirkt.

Die Sowjetunion und in ihrem Schlepptau die DDR bemühten sich Anfang der 60er Jahre auf Grund dieser Planungen, den damaligen neuen Vorsitzenden des NATO-Militärausschusses, General Adolf Heusinger, zuvor Generalinspekteur der Bundeswehr, zu belasten und ihm die Vorbereitung eines Angriffskrieges auf die Schweiz zuzuschreiben. Westdeutsche Militärhistoriker wie Georg Meyer, der Biograph Heusingers, konnten aber nachweisen, daß die Beteiligung des Generals nur marginaler Natur gewesen war und statt dessen Vincenz Müller auf Grund seiner Funktion als Ia einen weitaus größeren Anteil am Zustandekommen des Projekts hatte, was nur logisch war.[48]

Ulrich de Maizière, 1940 erster Ordonnanzoffizier in der Heeresgruppe C in Dijon, bestätigte in seinen Erinnerungen, daß es den Auftrag für einen Operationsplan zur Besetzung der Schweiz gegeben hat. Leeb habe selbst diesen Plan ausgearbeitet, aber parallel seien Arbeiten des Stabschefs und des Ia entstanden, die im Kreise der Führungsabteilung des Generalstabes der Heeresgruppe beraten wurden.[49]

De Maizière, in der Bundeswehr Generalinspekteur und Vier-Sterne-General, ist einer der wenigen Zeitzeugen, die Vincenz Müller in Frankreich ein knappes halbes Jahr aus nächster Nähe erlebten. In seinen Memoiren berichtete er, daß ihm der Oberst i. G. als »schwieriger Vorgesetzter« angekündigt worden war. Als junger Hauptmann mit abgeschlossener Generalstabsausbildung erlebte de Maizière seinen Vorgesetzten als »Vollblutbayern« mit einem kaum zu bändigendem Temperament. Der hohe Bundeswehroffizier, ein Onkel des letzten DDR-Ministerpräsidenten Lothar de Maizière, beschrieb Müller als »intelligent, selbstbewußt und ehrgeizig« mit der Tendenz zu Stimmungsumschwüngen von größter Gelassenheit zu unkontrollierten Wutausbrüchen. Müller hätte als Ia intensiv und rasch gearbeitet, und ihm sei aufgefallen, daß dieser sich gegenüber Unterstellten fürsorglich verhielt, was auch Schreibkräfte, Fahrer und Fernsprechpersonal einschloß.[50]

Ein Vorgang vom Oktober 1940 bestätigt diese Beobachtung, als Müller die nochmalige Fahrt eines Sonderzugs von Dijon an die Atlantikküste organisierte, um nicht nur Offizieren einen Kurzurlaub zu ermöglichen, sondern auch »dem letzten Schneider und Schuster« des Stabes.[51] Müller zeigte sich nach wie vor als Offizier ohne Standesdünkel, er hatte sich in seiner jetzigen, höheren Funktion nicht verändert und seine eigene Herkunft nicht vergessen.

Die Operation gegen die Schweiz wäre nur ein Nebenkriegsschauplatz geworden, wenn man ihn denn eröffnet hätte. Wichtiger war und blieb die Vorbereitung auf die Invasion Großbritanniens, das »Unternehmen Seelöwe«. Heute wissen wir allerdings, daß auch dieses Unternehmen nicht mit der Ernsthaftigkeit vorbereitet wurde wie seinerzeit verkündet, denn der Blick hatte sich mehr und mehr nach Osten gerichtet. Schon im Spätsommer 1940 ließ der Generalstabschef des Heeres, Generaloberst Franz Halder, einen »Plan Otto« ausarbeiten, der den Angriff auf die UdSSR vorsah.

Generalmajor Erich Marcks, 1940 Chef des Generalstabes der 18. Armee, einst ein Kamerad Müllers in der Abteilung Schleichers, der ihn in den 20er Jahren in die Geheimnisse der Reichswehr einwies und der später Pressechef Schleichers war, wurde von Halder beauftragt, erste Angriffspläne gegen Rußland zu entwerfen. Das war Ende Juli 1940!

Hitler hatte soeben verkündet, daß man – wenn die notwendige Luftherrschaft über England nicht erreichbar sei – zu »anderen Plänen« greifen müsse; dazu gehörte der Gedanke, vertragsbrüchig die UdSSR anzugreifen. Verwöhnt und geblendet durch die Erfolge der Wehrmacht im Westen plante man nunmehr einen »Blitzfeldzug« gegen Rußland. Am 31. Juli 1940 teilte Hitler der Militärführung auf dem Obersalzberg mit, daß der Ostfeldzug vorzubereiten sei, man aber allein für den Aufmarsch der 140 Divisionen neun Monate veranschlagen müsse; der früheste Termin für den Überfall sei deshalb der Mai 1941.[52]

Von jetzt an begann man im großen Stil damit, Verbände in den Osten zu verlegen. Dazu gehörten auch Teile der Heeresgruppe C, in der Müller als Ia diente. Müller hatte Leeb bereits am 25. August 1940 Mitteilung darüber gemacht, daß sich ein Offizier aus dem Oberkommando des Heeres »verplappert« und die Möglichkeit einer Verwendung der Heeresgruppe im Osten angedeutet habe.

Im September 1940 beorderte man Müller nach Fontainebleau, wo ihn General Friedrich Paulus, jetzt Oberquartiermeister I im Generalstab des Heeres, darüber unterrichtete, daß der Stab der Heeresgruppe C zum 1. November nach Dresden verlegt werden solle, um die Ausbildung neu aufgestellter Divisionen zu leiten.[53] Paulus, der nunmehr das »Unternehmen Barbarossa«, den Angriff auf die Sowjetunion, vorbereiten half, dürfte Müller zwar nicht über den bevorstehenden Überfall informiert haben, der Oberst wird sich aber seinen Reim auf die Maßnahmen gemacht und geahnt haben, wohin die Reise geht.

Das Oberkommando des Heeres hielt Oberst i. G. Vincenz Müller offenbar für geeignet, neue und höhere Aufgaben zu übernehmen: Mit Wirkung vom 20. Dezember 1940 wurde er Generalstabschef der neuen 17. Armee, das Armeeoberkommando trat im polnischen Winterkurort Zakopane (südlich von Krakau gelegen) zusammen.[54] Innerhalb weniger Wochen gelang es Müller, aus dem Armeeoberkommando – zuletzt rund 200 Mann stark – eine einsatzfähige Einheit zu bilden, zu der später, am 22. Februar 1941, der neue Oberbefehlshaber der Armee, General der Infanterie Carl-Heinrich von Stülpnagel, stieß. Man kannte sich aus früheren Tagen ...

Die Generalität billigte die Vorbereitungen des Ostfeldzuges und ließ sich einspannen in Aktivitäten, die vertragsbrüchig waren. Die militärischen Erfolge im Westen hatten viele geblendet, und man schien der Wehrmacht alles zuzutrauen. Auch diejenigen, die Hitler 1939/40 absetzen wollten, zeigten offenbar wenig Skrupel, die UdSSR zu überfallen – um eine spätere Gefährdung des Reiches auszuschließen, befürwortete man einen sogenannten Präventivkrieg.

Wagen statt Wägen – Ostfeldzug der Wehrmacht (1941)

Anfang Februar 1941 fand in St. Germain bei Paris ein sogenanntes Kriegsspiel statt, bei dem der Überfall auf Rußland geprobt wurde. Die Leitung lag bei Generalleutnant Georg v. Sodenstern, dem Chef des Stabes der Heeresgruppe A. Herangezogen wurden dazu die Chefs der Generalstäbe der 11., 17. und 6. Armee sowie der Panzergruppe 1 – also auch Vincenz Müller – und die »Feindbearbeiter« des Armeeoberkommandos, die Ic (die dritten Generalstabsoffiziere, die für Abwehraufgaben zuständig waren).

Das Kriegsspiel simulierte den Aufmarsch bis zum Raum um Kiew, der Hauptstadt der Ukraine – es enthielt bereits »Grundgedanken« der späteren endgültigen Aufmarschplanung, die unter der Bezeichnung »Unternehmen Barbarossa« in die Geschichte der deutsch-russischen Beziehungen einging.[55] Hitler erließ dazu die »Weisung des OKW Nr. 21« vom 18. Dezember 1940, in der die Angriffsvorbereitungen, die allgemeinen Absichten des Feldzuges und die Führung der geplanten Operationen zusammengefaßt wurden. Die Vorbereitungen sollten bis zum 15. Mai 1941 abgeschlossen sein.[56]

Wie nicht anders zu erwarten, löste Vincenz Müller mit größter Arbeitsintensität und dem ihm eigenen Geschick den Aufbau des Armeeoberkommandos 17. Sein Oberbefehlshaber ließ ihm weitgehend freie Hand. Müller konnte sich darauf verlassen, daß er vom Oberkommando des Heeres Unterstützung erfuhr – der Generalstabschef selbst hatte bei Müllers Einsetzung zum Stabschef »nachgeholfen« und General von Stülpnagel bewußt einen energischen Mann an die Seite gestellt.

Dennoch lief nicht alles nach Plan: Im Frühjahr 1941 sah sich das Armeeoberkommando 17 mit »Umsiedlern« konfrontiert, die zu Zehntausenden in das Aufstellungs- und Ausbildungsgebiet der 17. Armee »verschoben« wurden. Dabei handelte es sich um Polen und Juden, die aus den neu angegliederten Ostgebieten des Reiches (Danzig-Westpreußen, Wartheland) kamen und nunmehr im Generalgouvernement angesiedelt werden sollten. Die Zwangsumsiedlung erfolgte durch das Reichssicherheitshauptamt der SS.

Müller bzw. das Armeeoberkommando 17 wandte sich an die deutsche Verwaltung des Generalgouvernements in Krakau und wollte zumindest eine Verzögerung der Antransporte erwirken, weil man die Unterkünfte für die eigene Truppe brauchte. Aber auch Fernschreiben an die vorgesetzten Dienststellen der Wehrmacht brachten keinen Erfolg; sie erwirkten lediglich eine zeitweilige Verzögerung.[57]

Führung und Soldaten der 17. Armee konnten sehen, unter welchen menschenunwürdigen Bedingungen Transport und »Ansiedlung« der Polen und Juden erfolgten. So wurden sie aus unmittelbarer Nähe mit der brutalen Rassenpolitik der Nazis konfrontiert. Die Mehrheit dürfte weggeschaut oder diese Vorgänge als »Kriegsfolgelasten« angesehen haben. Vorstellbar, daß die Ereignisse die ohnehin schlechte Moral und Stimmung der Truppe gedrückt haben.

Die Lage verschlechterte sich weiter, als wegen des Balkanfeldzugs im April 1941 der Angriff auf die UdSSR verschoben werden mußte und für den Ostfeldzug vorgesehene Truppenteile zur Eroberung Jugoslawiens und Griechenlands abgezogen wurden. Der Überfall auf die Sowjetunion – für Mai 1941 geplant – konnte nun erst vier bis fünf Wochen später beginnen. Betroffen war davon auch die 17. Armee, die das ihr zugeordnete XXXXIX. Gebirgs-Armeekorps, bestehend aus der 1. und 4. Gebirgsdivision, erst verspätet in Empfang nehmen konnte, weil sich dieses auf dem Balkan befand.

Alle Angriffsvorbereitungen der Wehrmacht liefen streng verdeckt ab; man versuchte die Truppenkonzentrationen zu verschleiern und vermied es, deutsche Verbände zu nahe an der Demarkationslinie zu stationieren, um die gegnerische Aufklärung nicht auf sich aufmerksam zu machen. Die Russen waren jedoch – das ist heute belegt – über die deutschen Angriffsabsichten informiert, aber Stalin glaubte weder seiner eigenen Feindaufklärung noch Agentenhinweisen. Vermutlich war es für die sowjetische Partei- und Staatsführung nicht vorstellbar, daß Nazideutschland einen Zwei-Fronten-Krieg riskieren und bestehende, sehr vorteilhafte Verträge mit der UdSSR ohne Not brechen würde. Man hatte schließlich einen Nichtangriffspakt und einen Freundschafts- und Grenzvertrag mit dem Deutschen Reich geschlossen. Die Sowjets waren jedenfalls peinlich bemüht, alle Abmachungen mit Deutschland genau einzuhalten und zu erfüllen.[58]

Wie man heute weiß, hieß das nicht, daß man in Moskau nicht auch über Angriffshandlungen nachdachte. Es blieb jedoch bei den Absichten, konkrete Planungen gab es nur ansatzweise. Vor 1942 dachte man überhaupt nicht daran, aktiv zu werden. Die Stalinsche Führung war deshalb nicht friedlicher als die deutsche unter Hitler. Daß die Russen irgendwann angreifen würden, galt in deutschen Militärkreisen als sicher. Man rechnete mit einem solchen Angriff dann, wenn Deutschland in eine Schwächephase geraten würde. Deshalb glaubte man, einem russischen Angriff jetzt zuvorkommen zu müssen.

Völlig überraschend fand sich in einem Entwurf für eine »Eidesstattliche Erklärung« über die Vorbereitung des Überfalls auf die Sowjetunion im Jahre 1940/41, den Vincenz Müller 1959 in der DDR zu Papier gebracht hat, ein Beleg für die sowjetischen Angriffsabsichten. Im Zusammenhang mit der erzwungenen zeitweiligen Ausdünnung des Ostaufmarsches der Wehrmacht wegen des Balkankriegs hieß es in der Niederschrift des Generals:

»Die sowjetische Staatsführung hat diese wochenlange vorübergehende Schwäche der deutschen Angriffsvorbereitungen nicht zu einem eigenen Angriff ausgenutzt.«[59]

Diese Einlassung Müllers ist insofern interessant, als er zu DDR-Zeiten stets jedwede Angriffsabsicht der Sowjets geleugnet hat und die Ansicht vertrat, die Nazi- und Wehrmachtführung hätte zu keiner Zeit einen russischen Angriff für realistisch angenommen.

Von dem geplanten Angriff der Wehrmacht gegen die Sowjetunion will Müller erstmals im Dezember 1940 beim Kommando der Heeresgruppe C in Dresden erfahren haben. Er räumte in seinen Erinnerungen allerdings ein, erste Ahnungen, daß etwas gegen die UdSSR geplant sei, bereits während einer Besprechung bei Generalstabschef Franz Halder am 29. Juni 1940 in Versailles gehabt zu haben.

Trotzdem glaubte er lange Zeit nicht daran, daß es zu einem Ostfeldzug kommen werde; unter anderem deshalb nicht, weil Hitler sich selbst überhaupt nicht unmittelbar in die Aufmarschpläne einmischte, was er im Westfeldzug getan hatte.

Müller war von Anfang an nach eigenen Worten skeptisch, ob man die Russen werde bezwingen können, seiner Ansicht nach neigte man in der Wehrmachtführung zur Unterschätzung des Gegners.

Das bedeutet aber nicht, daß Müller sich zur Frage eines Angriffskrieges generell ablehnend verhalten hätte; als Berufsoffizier und Chef eines Armeegeneralstabes sah er sich in der Pflicht und war bereit, »seine« Armee überall einzusetzen, wo es die Machthaber verlangten. Zwar mögen ihn schon damals gelegentlich Ängste ob der Größe der Aufgabe befallen haben, nach außen hin war ihm das jedoch keinesfalls anzumerken: Verbal setzte er sich für den künftigen Kampf mit dem Gegner ein, praktisch bereitete er die 17. Armee für den neuen Feldzug vor. Zusammen mit seinem Oberbefehlshaber forcierte er die Ausbildung der Truppe und sorgte dafür, daß zum Beispiel die Panzerabwehrmöglichkeiten verbessert wurden. Da man nur über Infanterie- und Gebirgsjäger-Divisionen verfügte, war das zwingend nötig, zumal man auf starke feindliche Panzerkräfte zu treffen glaubte.

Das Kriegsspiel vom Frühjahr 1941 in Frankreich hatte genügend Anhaltspunkte dafür gegeben, welche Aufgaben der 17. Armee im Ostfeldzug zukamen: Sie hatte aus dem Raum Przemysel-Tomaszow heraus zu handeln und sollte dann westlich – mit Schwerpunkt auf dem linken Flügel – gegen Lemberg vorgehen, dann die Gegend um Winniza gewinnen, um danach – je nach Lage – den Angriff nach Osten oder Südosten fortzusetzen.

Man wollte also in die damalige Sowjetukraine vorstoßen, zusammen mit der nördlich stehenden 6. Armee und der Panzergruppe 1, und der südlich handelnden 11. Armee, die aus den Karpaten heraus antreten würde.

Der »Fall Barbarossa« sah vor, daß die Heeresgruppe Süd – dazu gehörte die 17. Armee Müllers – südlich der Pripjetsümpfe mit Schwerpunkt im Raum Lublin gegen Kiew vorgehen sollte, um mit den Panzerkräften schnell in die tiefe Flanke und in den Rücken der Sowjets zu stoßen und diese dann im »Zuge des Dnjepr« aufzurollen.

Der Südflügel der Gesamtoperation war am rechten Rand durch eine deutsch-rumänische Kampfgruppe abzudecken, während am Nordflügel der Heeresgruppe Süd die feindlichen Kräfte zu fesseln seien, um sie dann mit Hilfe der Luftwaffe an einem geordneten Rückzug zu hindern und ihnen den Weg über den Djestr zu verwehren.

Für die 17. Armee, die die Mitte der Heeresgruppe Süd bildete, wurde vom Oberkommando des Heeres festgelegt, daß »durch scharfes Vorgehen feindliche Kräfte« gebunden werden sollten, um die 6. Armee und die Panzergruppe 1 zu unterstützen.

Damit war klar, daß man vom ersten Tage an im Schatten der 6. Armee und der Panzergruppe 1 stehen würde, da eigene Operationen der 17. Armee wenigstens zunächst nur als Unterstützungsmaßnahmen gedacht waren.[60]

Während sich die Wehrmacht im Westfeldzug im allgemeinen an das Kriegsvölkerrecht hielt, sollte das im anstehenden Kampf gegen den »jüdischen Bolschewismus« nicht mehr der Fall sein; von vornherein wurde die Truppe darauf orientiert, im Gegner einen Feind zu sehen, der zu vernichten sei und bei dem jede Rücksichtnahme von Übel wäre. Adolf Hitler selbst stimmte schon im März 1941 die Generalität auf den künftigen Weltanschauungskrieg im Osten ein und verlangte die völlige Vernichtung des Sowjetkommunismus, die physische Ausrottung der Parteifunktionäre und der Sowjetintelligenz sowie die Aufteilung der UdSSR. Der Reichskanzler und Oberbefehlshaber der Wehrmacht setzte den Bolschewismus mit asozialem Verbrechertum gleich und forderte, vom Standpunkt des soldatischen Kameradentums abzurücken:

»Der Kommunist ist vorher kein Kamerad und nachher kein Kamerad. Es handelt sich um einen Vernichtungskampf«, bei dem die politischen Kommissare und GPU-Leute wie Verbrecher behandelt werden müßten; der Kampf werde sich im übrigen unterscheiden von dem im Westen, denn im Osten wäre »Härte mild«.[61]

Die Generalität der Wehrmacht widersprach Adolf Hitler nicht.

Der sogenannte Kommissarbefehl vom 6. Juni 1941 mit seinen »Richtlinien für die Behandlung politischer Kommissare« trieb diese Haltung auf die Spitze. Es hieß darin:

»Die Erledigung der politischen Kommissare bei der Truppe hat nach ihrer Absonderung außerhalb der eigentlichen Kampfzone unauffällig auf Befehl eines Offiziers zu erfolgen.«[62]

Damit verstieß die Wehrmacht gegen elementare Grundsätze des Kriegsvölkerrechts und wurde zu einer verbrecherischen Organisation. Es sprach für einige Oberbefehlshaber, daß sie den Kommissarbefehl nur widerstrebend weitergaben und seine Befolgung nur lax kontrollierten. Trotzdem brachte der Befehl bis zu seiner Aussetzung im Jahre 1942 Politoffizieren der Roten Armee den Tod, sobald sie in deutsche Gefangenschaft gerieten.

Von der 17. Armee wird berichtet, daß deren Oberbefehlshaber, General der Infanterie Carl-Heinrich von Stülpnagel, nach seiner Rückkehr aus Berlin noch nachts seinen Stabschef Vincenz Müller zu sich rief und ihm verbot, den Befehl an die Truppe weiterzugeben, daß Stülpnagel und Müller sich also sofort darüber einig waren, diese völkerrechtswidrige Maßnahme in ihrer Armee nicht anzuwenden.[63] Ob es sich wirklich so verhielt, kann nicht mit letzter Sicherheit geklärt werden, aber zumindest wurde der Kommissarbefehl so lange kaum angewandt, wie Stülpnagel die 17. Armee führte – bis Anfang Oktober 1941.

Neben dem Kommissarbefehl ergingen ein »Gerichtsbarkeitserlaß Barbarossa« sowie Vereinbarungen des Oberkommandos des Heeres mit dem Reichssicherheitshauptamt der SS über die Tätigkeit von Einsatzkommandos im rückwärtigen Heeresgebiet.

Alle diese Befehle und Erlasse waren völkerrechtswidrig und sollten auch in der 17. Armee zu Vorgängen führen, die durch nichts zu rechtfertigen waren. Das galt insbesondere für die Behandlung russischer Kriegsgefangener. Wenn Müller in Gewissensnöte geraten war, so blieb sein Spielraum gering; verweigern können hätte sich allenfalls der Oberbefehlshaber. Müller hat wie viele andere auch soldatisches Pflichtgefühl und militärische Professionalität über moralische Bedenken gestellt.

Zu bedenken ist außerdem, daß Leute wie Müller, liberal- bis national-konservativ gesinnt und im christlichen Glauben erzogen, die NS-Pläne hinsichtlich der UdSSR insoweit mitgetragen haben, wie diese auf die Beseitigung des atheistischen Bolschewismus abhoben, denn die christlichen Kirchen standen dem Sowjetkommunismus ablehnend bis feindlich gegenüber. Das wird auch bei Müller nicht anders gewesen sein. Außerdem: Er war seinerzeit von einer psychisch stabilen Konstitution und kein Mann des Wägens, sondern des Wagens, ein Tatmensch, nicht geplagt von vielen Zweifeln. Und somit funktionierte er reibungslos innerhalb des Systems, verteilte eben auch Anfang Juni 1941 die vom Armeeoberkommando 17 herausgegebenen »Richtlinien für das Verhalten der Truppe in Rußland«, die an Deutlichkeit nichts zu wünschen übrig ließen und mit folgenden »Hinweisen« begannen:

»Der Bolschewismus ist der Todfeind des nationalsozialistischen deutschen Volkes. Dieser zersetzenden Weltanschauung und ihren Trägern gilt Deutschlands Kampf. Dieser Kampf verlangt rücksichtsloses und energisches Durchgreifen gegen bolschewistische Hetzer, Freischärler, Saboteure, Juden und restlose Beseitigung jeden aktiven oder passiven Widerstandes.«[64]

Nach eigenem Bekunden hoffte Müller bis zuletzt, Hitler würde den Angriff auf die UdSSR abblasen. Nicht etwa, weil er diesen Kampf als verbrecherisch und vertragsbrüchig ansah, sondern weil er den Zwei-Fronten-Krieg fürchtete und darüber hinaus Bedenken hatte, ob die eigenen Kräfte ausreichten, die Sowjetunion zu besiegen. Müller teilte nie den forschen Optimismus der obersten Führung, die davon ausging, die UdSSR in ein paar Monaten niederringen zu können. Das bedeutete nicht, daß er der eigenen Kampfkraft mißtraute, doch war Müller realistisch genug, die Sowjets nicht zu unterschätzen, wie es seine Vorgesetzten taten.

Seit dem 22. April 1941 lag das Armeeoberkommando 17 im polnischen Rzeszow (deutsch: Reichshof). Es befand sich damit in der Nähe der deutsch-sowjetischen Demarkationslinie, die am Fluß San im Ergebnis des deutsch-sowjetischen Freundschafts- und Grenzvertrages 1939 gezogen worden war.

Die Kräfte wurden zunächst westlich der Linie beiderseits von Tarnow versammelt, etwa 100 Kilometer von der Demarkationslinie entfernt. Ost- bzw. feindwärts standen nur diejenigen Truppenteile, die dort bereits überwintert hatten; das russische Erkundungsbild an der Grenze blieb deshalb stets das gleiche. Erst zwei Tage vor dem Angriffstermin, also am 20. Juni 1941, rückten die Verbände der 17. Armee zur Grenze auf, am gleichen Tag verlegte man das Armeeoberkommando 17 von Reichshof in den vorbereiteten ersten Armeegefechtsstand nach Rudnik am mittleren San.

Damit standen jetzt rund 250000 Mann bereit, die in drei Armeekorps zusammengefaßt waren. Es handelte sich um das IV. und LII. AK sowie um das XXXXIX. Gebirgs-Armeekorps mit insgesamt 14 Divisionen. Unter letzteren befanden sich zwei sogenannte leichte Divisionen (später Jägerdivisionen), die über weniger Personal verfügten als eine normale deutsche Infanteriedivision. Die übrigen Verbände stellten Infanterie- und zwei Sicherungsdivisionen. Über Panzerkräfte verfügte die 17. Armee nicht. Insgesamt war die Armee damit »ungünstig dotiert« (so bezeichnet von Militärs) und bestand vor allem aus Infanterie, die den erhofften schnellen Durchbruch kaum garantieren konnte. Das Armeeoberkommando 17 mußte also auf die Angriffskraft der nördlich stehenden 6. Armee und der Panzergruppe 1 setzen. Zudem war die Flanke im Süden bedroht, weil die 11. Armee hier erst verspätet antreten sollte.

Von der eigenen Aufklärung wußte man, daß die Sowjets in Betonbefestigungen lagen und über Panzerverbände verfügten.

Alles in allem eine nicht eben günstige Ausgangsposition für das Armeeoberkommando 17, die an den Oberbefehlshaber und seinen Stabschef Vincenz Müller erhöhte Anforderungen stellte. Beide hatten während der Angriffsvorbereitungen richtig erkannt, daß die 17. Armee in eine schwierige Lage geraten würde und energisch die Zuführung weiterer Verbände gefordert, um die geplanten Operationen ausführen zu können. Schon in den ersten Kriegstagen zeigte sich, wie recht sie hatten; die eigenen Verluste waren außerordentlich hoch und wurden auch »oben« anerkannt, Folgerungen zog man dort aber daraus nicht.

Generalstabschef Franz Halder schrieb am 28. Juni 1941, dem siebten Kriegstag, in sein Tagebuch: »Schwerste Verluste bei 17. Armee; bei übrigen Armeen tragbar.«[65]

Chef ohne Befehlsgewalt – Führung der 17. Armee (1940–1943)

Mit seiner Einsetzung als Stabschef der 17. Armee unter dem Oberbefehlshaber Carl-Heinrich von Stülpnagel hatte Vincenz Müller den Höhepunkt seiner bisherigen Laufbahn erreicht. Der Chef des Generalstabes einer Armee – Müller war es von 1940 bis 1943 – verkörperte gewissermaßen das »andere Ich«[66] des Oberbefehlshabers, er hatte diesen in allen Angelegenheiten zu beraten und in seinem Auftrag Befehle und Anweisungen aller Art zu erlassen. In einer deutschen Armee war es üblich, daß der »Chef« immer auch alternative Vorschläge zu denen des Oberbefehlshabers machte, ihm mitunter widersprach bzw. dessen Überlegungen hinterfragte oder ihn wenigstens ergänzte.

Ein Stabschef hatte keine Befehlsgewalt über die Truppe; er gebot lediglich über die Offiziere seines Stabes, die den Generalstab bildeten, der für die 17. Armee aus rund 200 Personen bestand (ohne Hilfspersonal). Die Befehlsgebung wurde zumeist vom Chef vorbereitet, und die Befehle ergingen dann in der Regel »im Auftrag« oder »auf Befehl« des Oberbefehlshabers, auch wenn sie nur vom Stabschef unterzeichnet wurden. Darüber hinaus erließ ein Stabschef sogenannte Führungsanordnungen der Armee, die von der Führungsabteilung des Armeeoberkommandos ausgearbeitet wurden und Einzelfragen regelten.

Wie weit ein Stabschef bei der Ausgabe von Befehlen gehen konnte, ohne von seinem Oberbefehlshaber vorab ermächtigt worden zu sein oder ohne ihn vorher verständigt zu haben, hing von vielerlei Faktoren ab: von seiner eigenen Qualifikation, von seinem Dienstgrad, von der Art der Kommandostelle sowie – und das war entscheidend – von seinem persönlichen Verhältnis zum Oberbefehlshaber und von der Persönlichkeit des Oberbefehlshabers selbst.[67] In der Regel bestand zwischen dem Oberbefehlshaber einer Armee und seinem Stabschef ein Vertrauensverhältnis, was voraussetzte, daß man sich kannte und schätzte; schließlich mußte man sich aufeinander verlassen können.

Die oberste Führung war bestrebt, unterschiedliche Charaktere und Temperamente zusammenzubinden – einen dynamischen, wagemutigen Oberbefehlshaber und als Korrektiv einen wägenden, nachdenklichen Chef. Im Fall von Müller und Stülpnagel war es eher umgekehrt: Vincenz Müller galt als ausgesprochen temperamentvoll und als Mann von blitzschneller Auffassungsgabe und ebenso schneller Befehlsgebung. Die Führungsgremien ordneten ihn deshalb auch gern Oberbefehlshabern zu, die eher zu den vorsichtigen Truppenführern zählten – wie Carl-Heinrich von Stülpnagel, General der Infanterie. Er verkörperte den Typ des rücksichtsvollen Armeeführers, geleitet von wägendem Verstand, gebildet im klassischen Sinne, tief verwurzelt in den Ideen christlicher Humanität. In seinen Entschlüssen war er eher zögerlich – das Gegenteil von seinem Chef also. Trotzdem – oder gerade deshalb – kamen beide miteinander zurecht.

General Stülpnagel, der Anfang Oktober 1941 seinen Oberbefehl über die 17. Armee abgab, sollte später zum engsten Kreis der Widerständler des 20. Juli 1944 gehören und wurde von den Nazis nach dem Scheitern des Attentats umgebracht. Schon als Oberbefehlshaber der 17. Armee zeigte er kaum Sympathien für Hitler und seine Anhänger, darin fand er sich in Übereinstimmung mit seinem Stabschef. Man diskutierte im Armeeoberkommando recht offen. Auch Müller hielt mit seiner Meinung nicht zurück, so daß Stülpnagel sich öfter vor seinen Chef stellte, wenn der gegen die herrschende Partei opponierte, was bei nazitreuen Offizieren auf Unverständnis stieß und Anlaß hätte sein können für Meldungen nach »oben«. Der Oberbefehlshaber deckte seinen Stabschef, weil man sich in der Ablehnung Hitlers einig war, gegen den man 1939 schon einmal gemeinsam konspiriert hatte.

Die Aufgabe eines Stabschefs war es, im Auftrag des Oberbefehlshabers die führenden Offiziere der Armeekorps bzw. die Generalkommandos anzuleiten, die unter ihren Kommandierenden Generalen die Stabsarbeit in ihrem Korps verantworteten. Dazu ergingen Richtlinien zur Lagebeurteilung, zu Führungsfragen sowie zur Durchführung der Berichterstattung und des Meldewesens seitens des Armeeoberkommandos. In der 17. Armee wurde beispielsweise bestimmt, daß im Laufe von Operationen einer täglichen, mehrmaligen fernmündlichen Aussprache der Generalstäbe (Armeeoberkommando–Armeekorps–Division) unabhängig vom normalen Meldeverfahren erhöhte Bedeutung beizumessen sei. Korps und Divisionen hatten zwar generell Freiräume für eigenes, taktisches Handeln, mußten sich jedoch Weisungen des Armeechefs fügen, soweit diese die Gesamtkriegführung im Armeebereich betrafen. Vor allem mit den Kommandierenden Generalen, also den Befehlshabern der Korps, gab es Auseinandersetzungen, da diese eifersüchtig auf ihren Kompetenzen bestanden und sie gegen das Armeeoberkommando verteidigten. Der Chef des Armeestabes hatte immer die Intentionen seines Oberbefehlshabers zu vertreten, gegenüber den unterstellten Korps ebenso wie gegenüber der vorgesetzten Heeresgruppe. Er war gut beraten, sich in puncto Loyalität zu seinem Oberbefehlshaber, auch wenn er dessen Auffassungen nicht teilte, von keinem anderen Offizier des Stabes übertreffen zu lassen.

Der Chef der Armee war verpflichtet, ständig mit dem Chef der vorgesetzten Heeresgruppe zusammenzuarbeiten. Es erleichterte vieles, wenn die beiden Offiziere bzw. Generale sich kannten. Komplikationen in der Befehlsgebung und -durchführung hatten oft ihre Ursache in zerrütteten Vertrauensverhältnissen zwischen den Chefs der verschiedenen Ebenen von Korps, Armee und Heeresgruppe.

Auf das Armeeoberkommando 17 traf das nicht zu – Vincenz Müller und Georg von Sodenstern, Chef des Generalstabes der Heeresgruppe Süd, waren Duzfreunde und kannten sich gut; man hatte in der »Militäropposition« 1939 gemeinsame Ziele verfolgt. Zusätzlich erleichtert wurde die Zusammenarbeit sicher auch dadurch, daß der

Oberbefehlshaber der Heeresgruppe Süd, Generalfeldmarschall Gerd von Rundstedt (der im Dezember 1941 abgelöst werden sollte), ebenfalls mit Vincenz Müller bekannt war, und zwar seit 1932, als dieser als Sonderberater die Durchführung des »Preußenschlages« (Absetzung der preußischen Regierung) absicherte. So etwas vergißt man nicht.

Die engen Beziehungen sowohl zu Sodenstern als auch zu Rundstedt vereinfachten die Stabsarbeit für Müller, da aufkommende Interessenkonflikte schon im Ansatz auf dem kleinen Dienstweg entschärft werden konnten. Daß der Chef des Armeeoberkommandos 17 einen guten und kurzen Draht zur Heeresgruppe hatte, entlastete auch den Oberbefehlshaber der Armee, der seine Ansichten gegenüber seiner vorgesetzten Dienststelle leichter durchsetzen konnte, da Müller den Weg ebnete. Und noch etwas kam hinzu: Der Chef des Generalstabes des Heeres, Generaloberst Franz Halder, hielt seine schützende Hand über den Oberbefehlshaber und den Stabschef der 17. Armee, weil er beide Männer persönlich kannte und schätzte. Allerdings sollte das gute Einvernehmen zwischen Halder und Stülpnagel bzw. Müller im Sommer und Herbst 1941 getrübt werden, da die 17. Armee nicht die Geländegewinne erzielte, die man von ihr erwartete. Ein Grundvertrauen blieb aber erhalten, auch wenn sich das Verhältnis zwischen ihnen deutlich abkühlte.

Vincenz Müller verstand es, sich als Chef der 17. Armee unentbehrlich zu machen und »überlebte« so mehrere Oberbefehlshaber, die ihn alle akzeptierten und seine Arbeit schätzten. Dabei galt er als ausgesprochen schwieriger Stabschef, denn er neigte zum Widerspruch, insbesondere gegenüber seinem jeweiligen Oberbefehlshaber. Mit den Offizieren und Generalen der Armeekorps legte er sich ebenfalls häufig an, was öfter zu Beschwerden führte.

Seine Standzeit als Chef des Generalstabes der 17. Armee betrug schließlich fast zweieinhalb Jahre unter insgesamt drei verschiedenen Oberbefehlshabern. In dieser Zeit erhielt er wegen Tapferkeit vor dem Feind Anfang 1942 das »Deutsche Kreuz in Gold« und wurde zum Generalmajor befördert, schon ein Jahr später erfolgte seine Ernennung zum Generalleutnant.

In diesen Jahren hatte Müller auch mit unzähligen Offizieren und Generalen verbündeter Armeen zusammenzuarbeiten, die seiner 17. Armee zeitweise unterstellt waren. Dafür erhielt er höhere und hohe ausländische Orden wie z. B. zwei slowakische Auszeichnungen, den ungarischen Militärverdienstorden (»Komturkreuz des Ungarischen Verdienstordens am Kriegsbande mit Schwertern«), den rumänischen Kronenorden (»Komturkreuz des Ordens des Sterns von Rumänien mit Schwertern«) und den »Orden vom Heiligen Michael« sowie das »Komturkreuz des Ordens der Krone von Italien«. Legte Müller alle Orden an, weil das Protokoll es verlangte, sah er aus wie ein Schützenkönig oder ein hochdekorierter Sowjetmarschall.

Seine Vorgesetzten bescheinigten ihm die Qualifikation zum Divisionskommandeur und wenig später die zum Kommandierenden General (Befehlshaber eines Armeekorps), auch hielt man ihn für befähigt, Chef des Stabes einer Heeresgruppe zu werden oder eine Position im Oberkommando des Heeres oder im Oberkommando der Wehrmacht zu übernehmen. Vincenz Müller bewährte sich als Stabschef in einer Weise, die bei seinen Vorgesetzten kaum Wünsche offenließ. Die 17. Armee war zu einem erheblichen Teil das Ergebnis seiner Arbeit; er beeinflußte maßgeblich ihren Geist – das erkannte man auch »oben«, und das machte ihn für lange Zeit unabkömmlich.

Verstrickt in Verbrechen – Die Ereignisse in Lemberg (1941)

Am Morgen des 22. Juni 1941 brach der Angriff los, um 3.30 Uhr überfiel die Wehrmacht des Hitler-Regimes vertragsbrüchig und ohne vorherige Kriegserklärung die Sowjetunion.

Erste Aufgabe der 17. Armee war es, den Feind im Bereich Lemberg zu schlagen und – wenn möglich – zu vernichten. Die Angriffstruppen der Armee, die in Richtung Lemberg vorgingen, kamen, wie befürchtet, zunächst wegen starker russischer Gegenwehr nur langsam voran. Es sollte bis zum 27. Juni dauern, bis der erste Durchbruch in Galizien gelang und die gegnerischen Grenzbefestigungen überwunden werden konnten. Wie Müllers Erinnerungen zu entnehmen ist, traf die Truppe vor allem am linken Flügel der Armee (IV. Armeekorps) schon am ersten Tag im Gebiet beiderseits Rawa-Ruska auf starken Widerstand.

Der Vormarsch von Teilen des XXXXIX. Gebirgs-Armeekorps geriet bei Przemysel ins Stocken; die Stadt wurde zwar am 23. Juni von der 101. leichten Division (unter dem Kommandeur Generalmajor Erich Marcks, einst Kamerad von Vincenz Müller bei Schleicher) besetzt, mußte aber wieder aufgegeben werden und wurde erst am 27. Juni endgültig in Besitz genommen, was über die Heftigkeit der Kämpfe einiges aussagt. Immerhin gelang es der 17. Armee, alle Brükken über die San im Handstreich zu nehmen.

Von Beginn an war klar, daß die eigenen Kräfte für einen schnellen Vormarsch nicht ausreichen würden. Am ersten Tag des Feldzugs gab es zwischen Müller und dem Chef der Heeresgruppe Süd, Sodenstern, mehrfach telefonischen Kontakt; hauptsächlich ging es dabei um die Lage beim IV. Armeekorps. Die von Sodenstern angebotene Verstärkung durch Panzerkräfte konnte nicht realisiert werden, weil die dafür vorgesehene 13. Panzerdivision anderweitig eingesetzt werden mußte. Eine andere Panzerdivision stand nicht zur Verfügung – das IV. Armeekorps kam nur langsam voran, der Widerstand nahm zu. Die beiden anderen Armeekorps der 17. Armee, das XXXXIX. Gebirgs-Armeekorps und das LII. Armeekorps, konnten dagegen schneller an Boden gewinnen.

Wegen der offensichtlichen Schwierigkeiten schlug das AOK 17 der Heeresgruppe Süd vor, eine Umgruppierung der Kräfte vorzunehmen, um schneller nach Lemberg vorzudringen. Das wurde jedoch abschlägig beschieden.[68] Damit hatte das Armeeoberkommando 17 mit Abstand die schlechtesten Karten: Keine andere deutsche Armee an der Ostfront traf auf vergleichbar starken russischen Widerstand, bei keiner anderen Armee ging es so mühsam und unter hohen Verlusten vorwärts.

Das OKH drängte die Heeresgruppe Süd und diese die 17. Armee, möglichst bald den Durchbruch nach Lemberg zu erzwingen; darüber hinaus sollte die Panzergruppe 1 den operativen Durchbruch nördlich der 17. Armee anstreben und rasch weiter in den russischen Raum vorstoßen. Heeresgruppe und 17. Armee bremsten diese Absichten und wollten zunächst die »Schlacht um Lemberg« schlagen, alles weitere bezeichnete der Oberbefehlshaber der Armee zu diesem Zeitpunkt als »Operation in den Mond«.[69]

Die Lage bestätigte, daß das OKH als auch Hitler selbst den Gegner unterschätzt hatten und sie deshalb die Fronttruppe zwingen wollten, schnell große operative Erfolge zu erzielen. Dagegen vertraten Oberbefehlshaber und Stabschef der 17. Armee die Auffassung, daß sich die Panzergruppe 1 verbrauchen werde, wenn sie ihre weitgesteckten Ziele erreichen sollte, bevor der Gegner geschlagen ist. Das AOK 17 strebte die klassische Schlacht an, nicht irgendwelche Durchbrüche von Panzerkräften in russische Weiten. Die sollte sie bekommen, man konnte sich gegen das Oberkommando des Heeres durchsetzen.

Nach achttägigem Kampf konnte Lemberg, das damals 150 000 Einwohner zählte, zum zweiten Male von der Wehrmacht genommen werden: Einheiten der 1. Gebirgsdivision rückten in die Stadt ein, die sie schon im September 1939 erobert hatten (im Zuge der deutsch-sowjetischen Vereinbarungen wurde das Gebiet dann der Sowjetukraine zugeschlagen). In einer »Abschlußmeldung« über diese »Schlacht« an die Heeresgruppe wies das AOK 17 stolz darauf hin, daß man eine neuzeitliche, nach Art des Westwalls ausgebaute, tief gegliederte Bunkerstellung überwunden habe und den Gegner schließlich werfen konnte, obwohl dieser »immer wieder starke Panzerkräfte« in den Kampf geführt habe. Man habe 269 Panzer vernichtet und 12 000 Gefangene gemacht.[70]

Bei Adolf Hitler dürften diese Erfolgsmeldungen kaum Freude ausgelöst haben, da er den Führungen von Heeresgruppe und Armee das langsame Vorgehen verübelte und deren konventionelle Vorgehensweise ablehnte. Der Oberbefehlshaber der Wehrmacht bevorzugte das Vabanquespiel, für das kräftesparende Vorgehen des Generalstabes hatte er kein Verständnis.

Die Truppen der 1. Gebirgsdivision, die in Lemberg einmarschierten, fanden in den Gefängnissen der Stadt etwa 4 000 von den Sowjets ermordete Menschen vor, darunter Frauen und Kinder, zum Teil mißbraucht, mißhandelt oder entsetzlich verstümmelt. Bei den Opfern handelte es sich um ukrainische Nationalisten und Teile der ukrainischen Intelligenz, die Gegner der Sowjetmacht waren und einen eigenen Staat forderten. Man hatte sie wenige Tage vor dem zweiten deutschen Einmarsch umgebracht.[71] Nach Kriegsende machten die Sowjets die Deutschen für die Morde verantwortlich, wie sie auch versuchten, die Schuld für die Massenerschießungen polnischer Offiziere bei Katyn von sich abzuwenden.

Die Massenmorde der Sowjets in Lemberg beantworteten Einwohner der Stadt mit Pogromen gegen die jüdische Bevölkerung, da diese angeblich die Sowjetmacht unterstützt habe. Unter den Augen der deutschen Besatzungsmacht, mit ihrer Duldung, teilweise sogar mit ihrem ausdrücklichen Einverständnis, vollzogen sich abermals Massenmorde, die etwa 7 000 Menschen das Leben kosteten.

Die Verbrechen geschahen im Verantwortungsbereich des AOK 17, es ist somit mitverantwortlich für die Pogrome. Nicht zuletzt weil man weiß, daß das AOK beim Reichssicherheitshauptamt der SS anregte, in den neu besetzten Gebieten erst einmal die dort wohnhaften antijüdisch und antikommunistisch eingestellten Polen zu »Selbstreinigungsaktionen« zu benutzen. Die SS-Führung griff diese Anregung dankbar auf – entsprach sie doch voll den eigenen Absichten – und informierte entsprechend das in Lemberg einrückende SS-Einsatzkommando 4 b.[72]

Die Initiative zu diesem mörderischen Vorschlag konnte nur vom Oberbefehlshaber selbst oder von seinem Stabschef ausgegangen sein, also von Stülpnagel oder Müller. In jedem Fall aber hatte der Chef des Stabes von dieser »Anregung« Kenntnis, denn er muß sie zumindest gesehen und weitergeleitet haben (wenn er nicht sogar der Urheber war). Wie dem auch gewesen sein mag – mit diesem Vorschlag aus dem Armeeoberkommando 17 machten sich sowohl der Oberbefehlshaber als auch der Stabschef gleich zu Beginn des Ostfeldzugs mitschuldig an Kriegsverbrechen.

Die Übergriffe der ukrainischen Nationalisten und Polen an den Juden in Lemberg dauerten mehrere Tage und setzten bereits am 30. Juni ein, kurz nach Einnahme der Stadt durch die Wehrmacht. Wahllos wurden jüdische Bürger, darunter Frauen und Kinder, zusammengetrieben und erschlagen. Der von der 17. Armee eingesetzte Stadtkommandant machte zunächst keinerlei Anstalten, diesem Treiben Einhalt zu gebieten. Erst als sich »Schwierigkeiten« beim Durchmarsch nachrückender Wehrmachtseinheiten ergaben, bequemte sich das AOK einzuschreiten und versuchte die »Ordnung« wiederherzustellen. Man wirkte auf die Besatzungskräfte ein, die Ausschreitungen des Mobs zu unterbinden. Stattdessen übernahmen SS-Einheiten jetzt den »geordneten« Fortgang der Mordaktion – mit Wissen und abermaliger Billigung des zuständigen AOK, dessen Feindnachrichtenoffizier, Major i. G. Siegfried Hoefs, die Erschießung von Juden als »Vergeltungsaktionen für ermordete Ukrainer«[73] darstellte.

Die Armeeführung schenkte den Vorgängen in Lemberg zunächst wenig Beachtung und duldete die Vergeltungsmorde. Aber am 5. Juli erließ der Chef des Stabes im Auftrag des Oberbefehlshabers »Richtlinien für die Sicherungs- und Verwaltungsaufgaben im Stadtbereich Lemberg«, die dem Oberquartiermeister der Armee zugingen. Das AOK 17 legte von nun an gesteigerten Wert auf die »Sicherstellung eines einwandfreien Ablaufs aller Truppen- und Versorgungsbewegungen durch die Stadt« sowie auf die Erfassung aller vorhandenen Vorräte und deren Verwertung »für Zwecke der Wehrmacht, der deutschen Wirtschaft und den dringendsten nächsten Bedarf der Zivilbevölkerung«. Vincenz Müller sorgte sich ferner um die Verstärkung des Stabes des Stadtkommandanten, um die Überwachung der örtlichen Selbstverwaltung zu garantieren. Über die Pogrome gegen die Juden fand sich kein Wort in diesem Papier.[74]

Die Lemberger Ereignisse hatten nach dem Zweiten Weltkrieg gleich mehrere Nachspiele. Die alliierte Anklageschrift des Nürnberger Militärtribunals beschuldigte die Wehrmacht, Zehntausende Bürger aus Lemberg und Umgebung ermordet zu haben. Die UdSSR legte entsprechende Dokumente vor. Die Beweisaufnahme stellte jedoch richtig, daß unzweifelhaft etwa 4000 Ukrainer bereits ermordet waren, als die deutsche Armee in Lemberg einmarschierte, und daß es als Reaktion auf diese Verbrechen zu »Vergeltungsmorden« durch Teile der Lemberger Bevölkerung gekommen war. Es gab Zeugen, die die deutschen militärischen Dienststellen entlasteten, sowie eindeutige Hinweise darauf, daß man nach einigen Tagen die Übergriffe auf Zivilisten bzw. jüdische Bürger zu unterbinden suchte. Die Absicht der Sowjets, für die Mordaktionen in Lemberg allein die Deutschen verantwortlich zu machen, wurde damit vereitelt.

US-amerikanische und in den Niederlanden durchgeführte internationale Untersuchungen des Komplexes »Lemberg« entlasteten später deutsche Beschuldigte teilweise.[75]

Größere politische Aufmerksamkeit fanden die Lemberger Ereignisse noch einmal in den Zeiten des Kalten Krieges, als die Sowjetunion im Herbst 1959 versuchte, den damaligen Bundesvertriebenenminister im Kabinett Adenauer, Prof. Dr. Theodor Oberländer, für die Morde in Lemberg persönlich verantwortlich zu machen. In ihrem Fahrwasser bemühte sich die DDR-Justiz ebenfalls darum, Oberländer des Mordes zu überführen. Der Vorwurf lautete, er habe vom 30. Juni 1941 an im Bataillon »Nachtigall« des Regiments »Brandenburg«, einer Spezialeinheit des Amtes Ausland/Abwehr des Oberkommandos der Wehrmacht, die Pogrome gegen die jüdische Bevölkerung organisiert und die systematische Ausrottung der städtischen Intelligenz von Lemberg eingeleitet.

Die SED-Verantwortlichen ließen vor dem Obersten Gericht der DDR einen Schauprozeß veranstalten und verurteilten den Bundesminister am 29. April 1960 in Abwesenheit zu lebenslänglichem

Zuchthaus.[76] Anklage und Urteil führten dazu, daß Oberländer als Bundesminister seinen Abschied nehmen mußte. Erst nach der Wiedervereinigung konnte er seine Rehabilitierung erwirken. Allerdings hob das Landgericht Berlin am 24. November 1993 das DDR-Urteil aus dem Jahre 1960 nur wegen formaler Mängel auf, nicht wegen erwiesener Unschuld – ein Freispruch zweiter Klasse also.

Zu den Tatsachen: Theodor Oberländer diente 1941 beim Einmarsch in Lemberg als Oberleutnant der Reserve im Bataillon »Nachtigall« und war Spezialist für ukrainische Angelegenheiten. Die Einheit bestand aus drei Kompanien mit je zwei Zügen ukrainischer Nationalisten und einem Zug deutschen Rahmenpersonals. Das Bataillon marschierte in den frühen Morgenstunden des 30. Juni 1941 – einige Stunden vor der 1. Gebirgsdivision – in Lemberg ein, ohne auf Widerstand zu stoßen. Für die Morde an Juden und Russen, die zeitgleich einsetzten und mehrere Tage andauerten, war das Bataillon »Nachtigall« nicht verantwortlich; sie wurden von ukrainischen einheimischen Nationalisten begonnen und danach von der SS fortgesetzt.[77] Ebensowenig wie Oberländer, der die herrschende NS-Nationalitätenpolitik ablehnte. Er setzte sich für eine selbständige Ukraine und später – 1942/43 – für autonome kaukasische Länder ein. Enttäuscht mußte er hinnehmen, daß seine Pläne in bezug auf eine unabhängige Ukraine verworfen wurden und sein Bataillon wenige Wochen nach dem Einmarsch in Lemberg aufgelöst wurde.

Der Oberleutnant der Reserve kam jetzt – mit Datum vom 10. August 1941 – zum Stab der 17. Armee und wurde dem Abwehroffizier zugeordnet: Die amtliche Kriegsrangliste für Offiziere und Beamte im Offiziersrang des Armeeoberkommandos 17 verzeichnete ihn unter der laufenden Nummer 175.[78]

Vincenz Müller wurde 1959 – schon im Ruhestand – von der Partei- und Staatsführung der DDR genötigt, im Vorfeld des anstehenden Oberländer-Prozesses zu den Ereignissen in und um Lemberg gutachterlich Stellung zu nehmen. Der Pensionär kam diesem Ansinnen nach und verfaßte im November 1959 eine neunseitige »Erklärung«, die er an den Chef der Politischen Verwaltung der Nationalen Volksarmee, Vizeadmiral Waldemar Verner, sandte.

In diesem geheimen Dokument informierte Vincenz Müller, der Generalleutnant a. D. und frühere Chef des Generalstabes der 17. Armee, die SED-Funktionäre darüber, wie er und sein Stab sowie der Oberbefehlshaber damals auf die Lemberger Ereignisse reagierten. Demnach wollten Müller und Stülpnagel seinerzeit veranlaßt haben, daß das AOK zweimal bei der Heeresgruppe Süd gegen die Zustände in Lemberg Beschwerde führte bzw. protestierte, worauf Generalfeldmarschall von Rundstedt den Protest »nach oben weitergeben« habe, allerdings ohne Erfolg. Darüber hinaus habe der Oberbefehlshaber zweimal an den Chef des Amtes Ausland/Abwehr im OKW, Admiral Wilhelm Canaris, telegrafiert (was allerdings die falsche Adresse war), wovon Müller möglicherweise zum damaligen Zeitpunkt nichts gewußt hatte.

Später habe er, so Müller, seinen ersten und dritten Generalstabsoffizier in die Stadt geschickt, um sich die »fürchterlichen Zustände« dort anzusehen. Beide Offiziere dürften Müller darüber informiert haben, daß die »Brandenburger« in die Übergriffe und Morde nicht verwickelt waren. Und auch Theodor Oberländer selbst, der wenig später zum Stab des AOK 17 kam, hätte Müller darüber aufklären können, daß es seine Leute nicht waren.

Es ist also sehr unwahrscheinlich, daß der General über die tatsächlichen Vorgänge in und um Lemberg und über die wahren Schuldigen nicht ausreichend informiert worden war. Man muß demnach davon ausgehen, daß Müller wider besseres Wissen im November 1959 folgende Behauptungen zu Papier brachte:

»1. Die ›Brandenburger‹, die den Kern der ukrainischen Miliz bildeten, haben die Einzel- und Massenmorde in Lemberg Anfang Juli 1941 organisiert und durchgeführt.

2. Das ganze Vorgehen der ›Brandenburger‹ und damit auch der ukrainischen Miliz war die Folge von Weisungen [des] OKW, unabhängig von der SS, die erst später eintraf.

3. Die Behauptung Oberländers, daß in Lemberg bis zum 6. Juli (1941) von den ›Brandenburgern‹ kein Schuß abgegeben worden sei, steht im ungeheuerlichen Widerspruch zu den Tatsachen. (Der Name Oberländer war mir 1941 ebenso wenig bekannt wie die Namen anderer deutscher Offiziere der ›Brandenburger‹).

4. Die Erschießungen in Teilen des großen Gebäudes im Stadtzentrum von Lemberg wurden durch die als erste in der Stadt eingetroffenen ›Brandenburger‹ vorgenommen und nicht durch die abziehende Rote Armee, der sie zugeschoben wurden.«[79]

Vincenz Müller übte sich mit dieser »Erklärung«, die den Charakter eines Gefälligkeitsgutachtens hatte, in vorauseilendem Gehorsam, denn das Gesagte entsprach den Erwartungen und Forderungen der Stalinisten in der SED. Daß eine Person von dem Format und der Intelligenz Müllers sich für diese Geschichtsfälschung hergab (zumindest Punkt 4 der Erklärung war eine glatte Lüge), macht deutlich, welches Potential an Deformationen das Regime in sich barg. Es war damals opportun, Oberländer und den »Brandenburgern« die Lemberger Morde anzulasten. Man muß annehmen, daß Müller sich so verhielt, um von seiner eigenen Mitschuld an den Geschehnissen abzulenken.

Vermutlich war sein Verhalten für die Partei- und Staatsführung der DDR sogar durchsichtig, denn sie verfügten über alle Informationen zum tatsächlichen Hergang der Verbrechen, auch wenn man bis heute die Verantwortlichen nicht zweifelsfrei zuordnen kann.

Die 17. Armee als »Verschiebebahnhof« – Sommerfeldzug 1941

Nach Abschluß der »Schlacht um Lemberg« ging die 17. Armee auf breiter Front weiter Richtung Osten vor, traf aber nach wie vor auf anhaltenden Widerstand der Sowjets, die verhindern wollten, eingeschlossen zu werden.

Die nördlich der 17. Armee kämpfende 6. Armee und die Panzergruppe 1 waren gezwungen, ihre Vormarschgeschwindigkeit zu reduzieren, weil die 17. Armee nur mit Mühe aufschließen konnte und die Südflanke sich zu lang zu erstrecken drohte. Das war nicht dem mangelnden Elan der Truppe oder der Unfähigkeit des Armeeoberkommandos zuzuschreiben, sondern Ergebnis der geringen Marschgeschwindigkeit von Infanteriedivisionen. Der rasche Vormarsch wurde in den folgenden Tagen, Wochen und Monaten nicht durch die Stärke des Gegners, sondern durch den erbärmlichen Zustand der Straßen und Wetterverhältnisse verhindert.

In den ersten Julitagen konnte der relativ schwache Südflügel der Armee, dem jetzt ein slowakischer Verband als neuer Verbündeter folgte, das Ölgebiet von Drohobycz und Stryj nehmen, während die Armeemitte sich im tief gestaffelten Verfolgungskampf befand und recht zügig vorankam. Vom Nordflügel aus war jetzt auch eine schnellere Gangart gewährleistet, weil ein benachbartes Panzerkorps der 17. Armee den Weg öffnete. Es ging zwar zügiger vorwärts, aber noch immer fehlten der Armee schnelle Verbände, um tiefer durchbrechen zu können. Fehlschläge, die »oben« unangenehm auffielen, erschwerten die Situation: Ein Kurierflugzeug der Armee mit wichtigen Dokumenten geriet in sowjetische Hand, weil der Pilot die Orientierung verlor. Müller übernahm die Verantwortung dafür, denn er hatte den Flug veranlaßt.

Viel ärgerlicher für die Armeeführung war jedoch, daß die vorgesetzte Heeresgruppe am 9. Juli dem AOK 17 das IV. Armeekorps mit der 24. und 295. Infanteriedivision entzog und diese Kräfte der nördlich stehenden 6. Armee unterstellte.[80] Und das war erst der Anfang einer Reihe von ähnlichen Operationen, die aus der 17. Armee so etwas wie einen »Verschiebebahnhof« machen sollten: In schneller Folge wurden der Armee in den Monaten darauf Armeekorps, Korpsabteilungen, Divisionen oder Teile von diesen dauerhaft oder zeitweise entzogen. Wenn es überhaupt Ersatz gab, waren das oft Verbände von minderer Kampfqualität bzw. ausländische Verbündete, deren Motivation und Ausrüstung immer zu wünschen übrigließ.

Die 17. Armee hatte sich zu fügen: Sie war nach wie vor lediglich dazu da, feindliche Kräfte zu binden; den schnellen Offensivhandlungen benachbarter Armeen konnte sie nur folgen, so gut es eben ging. Eine undankbare Aufgabe, die ein großes Maß an Improvisation erforderlich machte, um den Kampf erfolgreich fortzusetzen.

Die Armeeführung machte ihrem Unwillen sooft wie möglich Luft, und Müller protestierte deutlich und heftig gegen die vielen Benachteiligungen – im Kriegstagebuch der 17. Armee finden sich dafür dutzendfach Belege. Eingaben und Proteste richteten sich immer an die vorgesetzte Heeresgruppe Süd, und solange dort Sodenstern als Chef fungierte, konnte die Armee auf Besserung hoffen.

Besonders häufig beschwerte sich Müller, stets im Namen seines Oberbefehlshabers, über Verzögerungen beim Nachschub, die er zum Teil der Wehrmachttransportabteilung Ost vorwarf. Da wurde er dann ziemlich konkret und machte Vorschläge, wie dem abzuhelfen sei. So beklagte er mit Fernschreiben an die Heeresgruppe die »Übertreibung der Bürokratie« bei der Durchführung der »Zufuhr von Zügen« aus dem Generalgouvernement und kritisierte überflüssige Genehmigungsverfahren auf dem Wege zur Front, die – veranlaßt von Bahnhofsoffizieren – die Transporte verzögerten.

Aber Müller schrieb nicht nur Eingaben, die unmittelbar seine Armee betrafen, er stellte Überlegungen in bezug auf die allgemeine Situation im besetzten Osten an und gab diese weiter. So äußerte er beispielsweise in einem Fernschreiben vom 14. Juli gegenüber der Heeresgruppe Zweifel daran, daß man das eroberte Land wirtschaftlich effektiv genug ausbeute und zugleich die Zivilbevölkerung ausreichend beaufsichtige. Müller wäre nicht Müller gewesen, wenn er seiner Kritik nicht zugleich Vorschläge zur Abstellung der Mängel beigefügt hätte, von denen die folgenden ihm besonders dringlich erschienen:

1) Verstärkung der militärischen Sicherungs- und Überwachungskräfte auch im Operationsgebiet mit fortschreitendem Vordringen nach Osten, um die »Beutebestände«, die auch »nach ausgiebigen Plünderungen durch die Truppe« noch umfangreich seien, zu erfassen und zu schützen,

2) Sofortige Sondermaßnahmen zur Sicherung der aktuellen Ernte ohne Rücksicht auf die Abgrenzung des Operationsgebiets,

3) Verantwortliche Einschaltung von Selbstverwaltungsstellen bis zu den Betriebsleitern von Kolchosen unter einer »weitverzweigten Aufsichtsorganisation« durch Deutsche.

Nach Ansicht Müllers wäre der Aufbau derartiger Selbstverwaltungsorgane »das beste Mittel [gewesen], unerwünschte oder gefährliche politische Strömungen zu überwachen und in die gewünschte Richtung zu leiten«.[81] Beigelegt wurde der Eingabe eine kurze »Aufzeichnung des Vertreters des Auswärtigen Amtes beim AOK 17, Hauptmann Pfleiderer«, die Aussprachen mit Landeseinwohnern beinhaltete. Offenbar hatten sich Müller und Pfleiderer im Vorfeld abgesprochen und waren zu der Einsicht gelangt, daß die aktuelle deutsche Besatzungspolitik in der Ukraine erhebliche Defizite aufwies. (Bei Pfleiderer handelte es sich um den späteren FDP-Bundestagsabgeordneten, der Anfang der 50er Jahre originelle Deutschlandpläne vorlegte).

Eine Woche vor der Eingabe Müllers an die Heeresgruppe hatte der Oberbefehlshaber der 17. Armee mit Datum vom 7. Juli 1941 eine »Anordnung« zur Errichtung lokaler ukrainischer Selbstverwaltungsorgane herausgegeben.[82] Stülpnagel und Müller versuchten mit diesen Anregungen und Maßnahmen, die von »oben« befohlene Weisung zur Eindämmung politischer Selbständigkeitsbestrebungen der Ukrainer, wie die Gründung eines eigenen Staates und einer Armee, zu unterlaufen und für örtliche Selbstverwaltungsbehörden wenigstens im Armeebereich zu sorgen. So wurden ab Juli in allen Dörfern, Gemeinden und Städten durch die Armeeführung Bürgermeister eingesetzt, die als zuverlässig und »antibolschewistisch« galten, sowie Selbstschutzkräfte ukrainischer Nationalität gegründet. Das geschah nicht aus Menschenfreundlichkeit, sondern allein deshalb, weil man deutsch- und wehrmachtsfeindliche Handlungen verhindern wollte.

Die oberste NS-Führung, die ein »Reichskommissariat Ukraine« ins Leben rief, unterdrückte dagegen alle Unabhängigkeitsbestrebungen der Landeseinwohner.

Die vergleichsweise nachsichtige Einstellung der Armeeführung mag ihre Ursache, wie angedeutet, weniger in ethisch-humanen Überlegungen gehabt haben, sondern eher in der naheliegenden Absicht, die deutschen militärischen und wirtschaftlichen Kapazitäten zu stärken.

In der 2. Julihälfte 1941 durchbrachen die Divisionen der 17. Armee die »Stalinlinie« ohne größere Anstrengungen, da die Sowjets diese nur unzureichend besetzt und verteidigt hatten. Die Heeresgruppe drängte jetzt ihre drei Armeen und die Panzergruppe (später: Panzerarmee) mehr und mehr dazu, die russischen Kräfte zu überholen und einzuschließen, man war bemüht, die Sowjets nicht ins Innere des Landes entkommen zu lassen, sondern sie in Kesselschlachten zu vernichten, möglichst vor dem Fluß Dnjepr.

Aber für eine Überholung der Russen war die 17. Armee bekanntlich denkbar wenig geeignet. Dennoch verlangte die vorgesetzte Heeresgruppe vom AOK 17 massiv, ohne Rücksicht auf Flankenschutz, Stoßkeile zu bilden – wenigstens dann, wenn die benachbarten Armeen ihrerseits Offensivaktionen einleiteten. Oberbefehlshaber und Stabschef hatten gegen diese Vorgehensweise wie schon zuvor Bedenken, stießen aber damit »oben« auf Unverständnis. Im OKH herrschte die Ansicht, man müsse die 17. Armee »zum Jagen tragen«, weil ihre Führung so zögerlich agiere. Aber noch war Stülpnagel in der Lage, sein Konzept – den möglichst kräftesparenden Vormarsch – durchzusetzen. Der Oberbefehlshaber der Heeresgruppe Süd und sein Chef verstärkten allerdings den Erwartungsdruck auf die Armee, weil sie selbst unter Druck des Oberkommandos standen.

Am Morgen des 18. Juli erhielt Vincenz Müller einen Anruf seines Freundes Sodenstern, der an Deutlichkeit kaum zu überbieten war und die Aufforderung enthielt, ab sofort »scharf nach Osten vorzustoßen«, wobei »Eckpfeiler, Stellungen, Teile und einzelne Feindgruppen ... möglichst zu überholen« seien; es komme darauf an, so Sodenstern zu Müller, »daß der Feind in Teilen eingeschlossen und abgeschnitten« werde und man diesen nicht – wie bisher – vor sich hertreibe, sondern ihn einkessele, wo es geht.[83]

Dem AOK mangelte es mit Sicherheit nicht an Ausbildung, Gefechtserfahrung und Phantasie, um ähnliche Strategien zu entwerfen, doch übersah man vor Ort nicht die permanente Überanstrengung der eigenen Truppe und wollte Eskapaden jeglicher Art vermeiden. In ihrem Kampf gegen die Sowjets ging die Armeeführung eher behutsam vor und sparte dadurch Blut bei der eigenen Truppe.

Der Oberbefehlshaber der Heeresgruppe, Generalfeldmarschall Gerd von Rundstedt, geriet jetzt zunehmend in Auseinandersetzungen mit General Stülpnagel, dem Oberbefehlshaber der 17. Armee. Die beiden standen ohnehin nicht gerade in freundschaftlicher Beziehung zueinander. Stülpnagel wollte von Stoßkeilen nichts wissen und entzog sich dem Druck der Heeresgruppe und des Oberkommandos, so gut er konnte. In Generalstabschef des Heeres, Franz Halder, hatte er einen guten Freund, der ihn lange gewähren ließ, jetzt aber erste Zweifel an den Leistungen der 17. Armee äußerte bzw. diese Leistungen geringer einschätzte als zu Beginn des Ostfeldzugs.

Der Stabschef der Heeresgruppe Süd, Sodenstern, glaubte offenbar, sein Freund Vincenz Müller würde die Angelegenheit zur allgemeinen Zufriedenheit im Sinne seines Oberbefehlshabers lösen: Am 18. Juli um 20.00 Uhr setzte er einen persönlichen Brief an Müller ab, in dem er ihn darum bat, die Absichten des Oberbefehlshabers der Heeresgruppe nach Kräften zu unterstützen.

Eigentlich war dieses Schreiben eine Zumutung, ein Aufforderung zur Illoyalität Müllers gegenüber seinem Oberbefehlshaber, aber man kannte sich so gut, daß man solche Absichten ausschließen konnte. Sodenstern machte sich in dem Schreiben dafür stark, das LII. und XXXXIX. Armeekorps »als Stoßkeil ohne jede Rücksicht auf Flankenbedrohung nach Osten voranzutreiben, um die Voraussetzung für ein erfolgreiches Zusammenwirken mit der Panzergruppe, die bereits Tatyjow [am Ros-Abschnitt], Staniszcza und Taraschtscha genommen hat und morgen Uman und ostwärts durchstoßen wird, zu gewinnen«.

Dem Heeresgruppenchef kam es darauf an, den Russen Raum abzunehmen und so nennenswerte Teile seiner Kräfte »diesseits seiner zu erwartenden Verteidigung zwischen Dnjepr-Mündung und Krementschug und diesseits des Dnjepr-Abschnitts Krementschug-Tscherkassy zu vernichten«. Wörtlich hieß es weiter: »Ich darf Dich von diesen Gedankengängen des Herrn Feldmarschalls unterrichten, wobei ich mir der Schwierigkeiten, die das Zurücklassen ungebrochenen Feindwiderstandes zwischen unseren Stoßkeilen [bedeutet], durchaus bewußt bin. Jedoch besteht beim Heeresgruppenkommando die Auffassung, daß der Feind in die Krise der Schlacht eingetreten ist und seine Verbände nicht mehr in gleicher Weise in der Hand hat, wie bisher. Das will sagen, daß man nicht mehr mit der bisherigen Zähigkeit umgangener Feindgruppen wird rechnen müssen, daß die russische Führung nur noch bestrebt ist, sich der drohenden Umklammerung zu entziehen, und daß es demzufolge für uns darauf ankommen muß, u. U. auch einmal ins Ungewisse hineinzustoßen, um ihm an keiner Stelle mehr die Initiative zu lassen. Ich bitte Dich, diese Unterrichtung über die Auffassung im Heeresgruppenkommando, soweit das in Deinen Kräften steht, bei der Entschlußfassung für die Weiterführung der Operationen mitsprechen zu lassen.«[84]

Zwei Tage später, am 20. Juli 1941, teilte Müller dem Chef der Heeresgruppe mit, daß er seine Vorstellungen befürworte, die Durchführung aber an den »Wirklichkeiten« scheitere, da Wegeverhältnisse und Feindangriffe den Stoßkeil nicht zuließen. Er, Müller, werde aber die Überlegungen des Heeresgruppenkommandos gegenüber seinem Oberbefehlshaber weiter vertreten bzw. berücksichtigen. Zur Zeit habe man aber nur als neuen Verband ein ungarisches Schnellkorps, das für Angriffshandlungen nichts tauge.

Letztlich gelang es dem Armeeoberkommando 17 doch noch, ein Antreten seines LII. und XXXXIX. Armeekorps in Richtung Uman zu erreichen. Aus der Gegend um Winniza, das Mitte Juli erobert wurde, erfolgte ein Stoß in Richtung Osten auf Podwyssokoje, und am 22. Juli waren Reste von mindestens zehn russischen Divisionen eingekesselt, die ab 25. Juli aufgerieben wurden. Beteiligt daran waren die Panzergruppe 1, die 17. und die 11. Armee.[85]

Während dieser »Schlacht bei Uman« kam es zu mehreren Krisen, weil die verschiedenen Verbände, die den Kessel umklammerten, untereinander nicht die beste Kommunikation hielten oder halten konnten. Was die 17. Armee betrifft, so ist festzuhalten, daß mehrmals Armeebefehle an die beiden Korps kurzfristig geändert wurden, weil die Abstimmung mit der Panzergruppe 1 nicht ausreichend funktionierte. Und in der Endphase der Schlacht beschwerte sich der Kommandierende General des XXXXIX. Gebirgs-Armeekorps beim Oberbefehlshaber der 17. Armee persönlich, daß die Schlacht nicht straff genug geführt werde. Der Oberbefehlshaber war aber nicht greifbar, so daß Vincenz Müller als Chef des Stabes zum »Blitzableiter« wurde. Der General kritisierte das AOK 17 heftig und behauptete, daß sein Korps die Trennungslinien zwischen den Verbänden nicht kenne und außerdem nicht wisse, wer wann in welcher Richtung angreife. Er lehne es darüber hinaus ab, im von der 17. Armee empfohlenen Angriffsabschnitt anzutreten, da dieser Schritt »nicht durchführbar und ebensowenig gewinnbringend« sei.

Vincenz Müller nahm die Beschwerde zur Kenntnis, er selbst war in diesem Fall nicht befugt, eine Entscheidung zu treffen; das mußte er seinem Oberbefehlshaber überlassen. Um Mitternacht rief Stülpnagel den Kommandierenden General an und unterrichtete ihn über seine eigenen Bemühungen, im Rahmen seiner Kompetenzen beim Oberbefehlshaber der Heeresgruppe Süd Änderungen zu erreichen. Wie eng der Handlungsspielraum selbst für einen Armee-Oberbefehlshaber war, wird hier sichtbar; eine einheitliche Befehlsgebung war jedenfalls für die noch in Gang befindliche Schlacht nicht mehr herzustellen.[86]

Solche Ärgernisse traten häufiger auf, nicht nur bei der 17. Armee, aber hier öfter als anderswo. Das hatte einen einfachen Grund: Die benachbarten Kräfte, vor allem die 6. Armee und die Panzergruppe 1 (später: 1. Panzerarmee) hatten vielfach bessere und engere Beziehungen zum Heeresgruppenkommando bzw. zum Oberkommando des Heeres; Entscheidungen für ihr Vorgehen wurden immer öfter ohne Absprache mit der 17. Armee getroffen. Man glaubte so verfahren zu können, weil der 17. Armee wenig zugetraut wurde, was Angriffsfähigkeit und Angriffslust betraf, ihr Verhalten am Feind bezeichnete man »oben« als »laurig« (was soviel hieß wie »unentschlossen« oder »ohne Biß«). Man verkannte, daß diese Armee vom ersten Tag des Rußlandfeldzuges an überfordert wurde und ihre Verbände seit den ersten Wochen erschöpft waren. Und in manchen Kreisen mochte man auch ihren Oberbefehlshaber nicht. Und tatsächlich: General der Infanterie, Carl-Heinrich von Stülpnagel, war nicht gerade das, was man einen Haudegen nennt, der um des Erfolges willen die eigene Truppe »verheizte«. Nach Ansicht seines Biographen glich er in seiner Art eher Clausewitz und Gneisenau, nicht dagegen etwa Blücher, dem »Marschall Vorwärts« der Befreiungskriege von 1813/14.[87]

Selbst der ihm zugeordnete Stabschef Vincenz Müller, seines Zeichens eher ein Draufgänger, konnte und wollte seinen Oberbefehlshaber nicht zu »Operationen in den Mond« verleiten – seine Generalstabsausbildung hatte ihm andere Überzeugungen vermittelt, die auch sein Oberbefehlshaber vertrat: An erster Stelle stand das Ziel, die Stärke der Truppe zu erhalten, Blut zu sparen, fürsorglich umzugehen mit

Mensch, Tier und Gerät. Das paßte so gar nicht ins Konzept eines Adolf Hitler, der grundsätzlich eine risikoreiche Kriegsführung bevorzugte.

Die »Schlacht bei Uman« südlich von Kiew, der ukrainischen Haupt stadt, brachte der Wehrmacht im Juli/August 1941 mehr als 100 000 Gefangene ein, wovon der Löwenanteil mit 62 000 auf die 17. Armee entfiel.[88] Der Sieg der deutschen Truppen hatte die sowjetische Front in der Ukraine zerrissen, in die Lücke stieß die Panzergruppe 1, die bald das Industriegebiet von Kriwoj Rog und den Dnjepr-Bogen erreichte.

Auch die abgekämpfte 17. Armee setzte mit ihren beiden Korps nach nur kurzer Ruhepause den Vormarsch in Richtung Dnjepr fort. Sie verhinderte zwar sowjetische Brückenköpfe am Westufer des Flusses, konnte aber im ersten Anlauf am Ostufer selbst auch keine bilden. Am 22. August wurde Tscherkassy genommen, und hier gelang es dann, den ersten kleinen Brückenkopf am Ostufer des Dnjepr zu gewinnen.

Ansonsten hielten die Verfolgungskämpfe bis Ende August weiter an, und die 17. Armee bereitete sich darauf vor, in breiter Front über den Fluß zu gehen; der »Armeebefehl Nr. 27« vom 28. August bestimmte entsprechende, vor allem pioniertechnische Vorbereitungen. Der Übergang über den ukrainischen Strom wurde dann am 1. September durch das LII. Armeekorps bei Krementschug erzwungen, in den folgenden Tagen konnten die gewonnenen Dnjepr-Brückenköpfe von der 17. Armee erweitert werden. Das geschah in Vorbereitung eines geplanten Vorstoßes nach Norden, der dann zur Einkesselung einer größeren sowjetischen Gruppierung im Dnjepr-Bogen ostwärts von Kiew führen sollte. Am 11. September durchbrachen sowohl die 17. Armee als auch die Panzergruppe 1 den Gegner vor dem Brükkenkopf Krementschug, und während die Panzer nach Norden in Richtung Lubny vorpreschten, griff die 17. Armee »mit Masse« nach Nordosten in Richtung Poltawa an, um die rechte Flanke der Panzergruppe 1 zu sichern.

Von Norden her drängte zugleich die Panzergruppe 2 (mit dem Oberbefehlshaber Generaloberst Heinz Guderian) nach Süden und traf am 16. September bei Lochewiza auf die Panzergruppe 1. Damit war die sowjetische Südwestfront (diese entsprach einer deutschen Heeresgruppe) eingekesselt. Am 18. September nahm das jetzt der 17. Armee unterstellte LV. Armeekorps die Stadt Poltawa, einen Tag darauf fiel Kiew in deutsche Hand. Acht Tage später, am 26. September, ging die Kesselschlacht von Kiew zu Ende, an der die 17. Armee maßgeblich beteiligt war.[89]

Der Wehrmachtsbericht meldete 665 000 sowjetische Kriegsgefangene, eine unvorstellbar große Zahl, mit der kaum jemand gerechnet hatte – die Nazis und hohe Militärs sprachen vom »größten Schlachtensieg der Weltgeschichte«.[90] Es gab jetzt viele, die meinten, so etwas könne »der Russe« nicht überstehen.

Keine risikoreichen Operationen – Der erste Oberbefehlshaber geht (Oktober 1941)

Carl-Heinrich von Stülpnagel, General der Infanterie und erster Oberbefehlshaber der 17. Armee, war seit langem mit Generaloberst Franz Halder, dem Chef des Generalstabes des Heeres, befreundet, aber er teilte nie dessen Optimismus, was die Kriegsführung in Rußland betraf. Halder hatte sich bereits am 3. Juli 1941, so eine Notiz in seinem Kriegstagebuch, euphorisch über den Verlauf des Ostfeldzugs geäußert und gemeint, daß der Feldzug bereits praktisch gewonnen sei.[91] Ein krasseres Fehlurteil kennt die jüngere deutsche Militärgeschichte nicht! Aber das war bezeichnend für die Geisteshaltung des Gros der Generalität: Nicht nur der »Führer« und Reichskanzler unterschätzte die Russen, auch sein Generalstab tat es. Immerhin korrigierte Halder einen guten Monat darauf, am 11. August, sein ursprüngliches Urteil und vertraute seinem Kriegstagebuch an: »In der gesamten Lage hebt sich immer deutlicher ab, daß der Koloß Rußland ... von uns unterschätzt worden ist.«[92]

Stülpnagel (und auch Müller) neigten, wie bereits erwähnt, nicht zur Unterschätzung des Gegners und handelten entsprechend – nicht immer zur Freude ihrer Vorgesetzten: Das Oberkommando des Heeres und Halder bewerteten die Leistungen der 17. Armee denn auch längst nicht in jedem Fall gerecht, und gelegentlich wurde Kritik laut, die der Oberbefehlshaber der Heeresgruppe Süd, Generalfeldmarschall Rundstedt, mitunter übernahm oder weitergab. Stülpnagel und Rundstedt hatten ohnehin Probleme miteinander. Ausgleichend wirkte da die Freundschaft zwischen den beiden Chefs, Georg von Sodenstern und Vincenz Müller. Manches konnte auf dem kleinen Dienstweg geklärt werden, oft reichte ein Telefonat aus, um Verstimmungen zwischen den beiden Oberbefehlshabern zu beseitigen oder wenigstens zu mildern. Der grundsätzliche Konflikt konnte aber dadurch nicht eingeebnet werden: Stülpnagel war von risikoreichen Operationen nicht zu überzeugen, er wollte seine Armee solide führen. Die von »oben« geforderten Marschleistungen der Truppe hielt er für unrealistisch, und ständig mußte er sich gegen Zurücksetzungen seiner Armee wehren, die »schwach dotiert« war und es auch blieb. Mit der Armee, die er an der Ostfront zu führen hatte, war ihm ein ausgesprochen unglückliches Los zugefallen.

Am 24. September erhielt die Heeresgruppe Süd vom Oberkommando des Heeres die »Weisung für die Fortführung der Operation in das Donez-Industriegebiet« und die 17. Armee den Auftrag, entlang des Flusses Donez vorzugehen und zunächst Charkow, dann das Industriegebiet einzunehmen. Der Vormarsch wurde jedoch durch starke Gegenwehr des Feindes und durch Überschwemmungen verzögert, und wieder einmal reagierte man »oben« ungeduldig: Nun war es Hitler selbst, der am 26. September eine »Meldung der 17. Armee darüber wünschte, warum sie in den letzten Tagen so wenig Boden in Richtung Charkow gewonnen hat«. Und Halder vermerkte in seinem Kriegstagebuch am gleichen Tag: »Von OKW Drängen des Führers: a) 16. Panzerdivision soll rechten Flügel 17. Armee vorwärtshelfen, bevor sie nach Südosten durchstößt. b) Warum kommt 17. Armee so langsam vorwärts?«

Zwei Tage darauf zeichneten sich schon personelle Konsequenzen ab, und Halder notierte: »Besprechung mit Oberbefehlshaber des Heeres. Brief Keitel OKW über Gedanken des Führers zur Besetzung der Führerstellen 6. und 17. Armee, deren Vorwärtsdrängen ihm nicht genügt.«

Und am folgenden Tag, dem 29. September, hielt Halder fest, daß Stülpnagel nur langsame Fortschritte mache, weil er »seine beiden Flanken viel zu eng abdeckt, statt sich einmal Luft zu machen und Staffeln zu bilden«.[93]

Entsprechend der Heeresgruppenweisung ging die 17. Armee zunächst »schmal und tief gegliedert« auf Charkow vor. Hitler verfiel aber auf die Idee, zunächst das Donezbecken zu besetzen und die Eroberung Charkows aufzuschieben, was bedeutete, daß die Armee Stülpnagels ihre Verbände umgliedern und neue Schwerpunkte setzen mußte. Die überraschende »Führerentscheidung« sorgte für Unwillen im AOK 17, weil man sich jetzt dem Vorwurf ausgesetzt sah, die Operation in Richtung Donezbecken nicht rechtzeitig vorbereitet zu haben. Die gleichzeitige Eroberung Charkows und des Beckens war zuvor von der Armeeführung verworfen worden, und man hatte alle Verbände auf Charkow konzentriert. Nun mußte man in Eile umdisponieren, was natürlich Zeit kostete.

Die Armee litt unter Versorgungsengpässen, und es herrschte Mangel an Munition und Betriebsstoff. Nicht zum ersten Mal. Außerdem machte sich der russische Winter verfrüht bemerkbar, und noch immer war keine Winterkleidung bei der Truppe eingetroffen. All das führte zu Verzögerungen des Vormarsches, die Stülpnagel veranlaßten, seine Nöte und Sorgen beim Oberbefehlshaber des Heeres, Generalfeldmarschall von Brauchitsch, geltend zu machen. Der Briefwechsel zwischen den beiden hohen Offizieren in dieser Angelegenheit brachte jedoch keine Klärung, sondern verschärfte die Gegensätze – der Armee-Oberbefehlshaber fand kein Gehör beim Oberbefehlshaber des Heeres. Stülpnagel zog deshalb Konsequenzen. Halder notierte am 4. Oktober 1941: »Bei 17. Armee hat sich der Armeeführer v. Stülpnagel krank gemeldet. Diese Krankmeldung ist ein Ausfluß des Druckes, der wegen seiner zaghaften Führung auf ihn ausgeübt wurde. Das Eingreifen der Heeresgruppe in den letzten Tagen, das ihm die Führung seines Nordflügels aus der Hand genommen und damit die Bewegung wieder in Schwung gebracht hat, dürfte an dieser Erkrankung ebenso schuld sein, wie ein Brief des Oberbefehlshabers des Heeres.«[94]

Soweit bekannt – der Briefwechsel ging verloren – bezeichnete Brauchitsch die Beurteilungen Stülpnagels als zu pessimistisch und abwegig sowie nachteilig für den Angriffsschwung der Truppe. Er bat den Oberbefehlshaber der 17. Armee, seine Bedenken zurückzustellen und sich (endlich) voll hinter die Operationsabsichten des Oberkommandos des Heeres zu stellen. Das aber konnte und wollte Stülpnagel nicht, und er lehnte es ab, Mitverantwortung für das weitere Schicksal seiner Armee und des Ostheeres zu tragen, weil er die Feindbeurteilung seiner Vorgesetzten nicht teilte und die chaotische Führungspraxis sowie die immer häufigeren Eingriffe von »oben« in ihrer destabilisierenden Wirkung richtig einschätzte. Er war damit der erste Oberbefehlshaber einer deutschen Armee im Zweiten Weltkrieg, der aus den Ereignissen eine »ethische Konsequenz« zog.[95]

Unbeirrbar die militärische Karriere vor Augen. Vincenz Müller 1913 als Abiturient des Klostergymnasiums Metten in Bayern.

Vincenz (l.) etwa zehnjährig, mit seinem Bruder Eugen, seiner kleinen Lieblingsschwester Maria und der älteren Therese, 1904.

Zivil und unmilitärisch: der osmanisch-türkische Oberleutnant Müller in Konstantinopel, neben ihm sein Dolmetscher, 1915/1916.

Der junge Leutnant Müller mit dem Eisernen Kreuz II. Klasse nach seiner »Feuertaufe« in Frankreich 1914.

Pionier Müller im ersten Soldatenjahr 1913.

Spezialist für den unterirdischen Minenkrieg: Leutnant Müller (r.) mit Soldaten seiner Kompanie beim Orten feindlicher Grabungen, Frankreich 1914/1915.

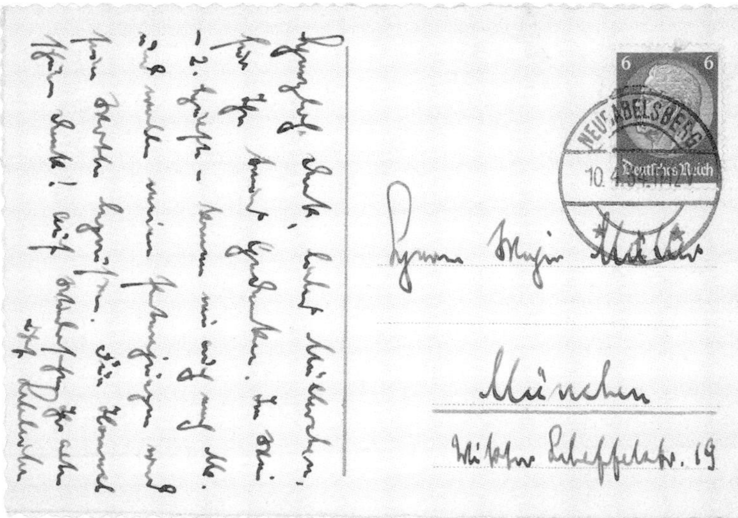

»Herzlichen Dank, liebes Müllerchen, für Ihr treues Gedenken ...«, schreibt Kurt von Schleicher, Reichskanzler und Reichswehrminister a. D., am 10. April 1934 an Major Müller, seinen ergebenen Bewunderer.

Kurt von Schleicher (M.), der 1932 Franz von Papen (2.v.l.) als Reichskanzler ablöst; rechts im Bild: Oskar von Hindenburg und Staatssekretär Meissner.

Vom Generalmajor zum Generalleutnant innerhalb eines Jahres – auf dem verdienten Heimaturlaub 1943 in Frankfurt a. M. präsentiert Müller stolz alle seine in- und ausländischen Orden aus dem Ersten und Zweiten Weltkrieg.

Oberst i.G. Vincenz Müller, Chef des Generalstabes der 17. Armee, Ende 1941 in Rußland.

Oberst Max Kemmerich, der alte Freund aus Müllers früher Militärzeit in München, 1944.

Vincenz Müller (l.), inzwischen zum Generalmajor befördert, mit dem Oberst i. G. Speidel (r.) und General Wetzel (2.v.r.) in Gorlowka bei Generaloberst Ruoff (2.v.l.), dem Oberbefehlshaber der 17. Armee, Herbst 1942 in Rußland.

Feldmarschall Paulus unterschreibt den Aufruf des Nationalkomitees Freies Deutschland an die Heeresgruppe Nord, links: Vincenz Müller, August 1944 in Rußland.

Gereimter guter Rat des Nationalkomitees Freies Deutschland an die deutschen Soldaten, sich angesichts der aussichtslosen Lage zu ergeben, 1944.

Vincenz Müller, sein Stabschef, erlebte die Vorgänge aus nächster Nähe; er kannte die Beweggründe Stülpnagels, so und nicht anders zu handeln. Und er stand dem General menschlich und politisch nahe. Vorwürfe gegen seinen Oberbefehlshaber mußten auch ihn treffen, denn er war an allen Entscheidungen beteiligt und hat sie zumeist aus eigener Überzeugung mitgetragen. Er unterstützte Stülpnagel in seiner eher rücksichtsvollen Kampfführung, die vom Oberkommando des Heeres als »laurig« verunglimpft wurde, obwohl er selbst vermutlich eher eine etwas härtere Gangart bevorzugt hätte. In seinem Charakter weitaus entschlossener als der General, neigte er zwar dazu, vorschnelle Entschlüsse zu fällen und Ideen sofort umzusetzen, doch bewahrte ihn seine solide Generalstabsausbildung immer wieder davor, auf Kosten der Truppe zu handeln. Von Zeit zu Zeit mag Müller seinen Oberbefehlshaber gedrängt haben, mehr im Sinne der vorgesetzten Heeresgruppe zu operieren, aber das wird die Ausnahme gewesen sein. Für ihn war der Abgang seines Oberbefehlshabers, mit dem er ein Dreivierteljahr eng zusammengearbeitet hatte, ein Verlust, den er bedauerte.

Mit »rücksichtsloser Brutalität« – Verfolgungskämpfe unter einem neuen Oberbefehlshaber (Herbst 1941)

Schon am 5. Oktober übernahm Generaloberst Hermann Hoth, ein Mann der Panzerwaffe, die 17. Armee. Von ihm versprach sich das Oberkommando des Heeres eine kraftvollere Führung der Truppe. Offenbar bestand zwischen dem untersetzten General und Vincenz Müller von Anfang an ein gutes Klima. Müller blieb Stabschef, und das war durchaus nicht selbstverständlich, im Gegenteil: Normalerweise brachte ein neuer Oberbefehlshaber auch »seinen eigenen« Stabschefs mit. Aber »oben« hielt man an Vincenz Müller fest, weil nur er die Armee im Griff hatte und als ruhender Pol anerkannt wurde.

Hoth war ein draufgängerischer Charakter, der seine Umgebung nicht zur Ruhe kommen ließ und hohe Anforderungen stellte; er sollte die 17. Armee nur ein gutes halbes Jahr führen und dann zur Panzerwaffe zurückkehren. Er hatte nichts von der Zurückhaltung und Nachdenklichkeit seines Vorgängers und dachte nicht daran, die ihm unterstellten Verbände zu schonen. Unter seiner Führung stieß die 17. Armee gegen den mittleren Donez vor und erreichte Ende November den Fluß zwischen Sslawjansk und Belgorod. Hinter dem 60 bis 80 Meter breiten Strom richteten sich die Divisionen erst einmal zur Verteidigung ein.

Bei einer Führungsbesprechung im selben Monat hatte Vincenz Müller von Franz Halder, dem Generalstabschef des Heeres, erfahren, daß sich das Oberkommando des Heeres mit dem Gedanken trug, die 17. Armee »entlang der Bahnlinie nach Millerowo in Richtung Stalingrad« vorgehen zu lassen, zusammen mit der 1. Panzerarmee und der 6. Armee. Müller wandte ein, daß eine derartige Verwendung der Armee »nach Lage und Zustand« nicht infrage kommen würde. Das akzeptierte der Generaloberst.[96] Wäre es anders gekommen, hätten die Korps der 17. Armee den Weg zur Wolga antreten müssen.

Der neue Oberbefehlshaber führte die 17. Armee nach den Wünschen der Nationalsozialisten und sah im Ostfeldzug einen Weltanschauungskrieg. Deshalb erließ er am 17. November 1941 einen »Armeebefehl« zum »Verhalten der deutschen Soldaten im Ostraum«. Er beklagte darin, daß in der 17. Armee keine »einheitliche Auffassung« über die Aufgaben im eroberten Gebiet bestehen würde, und forderte dazu auf, den Ostfeldzug anders zu Ende zu führen als gegen Frankreich, weil in Rußland zwei »innerlich unüberbrückbare Anschauungen« gegeneinander kämpfen würden: »Deutsches Ehr- und Rassegefühl, jahrhundertealtes deutsches Soldatentum gegen asiatische Denkungsart und ihre, durch eine kleine Anzahl, meist jüdischer Intellektueller aufgepeitschten primitiven Instinkte: Angst vor der Knute, Mißachtung sittlicher Werte, Nivellierung nach unten, Wegwerfen des eigenen wertlosen Lebens.« Ferner sei im Kampf gegen den Bolschewismus »Mitleid und Weichheit gegenüber der Bevölkerung völlig fehl am Platz«. Der Soldat müsse einsehen, daß harte Maßnahmen gegen volks- und artfremde Elemente notwendig seien. Diese Kreise, so Hoth weiter, wären die geistigen Stützen des Bolschewismus, »die Zuträger seiner Mordorganisation, die Helfer der Partisanen. Es ist die gleiche jüdische Menschenklasse, die auch unserem Vaterlande durch ihr volk- und kulturfeindliches Wirken so viel geschadet hat, heute in der ganzen Welt deutsch-feindliche Strömungen fördert und Träger der Rache sein will. Ihre Ausrottung ist ein Gebot der Selbsterhaltung. Wer als Soldat an diesen Maßnahmen Kritik übt, hat kein Gedächtnis für frühere jahrelange, zersetzende und verräterische Tätigkeit jüdisch-marxistischer Elemente in unserem eigenen Volke.«[97]

Mit diesem Armeebefehl empfahl sich Hoth als Anhänger der Nazis und trug dazu bei, daß humanistisch-ethische Normen, die nach wie vor das Denken und Handeln vieler Soldaten und Offiziere bestimmten, zurückgedrängt und verworfen wurden. Der neue Oberbefehlshaber orientierte seine Soldaten ausdrücklich darauf, kein Erbarmen mit dem Gegner und der einheimischen Bevölkerung zu zeigen.

Die Folgen ließen nicht lange auf sich warten und wurden zum Teil gleich schriftlich fixiert: Am 20. November 1941 erging durch das Armeeoberkommando 17 eine geheime Anordnung zur Partisanenbekämpfung,[98] am 25. November wurde eine Verfügung »zur Errichtung eines Konzentrationslagers« herausgegeben.[99] Am Zustandekommen beider Armeebeschlüsse hatte auch der Chef des Stabes Anteil; die Anordnung zur Partisanenbekämpfung trägt die Unterschrift Müllers, die KZ-Verfügung wurde zumindest mit seiner Billigung ausgearbeitet. Beide Dokumente waren Ausdruck dessen, daß von nun an in der 17. Armee ein anderer Wind wehte. Unter General von Stülpnagel wären solche Anordnungen undenkbar gewesen.

Das Papier zur Partisanenbekämpfung schrieb – entsprechend den Richtlinien des Oberkommandos des Heeres – die seinerzeit üblichen Maßnahmen fest und regelte im wesentlichen die Organisation der Partisanenverfolgung im Bereich des AOK 17. Kriegsvölkerrechtlich war da einiges gedeckt, anderes in einer Grauzone zwischen Legalität und Illegalität angesiedelt, manches darüber hinaus offensichtlich jenseits jeden Rechts wie Festlegungen zum Umgang mit »partisanenverdächtigen Elementen«, in denen es unter anderem hieß: »Bei der Bekämpfung und bei Vernehmungen ist mit aller Schärfe vorzugehen, da erfahrungsgemäß bei den verdächtigen Elementen nur größte Härte zu Aussagen führt ... Die Untersuchungen können im allgemeinen nur abgeschlossen werden: a) durch Freilassung, b) durch Überweisung in ein Kriegsgefangenen- oder Konzentrationslager, c) durch Liquidierung ... Die Liquidierungen, soweit sie nicht im Kampf oder bei Widerstand erfolgen, können nur die für die Bekämpfung verantwortlichen Offiziere ... befehlen.«[100]

Die »Bearbeitung« aller Partisanenfragen lag beim Abwehroffizier des Stabes. Die Bestimmungen waren vage genug, um der Willkür Tür und Tor zu öffnen; im Zweifel hatte die in einem »partisanenverseuchtem Gebiet« festgesetzte Person ihre Unschuld zu beweisen. Partisanenführer und solche, die man dafür hielt, wurden zur »Abschrekkung an öffentlichen Plätzen« aufgehängt, alle anderen waren »heimlich zu erschießen«.[101] Nicht nur bei der 17. Armee, überall in

Rußland wurde so verfahren. Auch Oberst i. G. Hermann Teske, verantwortlicher Transportoffizier in der 17. Armee, berichtete in seinen Erinnerungen davon: Am 18. November 1941 wurde er bei einer Besprechung im Armeehauptquartier in Panjutino auf dem Marktplatz vier gehenkter Partisanen ansichtig, die man kurz zuvor exekutiert hatte.[102]

Die Unterlagen der Korps und Divisionen, die im Verband der 17. Armee kämpften, machen deutlich, daß Maßnahmen gegen Partisanen in vielen Fällen mit außerordentlicher Grausamkeit durchgeführt wurden und gelegentlich die ausdrückliche Zustimmung Müllers fanden. Morgendliche Berichte des XXXXIV. Armeekorps beispielsweise, abgesetzt an das AOK 17 zwischen Ende 1941 und März 1942, enthielten Einträge wie den folgenden: »Zivilpersonen feuerten auf einen deutschen Posten in Schabelkowka; als Vergeltungsmaßnahmen wurden 5 Geiseln erschossen.«[103]

Ein Lage- und Tätigkeitsbericht des gleichen Armeekorps an die 17. Armee – für die zweite Märzhälfte 1943 – teilte mit: »Von 281 Personen, die dem Partisanenjagdtrupp übergeben wurden, wurden 12 wegen verbotenen Wanderns ohne Ausweis, 59 als Spione, 13 wegen Sabotage und Arbeitsverweigerung, 78 als Kommunisten und Komsomolzen ... 31 wegen antideutscher Propaganda, 1 wegen Diebstahls von Heeresgut und 5 Juden erschossen.«[104]

Grundlage des Vorgehens gegen die Partisanen bildete ein Befehl des »Führers« vom 18. Oktober 1942 zur »Bandenbekämpfung«, in dem Hitler die »schweren Beeinträchtigungen« der Wehrmacht durch den Partisaneneinsatz des Feindes beklagte und verfügte, den Kampf künftig mit »rücksichtsloser Brutalität« zu führen mit dem Ziel, im gesamten Ostraum die Partisanen »auszurotten«.[105] Das kam einem Tötungsbefehl gleich, Gefangene waren unerwünscht.

Offenbar wurde aber öfter dagegen verstoßen, auch in der 17. Armee, so daß sich der Chef des Stabes genötigt sah, die »Führungsanordnung Nr. 153« (vom 15. 11. 1942) herauszugeben, in der es hieß: »In den Tagesmeldungen [der Korps und Divisionen] werden immer noch Bandengefangene gemeldet. Es wird darauf aufmerksam gemacht, daß alle Banditen – einschließl. einzelner zur Vernehmung Zurückgehaltener – gemäß Befehl ›Der Führer Nr. 003830/42 g.Kdos./OKW/F.St. v. 18. 10. 42‹ zu behandeln sind. Unterschrift: Müller, Chef des Generalstabes.«[106]

Damit hatte der Stabschef klargestellt, daß er keine Abweichungen bzw. Aufweichungen des Führerbefehls duldete. Er widmete sich den

Partisanenfragen ganz offensichtlich besonders intensiv und veranlaßte Maßnahmen, die die Grenzen des Kriegsvölkerrechts eindeutig überschritten. Er verlangte grundsätzlich, die Leute zu erschießen, möglichst weit abseits von der Truppe und unauffällig, und zwar schon dann, wenn nur ein »begründeter Verdacht von Partisanenbetätigung« bestand.

Von A bis Z völkerrechtswidrig war die Errichtung eines armeeeigenen Konzentrationslagers, das zeitweise unterhalten wurde und eine Belegstärke von etwa 1000 Personen aufwies. Es wurde mit Verfügung vom 25. 11. 1941 bei Kramatorskaja geschaffen und unterstand dem Abwehroffizier des Armeeoberkommandos 17. Zweck und Aufgabe des Lagers war es, partisanen- und agentenverdächtige Personen bis zur Klärung ihrer Schuld oder Unschuld zu verwahren sowie »verdächtige Wanderer« festzuhalten. Während des Aufenthalts im Armee-KZ sollte mit Hilfe von Spitzeln (sogenannten V-Leuten) Identität und Schuld der eingelieferten Personen festgestellt werden, anschließend wurde wie folgt verfahren:

- ehemalige Angehörige der Roten Armee wurden in Kriegsgefangenenlager abgeschoben;
- Kommissare unterlagen der »besonderen Behandlung«, das hieß, sie wurden ermordet (nach Übergabe an die SS);
- »Partisanen, Agenten und ihre Helfershelfer« mußten dem Abwehroffizier der Armee gemeldet werden, der über ihre »Weiterbehandlung« entschied (was in der Regel Erschießung bedeutete);
- harmlose Wanderer wurden »unter Bürgschaft durch die neu eingesetzten Bürgermeister oder Milizkommandanten« entlassen.

Die Behandlung der Lagerinsassen sollte »streng, aber gerecht sein«, so stand es jedenfalls in der Verfügung des Armeeoberkommandos. Tatsächlich konnte davon keine Rede sein, denn allein das Spitzelwesen im Lager sorgte für grundlose Verdächtigungen und Beschuldigungen von Gefangenen, gegen die sich diese nicht wehren konnten.

Insassen, die ihren Wohnort außerhalb des Armeebereichs hatten, konnten mindestens einen Monat lang im Lager festgehalten werden und wurden nur bei guter Führung entlassen. Sie erhielten genaue Auflagen, auf welchen Wegen sie nach Hause zu gelangen hatten. Dem Entlassungsdokument mußte in deutscher Sprache (kaum ein Russe war der deutschen Sprache mächtig!) der Vermerk »Beim Abweichen vom vorgeschriebenen Wege ist er/sie partisanen- oder agentenver-

Armee-Oberkommando 17 A.Gef.St., den 15.11.42

Abt. Ia Nr.5073 /42 geh.

Geheim!

Führungsanordnungen Nr. 153.

1) Wachgestellung in den Standorten:

Die Standort- und Orts-Kdten. sind ermächtigt, zur örtl. Wachgestellung alle in ihrem Bereich untergebrachten Truppenteile - bei Luftwaffe Fliegertruppe ausgenommen - heranzuziehen (H.Dv.131, Ziffer 53 - 56).

2) Bandenbekämpfung:

In den Tagesmeldungen werden immer noch Bandengefangene gemeldet. Es wird darauf aufmerksam gemacht, daß alle Banditen - einschl. einzelner zur Vernehmung Zurückgehaltener - gem. Befehl „Der Führer Nr. 003830/42 g.Kdos./OKW/F.St. v. 18.10.42" zu behandeln sind.

3) Monatliche Meldung über s.Pak-Ausstattung:

In den monatlichen Zustandsberichten ist ab 1.12. unter Spalte „s.Pak." und „Pak Sfl." Kaliber und Art der Pak bzw. Pak-Sfl. anzugeben.

Die gem. Verfügung OKH/GenstdH/Org.Abt. (III) Nr. 1155/42 g.Kdos. v. 9.3.42 (unter Nr. A.O.K.17, Ia 834/42 g.Kdos. v. 19.3.42 an die im März 42 der Armee unterstellten Kdo.-Behörden verteilt) geforderte monatliche Meldung über Ausstattung der s.Pak (mot.Z) entfällt mit sofortiger Wirkung.

4) Umbenennung der Inf.Rgt. in Grenadier-Rgt.

Gem. Verfg. „OKH/GenstdH/Org.Abt. (II) Nr. 10617/42 geh. v. 14.11.42" behalten die Inf.Btle. 500 und 560 ihre bisherige Bezeichnung.

Für das Armee-Oberkommando
Der Chef des Generalstabes

Müller

Verteiler:

Wie Fü.An. Nr. 152

Dazu Korück 550.

Die Führungsanordnung Nr. 153 des Armeeoberkommandos 17 vom 15. November 1942 (zur »Bandenbekämpfung«) kommt einer Aufforderung zum Töten von Partisanen gleich.

Armee-Oberkommando 17 A.Gef.St., den 15. 12.42

I a Nr. 5642/42 geh.

Geheim! 62

Führungsanordnungen Nr. 158

1.) Volksdeutsche der Volksliste III.

Volksdeutsche der Abt. III der deutschen Volksliste aus den ehemals polnischen Gebieten - d.h. Volksdeutsche mit überwiegend slawischem Blutsanteil - werden in Zukunft dem Ostheer nicht mehr als Ersatz zugeführt.

Die bei der Truppe vorhandenen Soldaten slawischen Blutes - auch Tschechen - sind eingehend auf ihre Zuverlässigkeit zu überprüfen. Sie sind nicht geschlossen zu besonderen Aufgaben (Spähtrupps, als Bunkerbesatzungen o.ä.) einzusetzen. Die Disziplinarvorgesetzten haben die Pflicht, die Durchführung dieses Befehls laufend zu überprüfen.

2.) Ehemalige russische Offiziere als Führer in landeseigenen Verbänden.

Eine Komp. eines Turk-Batl. ist geschlossen unter ihrem Komp.-Führer - einem ehemaligen sowjetischen Offizier - zum Feind übergelaufen. Daraus ist ein erheblicher Nachteil für die ganze Kampffront an diesem Abschnitt eingetreten.

Alle russischen Führer, und besonders alle ehemaligen russischen Offiziere - zaristische wie sowjetische - in Führerstellen landeseigener Verbände sind laufend auf ihre Zuverlässigkeit zu überprüfen. Unzuverlässige Elemente sind dem nächsten Dulag, Angehörige von Turkeinheiten über Korück 550 dem Sonderlager Ostrow (Gen.Gouv.) zuzuführen. Jmmer wieder ist zu überprüfen, daß allen fremdl. Angehörigen der deutschen Wehrmacht, insonderheit den in vorderer Linie eingesetzten, nichts bekannt wird, was über ihren Rahmen hinausgeht.

Für das Armee-Oberkommando
Der Chef des Generalstabes
Müller

Verteiler:
Wie Führungsanordn. Nr. 157.

Als Chef des Generalstabes unterzeichnete Müller auch die Führungsanordnung Nr. 158 vom 15. Dezember 1942, in der vor »unzuverlässigen Volksdeutschen« gewarnt wird.

dächtig« hinzugefügt werden, was sofortige Erschießung zur Folge hatte.

Die Verpflegung im Armee-KZ hatte sich nach den Sätzen für Kriegsgefangene ohne Arbeit zu richten und fiel in der Praxis erbärmlich aus – Krankheit und Tod für die Insassen waren somit nur eine Frage der Zeit.

Mitschuld an Repressalien und Ermordungen – Judenverfolgung im Bereich der 17. Armee

Für Adolf Hitler und die Hauptverantwortlichen der Wehrmacht war der Ostfeldzug Überlebenskampf und Rassenkrieg gegen den »jüdischen Bolschewismus« in einem. Judentum und Stalinismus galten in ihren Augen als zwei Seiten einer Medaille. Ein Teil des Offizierskorps der Wehrmacht teilte diese Einschätzung, vor allem die sehr hohen Dienstgrade in Führungspositionen, aber auch jüngere, unter Hitler besonders schnell beförderte Offiziere. Diese hatten keine Skrupel bei der zunächst nur angedachten Vernichtung des »jüdisch-bolschewistischen Feindes«; sie akzeptierten oder unterstützten die spätere Ausrottung der Juden ohne Gewissensnöte. Kriegsverbrechen der Stalinisten an deutschen Gefangenen in der Anfangsphase des Ostfeldzugs beseitigten alle Hemmnisse.

Das Armeeoberkommando 17 war sich bereits beim Einmarsch in Lemberg nicht dafür zu schade, der SS Hinweise für die Judenverfolgung zu geben. Dabei blieb es aber nicht; in den folgenden Wochen und Monaten entwickelte sich eine routinierte Zusammenarbeit zwischen dem Armeeoberkommando und dem SS-Sonderkommando IVb. Über diese Zusammenarbeit waren Oberbefehlshaber und Stabschef zu jeder Zeit informiert, wenn auch nicht in allen Einzelheiten. Und man beließ es nicht bei Hinweisen, sondern wurde selbst aktiv: Am 22. September 1941 wandte sich das AOK 17 an das SS-Kommando mit der Bitte um »Repressalien« gegen die Juden im eroberten Krementschug, weil es dort drei Kabelsabotagefälle gegeben hatte. Inwieweit dieser Wunsch die nachfolgenden Morde auslöste oder begünstigte, ist nur schwer zu klären – fest steht, daß die SS nur sechs Tage später die ersten 1600 Juden erschoß.[107]

Bezeichnend war auch der Befehl vom 7. September 1941: »Juden beiderlei Geschlechts und jeden Alters [seien als] abwehrmäßig ›verdächtig‹ anzusehen und deswegen beim Passieren der Dnjepr-Brükken festzunehmen.«[108] Diese Entscheidung des Armeeoberkommandos 17 schnitt auch jüdischen Frauen und Kindern den Fluchtweg nach Osten ab und erleichterte der SS »die Ermordung aller Juden«.

Der Oberbefehlshaber der 17. Armee hieß damals noch Carl-Heinrich von Stülpnagel, ein Mann, dessen ablehnende Haltung den Nazis gegenüber schon Erwähnung fand. Der General war aber Antisemit eher in dem Sinne, daß er den Juden jeden wirtschaftlichen und politischen Einfluß entziehen wollte; den Genozid befürwortete er mit Sicherheit nicht. Doch er lastete den Juden vorschnell alle Aktivitäten gegen seine Truppe an. In einem Befehl vom 30. Juli 1941, der das zum Prinzip erhob, warnt er ausdrücklich vor »jüdischen Komsomolzen«, die Träger von Sabotage und Bandenbildung seien.[109]

Man muß also davon ausgehen, daß Stülpnagel nicht eben auf die Schonung des jüdischen Bevölkerungsteils bedacht war und ihre Stigmatisierung im Sinne der NS-Ideologie nicht ablehnte – anders kann sein Verhalten nicht erklärt werden. Er hat die Judenmorde in seinem Armeebereich zwar nicht angeordnet, hat sie aber innerhalb gewisser Grenzen billigend in Kauf genommen. Man muß hier abermals von jener »Teilidentität der Ziele« (Manfred Messerschmidt) ausgehen, die konservativ eingestellte Offiziere in die Ausrottungspolitik der Nazis im Osten einzubinden vermochte.

Vincenz Müller, der mit allen Vorgängen innerhalb der Armee aufs engste verbunden war und bei allem seine Hände im Spiel hatte, dürfte auch in puncto Judenverfolgung nicht unbeteiligt gewesen sein. Auch er hatte mit Sicherheit antisemitische Vorurteile und war am Schutz der Juden nicht interessiert. Doch als Christ und Humanist lehnte er Massenmorde ab. Und diese kritisierte er auch im engeren Kameradenkreis, denn natürlich war er informiert und konnte sich das Ausmaß in etwa vorstellen. Während der Sylvesterfeier 1942 berichtete er beispielsweise von »ungeheuerlichen Schandtaten des Sicherheitsdienstes nach der Eroberung von Kiew« und meinte damit (auch) die Judenmorde, wie der Schriftsteller Ernst Jünger in seinen »Kaukasischen Aufzeichnungen« festhielt. Hauptmann Jünger war seinerzeit Gast des AOK und traf mit dem Oberbefehlshaber und dessen Stabschef Müller zusammen.[110]

Eine Mordaktion der SS Ende Dezember 1941 im Bereich der 17. Armee sollte nach dem Zweiten Weltkrieg Bestandteil der Anklage gegen den Oberbefehlshaber Generaloberst Hermann Hoth vor dem Internationalen Militärtribunal in Nürnberg werden. Im sogenannten OKW-Prozeß im Jahre 1948 wurden Massenerschießungen an Juden in Artemowsk, einer Stadt in der Südukraine, verhandelt, die die SS Mitte Dezember 1941 durchführte. Das Gebiet lag im Bereich der 17. Armee, und die Front war damals nahe. Sowjetische Truppen standen unmittelbar vor der Stadt, und die Armee war zur Verteidigung übergegangen. Es bestand die Gefahr, daß die Russen die Stadt zurückeroberten.

In einer derartig angespannten Lage wollte das Armeeoberkommando nicht durch Mordaktionen der SS gestört werden, und Vincenz Müller erließ einen Befehl, wonach »die Judenaktionen in Artemowsk« zu vertagen seien, bis die Lage an der Front geklärt ist. Darüber scheint aber Hoth offensichtlich nicht informiert worden zu sein, vielleicht wollte ihn Müller mit solchen Dingen auch nicht belasten. Erst später erfuhr der Oberbefehlshaber davon.[111] Vereinbarungen zwischen der Wehrmacht und der SS sahen vor, solche »Aktionen« dann auf Wunsch des Heeres auszusetzen, wenn diese in Frontnähe möglicherweise die Truppe behindern könnten. So war es auch hier. Die SS holte die Erschießungen nach, als die 17. Armee sich wieder auf dem Vormarsch befand.

Die Vorgänge, die 1948 in Nürnberg zur Verhandlung standen, machten deutlich, daß das AOK 17 von den SS-Mordunternehmen wußte und die Ausrottungsmaßnahmen gegen die Juden kannte; Vincenz Müller hätte andernfalls den Aufschubbefehl nicht geben können. Nachdem der Oberbefehlshaber die Vertagung der Morde seinem Stabschef überlassen hatte, kümmerte er sich nicht weiter um die Angelegenheit, obwohl er spätestens jetzt aus erster Hand über die Verbrechen der SS an Zivilisten in seinem Armeebereich informiert war. Es wäre seine Pflicht gewesen, diese Menschen zu schützen.

Müller war mit großer Wahrscheinlichkeit von Anbeginn an über die Mordzüge der SS informiert, denn sein 3. Generalstabsoffizier, der mit den Einsatzgruppen zusammenarbeitete, hatte ihm Bericht zu erstatten. Auch wenn er nicht in jedem Fall für die Geschehnisse verantwortlich war, kann er von Mitverantwortung und Schuld nicht freigesprochen werden.

Nach dem Krieg holte ihn die Vergangenheit kurz vor seinem Tod ein: Westdeutsche Zeitungen beschuldigten Müller 1960, an der Erschießung von 90 000 Juden in Rußland beteiligt gewesen zu sein. Er entnahm das selbst einer jüdischen Wochenzeitung, die er im Parteivorstand der NDPD in Ostberlin einsehen konnte. Daraufhin wandte er sich hilfesuchend u. a. an Oberst Wolf Stern, den er seit seiner sowjetischen Gefangenschaft gut kannte und der seinerzeit Chef des Deutschen Instituts für Militärgeschichte in Potsdam war. Stern versicherte dem aufgeregten Müller, daß er sich keine Sorgen zu machen brauche, weil ihn die UdSSR »für diese Sache rehabilitiert« habe. Es käme heute darauf an, wie man »zur DDR und dem Friedenslager« stehe. Vom Standpunkt des Militärs aus betrachtet, so der Oberst, der seit Jahrzehnten für den sowjetischen Geheimdienst arbeitete, dürfe man »einen solchen Fall« nicht so bewerten, als ob Müller der »Hauptschuldige« sei.

Ob diese Einlassungen den inzwischen pensionierten General beruhigt haben, muß unbeantwortet bleiben. Müller konnte aber davon ausgehen, daß er in dieser Sache in der DDR nicht belangt werden würde, dürfte aber auch bemerkt haben, daß man die Anschuldigungen nicht dementierte, sondern nur relativierte.

Noch einmal sollten die Verstrickungen Müllers in die Judenmorde der SS in Rußland eine Rolle spielen: 1962, ein Jahr nach Müllers Tod, bei der anstehenden Schlußredaktion seiner verstümmelten Erinnerungen, die dann 1963 im Deutschen Militärverlag in Ostberlin erschienen. Die SED-Parteileitung des Verlags machte in einer internen Parteiinformation massive Bedenken gegen die geplanten Memoiren Müllers geltend und kam zu folgendem Urteil: »Im Jahre 1948 hatte sich der seinerzeitige Oberbefehlshaber der 17. Armee, Hoth, in einem der Nürnberger Nachfolge-Prozesse [OKW-Prozeß] für die im Bereich der 17. Armee begangenen Kriegsverbrechen zu verantworten. Die vorgelegten Dokumente und die Aussagen Hoths belasten V. Müller stark. Es war in diesem Zusammenhang die Rede von der Errichtung eines Konzentrationslagers, von Judenpogromen, von Mißhandlungen und Erschießungen von Kriegsgefangenen, insbesondere politischer Kommissare, von Sondermaßnahmen zur Partisanenbehandlung usw. ... Wir sind der Meinung, daß wir mit der Veröffentlichung dieses Buches der DDR einen schlechten Dienst erweisen ...«[112]

Die SED-Verantwortlichen setzten sich über die Bedenken hinweg, doch fehlte in den Erinnerungen jeder auch noch so vage Hinweis auf eine Mitschuld Müllers an den Judenmorden im Osten.

Schreibtischtäter im Auftrag – Umgang mit Kriegsgefangenen im Bereich der 17. Armee

Es war für Deutsche und Russen von Anfang an ein hohes Risiko, sich dem Gegner gefangenzugeben. Vor allem in den ersten Monaten des Ostfeldzugs ging man auf beiden Seiten mit Kriegsgefangenen unmenschlich bis brutal um und hielt sich nicht an die internationalen Normen: Mißhandlungen und Morde waren an der Tagesordnung.

Auf deutscher Seite gab es diverse Richtlinien für die Behandlung von sowjetischen Kriegsgefangenen – vom Oberkommando des Heeres und von der SS –, die auf eine harte und grausame Gefangenschaft orientierten. Die Wehrmacht war auf die Gefangenenmassen des ersten Kriegsjahres in keiner Weise vorbereitet und versäumte es außerdem später bewußt, kriegsgefangene Russen den Normen gemäß zu versorgen. Das Ergebnis war dementsprechend: Von den insgesamt 5,7 Millionen russischer Kriegsgefangener in deutscher Hand kamen 3,3 Millionen (das sind 58 Prozent) ums Leben, zumeist durch Unterernährung und Krankheit.[113] Die Führung der Wehrmacht ließ es zu, daß Millionen sowjetischer Gefangener unter katastrophalen Zuständen in Lagern leben mußten und nahm ihren Tod in Kauf.

Der Generalquartiermeister des Oberkommandos des Heeres erklärte Ende 1941: »Nichtarbeitende Kgf. ... haben zu verhungern. Arbeitende Kgf. können im Einzelfalle auch aus Heeresbeständen ernährt werden. Generell kann auch das angesichts der allgemeinen Ernährungslage leider nicht befohlen werden.«[114]

Vincenz Müller war anwesend, als diese Sätze während einer Besprechung mit dem Generalstabschef des Heeres am 13. November 1941 in Orscha fielen. Für die 17. Armee ergaben sich erstmals nach der Schlacht bei Uman im August 1941 größere Gefangenenzahlen. Das Oberkommando errichtete zwei Armeegefangenensammelstellen. Unterbringung und Verpflegung der rund 60 000 Gefangenen stießen sogleich auf erhebliche Schwierigkeiten, die nicht behoben werden konnten. Und wohl auch nicht behoben werden sollten, denn man unternahm keinerlei Anstrengungen, ein Mindestmaß an korrekter Behandlung zu garantieren. Die eigene Verpflegung war knapp bemessen, niemand hielt es für nötig, mit den Gefangenen zu teilen. Wenn überhaupt, dann erhielten die russischen Gefangenen Gemüsereste und Abfälle von Fleisch und Innereien aus Pferdelazaretten der Wehrmacht.[115]

Bis zum 15. November 1941 machte die 17. Armee mehr als 350 000 Kriegsgefangene, die zunächst einmal von der Armee selbst »betreut« wurden, bevor man sie in größere Lager ins Hinterland abschob. Aus einem Bericht des Oberquartiermeisters der 17. Armee über die Zeitspanne von Juni bis November 1941 geht hervor, daß die vom Oberkommando des Heeres angeregten Verpflegungssätze »selbstverständlich in keinem Fall« verabreicht werden konnten. Ersetzt wurden diese Lebensmittel »durch Hirse, Mais, Sonnenblumenkerne, Buchweizen, zum Teil Linsen und Erbsen, teilweise auch Brot«. Weiter heißt es: »Weder eine volle noch eine teilweise Ausgabe der befohlenen Portionssätze war ... möglich, weil die Portionen überhaupt nicht nachgeschoben werden konnten. Ernährung der Kgf. war nur möglich aus vorgefundenen Landesbeständen, hinzu kommen die Zubereitungsschwierigkeiten, da die Kgf. in den seltesten Fällen eine Feldküche mitbrachten ... Bekleidungszustand unzulänglich. Vor allem Fußbekleidung. Unterwäsche fehlt z. T. völlig ... Verstorbene und Erschossene (die Bewachungsmannschaften erschossen 400 Kgf. wegen Meuterei bzw. auf der Flucht) werden völlig entkleidet beerdigt und die Bekleidung wieder verwertet ... Bei dem bestehenden Mangel an Fett und Eiweiß wird die Sterblichkeit in den Wintermonaten steigen. Es werden viele Lungenentzündungen und schwere Darmerkrankungen festgestellt. Bei dem großen Gefangenenanfall aus der Schlacht ostwärts Kiew, wo bei schlechtestem Wetter nur ein Teil der Kgf. in Schuppen untergebracht werden konnte, starb pro Tag 1 %.«[116]

Von den mehr als 650 000 Gefangenen aus der Kesselschlacht von Kiew entfielen etwa 200 000 Mann auf die 17. Armee, die dafür im September 1941 sechs Armeegefangenensammelstellen unterhielt, in denen die oben geschilderten Zustände herrschten. Wie andere Armeen auch, war man mit der Situation völlig überfordert.

Die 24. Infanteriedivision bekam den Auftrag, die Gefangenen zu bewachen und abzutransportieren. Da Kraftfahrzeuge nicht gestellt werden konnten, erfolgte der (erste) 400 Kilometer lange Marsch aus dem Raum Lubny-Chorol nach Uman zu Fuß. Schon als man diesen Marsch antrat, waren zwischen 10 000 und 20 000 Gefangene verstorben, unterwegs verloren noch einmal Tausende ihr Leben.[117]

Natürlich ist einzuräumen, daß Verstöße und Verbrechen der Wehrmacht auf Anordnung vorgesetzter Dienststellen geschahen, aber wenn das Armeeoberkommando 17 die Geschehnisse auch nicht zu verantworten hatte, so bleibt letztlich doch die Tatsache, daß es sich mitschuldig an diesen Zuständen machte. Die Armeeführung sah im sowjetischen Gefangenen nicht den »Kameraden der anderen Feldpostnummer«, sondern das unerwünschte Subjekt, das Probleme bereitete und die eigene Verpflegungslage möglicherweise verschlechterte.

Bezeichnend war der Umstand, daß Kriegsgefangene gezielt für Arbeiten und Tätigkeiten geworben wurden, die nicht mit dem Kriegsvölkerrecht in Einklang standen. Das geht aus »Führungsanordnungen« des AOK 17, unterzeichnet jeweils von Vincenz Müller, hervor. So bestimmte die »Führungsanordnung Nr. 70« vom 7. Oktober 1941, daß gefangene Angehörige der Roten Armee, die wichtige Angaben über Wirtschaft, Industrie, Bodenbeschaffenheit und Wasserverhältnisse im Donezbecken machen konnten, umgehend dem Abwehroffizier der Armee vorzuführen waren. Dieser konnte dann die Gefangenen als »Führer für Wege und Besetzung von Industrieanlagen beim Einmarsch ins Donezgebiet« verwenden.

Besonders intensiv bemühte man sich zeitweise um gefangene »Radio-Pioniere« (Experten für die Fernzündung von Minen), die bei der Räumung russischer Minen mit Zeitzündern (die per Funk ausgelöst wurden) mithelfen sollten und die hohe Verluste auf deutscher Seite brachten.

Massive Verstöße gegen das Kriegsvölkerrecht waren außerdem Befehle des Oberkommandos, die für die »Entminung und Beseitigung von Sprengladungen« den Einsatz von »Kriegsgefangenen und Einheimischen – auch als Geiseln« vorsahen.[118] Auch solche Befehle unterschrieb Müller im Auftrag seines Oberbefehlshabers mehrfach.

Tapferkeit trotz Todesangst – Erster Kriegswinter (1941/42)

Anfang Dezember 1941 stand die 17. Armee an den Flüssen Donez und Mius, nördlich von ihr operierte die 6. Armee, südlich die 1. Panzerarmee (früher: Panzergruppe 1). Die Divisionen waren erschöpft und abgekämpft und litten wieder einmal unter Nachschubproblemen. Nur langsam erholte sich die Heeresgruppe vom ersten größeren Rückschlag des Feldzuges – Ende November mußte sie das kurz zuvor eroberte Rostow, das »Tor zum Kaukasus«, wieder aufgeben, weil der russische Druck zu stark geworden war. Die 1. Panzerarmee hatte die Großstadt mit 500000 Einwohnern am 21. November besetzt, konnte sich aber nicht halten und war gezwungen, hinter den Mius zurückzugehen.

Wie nicht anders zu erwarten, kam es wegen dieser Frontrücknahme zum Konflikt zwischen Hitler und Generalfeldmarschall Gerd von Rundstedt, dem Oberbefehlshaber der Heeresgruppe Süd. Den Befehl Hitlers, Rostow zu halten, befolgte er nicht; den Rückzug trat er ohne Genehmigung an. Kurzerhand enthob Hitler ihn seines Postens und übertrug Generalfeldmarschall Walther von Reichenau, dem bisherigen Oberbefehlshaber der 6. Armee, das Heeresgruppenkommando.

Doch auch der konnte die Stadt bzw. die Front bei Rostow nicht halten und sah sich genötigt, die Hauptkampflinie zu verkürzen und die Stadt zunächst aufzugeben. Hitler stimmte schließlich mißgelaunt zu.[119] Vorübergehend trat jetzt Ruhe ein, die Russen suchten die Initiative an anderer Stelle.

Am 6. Dezember 1941 brach vor Moskau gegen die Heeresgruppe Mitte eine sowjetische Offensive los, die der Wehrmacht eine empfindliche Niederlage bescherte und sie an den Rand der Katastrophe führte. Es gelang erst nach Wochen und nur unter Aufgabe von Territorium, die Front zu stabilisieren. Selbst Hitler begriff, daß kaum eine andere Möglichkeit blieb, als zur Verteidigung überzugehen. In der »Weisung Nr. 39« vom 8. Dezember legte er dafür die Grundzüge fest und befahl, daß die Masse des Ostheeres sobald wie möglich in kräftesparenden Fronten zur Abwehr überzugehen habe. Hinsichtlich der Heeresgruppe Süd bestimmte er: »HGr. Süd muß trotz aller Schwierigkeiten bestrebt sein, die Voraussetzungen zu schaffen, daß sie bei günstiger Witterung noch während des Winters einen Angriff zur Gewinnung der unteren Don-Donezlinie führen kann. Dadurch werden günstige Voraussetzungen für die Frühjahrsoperation gegen den Kaukasus geschaffen werden.«[120]

Die von Hitler verordnete Angriffspause war bitter nötig, denn die Wehrmacht hatte 1941 im Osten rund 500000 Mann verloren, darunter 25000 Offiziere. Die Grabenstärke der Kompanien hinter Donez und Mius betrug noch 20 bis 30 Soldaten. Fünfundachtzig Prozent aller Fahrzeuge waren nicht mehr marschfähig, es gab Panzerdivisionen ohne einen einzigen einsatzfähigen Panzer. Die Verbände waren außerdem zerrissen und aufgerieben, Divisionen mußten aufgeteilt oder aufgelöst werden.[121]

Ab Mitte Dezember 1941 konzentrierte der Russe vor der 17. Armee

Kräfte, die auf Angriffsabsichten deuteten; Oberbefehlshaber und Stabschef erwarteten zumindest örtliche Gegenstöße der Sowjets und in naher Zukunft einen größeren Durchbruchsversuch. Müller rechnete mit einem russischen Vorstoß »gegen die lange Nordflanke der Armee«. In einem Ferngespräch am 22. Dezember äußerte er gegenüber dem Stabschef der Heeresgruppe: »Vorsprung der 17. Armee nach Osten ... fordert ihn [den Russen] geradezu heraus zu Angriff speziell über Sslawjansk-Isjum. Dahinter steht nichts. Die Divisionen dort haben bei 35–45 km Frontbreite nur einzelne Bataillone in Reserve.«[122]

Den Sowjets war die Schwäche der Deutschen in diesem Gebiet nicht verborgen geblieben – sie planten tatsächlich einen Vorstoß im Raum Isjum. Die Truppenkonzentrationen blieben auf deutscher Seite nicht unerkannt, und Müller ließ nicht nach, heftige Mahnungen und Forderungen nach »oben« zu richten, sich auf die Abwehr eines Angriffs vorzubereiten. Am 1. Weihnachtstag 1941 beklagte er sich bei der Heeresgruppe über den Ersatz für die Armee und bemängelte, daß die neuen Soldaten die Truppe »nahezu körperlich und seelisch zusammengebrochen« erreichten, weil sie zu Fuß anrückten. Der Ersatz sei nicht kampfkräftig, und darüber hinaus fehle es an geeigneten Offizieren, da diese fast alle »GV-Heimat« (garnisonsverwendungsfähig nur in der Heimat) eingestuft wären. Überhaupt schicke man seines Erachtens von den Heimatdienststellen »vielfach absichtlich die unbrauchbarsten Offiziere« und die »schlechtesten Pferde und Kfz«; außerdem würden Leute mit Wintererfahrung fehlen.

Die Antwort der Heeresgruppe auf die massive Beschwerde Müllers, der weitere folgen sollten, fiel sachlich-kühl aus. Man habe diese Fragen immer wieder mit dem Oberkommando des Heeres besprochen, und in der nächsten Zeit kämen etwa 160 000 Mann als Ersatz. Es sei aber ausgeschlossen, die Leute mit der Bahn zu befördern, deshalb bliebe für die Masse nur der Fußmarsch zur Front. Mehr als diese Auskünfte konnte Müller nicht erwarten, auch die vorgesetzte Heeresgruppe verfügte nur über begrenzte Möglichkeiten.[123]

Die Kriegsführung im Osten gestaltete sich zunehmend komplizierter; am 19. Dezember 1941 hatte Adolf Hitler auch den Oberbefehl über das Heer übernommen, der bisherige Oberbefehlshaber, Generalfeldmarschall Walther von Brauchitsch, wurde entlassen. Der »Führer«, der sich ohnehin zuvor ständig in die Belange von Heeresgruppen und Armeen eingemischt hatte, kümmerte sich von nun an selbst um den Einsatz einzelner Divisionen, Regimenter und Bataillone. Die – zumindest beschränkte – Eigenverantwortlichkeit der Heer- und Armeeführer, Bestandteil deutscher Tradition, ging damit restlos verloren, was bald deutlich auf allen Befehlsebenen zu spüren war.

Müller beklagte sich kurz nach Weihnachten 1941 bei der vorgesetzten Heeresgruppe im Namen seines Oberbefehlshabers über »weitgehende Eingriffe in die Armeeführung«, worauf in der Antwort schlicht darauf verwiesen wurde, daß die Entscheidungen im Oberkommando des Heeres gefällt werden. Konkret ging es dabei in Erwartung eines sowjetischen Angriffs um den Abzug von Soldaten aus der Front zur Bildung von »Eingreifdivisionen«. Das AOK 17 hielt diese Maßnahme für die denkbar ungünstigste: Auf Grund der schlechten Wegeverhältnisse und ihrer mangelhaften Mobilität würden diese »Eingreifdivisionen« im Falle eines Angriffs nicht schnell genug zum Einsatz kommen, um Einbrüche abzuriegeln. Müller wollte diese Kräfte mehr »nach der Tiefe« gliedern, um rascher eingreifen zu können. Durchsetzen konnte er sich freilich mit diesem Vorschlag nicht.[124]

Am 15. Januar 1942 meldete der Stabschef dem Chef der Heeresgruppe Süd, daß man auf Grund von »Feindnachrichten« unter Umständen schon »in den nächsten Tagen mit einem stärkeren Angriff im Raume Isjum« rechnen müsse. Am 17. Januar deutete ein »Funkbild« schon für den folgenden Tag auf einen Angriff hin. Zugleich beschwerte sich Müller bei der Heeresgruppe, daß die nördlich stehende 6. Armee bzw. deren 44. Infanteriedivision die Verbindung zur 17. Armee nur ungenügend halte.[125]

Müllers Voraussagen sollten eintreffen: Am 18. Januar 1942 starteten die Russen eine Offensive bei Isjum, die beiderseits der Stadt am Donez allmählich eine Breite von 80 und eine Tiefe von 100 Kilometern erreichte und die 17. Armee wie die gesamte Heeresgruppe Süd in arge Bedrängnis brachte. Trotz hartnäckiger Abwehr der 257. Infanteriedivision (XXXXIX. AK) bei Sslawjansk und später der 44. Infanteriedivision bei Balakleja näherte sich die Rote Armee Ende Januar der Eisenbahnlinie Dnjepropetrowsk – Stalino. Zuvor ging am 23. Januar das Hauptversorgungslager der 17. Armee in Barwenkowo verloren.[126]

Der wirklich große Erfolg blieb den Sowjets allerdings versagt: Der 6. und 57. sowjetischen Armee gelang es nicht, den Durchbruch weiter auszudehnen, denn die deutschen Divisionen der 6. und 17. Armee konnten unter hohen Verlusten die Ausbuchtung bei Isjum umklammert halten. Die Deutschen waren aber erst im Mai 1942 in der Lage, das verlorene Territorium wieder einzunehmen. In den Monaten bis dahin kam es zu zahlreichen Krisen, da die deutschen Kräfte nicht ausreichten, dem russischen Druck überall zu begegnen. Von Anfang an mußte improvisiert werden, und Müller monierte am 19. Januar: »Es wird mit kleinen Mitteln (Bataillonen usw.), die nacheinander eintreffen, geflickt. Die Front ist zu breit, die Zahl der Verbände zu gering, die Gefechtsstärken zu schwach und die Bewegungsmöglichkeiten beschränkt ... Trotzdem bleibt nur das eine: Halten.«[127]

In einem acht Seiten langen Brief vom 27. Januar 1942 an seine Frau und seinen Sohn schilderte Müller seine Ängste und ließ durchblicken, daß er bald mit seinem Tod rechne, den er als gläubiger Katholik aber nicht wirklich fürchten müsse.

Vincenz Müller sollte sich in diesen und den folgenden Wochen und Monaten als Meister der Improvisation und Standhaftigkeit erweisen, denn mit nur geringen Mitteln gelang es ihm, den großen sowjetischen Durchbruch abzuwenden. Geschickt führte er die Korps und Divisionen der 17. Armee und vermied ihre Vernichtung. Deshalb dürfte ihn die Maßnahme vom 28. Januar 1942 besonders befremdet haben, die so etwas wie eine Degradierung bedeutete: Der Stab der 17. Armee wurde vom neuen Oberbefehlshaber der Heeresgruppe Süd, Generalfeldmarschall Fedor von Bock, zeitweise taktisch dem Oberkommando der 1. Panzerarmee unterstellt, weil die Führung der 17. Armee »etwas müde« erscheine, das Panzer-AOK 1 aber »frisch und tatendurstig« sei.[128] Am 29. Januar wurde aus der 1. Panzerarmee die »Armeegruppe von Kleist« gebildet, die 17. Armee war Teil dieser Gruppe bzw. wurde ihr unterstellt. Erst am 8. Juni 1942, nach ihrer Auflösung, erhielt sie ihre volle Selbständigkeit zurück.

Die zeitweilige Zurückstufung des AOK 17 brachte dem neuen Oberbefehlshaber der Heeresgruppe jedoch kein Glück, denn die von ihm angesetzten Gegenangriffe der 1. Panzerarmee und der 6. Armee auf den »Sack von Isjum« sollten nicht durchdringen; am 3. März 1942 mußte Bock melden, daß ein Wiedergewinn der alten Frontlinie »zunächst nicht möglich« wäre. Das aber hatten Oberbefehlshaber und Stabschef der 17. Armee bereits im Januar erkannt.

Die »Degradierung« steckte Vincenz Müller offenbar nach einiger Zeit ohne Groll weg und setzte seine Arbeit im Stab unermüdlich fort. »Müde« war dieser Mann nicht, vielmehr rieb er sich auf in seinem Einsatz für die Armee, was am 28. Januar mit der Verleihung des

O.U., den 16.3.1942.

Lieber Kemmerich!

Herzlichen Dank für Ihre getreuen Glückwünsche zu meiner Beförderung. Ich freue mich über Ihre Aufmerksamkeit ebenso wie über Ihre dauernde treue Anhänglichkei

Auch wir hier haben seit Mitte Januar schwere Abwehrkämpfe, aber ich bin trotz allem zuversichtlich. In solchen Proben muss man sich erst bewähren. Blitzkrieg sind noch nicht die höchste Leistung.

Die Hauptsache ist, dass Heimat und Front entschlossen und fest zusammenhalten, dass alles vermieden wird was Misstrauen und Mißstimmung erzeugt, dass durch Hinweis auf den Ernst der Lage ein heiliges Feuer der Entschlossenheit entfacht wird. In Vielem ist noch viel schärferer Nachdruck notwendig. Viele junge Leute aus Heimat und Etappe müssen noch in die Front. Wir müssen durchhalten weil es nur diesen einen Weg gibt.

Herzliche Glückwünsche zu Ihrem zweiten Sohn.

Mit besten Wünschen für Ihre Zukunft und vielen Grüssen

Ihr getreuer

Sind die Durchhalteparolen in Müllers Brief von der Front an den alten Freund Max Kemmerich für die Zensur gedacht, oder glaubt der frisch gebackene General im März 1942 wirklich noch an einen Sieg der Wehrmacht im Osten?

»Deutschen Kreuzes in Gold« und am 1. Februar 1942 mit der Beförderung zum Generalmajor belohnt wurde. Der Kriegsorden war erst im September 1941 gestiftet worden und stand in seiner Wertigkeit zwischen dem »Eisernen Kreuz 1. Klasse« (EK I) und dem »Ritterkreuz«.

Das »Deutsche Kreuz in Gold« wurde für wiederholt bewiesene außergewöhnliche Tapferkeit oder mehrfach hervorragende Verdienste in der Truppenführung verliehen. Voraussetzung waren mindestens acht Nachweise von Tapferkeit, die jeweils zur Verleihung des EK I geführt hätten.

Gegenüber Freunden und Kameraden stellte sich Müller in diesen schweren Zeiten als dynamischer »Durchhaltegeneral« dar und äußerte sich in persönlichen Schreiben optimistisch über den weiteren Kriegsverlauf, wie zum Beispiel in einem Brief vom 16. März 1942 an den Zugführer aus seiner Münchener Pionierkompanie, Max Kemmerich, Blutordensträger (Teilnehmer am Hitlerputschversuch 1923 in München), später Oberst i. G. und engster Freund Müllers, dem er forsch die Lage schilderte:

»Auch wir hier haben seit Mitte Januar schwere Abwehrkämpfe, aber ich bin trotz allem zuversichtlich. In solchen Proben muß man sich erst bewähren. Blitzkriege sind noch nicht die höchste Leistung. Die Hauptsache ist, daß Heimat und Front entschlossen und fest zusammenhalten ... In Vielem ist noch viel schärferer Nachdruck notwendig. Viele junge Leute aus der Heimat und Etappe müssen noch an die Front. Wir müssen durchhalten, weil es nur diesen einen Weg gibt.«[129] (Siehe S. 115)

Müller wird gewußt haben, daß der Brief möglicherweise durch die Zensur gehen würde, und hat seine Formulierungen vielleicht deshalb so gewählt. Wahrscheinlicher aber ist, daß der frisch gebackene General im März 1942 offenbar noch an einen deutschen Erfolg im Osten glaubte. Zwar kritisierte er Mängel, doch schien er den Krieg gegen die UdSSR nicht grundsätzlich zu verwerfen. Seinen Beginn mag er bedauert haben, jetzt aber mußte man durchhalten ...

Die Beförderung zum General veranlaßte Müller nicht dazu, mit Kritik an den Entscheidungen seiner Vorgesetzten zu sparen oder mit seinen vorgesetzten Dienststellen sanfter umzugehen, im Gegenteil: Mehr denn je beschwerte sich Müller beim Heeresgruppenkommando darüber, daß seines Erachtens die 17. Armee gegenüber der 1. Panzerarmee und der 6. Armee »beim Ersatz« benachteiligt werde.

Unter dem Datum vom 1. März 1942 ließ er im Kriegstagebuch der Armee die Benachteiligungen auflisten und damit für die Nachwelt festhalten. So sei in der Kräfteausstattung und Vorbereitung der Abwehr gegen den erwarteten Feindangriff an der Donezfront bei Isjum Mitte Januar, »der von Anfang an als viel ernster und gefährlicher beurteilt werden mußte als die Angriffe ... Anfang Januar gegen den linken Flügel der 6. Armee«[130] eine Benachteiligung der 17. Armee festzustellen, auch hinsichtlich der Versorgung der Truppe. Darüber hinaus listete das Tagebuch Maßnahmen auf, die nötig waren, um wenigstens eine »gewisse Besserung« der Lage zu erreichen, wie Müller formulierte. Das kam einem »Hilfeschrei« der 17. Armee an die Heeresgruppe gleich.

Ohne Frage hat Müller als Stabschef des Armeeoberkommandos 17 im ersten Kriegswinter 1941/42 Leistungen erbracht, die außergewöhnlich waren. Über Monate hinweg mühte er sich, die Kampffähigkeit der Armee zu erhalten, die auf Grund ungenügenden Ersatzes gefährdet war. Täglich stellte er sich 16 bis 18 Stunden rastlos in den Dienst der Truppe. Das brachte Erfolge beim Angriff und noch mehr in der Verteidigung und blieb »oben« nicht ohne Beachtung.

Müller war gewissermaßen »die Seele« des AOK, ohne ihn hätte sein Oberbefehlshaber nicht die Arbeit leisten können, die von ihm erwartet wurde. Die zeitweise taktische Unterstellung des Stabes unter das Oberkommando der 1. Panzerarmee, eine Mißtrauenserklärung erster Klasse, hatte für ihn persönlich keine sichtbaren Folgen.

Daß sich Müller gesundheitlich verbrauchte, soll nicht verschwiegen werden. Allein sein unbändiger Wille, sein Ehrgeiz, ließen ihn die Belastungen ertragen – die Folgen sollten sich noch zeigen.

»Als Chef des Generalstabes ... meisterhaft« – Frühjahrs- und Sommerkämpfe 1942

In der »Weisung Nr. 41« legte Adolf Hitler am 5. April 1942 die neuen Angriffsschwerpunkte im Rußlandfeldzug fest, wobei er der Heeresgruppe Süd »den Durchbruch in den Kaukasus-Raum« zur Aufgabe stellte. Deshalb seien »alle greifbaren Kräfte« zur »Hauptoperation im Süd-Abschnitt zu vereinen mit dem Ziel, den Feind vorwärts des Don zu vernichten, um sodann die Ölgebiete im kaukasischen Raum und den Übergang über den Kaukasus selbst zu gewinnen.« Als vordringliche nächste Aufgabe nannte Hitler in dieser Weisung für den »Südraum«, die beiderseits von Isjum eingebrochenen Russen »im Zuge des Donez abzuschneiden und zu vernichten«.[131]

Gemäß diesen Auflagen machten sich die Stäbe der 1. Panzerarmee, der 17. und 6. Armee daran, unter Oberaufsicht der Operationsabteilung im Generalstab des Heeres, die Feldzugpläne auszuarbeiten und dabei zunächst den »Sack von Isjum« zu beseitigen.

Die 17. Armee war Teil der »Armeegruppe von Kleist« und in taktischen Fragen noch immer dem Stab der 1. Panzerarmee unterstellt. Dennoch war das Armeeoberkommando 17 arbeitsfähig und arbeitswillig und an der Vorbereitung des Angriffs auf Isjum, der als »Unternehmen Fridericus« in die Kriegsgeschichte eingehen sollte, beteiligt. Die Armee verfügte jetzt über drei Korps, darunter befanden sich erstmals größere Teile der 16. Panzerdivision, die den Durchbruch sicherstellen sollten.

Am 25. April 1942, mitten in der Vorbreitungsphase des »Unternehmens Fridericus«, verließ Generaloberst Hermann Hoth nach gut einem halben Jahr die 17. Armee und wurde Oberbefehlshaber der 4. Panzerarmee. Zum neuen Oberbefehlshaber der 17. Armee machte man vertretungsweise im Mai 1942 General Hans von Salmuth, bevor am 31. Mai Generaloberst Richard Ruoff den Oberbefehl übernahm. Vincenz Müller blieb Chef des Stabes. Sein bisheriger Vorgesetzter Hoth hatte ihm noch am 1. April eine äußerst positive Bewertung für die Personalakte gegeben und über Müller Folgendes zu Papier gebracht:

»Grundehrliche, charakterfeste Soldatenpersönlichkeit. Derb zupackend. Immer in rastloser Tätigkeit und geistiger Spannung. Alle Dinge auch mit dem Gemüt aufnehmend, jede Stimmung aber schnell und gründlich überwindend. Sein Temperament veranlaßt ihn, seinem Gedankenreichtum und jeder Anregung blitzartig die Tat folgen zu lassen, er kennt die hier liegenden Gefahren. Scharfer kritischer Verstand. Umfassendes Wissen. Für Fragen der großen Kriegsführung, ihrer neuzeitlichen Möglichkeiten und Bedingtheiten besonders beanlagt. Anregend und schöpferisch als Chef des Generalstabes Dienst meisterhaft beherrschend. Wegen seines militärischen Könnens hoch geachtet. Geeignet als Chef HGr., Div.Kdr.. Nach Truppendienst in leitender Stellung bei OKH und OKW.«

Ein Zusatz vom Chef des Generalstabes der Heeresgruppe Süd, Georg von Sodenstern, lautete am 28. 4. 1942: »Einverstanden«. Der Vermerk des Oberbefehlshabers der Heeresgruppe Süd, Generalfeldmarschall Fedor von Bock, vom 30. 4. 1942: »Auch ich beurteile ihn günstig, weiß aber noch nicht, ob zum Chef einer HGr. geeignet.«[132]

Günstiger konnte keine Beurteilung ausfallen, nur Generalfeldmarschall von Bock hatte gewisse Zweifel. Hoth dagegen schwärmte fast von seinem Chef.

Am 1. Mai 1942 ging beim Armeeoberkommando 17 der Heeresgruppenbefehl zum »Unternehmen Fridericus« ein. Zwei Tage später folgte eine Besprechung über die Angriffsvorbereitungen mit den Kommandierenden Generalen in Artemowsk, und schon einen Tag darauf unterbreitete der Stab des Armeeoberkommandos 17 der »Armeegruppe von Kleist« Vorschläge zum Kräfteeinsatz und einen Überblick über den Kampfwert der vorhandenen Verbände. Zugleich beklagte Müller erneut Mängel in der Versorgung und bei der personellen Auffüllung der Divisionen seiner Armee, die aber in den oberen Dienststellen nach wie vor nicht erstrangig behandelt wurden.

Nach nochmaliger Besprechung der Stabschefs, nach Absprachen mit der Armeegruppe und dem Heeresgruppenkommando gab die 17. Armee endlich am 8. Mai einen eigenen Befehl zu »Fridericus« heraus. Die armeeeigene Willensbildung war kompliziert geworden, und eine wirkliche Eigenverantwortung bestand nicht mehr.

Die Russen hatten die deutschen Angriffsabsichten längst erkannt und kamen diesen mit einer eigenen Offensive am 12. Mai aus dem Isjum-Brückenkopf heraus in die Quere. Die sowjetischen Kräfte beabsichtigten, Charkow zurückzuerobern und zum Dnjepr vorzustoßen, und es gelangen ihnen Durchbrüche bei der 6. Armee, die die 1. Panzerarmee abriegeln mußte. Der deutsche Zangenangriff auf den »Sack von Isjum« schien zunächst durchkreuzt. Doch die deutsche oberste Führung entschloß sich, auch in dieser neuen, ungünstigen Situation eine Offensive zu wagen. Generaloberst Franz Halder, Chef des Generalstabes des Heeres, gab Weisung, mit dem deutschen Gegenangriff am 17. Mai zu beginnen, der in der Folge zur Einkesselung der sowjetischen Angriffskräfte und auch zur Beseitigung des russischen Frontvorsprungs bei Isjum führen sollte.

Die Armee Müllers trat am 17. Mai mit dem LII. und Teilen des XXXXIV. Armeekorps aus dem Raum Sslawjansk an und stand zwei Tage später vor der Stadt Isjum. Damit war das Donezufer mit sechs Brücken in deutscher Hand und für die rückwärtigen Verbindungen des Gegners gesperrt. Am 22. Mai erreichten die 1. Panzerarmee und die 17. Armee die Kräfte der 6.; zusammen bildeten sie einen Kessel, in dem schließlich 240000 sowjetische Gefangene gemacht wurden.

Die Frühjahrsschlacht bei Charkow vom 17. bis 26. Mai 1942, an der die 17. Armee maßgeblich beteiligt war, ging als großer Erfolg deutscher »Kriegskunst« in die internationale Militärgeschichte ein, denn die zahlenmäßig unterlegenen Deutschen hatten durch geschickte Schwerpunktbildung der Kräfte und durch kühnes Vorgehen überlegene Truppen des Feindes abschneiden, einkesseln und vernichten können.

Im Ergebnis der Schlacht wurde der Donez als Operationsbasis für die bevorstehende Sommeroffensive der Wehrmacht wiedergewonnen – von hier sollte es nun weiter nach Osten und Südosten gehen: in der »Operation Blau«, dem Vorstoß der Deutschen in den Raum Stalingrad und in den Kaukasus.[133]

Mit dem 8. Juni wurde die »Armeegruppe von Kleist« aufgelöst. Der Stab des AOK 17 erlangte jetzt endgültig seine Zuständigkeit in taktischen Angelegenheiten zurück. Zu Beginn der Sommeroffensive der Wehrmacht im Südabschnitt entschied sich Adolf Hitler, die bisherige Heeresgruppe Süd zu teilen: Mit dem 7. Juli 1942 entstand eine Heeresgruppe A unter dem Oberbefehl des Generalfeldmarschalls Wilhelm List (mit der 1. Panzerarmee und der 17. Armee) und eine Heeresgruppe B unter dem Oberbefehl des Generalfeldmarschalls Fedor von Bock bzw. ab 15. Juli unter Generaloberst Maximilian von Weichs (mit der 2. Armee, der 2. ungarischen Armee, der 6. Armee und der 4. Panzerarmee).[134]

Diese Aufteilung der Heeresgruppe Süd in zwei neue Heeresgruppen und die damit einhergehende Schwerpunktbildung bei der Heeresgruppe B, die zur Wolga aufbrechen sollte, wurde nach dem Zweiten Weltkrieg von ehemaligen leitenden Militärs als der »Anfang vom Ende« bezeichnet; es hieß, die deutschen Kräfte hätten sich verzettelt: Während die besten und kampfstärksten Armeen auf Stalingrad zumarschierten, gingen zwei, zeitweise drei deutsche Armeen gegen den Kaukasus vor, um die Ölgebiete zu erreichen.

Mitte Juli 1942 setzten Hitler und das Oberkommando des Heeres in Erwartung einer weiteren Kesselschlacht starke deutsche Kräfte auf Rostow an, das am 23. Juli zum zweiten Mal genommen werden konnte und an dessen Einnahme auch die 17. Armee beteiligt war. Müller war die Stadt bereits von einer Dienstreise im Mai/Juni 1930 bekannt, die er im Auftrage Schleichers wahrgenommen hatte.

Aus der 17. Armee wurde die »Armeegruppe Ruoff«, weil der Truppe unter ihrem neuen Oberbefehlshaber Generaloberst Richard Ruoff inzwischen nun zusätzlich die 3. rumänische Armee beigegeben worden war.

Zuvor hatte die 17. Armee kurzzeitig ein italienisches »Schnelles Korps« in seinem Verantwortungsbereich gehabt, das aber rasch wieder abgegeben werden mußte, sicher nicht zur Freude Müllers, der zu den italienischen Soldaten immer ein besonders gutes Einvernehmen herstellen konnte und auf Grund seiner Sprachkenntnisse rasch direkten Kontakt zu ihnen fand.

Die Rumänen blieben der Armee aber über längere Zeit erhalten. Nicht zur Freude des Oberbefehlshabers und seines Stabschefs Müller.

Hitler erließ am 23. Juli 1942, zeitgleich mit dem zweiten Fall von Rostow, die »Weisung Nr. 45« und befahl nun konkret – die Teilung der Heeresgruppe Süd kündigte sich bereits an – eine gleichzeitige exzentrische Operation gegen Stalingrad und gegen den Kaukasus.

Die Heeresgruppe A, zu der jetzt die 1. und 4. Panzerarmee sowie die 17. Armee gehörten, sollte nach dem Willen des »Führers« den Kaukasus erobern und die gesamte Ostküste des Schwarzen Meeres besetzen, darüber hinaus außerdem die Westküste des Kaspischen Meeres und die Stadt Baku erreichen. Der Heeresgruppe B hatte, wie erwähnt, zur Wolga vorzustoßen.[135]

Zunächst sollte es den beiden neuen Heeresgruppen noch gelingen, Raum zu gewinnen.

Bei der Heeresgruppe A kämpfte auf dem rechten Flügel die 17. Armee, der zeitweilig vier Korps unterstellt wurden (V. Armeekorps, XXXXIV. Armeekorps, LVII. PzK, XXXXIX. Geb.Armeekorps), um besser und schneller vorwärts zu kommen. In der Mitte der Heeresgruppe A kam die 1. Panzerarmee zum Einsatz, am linken Flügel folgte die 4. Panzerarmee. Das V. Armeekorps der 17. Armee erreichte am 3. August 1942 den Fluß Kuban und Krasnodar, die Hauptstadt des Kubangebiets. Am 14. August erzwang die Armee den Übergang über den Kuban, Ende August nahmen die 73. und 125. Infanteriedivision die Hafenstadt Noworossijsk am Schwarzen Meer. Das XXXXIV. Armeekorps näherte sich Tuapse, einer weiteren Hafenstadt, das XXXXIX. Geb.Armeekorps erklomm den Hochkaukasus. Am 21. August hißten Soldaten der 1. und 4. Gebirgsdivision die »Reichskriegsflagge« auf dem höchsten Berg des Kaukasus, dem »Elbrus«, was bei Adolf Hitler zu einem Wutausbruch führte.[136] Er hätte »diese verrückten Bergsteiger« zunächst am liebsten vor ein Kriegsgericht gestellt, weil diese Eroberung militärisch völlig sinnlos war. Möglicherweise besänftigte ihn aber eine Meldung, wonach die Gebirgsjäger den höchsten Punkt des Berges auf den Namen »Adolf-Hitler-Spitze« getauft hatten.

Mit diesen Erfolgen erschöpften sich die Kräfte der 17. Armee, von nun an ging es kaum noch weiter.

Die links von ihr eingesetzte 1. Panzerarmee schaffte am 1. September noch bei Mosdok den Übergang über den Fluß Terek und konnte einen Brückenkopf bilden, dann versagten aber auch hier die Kräfte.

Die Heeresgruppe selbst konnte nicht mehr helfen, denn ihr wurde am 30. Juli die 4. Panzerarmee entzogen, die zur Heeresgruppe B trat, um den Angriff auf Stalingrad zu unterstützen. Damit büßte die Heeresgruppe A ein Drittel ihrer Kampfkraft ein.

Vincenz Müller leistete nach wie vor mehr als üblich und fand offensichtlich auch zu seinem dritten Oberbefehlshaber, Richard Ruoff, ein gutes Verhältnis, da sich ihre Temperamente ergänzten.

Leistungs- und Erwartungsdruck auf Müller hatten zugenommen, die Armee war schwerer zu führen als bisher und zu einer »bunten Truppe« geworden, da ihr in rascher Folge Korps und Divisionen (oder Teile davon) zugeordnet oder wieder entzogen wurden. Das rumänische Kontingent wurde stärker, zumindest zahlenmäßig. Zur Armee traten jetzt auch Kosaken- und Turk-Bataillone, die sich aus Freiwilligen zusammensetzten, die der Sowjetmacht im Kuban- und Kaukasusgebiet feindlich gesinnt waren. Die meisten dieser Einheiten taugten allenfalls zum Flankenschutz und für Sicherungsaufgaben im Hinterland. Die Rumänen mußten nach Ansicht des AOK zum Kampf getragen werden, versagten dann aber schon bei kleineren Angriffen der Sowjets, da sie nach Motivation und Bewaffnung nicht mit deutschen Verbänden zu vergleichen waren.

Ein von Hitler versprochenes italienisches Alpini-Korps, das hier im Kaukasus an der richtigen Stelle gewesen und von Müller besonders freundlich empfangen worden wäre, weil er Mitte 1937 an italienischen Hochgebirgsmanövern teilnehmen konnte und deshalb die Truppe kennen- und schätzengelernt hatte, sollte die 17. Armee nie erreichen. Zu den besten Einheiten der Armee zählten nach wie vor die 1. und 4. Gebirgsdivision (XXXXIX. Geb.Armeekorps), die so etwas wie den ruhenden Pol bildeten, denn auf diese Elitetruppe war hundertprozentig Verlaß. Darüber hinaus hatten einzelne Infanteriedivisionen gute Kampfeigenschaften. Aber, und das galt generell: Die Truppe war seit Monaten extrem gefordert und deshalb völlig überanstrengt, Nachschubschwierigkeiten kamen hinzu, es fehlte wie so oft an Munition, Gerät und Verpflegung.

Vincenz Müller meldete dem neuen Chef des Generalstabes der Heeresgruppe A, Generalleutnant Hans von Greiffenberg, in diesen Tagen und Wochen mehrmals, daß bestimmte Divisionen dringend der Auffrischung bedürften, weil die hohen Verluste ihre Angriffsfähigkeit erlahmen ließen. Der Generalmajor erkannte, daß sich die Truppe verbraucht hatte und eigentlich längst hätte zur Verteidigung übergehen müssen. Weder die Gebirgsjäger kamen weiter in Richtung Suchumi am Schwarzen Meer (sie blieben etwa 30 Kilometer vor der Hafenstadt liegen), noch gelang der erste Angriff auf Tuapse, bei dem das LVII. Panzerkorps eingesetzt wurde. Diesem Korps war die SS-Division »Wiking« zugeordnet, deren Truppen bislang überall durchgekommen waren.

Die Gebirgsjäger und Infanteristen lagen in feuchten Wäldern fest, die meisten in Erdlöchern, ausgerüstet mit nur einer Zeltplane, ohne Nachschub und Verpflegung. Das Hochwasser hatte die Brücken fortgerissen, die Wege waren im Schlamm aufgeweicht, Nebel lag über dem Gebirge, die eigene Luftwaffe konnte nicht eingreifen und auch nichts abwerfen, die Versorgung mußte mit Pferden herangeschafft werden. Den deutschen Einheiten standen sowjetische Truppenteile gegenüber, die zum Teil aus dem Kaukasus stammten und ihre Heimat aufopferungsvoll verteidigten und die es vorzüglich verstanden, ihre Stellungen geschickt zu befestigen.

Hitler war mehr als ungehalten, daß der Heeresgruppe A kein Erfolg beschieden war und die Truppen zum Schwarzen Meer durchstoßen konnten. Er drängte vor allem auf die Eroberung von Tuapse. Sein Zorn konzentrierte sich auf Generalfeldmarschall Wilhelm List, dem er diese »verfahrene Lage« zuschrieb. Hitlers Ansicht nach hatte der Feldmarschall seine Kräfte an der ganzen Gebirgsfront verzettelt und kam deshalb an keiner Stelle vorwärts, er hätte statt dessen, so der »Führer«, Schwerpunkte bilden sollen, vor allem an der Straße nach Tuapse.[137]

Im Armeeoberkommando 17 ahnte man, was sich im Führerhauptquartier abspielte, und spürte den Druck, den das vorgesetzte

Heeresgruppenkommando A an die Armee im Auftrag Hitlers weitergab und der sich Tag für Tag verschärfte. Unter dem Oberbefehlshaber Generalfeldmarschall List konnte dieser noch abgeschwächt oder verzögert werden, so daß er die Armeeführung nicht voll traf. Aber das sollte sich ändern ...

Stellung halten und Kräfte sparen – Herbstkrise 1942

Ab Ende August/Anfang September 1942 zeigte sich deutlich, daß die Heeresgruppe A ihre weitgesteckten Ziele nicht würde erreichen können. Die 1. Panzerarmee kam nur noch geringfügig voran, die Korps der 17. Armee steckten fest und mußten zur Verteidigung übergehen, die Krise war da. Aus dieser Krise sollte eine Krise auf höchster Ebene werden.

Hitler hatte sich entschlossen, den Chef des Wehrmachtführungsstabes, Generaloberst Alfred Jodl, einen der ranghöchsten Offiziere überhaupt, zur Heeresgruppe A zu schicken, um dort auf eine Beschleunigung des Vormarsches zu drängen. Das war am 7. September. Der »Führer« bat darum, vor allem Tuapse endlich zu nehmen – dafür war er bereit, auch Fallschirmjäger einzusetzen.

Jodl konferierte mit Generalfeldmarschall List und gelangte zu Erkenntnissen, die Hitler »in Harnisch« brachten: Zurückgekehrt von der Ostfront teilte der Chef des Wehrmachtführungsstabes seinem obersten Chef mit, daß er im wesentlichen die Auffassungen des Heeresgruppenkommandos A unterstütze und die Maßnahmen des Generalfeldmarschalls List gutheiße. Einen Fallschirmjägereinsatz lehnte Jodl nach Sichtung der Verhältnisse ab. Die Auseinandersetzung zwischen Hitler und Jodl, die grundsätzlicher Natur war und die ein bezeichnendes Licht auf die Umgangsformen im Führerhauptquartier warf, wurde in den Erinnerungen von Adolf Heusinger wiedergegeben:

»Hitler: Ich habe Sie nicht losgeschickt, Jodl, um mir jetzt von Ihnen lauter Bedenken melden zu lassen. Sie sollten vorn meine Absicht des Fallschirmeinsatzes bei Tuapse vertreten. Das war Ihre Aufgabe. Statt dessen kehren Sie von den Frontbefehlshabern völlig beeinflußt wieder zurück und machen sich zum Sprachrohr dieser Herren ...

Der Chef des WFSt [Wehrmachtführungsstab], sich aufrichtend: Wenn Sie Ihre Fallschirmtruppen verlieren wollen, dann setzen Sie sie bei Tuapse ab ... Im übrigen war ich nicht als Befehlsübermittler entsandt, sondern zur Prüfung der Verhältnisse ...

Hitler: Sie sollten meinen Befehl durchsetzen gegen Widerstände, die ich wie so oft fühlte. Das war Ihre Aufgabe, General Jodl. Das haben Sie nicht getan. Danke sehr.

Der Chef des WFSt verläßt brüsk den Raum.

Hitler: Schmundt [Chefadjutant des Heeres beim »Führer«], ich wünsche von jetzt ab allein ohne Keitel und Jodl zu essen. Außerdem sorgen Sie dafür, daß bei jeder meiner Besprechungen in Zukunft durch Stenographen alles mitgeschrieben wird ...«[138]

Hitlers Reaktion auf Jodls abschlägige Haltung ließ erkennen, daß er sich von Keitel und Jodl in naher Zukunft trennen wollte; doch dazu sollte es nicht kommen. Dafür setzte er am 9. September 1942 den Oberbefehlshaber der Heeresgruppe A ab und übernahm selbst die Führung![139] Jetzt war er sowohl »Führer« der NSDAP, Reichskanzler, Oberbefehlshaber der Wehrmacht, Oberbefehlshaber des Heeres und Oberbefehlshaber der Heeresgruppe A. Langsam mußten Armee- und Korpsführer um ihre Posten bangen.

Wie nicht anders zu erwarten, erhielt die 17. Armee von Hitler den Auftrag, abermals einen Angriff auf Tuapse vorzubereiten – er begann am 23. September. Die anschließenden wochenlangen Kämpfe führten indes nur zu örtlichen Erfolgen, auch der »Führer« konnte daran nichts ändern; die Kräfte reichten einfach nicht aus, um Tuapse zu nehmen.

Am 24. September 1942 trennte sich Hitler auch von Franz Halder, Generalstabschef des Heeres seit 1938, nach langen, immer wiederkehrenden Auseinandersetzungen wegen des Ostfeldzuges. Halder mangelte es nach Ansicht Hitlers an nationalsozialistischer Gesinnung. Vincenz Müller verlor mit Halder einen Fürsprecher im Oberkommando des Heeres, der oft seine schützende Hand über ihn gehalten hatte und mit dem ihn gemeinsame konspirative Aktivitäten verbanden. Nachfolger von Halder wurde General der Infanterie Kurt Zeitzler.

Kurz nach Ablösung des Generalfeldmarschalls List als Oberbefehlshaber der Heeresgruppe A besuchte der Chefadjutant von Hitler und künftige Chef des Heerespersonalamtes, Generalleutnant Rudolf Schmundt, das AOK 17 und sprach längere Zeit mit Müller unter vier Augen. Müller äußerte Bedenken gegen die Kampfführungspraxis und warnte vor dem kommenden Winter. Er tat das wie üblich in heftiger Weise und ließ keinen Zweifel daran, daß er die Siegeszuversicht Schmundts nicht teilte.[140]

Schmundt reiste wieder ab, ohne daß sich für die 17. Armee Änderungen ergeben hatten; Müller blieb Chef des Stabes. Vielleicht auch deshalb, weil Halder – damals noch im Amt – und Schmundt ihn dort belassen wollten.

Die Kampfkraft der deutschen Divisionen vor Tuapse und im übrigen Gefechtsraum der 17. Armee ließ weiter nach, da man kaum Personalersatz erhielt, der ging jetzt zunehmend in Richtung Stalingrad.

Anträge des AOK 17 an die Heeresgruppe A, der »Angriffsgruppe Tuapse« eine zusätzliche Division, schwere Heeresartillerie sowie zwei Pionier-Bataillone zuzuführen, wurden Anfang Oktober abgelehnt.

Am 4. Oktober verzeichnete das Kriegstagebuch der 17. Armee, daß bei der 198. Infanteriedivision, die vor Tuapse lag, von insgesamt 32 Kompanien 24 von Unteroffizieren geführt wurden.[141] Es gab keinen Offiziersersatz mehr.

Aber Hitler drängte weiter auf die Einnahme der Hafenstadt am Schwarzen Meer, und am Abend des 11. Oktober erreichte das AOK 17 ein »Führerbefehl«, der zum weiteren Vorstoß nach Tuapse aufforderte.

Abermals wurden Vorbereitungen für eine Wiederaufnahme der Angriffshandlungen getroffen, die Einheiten sollten am 13. und 14. Oktober antreten. Optimistisch meldete Müller nach »oben«, daß jetzt bei der Angriffsgruppe der Eindruck bestehe, auf einen Gegner zu treffen, der an verschiedenen Stellen mürbe zu werden beginne. Ein vorschnelles Urteil, denn die Realität war eine andere, wie sich schon bald herausstellen sollte. Vielleicht wollte Müller den Druck ein wenig reduzieren, der auf der Armeeführung lag, die händeringend bemüht war, endlich einmal wieder Erfolge melden zu können.

Der Oberbefehlshaber der Armee reiste selbst am 16. Oktober zu den Generalkommandos des XXXXIV. Armeekorps und des XXXXIX. Gebirgs-Armeekorps, um auf sie einzuwirken, diese (angebliche) russische Schwäche zu nutzen. Wieder aber kam man nur meterweise voran, erneut mißlang der Durchbruch. Die Kämpfe dauerten noch bis in den Spätherbst an, führten jedoch nach wie vor nicht zum Erfolg, und ab Mitte November meldeten die Divisionen der »Angriffsgruppe Tuapse« dem AOK 17 ein Absinken des Kampfwertes ihrer Verbände. Den beiden Korps wurde deshalb auf Veranlassung der Armee »eine Sonderzulage an Branntwein, Schokolade und Zigaretten zugewiesen«, wie das Kriegstagebuch festhielt, was die Lage aber nicht grundsätzlich änderte; die Kämpfe flauten ab.

Die Angriffe hatten viel Blut gekostet: Am 20. November verzeichnete das Kriegstagebuch der 17. Armee, daß die durchschnittlichen personellen Verluste und Ausfälle während des sechswöchigen Angriffs auf Tuapse höher waren als die der gesamten Operationen 1941 bis zum Erreichen des Mius, die etwa fünf Monate andauerten. Dem Oberkommando blieb nur, die noch intakten Verbände zu schonen und eine »günstige Verteidigungsstellung zu beziehen«.

Von höherer und höchster Stelle widersprach man nicht mehr, man hatte jetzt andere Sorgen – in Stalingrad. Dort begann am 19. November 1942 eine sowjetische Offensive, die am 22. November zur Einkesselung der 6. Armee und später zu ihrem Verlust führte.

Die 17. Armee Müllers war davon sogleich indirekt betroffen, denn die Heeresgruppe A mußte das IV. Fliegerkorps und das LVII. Panzerkorps an die Stalingradfront abgeben; personeller Ersatz und große Teile des Nachschubs, die für die Heeresgruppe A und ihre 17. Armee vorgesehen waren, gingen an die Wolga. Die Armee stellte sich überall zur Verteidigung bereit und versuchte, Kräfte zu sparen. Immerhin hatte die Heeresgruppe A seit dem 22. November wieder einen regulären Oberbefehlshaber: Hitler hatte den bisherigen Oberbefehlshaber der 1. Panzerarmee, Generaloberst Ewald von Kleist, ernannt. Die Ereignisse um Stalingrad dürften diesen Entschluß beschleunigt haben.

Vincenz Müller war im Spätherbst 1942 nahezu zwei Jahre Chef des Generalstabes der 17. Armee, davon eineinhalb Jahre im Krieg – mit täglich kaum sechs Stunden Schlaf und ohne jeden Urlaub in der Heimat. Die dienstlichen Belastungen nahmen jetzt noch zu, weil die Lage immer schwieriger wurde. Den 48jährigen plagten Herzprobleme, die seine Malaria verursachten; längst wäre ein längerer Erholungsaufenthalt fällig gewesen, aber der Chef galt als unabkömmlich.

Anläßlich der obligatorischen Herbstanfrage des Oberkommandos des Heeres sprach ihm sein Oberbefehlshaber die »Eignung zum Kommandierenden General« zu, also die Befähigung zur Führung eines Armeekorps. Das scheint Müllers Stimmung zum Jahresausklang nicht sonderlich gehoben zu haben, diesen Eindruck vermitteln zumindest die Aufzeichnungen Ernst Jüngers, der als Gast an der Sylvesterfeier im AOK teilnahm. Im Stabsquartier sei keine reine Festfreude aufgekommen, heißt es in den »Strahlungen«, das hätte Gründe gehabt, die nicht nur mit Stalingrad in Verbindung standen. Und weiter:

» ... General Müller [erzählte] von den ungeheuerlichen Schandtaten des Sicherheitsdienstes nach der Eroberung von Kiew. Auch wurden wieder die Giftgastunnels erwähnt, in die mit Juden besetzte Züge einfahren. Das sind Gerüchte, und ich notiere sie als solche; doch sicher finden Ausmordungen im größten Umfang statt ...«[142]

Müller hatte sich damit offen von den Verbrechen Hitlers und seiner nationalsozialistischen Gefolgschaft distanziert.

Auf verlorenem Posten – Die 17. Armee am Kuban (1943)

Im Januar 1943 ging die 6. Armee in Stalingrad zugrunde, ein Entsatzversuch von Panzerdivisionen unter dem Befehl von Generaloberst Hermann Hoth, bis April 1942 Oberbefehlshaber der 17. Armee, jetzt Oberbefehlshaber der 4. Panzerarmee, scheiterte kurz vor Weihnachten 1942.

Die 6. Armee hatte an der Wolga ausharren sollen, um dadurch sowjetische Armeen zu binden, die anderenfalls den Südflügel der deutschen Ostfront zum Einsturz hätten bringen können, womit die Heeresgruppe A im Kaukasus der Gefahr ausgesetzt gewesen wäre, ebenfalls eingeschlossen zu werden. Der Kampf der 6. Armee in Stalingrad gab der neu gebildeten Heeresgruppe »Don« Zeit, wieder eine zusammenhängende Front aufzubauen, und der Heeresgruppe A die Möglichkeit, sich der Einkesselung zu entziehen.

Bis heute dauert der Streit darüber an, ob das Opfer der 6. Armee an der Wolga »sinnvoll« war – eine Frage, die noch immer die Gemüter bewegt. Eine Minderheit scheint im Untergang der 6. Armee nach wie vor eine Art Heldentat zu sehen, die den Einsturz der gesamten deutschen Ostfront und den Verlust von ganzen Heeresgruppen verhindert hat. Mehrheitlich wird die Katastrophe von Stalingrad, bei der auf deutscher Seite rund 250 000 Soldaten an der Front und in Gefangenschaft ihr Leben verloren, heute jedoch als Versagen und Verrat der obersten Führung angesehen, weil sie das Vertrauen der Truppe mißbrauchte und befahl, den Widerstand bis »fünf Minuten nach zwölf« fortzusetzen und nicht zu kapitulieren. Die 6. Armee unter ihrem Oberbefehlshaber Friedrich Paulus gehorchte und ging unter. Paulus selbst begab sich in Gefangenschaft wie 22 andere Generale auch. Von den 90000 Gefangenen kehrten nur 6000 in ihre Heimat zurück.

Ende Dezember 1942, als der Kampf um Stalingrad in seine letzte Phase trat, stand die Heeresgruppe A mit der 1. Panzerarmee und der 17. Armee vom Terek bis zum Schwarzen Meer in Stellungen, die zunächst gehalten werden konnten. In der Nacht vom 27. zum 28. Dezember 1942 gab Hitler seine Einwilligung zum Rückzug der Heeresgruppe, zog sie später aber teilweise wieder zurück, damit am Kuban ein Brückenkopf gehalten werden konnte.

Die 1. Panzerarmee durfte ab 4. Januar 1943 »mit Masse« auf Rostow zurückgehen, die 17. Armee begann Mitte Januar den Rückzug. Bis Ende des Monats war nicht völlig klar, wohin die Reise gehen sollte; erst am 27. Januar kam für die Heeresgruppe A der endgültige Befehl, mit der 17. Armee den Kuban-Brückenkopf zu bilden. Die 1. Panzerarmee konnte (weiter) auf Rostow zurückgehen und trat dann zur Heeresgruppe Don.[143]

Seit Dezember 1942 hatte sich die 17. Armee vermehrt sowjetischer Angriffe zu erwehren, und der Druck auf die schwachen deutschen Linien verstärkte sich von Woche zu Woche. Der 17. Armee gegenüber standen mehrere sowjetische Armeen der »Schwarzmeergruppe«.

Einer der wechselnden Oberbefehlshaber dieser Armeen auf sowjetischer Seite war 1942/43 der Generalmajor/Generalleutnant A. A. Gretschko, der später als Marschall der Sowjetunion von 1953 bis 1957 Oberkommandierender der sowjetischen Truppen in Deutschland war – zu gleicher Zeit war Vincenz Müller Chef des Stabes/Hauptstabes der Kasernierten Volkspolizei bzw. der Nationalen Volksarmee.

Unter russischen Angriffen wich die 17. Armee langsam zurück, gab am 16. und 17. Dezember 1942 ihren Brückenkopf über den Fluß Pschisch auf und verzichtete damit endgültig auf die Fortsetzung der verlustreichen Kämpfe um den Zugang nach Tuapse. Den »Führer« kümmerte das nicht mehr, sein Interesse konzentrierte sich inzwischen nur noch auf Stalingrad.

Heeresgruppe A und Armeeoberkommando 17 legten Wert auf einen möglichst verlustarmen, geordneten Rückzug in vorbereitete Stellungen; die Pläne dafür entwarf unter anderem Müller. Seine Armee verfügte im Januar 1943 über drei Korps mit der 1. und 4. Gebirgsdivision sowie der 73., 97. und 198. Infanteriedivision und der 101. Jägerdivision, dazu kamen fünf rumänische Divisionen ohne erkennbaren Kampfwert – zusammen waren das 550000 Mann.

Bezüglich der Rumänen intervenierte Müller mehrmals bei höheren Dienststellen des Verbündeten, endlich gegen bestimmte Divisionskommandeure vorzugehen, die es an der nötigen Einsatzbereitschaft fehlen ließen, gegebenenfalls sollten sogar Todesurteile gegen einzelne Soldaten und Offiziere ausgesprochen werden. Hier zeigte sich der Chef der 17. Armee ganz als deutscher Durchhaltegeneral.

Der Rückzug der 17. Armee ab Mitte Januar 1943 sollte erst Monate später in einer so bezeichneten »Gotenstellung« (auch: »Gotenkopf«) enden, die im Norden an das Asowsche und im Süden an das Schwarze Meer grenzte. Müller als Chef dieser Armee widmete sich unermüdlich der Aufgabe, zusammen mit seinem Stabspersonal einen Rückzug ohne Verluste zu ermöglichen. Dementsprechend bewertete ihn sein Oberbefehlshaber am 9. Januar 1943 für das Oberkommando des Heeres bzw. das Heerespersonalamt:

»Rastlos tätig. Jede Lage mit seinem scharfen Verstand sofort erfassend und meisternd. Vor dem Feind voll bewährt (»Deutsches Kreuz in Gold«). Überragende dienstliche Leistungen. Körperlich frisch und ungemein leistungsfähig, doch besteht bei seiner intensiven Arbeitsweise Gefahr vorzeitiger Abnutzung. Hervortretende Führereigenschaften. Über Durchschnitt. Kommandierender General, auch eines Panzerkorps, HGr.Chef.«[144]

Einen solchen Chef brauchte die Armee jetzt auch mehr denn je, denn die Situation wurde kompliziert und unübersichtlich: Das Armeeoberkommando opponierte gegen die Entscheidung, die 17. Armee am Kuban zu halten. Weder der Oberbefehlshaber, Generaloberst Richard Ruoff, noch sein Stabschef, Generalmajor Vincenz Müller, sahen ein, daß Hunderttausende auf einem Terrain stehenbleiben sollten, das nur von See – über die Straße von Kertsch von der Halbinsel Krim aus – und aus der Luft versorgt werden konnte, und das voraussichtlich für viele Monate.

Zwar beschloß die oberste Führung, die beim Rückzug bzw. bei der Verkürzung der Front frei werdenden Verbände abzufahren oder auszufliegen, doch mußte das AOK 17 damit rechnen, daß die Nachschubfrage prekär werden würde, dafür sprachen schon die Erfahrungen der Vergangenheit.

Das AOK 17 beklagte, daß ihm »der Sinn des Gotenkopfes« nicht bekannt sei und daß es »ein Leichtes gewesen wäre, den Rückzug der 1. Panzerarmee ... auf Rostow weiterzuführen und die 17. Armee rechtzeitig mit einzubeziehen«.

Die Argumentation fand die Unterstützung des Oberbefehlshabers der Heeresgruppe und beide, Heeresgruppe und AOK, plädierten gegenüber dem Heeresoberkommando für den Rückzug der Armee Richtung Rostow, solange das noch möglich sei; am Kuban könne ja das V. AK einen »kleinen Brückenkopf« bilden.[145]

Es half nichts, »oben« wurde anders entschieden; Hitler wischte die Vorbehalte der Heeresgruppe und der Armee vom Tisch, da ihm vorschwebte, im Sommer wieder zur Offensive überzugehen. Als klar war, daß man sich nicht werde durchsetzen können, versuchten Heeresgruppe und AOK 17, aus dem »großen Gotenkopf« einen kleinen zu machen. Mit anderen Worten: Die Truppen am Kuban sollten nach dem Willen der Frontbefehlshaber ausgedünnt werden und damit möglichst wenige Verbände »im Abseits« des Ostkrieges verbleiben.

Bis Ende Januar 1943 drängte das AOK auf den »Nordabmarsch« in Richtung Rostow. Als dann die endgültige Entscheidung am 27. Januar fiel, bemühte man sich, aus der verfahrenen Lage das Beste zu machen, und richtete sich, so gut es ging, im Brückenkopf ein.

Das Gros der 1. Panzerarmee hatte Rostow noch erreicht, bevor die Russen die Stadt zurückeroberten und die 17. Armee vom Festland abgeschnitten war.

Die Versorgung über See und aus der Luft lief, wie befürchtet, nur schleppend an. Deshalb befahl der Oberbefehlshaber »schärfste Einschränkung« auf allen Gebieten. Ab sofort wurden z.B. für die fechtende Truppe nur noch täglich 500 Gramm Brot pro Mann ausgegeben, alle anderen erhielten nur noch 400 Gramm. Gleichzeitig wurden zur Aufrechterhaltung der Disziplin »fliegende Standgerichte« eingesetzt, und die Regimentskommandeure erhielten das Recht, Todesurteile auszusprechen.

Das Absetzen aus dem Kaukasus auf den unteren Kuban, auf den »großen Gotenkopf«, zog sich unter starkem Feinddruck bis Mitte Februar 1943 hin. Die Russen störten den Rückzug, aber sie konnten ihn nicht verhindern. Die deutschen Verluste hielten sich in Grenzen.

Die Russen zeigten sich unzufrieden über den geordneten Rückzug der Deutschen, sie hofften, ihn wenigstens zu behindern und dem Gegner hohe Verluste zuzufügen, was aber nicht glückte.

Immerhin kamen sie auf die Idee, von See her Truppen anzulanden, und konnten damit den Deutschen zusätzliche Schwierigkeiten machen: Am 2. Februar 1943 gingen sowjetische Einheiten in der von der 17. Armee gehaltenen Hafenstadt Noworossijsk im Rücken der Front an Land. Das AOK 17 konnte den Landekopf abriegeln lassen, ihn zu beseitigen fehlten jedoch die Kräfte.

Am 8. Februar machte das AOK 17 Meldung über folgende Zahlen an Menschen, Tieren, Waffen und Gerät »im Gotenkopf«: 398 000 Soldaten, 30 000 sowjetische Kriegsgefangene, 110 000 Pferde, 26 500 Kraftfahrzeuge, 31 000 Bespannfahrzeuge, 765 Pak, 989 Geschütze, 243 Flak und 88 »Nebelwerfer« (das waren Raketenwerfer) – eine ansehnliche Kräftegruppe, die nun am Kuban »geparkt« war und in das aktuelle Geschehen an der Ostfront nicht eingreifen konnte. Der tägliche Wehrmachtsbericht widmete über Wochen den Abwehrerfolgen der Armee viel Raum.

Über das Tempo der Absetzbewegungen scheint es bei Heeresgruppe und Armee unterschiedliche Auffassungen gegeben zu haben; Müller vermerkte im Kriegstagebuch »gewisse Meinungsverschiedenheiten«.

Überraschend wandte sich auch Hitler wieder den Belangen der 17. Armee zu und forderte, umgehend den sowjetischen Landekopf in Noworossijsk zu beseitigen. Dafür aber fehlten wie schon zuvor Kräfte und Mittel; das Armeeoberkommando 17 stellte deshalb Anträge auf Unterstützung durch Flieger- und Seestreitkräfte, die aber nicht zustande kam. Die Sowjets konnten sich gegen die deutschen Angriffe behaupten.

Am 21. Februar erhielt das AOK 17 die Weisung, den Abtransport der 46. und 198. Infanteriedivisionen und anschließend den der 1. und 4. Gebirgsdivisionen sowie der 13. Panzerdivision rasch in die Wege zu leiten, was Müller zu folgender Stellungnahme im Kriegstagebuch veranlaßte: »Es wäre ein Irrtum, wenn oben angenommen werden würde, daß man die beiden besten deutschen Divisionen wegziehen kann und die unter zunehmendem Feinddruck stehende Brückenkopffront weniger guten, bzw. geschwächten deutschen Divisionen und Rumänen übertragen kann. Gerade die Kämpfe in den letzten Etappen erfordern eine besonders zäh und geschickt kämpfende Truppe.«[146]

Stabschef Müller hatte längst erkannt, daß seine Armee auf verlorenem Posten stand und die stärksten Verbände immer schneller abgezogen wurden, weil man sie woanders dringender benötigte als am Kuban. Das konnte er zwar nachvollziehen, aber nicht billigen, denn er mußte dafür Sorge tragen, daß die Verteidigungskraft im »Gotenkopf« erhalten blieb. Daran hielt auch die oberste Führung fest, obwohl jetzt in großem Stil ausgeflogen und abgefahren und zugleich auch Waffen und Gerät zum Abtransport freigegeben wurden. Es war abzusehen, daß der Brückenkopf so nicht länger zu halten war, zumal kaum Personalersatz erfolgte.

Vincenz Müller machte seine Bedenken gegen diese Art der Kampfführung in einem Brief an den Chef der Operationsabteilung im Oberkommando des Heeres, Generalleutnant Adolf Heusinger, deutlich, doch dem waren durch einen »Führerbefehl« die Hände gebunden. Der Kubanbrückenkopf sollte noch bis zum Oktober 1943 verteidigt werden ...

Müllers Leistungen als »Steher« im Kubangebiet und bei der Verteidigung im »Gotenkopf« wurden am 1. März 1943, 13 Monate nach seiner Ernennung zum Generalmajor, mit seiner Beförderung zum Generalleutnant belohnt. Nunmehr war er rangmäßig berechtigt, eine Division oder vertretungsweise ein Korps zu führen oder Chef des Generalstabes einer Heeresgruppe zu werden. Daran war aber zunächst nicht zu denken; Müller mußte sich einer längeren ärztlichen Behandlung wegen seines Herzleidens unterziehen, das sich im Rußlandfeldzug verschlimmert hatte.

Am 16. März 1943 übergab Müller die Geschäfte an seinen Nachfolger, Oberst i. G. Henning von Thadden. Damit endete seine Zeit als Stabschef der 17. Armee – eine Funktion, die er nahezu zweieinhalb Jahre und unter drei verschiedenen Oberbefehlshabern ausübte. Er prägte diese Armee mehr als jeder andere; der Abschied fiel ihm schwer. Die Mehrheit seiner Stabsoffiziere bedauerte seine Ablösung, auch wenn sie sich oft über seine Ungeduld geärgert hatten und er die wenigsten von ihnen menschlich an sich herankommen ließ. Aber man bewunderte seine Fähigkeit, die Truppe zu führen und zu organisieren, auch in scheinbar aussichtslosen Lagen. Mehrmals hatte er mit geringen eigenen Kräften kritische Situationen bewältigt. Und er war im Stab dafür bekannt, gegenüber Vorgesetzten kein Blatt vor den Mund zu nehmen.

Vermissen sollten seine Stabsmitarbeiter auch die eher seltenen gemeinsamen festlichen Abende, bei denen Müller die politischen Zustände kritisch kommentierte und das längst nicht immer im Sinne der Nazis. Er konnte sich darauf verlassen, daß von dieser Kritik nichts nach außen getragen wurde, die Kameradschaft im Oberkommando war zu dieser Zeit noch intakt.

Müller sollte nie mehr zu »seiner« Armee zurückkehren.

»Ritterschlag« – In wechselnden Ostfrontverwendungen (1943/44)

Versetzt in die sogenannte Führerreserve des Oberkommandos des Heeres, begab sich Generalleutnant Müller in ein Lazarett der Wehrmacht, um die Folgen seiner Malaria auszuheilen. Das nahm mehr als vier Monate in Anspruch. Anschließend trat er eine Erholungskur an und nahm Heimaturlaub, den er in Frankfurt a. Main und Deggendorf, der Heimatstadt seiner Frau, verbrachte. Nach insgesamt fünfeinhalb Monaten bekam er am 1. September 1943 wieder ein Kommando: Der genesene Generalleutnant wurde Kommandeur der 56. Infanteriedivision, die dem XII. Armeekorps unterstand, das im Verband der 4. Armee bei der Heeresgruppe Mitte an der Ostfront handelte.

Die Wehrmacht war inzwischen überall zur Verteidigung übergegangen, die letzte deutsche Offensive, das »Unternehmen Zitadelle«, aus den Räumen Orel und Belgorod gegen den russischen Frontbogen bei Kursk geführt, scheiterte Mitte Juli 1943.

Die 56. Division, deren Stab später die »Korpsabteilung D« bildete, beteiligte sich am Abwehrkampf im Mittelabschnitt der Ostfront bei Dorogobusch und Orscha (am Dnjepr) und hatte sich nach hinhaltender Verteidigung »planmäßig« vom Gegner abgesetzt, konnte aber – wie die Heeresgruppe Mitte im Herbst und Winter 1943/44 insgesamt – die Front im wesentlichen halten. Mehrmals brach der Russe aber auch überraschend in die Stellungen der Division bzw. der Korpsabteilung ein und mußte mit Gegenstößen wieder vertrieben werden, was aus Kräftemangel nicht immer gelang.

Wie nicht anders zu erwarten, bewährte sich Vincenz Müller auch hier und beeindruckte durch Härte, Zähigkeit und schnelle Entschlüsse. Deshalb beauftragte man ihn offiziell am 15. November 1943 mit der Führung der Korpsabteilung D, die sich aus Teilen mehrerer Regiments- und Divisionsgruppen zusammensetzte. Am 1. Februar 1944 wurde er deren Kommandeur. Zuvor hatte er im Januar 1944 für ein paar Wochen stellvertretend die Führung des XXXIX. Panzerkorps übernommen, im Februar/März mußte er, ebenfalls nur kurzzeitig, das XXVII. AK führen – im Mittelabschnitt der Ostfront war es unruhig geworden, und die Unterstellungsverhältnisse wechselten immer häufiger, überall wurde zunehmend mit Aushilfen gearbeitet.

In diesem Beinahe-Chaos waren Leute wie Müller gefragt, seine Erfahrungen und militärfachlichen Begabungen wurden jetzt dringender denn je gebraucht. Und es gelang dem Generalleutnant in der Tat, Verbände, die reichlich gelitten und an Kampfkraft eingebüßt hatten, wieder zu stärken und einsatzfähig zu machen – Müller nahm den desolaten Zustand der Armee als besondere Herausforderung und erreichte den Gipfel seiner militärischen Karriere: Generaloberst Gotthard Heinrici, Oberbefehlshaber der 4. Armee, schrieb am 1. März 1944 für die Personalakte Müllers an das Oberkommando des Heeres:

»Kluger, taktisch und operativ sehr begabter und generalstabstechnisch voll durchgebildeter Führer, von größter Schnelligkeit und Wendigkeit des Denkens, klarem Blick und sicherem Urteil. Rasch und entschlossen handelnd. Ungeheuer produktiv und anregend. Hat die Korps-Abt. D durch unermüdliche Tatkraft und besondere Einflußnahme auf Haltung und inneres Gefüge der Truppe binnen weniger Wochen zu einem wiederum brauchbaren Kampfinstrument gemacht. Hat sich als stellv. Führer zweier Korps in wiederholten Abwehrkämpfen durch vorausschauendes Handeln, energische gewandte Führung und tapfere Einsatzbereitschaft besonders ausgezeichnet. Umfassender Geist, unermüdlicher Tätigkeitsdrang, willensstarke Persönlichkeit. Überspannt oftmals die Anforderungen, die er an sich selbst stellt. Überragend. Kommandierender General eines Panzer- oder Infanterie-Korps.«[147]

Nach diesem verbalen »Ritterschlag« Müllers konnte das »Ritterkreuz«, eine der höchsten Tapferkeitsauszeichnungen des Dritten Reiches, nicht lange auf sich warten lassen: Am 7. April 1944 wurde Müller der Orden für seine Abwehrerfolge mit der Korpsabteilung D verliehen. Das war selbst für einen General eine besondere Auszeichnung, denn von rund 15 Millionen Angehörigen der Wehrmacht erhielten zwischen 1939 und 1945 nur etwa 7 300 das Ritterkreuz. Noch in Gefangenschaft verschaffte der Orden bekanntlich Anerkennung und Respekt – sowohl bei den Kameraden als auch bei der Gewahrsamsmacht.

Es gibt keinen Hinweis darauf, daß sich während Müllers Einsatz in der Heeresgruppe Mitte zwischen ihm und den Widerstandsoffizieren um Generalmajor Henning von Tresckow, Chef des Stabes der 2. Armee, ein Kontakt herstellte. Es hätte nahegelegen, schließlich kannten sich Tresckow und Müller persönlich und hatten bereits gemeinsam gegen Adolf Hitler konspiriert. Möglicherweise war einfach die Verweilzeit von Müller in der Heeresgruppe zu kurz bemessen, um Verbindung aufzunehmen. Denkbar ist ebenso, daß man ihn nicht mit einbezog, weil er keine Neigung zeigte, sich in der damaligen Lage zu engagieren. Es ist aber auch möglich, daß Tresckow ihn als Frontbefehlshaber absichtlich nicht ansprach, um Müller nicht noch zusätzlich zu belasten.

Man kann davon ausgehen, daß Müller die Putschabsichten unterstützt hätte. Denn die Art und Weise der Kriegsführung in der Heeresgruppe Mitte und an der gesamten Ostfront hatte längst seine Zweifel an der obersten Führung vervielfacht und seinen Glauben an einen für Deutschland glimpflichen Ausgang verschüttet. Gerade als Truppenführer erkannte er mehr als bisher, daß der Kampf keinen Sinn mehr machte, auch wenn er nach außen hin – gegenüber Vorgesetzten und Unterstellten – nach wie vor Durchhalteparolen verbreitete. Noch sah Müller keine andere Alternative, als selbst in aussichtsloser Lage weiterzukämpfen. Aufgabe bzw. Kapitulation galt als unehrenhaft und wurde nur in auswegloser Lage widerstrebend toleriert. Solange es noch irgendeine Chance gab, ging ein deutscher General nicht in sowjetische Gefangenschaft.

Befördert für den Rückzug – Zerschlagung der Heeresgruppe Mitte im Sommer 1944

Am 4. Juni 1944, zwei Tage vor der alliierten Invasion in der Normandie, wurde Vincenz Müller mit der stellvertretenden Führung des XII. Armeekorps der Heeresgruppe Mitte betraut, zu dem die 18. Panzergrenadierdivision sowie die 57. und 268. Infanteriedivision zählten. Wäre er nicht wegen Krankheit fast ein halbes Jahr ausgefallen, hätte die Beförderung zum General der Pioniere angestanden, und eingedenk seiner Leistungen in den Abwehrkämpfen wäre das eigentlich schon im Frühjahr 1944 fällig gewesen. Möglicherweise aber hatte sich Müller durch »lose Reden« im Kameradenkreis beim Heerespersonalamt oder sogar höheren Ortes Feinde gemacht, die diese Beförderung verzögerten; mehrmals mußten ihn seine unmittelbaren Vorgesetzten, die jeweiligen Oberbefehlshaber, vor Denunziationen schützen.

Die Verbände der 4. Armee operierten – soweit man davon noch sprechen konnte – im Mittelabschnitt der Ostfront, vor allem im Raum

Mogilew–Orscha–Stary Byschoff. Seit Herbst 1943 waren hier Stellungen am Dnjepr ausgebaut worden, eine weitere Stellung an der Beresina weiter westwärts hatte die Armee gegen den Willen Hitlers, aber mit stillschweigender Duldung der Heeresgruppe, vorbereitet. Nördlich der 4. Armee stand die 3. Panzerarmee, südlich von ihr lag die 9. Armee.[148]

Hitler und das Oberkommando des Heeres hatten zwar im Sommer 1944 eine russische Offensive erwartet, allerdings nicht im Mittelabschnitt der Ostfront, wo die Sowjets am 22. Juni 1944, dem dritten Jahrestag von »Barbarossa«, einen Großangriff gegen den zwischen Bobruisk und Witebsk über den Dnjepr nach Osten vorspringenden Frontbogen der Heersgruppe Mitte starteten. Die Offensive endete zwei Wochen später bei Minsk, der weißrussischen Hauptstadt, mehr als 200 Kilometer westlich der alten Hauptkampflinie, und führte zur Zerschlagung von 28 deutschen Divisionen und dem Verlust von rund 350 000 Mann. Die Niederlage war damit weitaus empfindlicher für die Wehrmacht als bei Stalingrad 1942/43. Von diesem Schlag sollte sich das deutsche Heer nicht wieder erholen; er öffnete den Russen den Weg zur Reichsgrenze in Ostpreußen und gab ihnen die Möglichkeit, die im Baltikum stehende Heeresgruppe Nord abzuschneiden.

Obwohl sich der sowjetische Hauptstoß gegen die 3. Panzerarmee im Raum Witebsk und die 9. Armee im Raum Bobruisk richtete, mußte die 4. Armee, die dazwischen lag, schon in der Nacht vom 25. auf den 26. Juni auf den Dnjepr zurückgenommen werden. Den Russen gelang es, die Verbindung zwischen den deutschen Armeen zu zerreißen. Damit entstand für die 4. Armee sofort die Gefahr, eingekesselt zu werden. Teil der Armee war das XII. Armeekorps des Generalleutnants Vincenz Müller.

Nach den ersten Erfolgen der Sowjets tauschte Hitler, wie in solchen Fällen üblich, den Oberbefehlshaber der Heeresgruppe aus: Generalfeldmarschall Ernst Busch wurde durch Generalfeldmarschall Walter Model ersetzt, der als »Steher« galt, aber die Katastrophe auch nicht abwenden, sondern nur abbremsen und begrenzen konnte.

Vincenz Müller erhielt am Morgen des 28. Juni telefonisch den Befehl, in der Nacht vom 29. zum 30. Juni (weiter) nach Westen, in Richtung Minsk, zurückzugehen. Die Armeeführung hatte inzwischen alle noch verfügbaren Kräfte zusammengezogen, um die Übergänge über die Beresina offenzuhalten für die eigenen, zurückflutenden Truppen. Am 30. Juni unterstellte man Müller die Reste der Division »Feldherrnhalle« sowie der 12. und 337. Infanteriedivisionen, den Kampfkommandanten von Beresino (Stab der 286. Sicherungsdivision) und zunächst auch das Generalkommando des XXXIX. Panzerkorps und schuf daraus eine »Gruppe General Müller«. Ziel war es, die noch vorhandenen schwachen Kräfte zu bündeln und ein Entkommen nach Westen über den Fluß Beresina zu ermöglichen.

An einen dieser Übergänge, die Beresinabrücke bei Beresino, wurde Müller per Funkspruch des Oberbefehlshabers der 4. Armee, Tippelskirch, bestellt und bekam von ihm am 1. Juli mündlich die folgende Weisung: »Die sowjetischen Truppen nähern sich Borissow ... Ich ermächtige Sie, alle notwendigen Befehle für die Armee zu geben, soweit keine Verbindungen bestehen ... Der nächste Auftrag für die 4. Armee ist: weiter zurückgehen in allgemeiner Richtung etwa 50 bis 60 km südlich Minsk.«[149]

Der Rückzug des XII. Armeekorps verlief zunächst planmäßig, da die Russen nur mäßig nachdrängten. Sie wußten, daß die Deutschen ohnehin in die sich anbahnende Einkesselung hineinmarschierten. Sorgen bereiteten sowjetische Partisanen, die in den Waldgebieten westlich und südwestlich von Mogilew durch nächtliche Feuerüberfälle den Rückzug empfindlich störten. Ab 3. Juli verstärkte sich auch der Druck regulärer russischer Einschließungstruppen, die von den Durchbruchsverbänden abgezweigt worden waren.

Aber noch war Müller offenbar guten Mutes und glaubte, der Einkesselung zu entkommen – er dachte nicht entfernt ans Aufgeben. Gegenüber Generalleutnant Ochsner, der die 31. Infanteriedivision führte, die sich dem XII. AK unterstellt hatte, meinte er in diesen Tagen wörtlich in der Diktion eines Landsers:

»Es wäre ja zum Lachen, wenn wir diese Schweine nicht durch Sonne, Mond und Sterne jagen würden.«[150]

Für seinen Durchhaltewillen sprach auch ein Funkspruch Müllers an das AOK 4, wonach er noch am 3. Juli plante, einen Durchbruch »möglichst vieler noch moralisch einwandfreier Kämpfer mit einfachster Waffenausstattung« nach Westen zu erzwingen, um der drohenden Einkesselung südlich von Minsk zu entgehen.

In den Tagen darauf wurde dieser Wille jedoch entscheidend geschwächt. Das XII. Armeekorps erhielt keinen Nachschub mehr, auch die Luftversorgung unterblieb ganz und gar, weil das meiste von den Russen abgefangen wurde. Außerdem riß jede Nachrichtenverbindung zur Führung der Armee und der Heeresgruppe Mitte ab, die Russen konnten die Hauptrückzugsstraße Beresino–Minsk abschneiden, und es gelang ihnen, die deutschen Verbände aufzusplittern.

Noch bewahrten Kampfgruppen der XII. und XXVII. Armeekorps einen gewissen Zusammenhalt bei ihren Versuchen, den Weg nach Westen zu erzwingen. Noch immer gaben ihre schwer angeschlagenen Einheiten nicht auf, getrieben von dem Wunsch, der Vernichtung bzw. russischer Gefangenschaft zu entgehen.[151]

Die »Gruppe General Müller« schlug sich ohne Kenntnis des Gefechtsfeldes durch, ein Funkspruch des Korpsstabes vom 5. Juli nach »hinten« mit der Forderung, wenigstens Landkarten abzuwerfen, blieb ohne Reaktion. Jetzt ging die Munition völlig zur Neige, und die Zahl der unversorgt gebliebenen Verwundeten stieg steil an. Die Situation wurde hoffnungslos, ein Durchkommen nach Westen immer unwahrscheinlicher.

Vincenz Müller unterbreitete deshalb am 7. Juli den Offizieren seines Stabes den Vorschlag, »Schluß zu machen«, weil es keine Aussicht mehr gäbe, die eigenen Linien zu erreichen; er kündigte an, mit den Russen Kontakt aufzunehmen. Doch der verbliebene Teil seines Stabes lehnte das kategorisch ab und verlangte weiter den Durchbruch nach Westen. Die Angst vor russischer Gefangenschaft mag diese Einstellung bewirkt haben.

Müller, schon immer ein Freund schneller Entschlüsse, wenn sich die Gesamtlage geändert hatte, faßte den Vorsatz, von sich aus initiativ zu werden – auch deshalb, weil der Korpsstab inzwischen versprengt war und von einer einheitlichen Führung keine Rede mehr sein konnte. Jedes Weiterkämpfen hielt er für sinnlos; weitere Opfer würden niemandem mehr nützen. In dieser Situation dachte er an Selbstmord, verwarf den Gedanken aber bald wieder.

Am Morgen des 8. Juli 1944 gegen 4.00 Uhr begab sich Müller zu Pferde in Begleitung eines Offiziers und eines Hornisten »aufs Geratewohl in Richtung auf schießende sowjetische Artillerie und stieß dabei auf die Sicherungen eines höheren sowjetischen Artilleriestabes«. Der Generalleutnant wurde sofort einem russischen Oberst zugeführt, dem er erklärte, daß er »einen Befehl zur Einstellung des Kampfes geben wolle«, aber nicht mehr die Mittel habe, diesen Befehl auch »durchzubringen«. Der Oberst stellte daraufhin einen deutschen Kriegsgefangenen und eine deutsche Beuteschreibmaschine zur Verfügung. Zugleich machte er erste Zusagen über die Art der Gefangennahme, worauf Müller folgenden Aufruf diktierte:

»Soldaten der 4. Armee ostwärts des Ptitsch-Flusses! Unsere Lage ist nach wochenlangen schweren Kämpfen aussichtslos geworden. Wir haben unsere Pflicht erfüllt. Unsere Kampfkraft ist auf ein Minimum gesunken, und [es gibt] keine Aussicht auf Versorgung ... Der Weg über den nächsten Flußabschnitt ist uns versperrt ... Wir haben Riesenzahlen von Versprengten und Verwundeten.

Die russische Führung hat zugesagt: a) Fürsorge für alle Verwundeten; b) die Offiziere dürfen Stichwaffen und Orden behalten, die Soldaten die Orden. Gefordert wird: sämtliche Ausrüstung und Waffen sind zu sammeln und in gutem Zustand zu übergeben. Schluß mit dem aussichtslosen Blutvergießen! Ich befehle daher, daß ab sofort der Kampf eingestellt wird ...

Unterschrift: Müller, Generalleutnant und stellv. Führer des XII. AK.«[152]

Der Befehl wurde von den Russen mit Kleinflugzeugen über Restansammlungen deutscher Soldaten abgeworfen. Vincenz Müller rettete damit Zehntausenden das Leben (einige Schätzungen sprechen sogar von 50000). Nach dem Krieg bezeichnete er diesen Befehl als den besten, den er je in seiner militärischen Laufbahn gegeben habe.

Der »Durchhaltegeneral« hatte endlich die richtigen Konsequenzen gezogen ...

Überraschender Wandel – Gefangenenjahre in der UdSSR (1944–1948)

Wolfgang Leonhard hielt in seinem bekannten Werk »Die Revolution entläßt ihre Kinder« fest, was es seines Erachtens mit Müllers Befehl vom 8. Juli 1944 auf sich hatte: Im Nationalkomitee Freies Deutschland sei man – und so liest es sich auch in Müllers Erinnerungen – zunächst davon ausgegangen, daß der General von sich aus den vielbeachteten Befehl zur Einstellung des Kampfes verfaßt habe. In Wahrheit aber, so Leonhard, hätte es sich anders verhalten, der Befehl wäre erst nach der Gefangennahme Müllers formuliert worden.[153] Mithin habe das Dokument nicht – oder wenigstens nicht allein – seinen ursprünglichen Absichten entsprochen, sondern sei ein Produkt des Schocks bei der Gefangennahme gewesen.

Tatsächlich scheint es zwei Schritte gegeben zu haben: Zum einen den besagten Befehl Müllers zur Einstellung des Kampfes, zum andern die reguläre Kapitulation, die er etwas später gegenüber dem Oberbefehlshaber der 50. sowjetischen Armee, General Iwan W. Bodin, erklärte. Was die Kapitulationsbedingungen anbelangte, stellte der Sowjetgeneral klar, daß diese denkbar einfach seien: »Ihre Truppen legen die Waffen nieder und begeben sich in Gefangenschaft. Ich sichere allen eine humane Behandlung im Sinne der internationalen Konvention zu.«[154] Das klang schon etwas weniger freundlich als die im Befehl Müllers angekündigten russischen Zusagen.

Für die zwei Schritte sprechen Berichte deutscher Kriegsgefangener nach dem Krieg: Müller hatte in Gefangenenlagern in Vorträgen Ende 1944 immer wieder darauf hingewiesen, daß er nicht kapituliert, sondern nur den Kampf eingestellt habe. Kapitulation galt schließlich als unehrenhaft. Wie es sich denn auch verhalten haben mag, allein das Ergebnis zählt: Müllers Entscheidung rettete Leben.

Bereits einen Tag nach seiner Gefangennahme sprach Vincenz Müller am 9. Juli mit einem Armeebeauftragten des Nationalkomitees Freies Deutschland, einem Feldwebel der Wehrmacht in sowjetischer

Kriegsgefangenschaft. Müller erklärte, daß er persönlich schon viel von der Arbeit des Komitees gehört habe, sich aber nicht darüber im klaren sei, »ob das Komitee wirklich frei und selbständig als deutsche Körperschaft« handeln könne. Das waren berechtigte Zweifel, und das Gespräch mit dem Feldwebel konnte sie nicht beseitigen. Der verwies auf die Notwendigkeit, Hitler zu stürzen, um Deutschland zu retten. Müller will darauf geantwortet haben:

»Mir ist eines klar: Dieser Krieg ist verloren und muß sofort eingestellt werden. Wenn ich gestern den Befehl gab, den Kampf einzustellen, so geschah dies, weil es mir die Vernunft und die Menschlichkeit geboten.«[155]

Wie Müller weiter in seinen Memoiren berichtete, hatte er am Abend desselben Tages ein mehrstündiges Gespräch in deutscher Sprache mit dem sowjetischen Generalleutnant Lew S. Mechlis, Mitglied des Obersten Kriegsrates der Sowjetunion bei der 2. Belorussischen Front und davor zeitweise Leiter der Politischen Hauptverwaltung der Roten Armee, geführt, das ihn tief beeindruckt und entscheidend beeinflußt habe, die Seite zu wechseln und dem Nationalkomitee Freies Deutschland beizutreten.

Offenbar stimmte auch die »Chemie« zwischen beiden Generalen. Nicht nur in seinen Erinnerungen ging Müller immer wieder auf dieses Gespräch mit dem wichtigen Sowjetgeneral ein, auch Verwandten, Freunden und Bekannten gegenüber kam er oft auf diese Zusammenkunft zurück.

Während der Unterredung sei es zunächst um mehr oder weniger militärische Fachfragen gegangen, dann hätte sich das Gespräch aber allgemeinpolitischen Problemen zugewandt einschließlich der Frage eines künftigen Deutschlands nach Hitler, nach der »Niederlage des Faschismus«. Er hätte zugegeben, mitgemacht zu haben und damit Mitschuld zu tragen, sei aber kein Nazi gewesen, so Müller über Müller. Die Zukunft hätte er pessimistisch gesehen: Deutschland würde auf unabsehbare Zeit keine Perspektive mehr haben, und er selbst werde mit seinen bald 50 Jahren ein »starkes und geachtetes Deutschland« nicht mehr erleben.

Daraufhin hatte der Sowjetgeneral geschickt die »deutsche Karte« Stalinscher Deutschlandpolitik gezogen und Vincenz Müller eine Zukunft in Aussicht gestellt, wenn er die richtigen Konsequenzen ziehe. So muß man jedenfalls die Antwort des Generals verstehen, die Müller in seinen Aufzeichnungen wörtlich erwähnt: »Ich wünsche Ihnen, daß Sie beim Wiederaufbau Deutschlands als friedliebender Staat auch mitwirken werden. Einen ersten Schritt haben Sie schon getan mit Ihrem Befehl, durch den Sie sich von Hitler lossagten.«[156]

Gut vorstellbar, daß diese Unterredung für den eben gefangengenommenen deutschen General ein Schlüsselerlebnis besonderer Art war: Die Russen deuteten an, ihn zu brauchen. Damit gab man Müller das Gefühl von Wertschätzung, was seine Phantasie beflügelte und seinen politischen Ehrgeiz anstachelte. Schnell erkannte er, daß er diese Chance ergreifen muß, um zukünftig noch eine Rolle zu spielen. Von nun an ließ er in allen Folgegesprächen und Kontakten mit anderen Sowjetbürgern und Sowjetoffizieren keinen Zweifel daran, daß er sich energisch antifaschistisch betätigen und gegen Adolf Hitler stellen werde. Und das sofort und uneingeschränkt.

Die rasante Wende des Hitlergenerals überraschte. Wolfgang Leonhard berichtet, daß selbst langjährigen Antifaschisten »Hören und Sehen verging« ob dieses Gesinnungswandels Müllers innerhalb nur weniger Stunden. Auch Walter von Seydlitz, General der Artillerie und »Stalingrader«, seit September 1943 Präsident des Bundes Deutscher Offiziere und einer der Vizepräsidenten des Nationalkomitees Freies Deutschland, zeigte sich verwundert vom Tempo des Frontenwechsels der Generale der Heeresgruppe Mitte, vor allem aber von der abrupten Kursänderung Müllers. Als er seine Ansicht durchblicken ließ, antwortete ihm dieser: »Wenn Sie das in den letzten Wochen hätten durchmachen müssen, was die Hitlerbande uns zugemutet hat, dann würden Sie sich nicht mehr wundern.«[157]

Zugemutet aber wurde Müller und seinen Kameraden auch von den Sowjets einiges: Am 17. Juli 1944 veranstalteten die Russen ein »Schaulaufen« von etwa 50 000 gefangenen deutschen Soldaten durch Moskau, an deren Spitze die Generale der besiegten Heeresgruppe Mitte einschließlich Vincenz Müller marschierten. Angeblich hatten Müller und andere sich freiwillig bereit erklärt, den Elendszug durch die Moskauer Straßen anzuführen, dessen Bilder die sowjetische Wochenschau um die Welt sandte. Damit nicht genug der Demütigungen: Um die Schocktherapie der Gefangennahme zu vertiefen, sperrte man die deutschen Generale erst einmal ins Moskauer Butyrka-Gefängnis, darunter auch Müller.

Am 22. Juli, zwei Tage nach dem Attentat auf Adolf Hitler, verfaßten 16 Generale, die beim Zusammenbruch der Heeresgruppe Mitte in Gefangenschaft geraten waren, einen Aufruf an die Wehrmacht unter der Überschrift »Die Wahrheit über die Lage an der Ostfront«, der von Müller und Generalleutnant Rudolf Bamler entworfen wurde und mit der Auforderung an »alle Generale und Offiziere« endete, »Gewalt mit Gewalt zu beantworten, Hitler Widerstand zu leisten, seine Befehle nicht auszuführen ... und damit den Krieg [abzuschließen]«.[158]

Den Aufruf warfen sowjetische Flugzeuge über den deutschen Linien ab, die Zeitung des Nationalkomitees veröffentlichte ihn am 30. Juli. Die Nazis nahmen diesen Aufruf zum Anlaß, Landesverratsverfahren gegen die Unterzeichner einzuleiten, bei denen einige der Generale – darunter auch Müller – in Abwesenheit zum Tode verurteilt wurden. Das führte in Deutschland in der Regel zur »Sippenhaft« der nächsten Angehörigen, unterblieb aber bei Müllers Ehefrau und bei seinem Sohn, der inzwischen Soldat geworden war.

Müller kam nach wenigen Tagen aus der Moskauer Zelle frei und wurde nach Osjory überstellt, um mit Generalfeldmarschall Friedrich Paulus zu sprechen und ihn von der Notwendigkeit zu überzeugen, endlich dem Nationalkomitee Freies Deutschland beizutreten. Beide kannten sich seit langem persönlich. Müller hatte zuvor gegenüber sowjetischen Vernehmungsoffizieren, die dem Geheimdienst angehörten, erklärt, »im Sinne des Nationalkomitees« zu arbeiten, außerdem willigte er ein, die russische Seite über die Gespräche mit dem Generalfeldmarschall »zu informieren«. Damit wurde der Generalleutnant praktisch Zuträger, wenn nicht schon geheimer Mitarbeiter des sowjetischen Geheimdienstes.[159] Seit seiner Gefangennahme waren nicht mehr als zwei, drei Wochen vergangen, die Müller offenbar genügt hatten, jegliche Bedenken oder Skrupel hinter sich zu lassen – vorausgesetzt er hatte solche – und sich konsequent in den Dienst des vormaligen Gegners zu stellen. Inwieweit er die Ziele und Haltungen der Sowjets verinnerlicht hatte, ist schwer zu sagen, fest steht, er hat wie immer keine halben Sachen gemacht, das lag ihm nun mal nicht. Beobachter wie Wolfgang Leonhard urteilten später, Vincenz Müller habe »sich zweifellos ganz bewußt und berechnend in den Dienst der Sowjetunion gestellt«.[160] Es spricht vieles dafür, daß es sich so verhielt.

Der gefangene General ließ sich dazu mißbrauchen, im Auftrag der Russen Gespräche mit Paulus zu führen und darüber ausführlich zu berichten. Aus einem solchen Gespräch am 30. Juli 1944 erfuhren die Offiziere des sowjetischen Geheimdienstes von Müller: »In Fragen der politischen Lage Deutschlands vertritt Paulus weiter seine frühere Haltung und Meinung, daß die Hitlerführung mit den aufständischen Generalen fertig werden und imstande sein wird, den Krieg fortzusetzen [inzwischen war am 20. Juli das Attentat auf Hitler gescheitert, hinter dem hohe Offiziere standen; Anm. d. Verf.]. Zur militärischen Lage glaubt Paulus, daß es Hitler gelingen wird, die Lage an der Ostfront wiederherzustellen und für Deutschland annehmbare Friedensbedingungen zu erreichen.«[161]

Nach Ansicht der Geheimdienst-Offiziere hatte sich Müller in den Gesprächen mit Paulus »hervorragend verhalten und die von ... [ihnen] festgelegte Linie gewissenhaft verfolgt«. Das konnte man eigentlich nur beurteilen, wenn man die Gespräche abgehört hatte, was offenbar regelmäßig geschah.

Vincenz Müller trat während der 12. Vollsitzung des Nationalkomitees Freies Deutschland am 3. August 1944 dem Bund Deutscher Offiziere und dem Nationalkomitee Freies Deutschland bei, nachdem er erklärt hatte, daß es »Ehre und Interesse der Nation gebieten, daß die Wehrmacht mit Gewalt das Nazisystem beseitigt«.[162]

Für alle Zweifler unverkennbar hatte Müller einen Schlußstrich unter seine bisherige Vergangenheit gezogen und mit allem gebrochen, was ihn einst mit dem Deutschland Hitlers und der Wehrmacht verband – radikaler konnte man den Wandel nicht vollziehen. Daß er sich in der Folge von seinem christlich-katholischen Bekenntnis lossagte, war mehr als erstaunlich, denn damit legte er die Axt an die Wurzeln seines bisherigen Daseins. Von nun an bezeichnete er sich selbst als »glaubenslos«, was bei ihm immer ein wenig wie »hoffnungslos« klang. Bislang hatte er an seinem religiösen Bekenntnis festgehalten und seinen Angehörigen in Briefen mitgeteilt, daß er fest an einen Gott glaube: »Ihr Liebsten, es gibt einen Gott. Nicht aus Angst sage ich das. Wenn man so wissend und fast schon am Ende des Lebens steht, sieht man tiefer in den Sinn des Geschehens, auch dorthin, wo die Wissenschaft aufhört.«[163]

Am 8. August 1944 erklärte auch Generalfeldmarschall Friedrich Paulus seinen Beitritt zum Nationalkomitee Freies Deutschland, weil die Ereignisse in der Heimat nach dem 20. Juli und die Gespräche mit Müller ihn überzeugt hatten, diesen Schritt zu tun.

Die Sowjets und die deutschen Kommunisten im Nationalkomitee waren mit Müller zufrieden, er hatte seine ersten Bewährungsproben bestanden und schien wirklich auf ihrer Seite zu stehen. Weitere Einsätze folgten: Am 5. September sprach Müller seinen ersten Kommentar im Rundfunksender des Komitees, am 17. September durfte er seinen ersten Artikel für die Zeitung »Freies Deutschland« schreiben. Der General wurde in Kriegsgefangenenlager entsandt, um Soldaten und Offiziere für den Eintritt in Antifakomitees zu werben und ihnen seinen Gesinnungswandel zu schildern.

Im November 1944 konnte er – zusammen mit Generalmajor Arno von Lenski, einem »Stalingrader« – einen Halbjahreslehrgang im zentralen Antifalager Krasnogorsk bei Moskau belegen, den er im Mai 1945 beendete. Die beiden Wehrmachtgenerale genossen im Lager eine Vorzugsbehandlung und manche Privilegien wie Sonderverpflegung und die Betreuung durch Burschen, was auf die anderen Antifaschüler befremdend wirkte.

Der Tagesablauf während des Lehrgangs war streng strukturiert: Die »Kursanten« hatten um 6 Uhr aufzustehen, von 9 bis 15 Uhr waren Lektionen und Seminare angesetzt, von 17 bis 20 Uhr »Selbststudium«, und um 23 Uhr erfolgte der »Zapfenstreich«. Gelehrt wurden Grundlagen des Marxismus-Leninismus und Politische Ökonomie, die Geschichte Rußlands, der UdSSR und Deutschlands (einschließlich der Arbeiterbewegung), spezielle Schulungsmaßnahmen (z.B. gemeinsamer Empfang von Nachrichtensendungen, Informationen und Aussprachen zu aktuellen Fragen) ergänzten das Angebot. Letzteres dürften »Rotlichtbestrahlungen« auf höherem Niveau gewesen sein.[164]

Müller war wie immer ganz bei der Sache und arbeitete die Lektionen mit dem ihm eigenen Fleiß auf, der 50jährige litt jedoch an Konzentrationsschwierigkeiten, das Lernen fiel ihm schwer.

Zu seinen Lehrern in Krasnogorsk zählte Heinz Hoffmann, Kommunist und Interbrigadist im Spanischen Bürgerkrieg 1936–1939. Später wurde er Chef der Kasernierten Volkspolizei, 1958 unmittelbarer Nachfolger von Vincenz Müller als Chef des NVA-Hauptstabes und später, bis zu seinem Tod 1985, DDR-Verteidigungsminister. Von Anfang an kamen die beiden Herren miteinander nicht allzu gut zurecht, Hoffmann kritisierte eine gewisse »Deutschtümelei« des Generals, mißtraute wohl auch dessen Wandel. Müller spürte die Vorbehalte ihm gegenüber, paßte sich an. Im Gegensatz zu Arno von Lenski hatte Müller bereits die Generalsschulterstücke von seiner Uniformjacke entfernt, hatte damit »abgerüstet«, wie es in Kameradenkreisen hieß.

Während des Lehrgangs in Krasnogorsk unterschrieb Vincenz Müller ein Papier von Generalfeldmarschall Friedrich Paulus und 49 Generalen, der als »Aufruf an Volk und Wehrmacht« unter dem Datum des 8. Dezember 1944 in die Zeitgeschichte einging. Es handelte sich dabei um einen letzten, verzweifelten »Weckruf« an das Gewissen des deutschen Volkes, das zur »rettenden Tat gegen Hitler und Himmler« aufgerufen wurde, zur Selbstbefreiung von einer pflichtvergessenen und verbrecherischen Führung.[165] Bewirkt hat dieser Aufruf nichts, schon gar nicht im Osten; die Wehrmacht kämpfte in völlig aussichtsloser Situation weiter, vielleicht auf ein Wunder oder die »Wunderwaffe« hoffend, bis fünf Minuten nach zwölf, bis zum 8. Mai 1945.

Innerhalb des Nationalkomitees Freies Deutschland hatten sich die internen Auseinandersetzungen zwischen Nationalkonservativen, Opportunisten und Stalinisten, die es seit seiner Gründung gab, Ende 1944 weiter verschärft und nach der Konferenz von Jalta (Februar 1945) noch zugespitzt. Es gab heftige Kontroversen über die Beschlüsse der Alliierten und die Abtrennung der deutschen Ostgebiete sowie über die Frage, ob die UdSSR wirklich an einem künftigen Gesamtdeutschland festhalten werde, wie sie es verkündet hatte. Die unterschiedlichen Standpunkte wurden den sowjetischen Offizieren von Spitzeln zugetragen und durch Abhörmaßnahmen dokumentiert. Während viele Generale und Offiziere des Nationalkomitees Freies Deutschland Kritik und Zweifel anmeldeten, ob man seitens der drei Mächte mit Deutschland richtig umgehe, vertrat Müller die Meinung: »Unsere Generale haben keine Lehren aus den Ereignissen in der Welt gezogen und nichts daraus gelernt. Man muß der Sowjetunion vertrauen.«[166]

Ohne Zweifel meinte Müller, was er sagte. Er sah angesichts der Katastrophe Deutschlands nur eine Chance: Man mußte sich des Wohlwollens der UdSSR versichern, um das deutsche Vaterland zu erhalten, man mußte sich mit Sowjetrußland verbünden, um eine künftige Existenz Deutschlands überhaupt zu ermöglichen. Nur in der Ostorientierung deutscher Politik sah der General die Gewähr für einen Wiederaufstieg Deutschlands. Er setzte auf Grund dieser Überzeugung auf ein dauerhaftes Bündnis mit der UdSSR und war deshalb auch bereit, den deutschen Kommunisten wenigstens auf Zeit maßgeblichen Einfluß im Innern eines neuen Deutschlands einzuräumen. Mit dieser Auffassung präsentierte er sich gewissermaßen als »Nationalbolschewist neuen Typs«, der das Schicksal seines Vaterlands mit dem der UdSSR zusammenbinden wollte. Einem künftigen Gesamtdeutschland nach Hitler maß er ein wirtschaftliches Eigengewicht zu, das die Grundlage dafür bilden würde, mit den Russen »auf Augenhöhe« reden und verhandeln zu können. Das Gespräch mit dem sowjetischen General zu Beginn seiner Gefangenschaft stärkte offensichtlich diese Vermutung, denn mehr war es nicht. Aber er kannte die sowjetischen Aussagen zum Wert eines Bündnisses zwischen der UdSSR und Deutschland, die von Lenin und Radek in den 20er Jahren geäußert wurden und mit denen Stalin wenigstens gelegentlich zu sympathisieren schien. Vincenz Müller war offensichtlich der Ansicht, daß Stalin ein mit der Sowjetunion verbündetes Gesamtdeutschland wollte, das zwar antifaschistisch-demokratisch, nicht aber kommunistisch ausgerichtet sein sollte. Anzeichen dafür gab es in der Tat bis in die 50er Jahre, und von Stalin soll der Satz stammen, der Kommunismus passe zu Deutschland wie der Sattel zur Kuh.

Etwas anderes kam hinzu: In sowjetischer Kriegsgefangenschaft bestand nicht die Möglichkeit, sich umfassend zu informieren. Die Gewahrsamsmacht übte fast automatisch Einfluß auf das Denken und Handeln der Gefangenen aus, ohne größeren Druck ausüben zu müssen. Es lag nahe, auf die Russen zu setzen, zumal diese mit dem Ende des Krieges zur Weltmacht aufsteigen und damit zu »Siegern der Geschichte« würden. Auf deutsche Militärs machten Kraft und Macht der UdSSR Eindruck, und die damaligen politischen Aussagen der offiziellen sowjetischen Deutschlandpolitik mit der Garantie eines einheitlichen deutschen Staates verfehlten ihre Wirkung nicht.

Nach einem Urteil von Graf Einsiedel, Urenkel Otto von Bismarcks, als Jagdfliegerleutnant bei Stalingrad 1942 in russische Gefangenschaft geraten und seit Sommer 1943 einer der Vizepräsidenten des Nationalkomitees Freies Deutschland, kam Vincenz Müller nach dem Besuch der zentralen Antifaschule in Krasnogorsk als »überzeugter Kommunist« zum Nationalkomitee zurück: »Müller hatte sich mit einer Schnelligkeit in die kommunistischen Gedankengänge gefunden, die selbst diejenigen von uns verblüffte, die am eigenen Leibe erfahren hatten, welche Anziehungskraft diese Theorie gerade auf solche Menschen haben konnte, die ihrer Herkunft und Erziehung nach auf die andere Seite der Barrikade gehörten.«[167]

An diesem Urteil sind Zweifel angebracht; Müller selbst hat sich zeitlebens nicht als »überzeugter Kommunist« bezeichnet – jede Art von Renegatentum war ihm zuwider. Doch er nahm kommunistische

Gedankengänge auf und näherte sich dieser Ideologie an, wurde aber nie ein »in der Wolle gefärbter« Anhänger des Marxismus-Leninismus; das ließ seine Vergangenheit nicht zu, ein »dritter Weg« zwischen Kapitalismus und Sozialismus war ihm mit Sicherheit sympathischer. Außerdem stand ihm sein katholischer Glaube im Weg – noch im Oktober 1944 soll Müller zur Beichte bei einem gefangenen Wehrmachtpfarrer gegangen sein. Die Spuren seiner Ausbildung und Erziehung an einem Klostergymnasium der Benediktiner in Bayern konnten nicht einfach ausgelöscht werden, ebensowenig wie seine familiäre Prägung – die Mutter (schon in den frühen 20er Jahren verstorben) war tief religiös, sein Bruder Eugen katholischer Pfarrer.

Es liegt also nahe, daß Müller seine weltanschauliche Wende 1944/45 weniger aus innerer Überzeugung und eher als einen Willensakt aus politischer Berechnung vollzog, der ihm unter den gegebenen Umständen die Chance gab, im Leben noch etwas auszurichten – um nicht zu sagen: von denen er sich Vorteile versprach.

Zweifelsfrei bleibt festzuhalten, daß sich Müller in sowjetischer Gefangenschaft mit dem Geheimdienst einließ und Aufträge zur »Bearbeitung« und Bespitzelung von Kameraden, allen voran von Generalfeldmarschall Friedrich Paulus, annahm. Das ist unentschuldbar und kann durch nichts gerechtfertigt werden; da kollidierte sein Verhalten nicht nur mit den Grundsätzen humanistischer und christlicher Ethik, sondern auch mit den Mindestnormen soldatischer Kameradschaft. Vincenz Müller hatte sich damit ins moralische Abseits begeben, und er wird es gewußt haben.

Ein wichtiger Umstand, der Müller dazu bewegt haben könnte, sich dem sowjetischen Geheimdienst zur Verfügung zu stellen, darf nicht unerwähnt bleiben: Die Russen wußten natürlich, welche Funktion der General in der 17. Armee ausgeübt und welche Befehle er unterschrieben hatte. Taten wie Untaten konnten durch erbeutete Dokumente und Zeugenaussagen belegt werden; als Stabschef war er für alles mitverantwortlich und damit erpreßbar. Eine Andeutung der Sowjets, ihn möglicherweise vor Gericht zu stellen – rund 70 Prozent der gefangenen deutschen Generale wurden wegen tatsächlicher oder angeblicher Kriegsverbrechen verurteilt – könnte seine »Wandlung« mitbewirkt haben; die Russen verstanden sich darauf, Leute in die »richtige Spur« zu zwingen.

Die Nachricht vom Kriegsende im Mai 1945 nahmen Müller und die anderen Generale und Offiziere in Lunowo, dem Sitz des Nationalkomitees Freies Deutschland, mit gemischten Gefühlen entgegen.

Was sollte nun aus ihnen werden? Was aus Deutschland? Was aus dem Komitee? Bei aller Erleichterung darüber, daß das Morden und Töten zu Ende war, hatten sich doch die meisten von ihnen dieses Ende anders vorgestellt, anders gewünscht. Das Vaterland lag völlig am Boden und war auf Gedeih und Verderb auf die Siegermächte angewiesen. Und die Zukunft des in vier Besatzungszonen aufgeteilten Deutschlands lag im ungewissen, ganz abgesehen von der eigenen Zukunft. Würde man noch gebraucht werden?

Zunächst brauchten die Russen »Zeugen der Anklage«. Für den anstehenden Nürnberger Hauptkriegsverbrecherprozeß drängten die Sowjetoffiziere Generalfeldmarschall Friedrich Paulus, der als ehemaliger Oberquartiermeister I im Oberkommando des Heeres maßgeblich an der Vorbereitung des »Unternehmens Barbarossa« beteiligt gewesen war, seine Erfahrungen und sein Wissen über den Feldzugplan gegen Rußland zu Papier zu bringen. Im Auftrag des sowjetischen Geheimdienstes unterstützte Müller den Druck auf den Generalfeldmarschall, und Paulus erklärte sich schließlich Anfang Januar 1946 bereit, die Zusammenhänge, die zum Angriff Deutschlands auf die UdSSR führten, aufzudecken und als Belastungszeuge der sowjetischen Anklagevertretung in Nürnberg aufzutreten, was am 11. Februar 1946 erfolgte und weltweit Aufmerksamkeit erregte.[168]

Müller selbst wurde in diesem Zusammenhang auch aktiv und wandte sich am 8. Januar 1946 in einem handgeschriebenen zwölfseitigen Brief an die Regierung der UdSSR, in dem er alle Beweise auflistete, die auf einen »Angriffskrieg« Deutschlands schließen ließen. Damit belastete er vor allem Generalfeldmarschall Wilhelm Keitel, ehemals Chef des OKW, einen der Hauptangeklagten in Nürnberg, schwer. Die Sowjetunion brachte die schriftliche Aussage Müllers als Dokument »USSR-149« (Zeugenaussage) in den Prozeß ein, kurz nachdem Paulus seine Aussage beendet hatte.[169]

Paulus und Müller wurden zwischen 1946 bis 1948 mehrmals zusammengelegt und wieder voneinander getrennt. Die Sowjets waren offensichtlich daran interessiert, daß Müller den Generalfeldmarschall »positiv« beeinflußte. Die Gespräche der beiden hohen Offiziere wurden regelmäßig abgehört, und die Protokolle gingen an den Geheimdienstchef Berija.

Aus einem dieser Mitschnitte vom 24. März 1947:

»*Paulus:* ›Müller, wir müssen davon ausgehen, daß die Russen jetzt in Deutschland umfangreiche Vorbereitungsarbeit leisten. Von den

Russen hängt viel ab. Auf jeden Fall ergreifen sie die Initiative. Ich möchte ihnen gern nach besten Kräften helfen. Die Russen könnten gerade jetzt fragen, was für Vorschläge ich für den Aufbau des neuen Deutschlands habe ... Die Administration in Deutschland kann einige Fragen eigenständig lösen. Doch wir können unsererseits ebenfalls helfen. Ich bestehe nicht darauf, doch es wäre gut, wenn mir diese Möglichkeit gegeben würde.‹

Müller: ›Ich bin bereit, meine ganze Kraft für den Aufbau des neuen Deutschland zu geben.‹

Paulus: ›Ich weiß natürlich nicht, wie sich mein Leben, mein Schicksal gestalten wird. Aber ganz gleich wie, ich werde keinen Rückzieher machen. Ich will nur vorwärts gehen! Ich verhehle nicht meinen Wunsch, nach Deutschland zurückzukehren.‹«[170]

Beide, Paulus und Müller, gingen offensichtlich davon aus, daß ihre Gespräche mitgeschnitten wurden, denn ihre Aussagen wirkten wie verdeckte Appelle an die Sowjetbehörden in eigener Sache. Nur haben die beiden Gefangenen ihre Möglichkeiten überschätzt; die Russen waren zum Beispiel seinerzeit an einer aktiven politischen Tätigkeit von Paulus nicht interessiert.

Vincenz Müller hatte die Möglichkeit, aus der Gefangenschaft nach Deutschland zu schreiben. Er richtete mehrere Gefangenenpostkarten an seine Frau in Deggendorf, aber auch an seinen Kameraden Max Kemmerich, Oberst i. G., der in München lebte. Am 18. März 1948 schrieb er seinem ehemaligen Zugführer, daß er korrekt und fürsorglich behandelt werde und »gesund und frisch sei«, auch wenn die Gefangenschaft natürlich »kein Hochgenuß« wäre. Müller beklagte sein früheres »Fragmentistenleben« und bezeichnete den Ostfeldzug der Wehrmacht als »Amoklauf gegen Vernunft und Menschlichkeit«. Er zeigte sich zufrieden darüber, nunmehr Zeit zum Nachdenken und Lernen gefunden zu haben.

Das tat er so intensiv, daß die Sowjets ihn zu einem zweiten Lehrgang – von April bis Juli 1948 – an der zentralen Antifaschule in Krasnogorsk schickten, bei dem ihn der Chef der Schule zeitweilig als Assistent und Seminarleiter für Philosophie einsetzte. Gewisse pädagogische Begabungen, schon an der türkischen Pionieroffiziersschule 1917 in Istanbul erprobt, erleichterten Müller diese Aufgabe.

Ab Anfang 1948 bereiteten die Sowjets die Repatriierung einer Gruppe von Wehrmachtgeneralen und -offizieren in die sowjetische Besatzungszone Deutschlands vor, die dort beim Aufbau einer Polizeitruppe mithelfen sollte. Dazu zog man etwa 150 kriegsgefangene Offiziere in einem Lager bei Moskau zusammen, um mit ihnen »Gespräche« über ihre politische Einstellung zu führen und ihre Bereitschaft zu testen, in SBZ-Polizeiorganen Dienst zu tun. Ins Detail ging man dabei nicht, sondern versprach den Offizieren nur so etwas wie eine zweite Chance in einer militärnahen Verwendung.

Mit den in die engere Wahl gekommenen Generalen, zunächst nur fünf an der Zahl, organisierte man längere Einzelgespräche, bei denen sich Wolf Stern, seit 1943 Mitarbeiter der sowjetischen Hauptverwaltung für Kriegsgefangenenwesen, die dem sowjetischen Geheimdienst unterstand, einschaltete. Der sowjetische Geheimdienstler mit deutsch-österreichischem KP-Hintergrund verstand es, zu den gefangenen deutschen Offizieren und Generalen Kontakt herzustellen. Zu Vincenz Müller konnte Stern sogar ein Vertrauensverhältnis aufbauen, das bis zum Lebensende des Generals erhalten blieb.

Vermutlich führte Stern auch das »Überstellungsgespräch« mit Müller, nachdem sich dieser bereit erklärt hatte, in die sowjetische Besatzungszone überzusiedeln. Das war deshalb nicht frei von Komplikationen, weil die Russen in aller Regel nur Personen ansprachen, die ihre Heimat auf dem Gebiet der fünf Länder im Osten hatten, zumindest aber nicht über Verwandtschaft im Westen verfügten. Beides traf auf Müller nicht zu: Ehefrau, Sohn und Bruder lebten in Bayern, die letzte Heimatanschrift des Generals lautete: Deggendorf, Hindenburgstraße 490. Aber Müller sagte zu, nach seiner Entlassung in die SBZ die Übersiedlung seiner Frau und seines Sohnes in den Osten zu veranlassen.

Nach Konsultationen der Sowjetischen Militäradministration in Deutschland mit der SED-Führung überstellte die russische Regierung im September 1948 fünf Generale und 100 Offiziere (»Aktion 5+100«) nach Frankfurt an der Oder; am 14. des Monats trafen Vincenz Müller und Kameraden dort ein. Noch am Nachmittag des gleichen Tages leitete man die Heimkehrer in das Polizeierholungsheim in Rehefeld bei Dresden weiter, hier bestand in den folgenden Tagen und Wochen Gelegenheit, mit Angehörigen zusammenzutreffen, soweit diese in der Ostzone wohnten. Nach zwei bis drei Wochen Urlaub sollten die Generale und Offiziere dann Anfang Oktober ihren Dienst in der Polizei antreten.[171]

Für Vincenz Müller gingen damit vier Jahre sowjetischer Kriegsgefangenschaft zu Ende – eine lange Zeit. Doch er zählte von den ehemaligen Wehrmachtgeneralen zu den ersten, die aus Rußland nach

Deutschland zurückkehrten, und er hatte in sowjetischer Gefangenschaft Privilegien wie Sonderverpflegung und bessere Unterbringung genossen. Trotzdem war seine Gesundheit ruiniert: Der jetzt knapp 54jährige hätte sich eigentlich schonen müssen. Doch gegen die Anzeichen nachlassender Kräfte setzte Müller Willensstärke und Ehrgeiz; er wollte nicht zur Ruhe kommen und hatte noch viel vor mit sich und seiner Heimat Deutschland …

Zweite Chance – Karriere im »Arbeiter- und Bauernstaat« (1948–1961)

Als Chefinspekteur unterfordert – Episode im Polizeidienst (1948/49)

Ein Jahr vor Gründung der DDR trat Vincenz Müller Anfang Oktober 1948 in den Polizeidienst der Sowjetischen Besatzungszone ein und übernahm, wie von den Sowjets avisiert, die Funktion eines Stabschefs im Range eines Chefinspekteurs der Volkspolizei. Die Polizeikräfte unterstanden einer Hauptabteilung Grenzpolizei/Bereitschaften der Deutschen Verwaltung des Innern in Ostberlin. Sie zählten zusammen etwa 18 000 Mann und waren – was die Bereitschaften betraf – mehrheitlich schon kaserniert untergebracht und übten bereits den Verbandseinsatz.

Müller, immer ungeduldig und leicht nervös, fühlte sich von Anfang an von der neuen Aufgabe unterfordert, die jeder beliebige Stabsoffizier im Majorsrang hätte erledigen können. Für den Ex-Generalleutnant und ehemaligen Chef des Generalstabes einer deutschen Armee, die mehrere 100 000 Mann umfaßte, war das keine echte Herausforderung.

Er erstickte in organisatorischem Kleinkram, der ihm nicht lag, fühlte sich nicht nur fachlich unterfordert und am falschen Platz, sondern, was schwerer wog, auch gesellschaftlich und menschlich nicht respektiert. Zwar behandelten ihn die Altkommunisten, die alle Ämter mit direktem Truppenzugang besetzt hielten, rücksichtvoll, doch ließen sie Vorbehalte und Distanz gegenüber dem ehemaligen »faschistischen General« bei Konflikten dennoch erkennen. Vom ersten Tage an hatte Müller Schwierigkeiten, sich gegenüber Unterstellten durchzusetzen, die sich – wenn es ging – seinem Einfluß und seinen Befehlen zu entziehen suchten.

Er ergriff deshalb die erste Gelegenheit, die Uniform an den Nagel zu hängen: Anfang Dezember 1948 erkrankte er »schwer« an einer Schilddrüsenüberfunktion und meldete sich erst einmal ab und schied schließlich »auf eigenen Antrag« Ende Januar 1949 aus der Volkspolizei aus. Später gab er zu: »Die wesentlichen Gründe waren: Ich konnte in der damaligen Zeit kein ehrliches Interesse aufbringen ...«[172]

Die Episode währte nur vier Monate; damit endete nach 35 Jahren (die Gefangenschaft mitgerechnet) erst einmal Müllers aktive Dienstzeit als Berufsmilitär.

Schon am 1. Dezember 1948 war er der National-Demokratischen Partei Deutschlands (NDPD) beigetreten, einer Blockpartei, die vor allem die Aufgabe hatte, ehemalige unbelastete Nazis und frühere Wehrmachtangehörige zu sammeln. Diese Partei erweckte in den ersten Jahren ihrer Existenz den Eindruck, als sei sie eine Alternative zur SED, und gab sich den Anschein, als verfolge sie eigenständige politische Ziele. Ihre Programmatik ließ sich in dem Satz zusammenfassen: Unsere Weltanschauung ist Deutschland. Ein Deutschland, vereint vom Rhein bis zur Oder, unabhängig von Ost und West, eher bürgerlich-demokratisch als sozialistisch-kommunistisch, aber mit antifaschistischem Anspruch, befreundet mit der UdSSR. Das waren Ziele nach dem Geschmack des Heimkehrers.

Im Westen Deutschlands, auch in Westberlin, hatte man die Ankunft Müllers in der SBZ durchaus bemerkt und seinen Antritt bei der Volkspolizei registriert. Vor allem die amerikanische Besatzungsmacht interessierte sich für ihn, weil er bereits in der UdSSR offen seine Sympathie für die Kommunisten erklärt hatte und nun anscheinend dafür ausersehen war, in Mittel- bzw. Ostdeutschland bewaffnete Formationen aufzustellen.

Der militärische Spionage- und Abwehrdienst der US-Armee (CIC) legte schon 1948 eine Akte über Generalleutnant Vincenz Müller an, aus der in der Folge eine CIC-Operation »Müller« entstand. Der US-Geheimdienst gelangte in den Besitz von Briefen und Postkarten Müllers, die dieser aus russischer Kriegsgefangenschaft einer entfernten Verwandten schickte, die zugleich eine Geliebte des Generals gewesen sein soll. Man wußte daher, daß die Ostseite versuchte, den in der amerikanischen Zone lebenden einzigen Sohn Müllers zu überreden, zu Ausbildungszwecken (Studium) nach Jena in die SBZ überzusiedeln, was dieser aber ablehnte. Das CIC leitete Nachforschungen gegen ihn ein, Friedrich (genannt Fritz) Müller wurde von nun an vom US-Geheimdienst überwacht.

Der Informationsstand über Müller und seine Nächsten war bestens: Man registrierte, daß Fritz Müller und seine Mutter von Abgesandten aus dem Osten besucht wurden und diese offenbar den Auftrag hatten, sie auf eine Übersiedlung in den sowjetisch besetzten Teil Deutschlands vorzubereiten.

Aber auch der US-Geheimdienst blieb nicht untätig; als die beiden den Vater bzw. Ehemann nach seiner Rückkehr aus sowjetischer Gefangenschaft mehrmals in Ostberlin besuchten, ließ man über Mittelsmänner bei ihnen nachfragen, ob sie nach Ostberlin umsiedeln wollten und welche Absichten Vincenz Müller habe. Von Maria Müller erhoffte sich der US-Geheimdienst, daß sie imstande sei, ihren Mann in den Westen zu holen.

Ende 1948, Anfang 1949 gelang es dem CIC, in Müllers unmittelbarer Nähe »Quellen« anzusiedeln, die regelmäßig über ihn berichteten und Informationen über seine aktuellen politischen Ansichten und Absichten lieferten. Westlicherseits bestand damals die Sorge, daß Müller und möglicherweise auch Paulus aus deutschen Kriegsgefangenen in der UdSSR eine Armee bilden würden, die unter sowjetischem Oberbefehl zu einer Gefahr werden könnte – man war soeben in den Kalten Krieg eingetreten, der solche Vermutungen plausibel erscheinen ließ.

Im Vordergrund aber stand der Versuch, Müller zum Übertritt in den Westen zu veranlassen – durch Überredung, mit Hilfe seiner Frau bzw. seiner Geliebten oder mit Unterstützung von Freunden aus Wehrmachtzeiten.

Als bekannt wurde, daß Vincenz Müller seinen Dienst in der Volkspolizei quittiert hatte, schien jedoch das Interesse des CIC an ihm zu schwinden. Ehefrau und Sohn in Deggendorf wurden aber weiter überwacht. Von Fritz Müller erfuhr das CIC im September 1949, daß Maria Müller, die ohne Passierschein (das Überschreiten der Zonengrenzen war seinerzeit genehmigungspflichtig) nach Berlin gefahren war, dort bleiben wolle. Man bat daraufhin den Sohn, seinem Vater in Ostberlin mitzuteilen, daß dieser – wenn er Zweifel am politischen System habe – sich mit Leuten in Verbindung setzen könne, die ihm helfen würden. Im Laufe des Jahres 1950 zeichnete sich aber ab, daß die Ehefrau vermutlich in Ostberlin bleiben würde, wo sie sich seit Herbst 1949 aufhielt. Damit endeten die CIC-Bemühungen, Generalleutnant Vincenz Müller doch noch zum Übertritt in den Westen bewegen zu können.[173]

Vorerst. Denn andere sollten diese Bemühungen später fortsetzen.

Ob der US-Geheimdienst besonders geschickt agierte, vermag niemand zu beurteilen. Der Aufwand jedenfalls war nicht gering: Immerhin setzte man Ehefrau, Geliebte, Sohn und ehemalige Wehrmachtkameraden in diesem Spiel ein. Müller war darüber informiert, von seiner Frau und von seinem Sohn, möglicherweise auch vom sowjetischen Geheimdienst. Er wird mit Sicherheit darüber nachgedacht haben, ob er den Schritt in den Westen tun solle, zumal seine berufliche Perspektive nach seinem Ausscheiden aus der Volkspolizei zunächst wenig rosig aussah. Aber er wird gewußt haben, daß er im Westen mit Anfeindungen rechnen mußte wegen seiner Nähe zu den Sowjets. Und möglicherweise waren seine östlichen Geheimdienstverstrickungen schon so eng, daß er gar nicht mehr aussteigen konnte. Hätten nicht Wehrmachtkameraden auf ihn gezeigt und ihn belastet? Und welche berufliche Zukunft wäre ihm im Westen geboten worden? Immerhin war er mit Urteil vom 14. Februar 1950 von der Hauptkammer München auf Grund des »Gesetzes zur Befreiung vom Nationalsozialismus und Militarismus« (vom 5. März 1946) als »Nicht belastet« eingestuft worden, hatte also das Entnazifizierungsverfahren in seiner alten Heimat Bayern, die jetzt zur US-Zone gehörte, überstanden. Die Spruchkammer beurteilte Müller als »guten Katholiken«, der von NS-Methoden nichts gehalten und diese sogar verachtet habe, insgesamt hätten sich im Verfahren »keinerlei Belastungsmomente« ergeben, und als aktiver Offizier sei er »rein national« eingestellt gewesen.

Aber auf diesen »Persilschein« und auf Geheimdienstversprechungen wollte und konnte Müller nicht bauen.

Was noch schwerer wog bei seiner Entscheidung, im Osten zu bleiben, war der Umstand, daß Müller 1949/50 im »anderen Deutschland« seine politische Heimat sah. Er machte sich Hoffnungen, in der NDPD und der DDR eine Rolle zu spielen. Im Westen wäre er allenfalls geduldet worden, und noch nicht einmal das war garantiert.

Parteikarriere – NDPD-Funktionär mit Westverbindungen

Sowjets und deutsche Kommunisten in der SED wollten einen ehemaligen Generalleutnant der Wehrmacht nicht ohne Aufgabe lassen: Am 2. Februar 1949 wurde Vincenz Müller als Politischer Geschäftsführer in den engeren Leitungskreis der National-Demokratischen Partei Deutschlands aufgenommen und befand sich nun in einer Umgebung, in der er Achtung, Anerkennung und gelegentlich sogar Zuneigung empfing. In dieser Partei sollte er Karriere machen und bald zum zweitwichtigsten Mann aufsteigen, einige sahen in ihm sogar zeitweise den heimlichen Vorsitzenden.

Mit der ihm eigenen Besessenheit stürzte er sich in die Parteiarbeit, organisierte ihre territorialen Gremien, warb »Ehemalige« aus NSDAP und Wehrmacht als Mitglieder, entwarf Grundsätze der Parteiprogrammatik. Eine Blockpartei wie die NDPD hatte die Führungsrolle der SED und die Freundschaft zur UdSSR zum Grundsatz zu erheben, doch das hinderte Müller nicht, eigene Ideen einzubringen, die nicht in jedem Fall vorab mit den »Einheitssozialisten« oder/und den Russen abgestimmt waren. Er suchte nach Freiräumen für sein politisches Wirken, das er jetzt zu seiner Aufgabe erklärt hatte, und fand dazu in dieser Partei eine gewisse Basis, wenigstens zu Beginn der 50er Jahre.

Müller setzte 1949/50 und in den folgenden Jahren auf eine baldige deutsche Wiedervereinigung, er lehnte die Westorientierung der künftigen Bundesrepublik strikt ab. Ehemalige Offiziere – vor allem Generalstabsoffiziere – aus Ost und West versuchte er dahingehend zu beeinflussen, daß sie sich überparteilich für die Einheit des Vaterlands engagierten; er wollte als gelernter Generalstäbler seinen Kameraden eine Klammerfunktion zuordnen, um die Einheit Deutschlands zu erhalten – vergleichbar mit der einstigen Rolle der Reichswehr als Wahrerin der Weimarer Republik. Müller suchte Kontakte zu Offizieren im Westen, um die Wiederbewaffnung und das sich anbahnende Westbündnis zu verhindern. Er setzte seine Hoffnungen auf die sowjetische Deutschlandpolitik, die seinerzeit – zumindest verbal – an der nationalen Einheit der Deutschen orientiert schien, genauso wie ein Teil der SED-Führung.

Mit Gründung der DDR am 7. Oktober 1949 wurde Vincenz Müller stellvertretender Vorsitzender der NDPD, 1950 Fraktionsvorsitzender der Partei in der Volkskammer und einer ihrer Vizepräsidenten. Öffentlich hatte er die »Einheitslistenwahlen« vom Herbst 1950 kritiklos unterstützt, intern machte er Bedenken geltend. Er blieb ein Mann voller Widersprüche.

Das neu geschaffene Ministerium für Staatssicherheit registrierte Vincenz Müller am 27. September 1950 als Geheimen Informanten unter dem Decknamen »Heinrich«. Auf eine schriftliche Verpflichtung verzichtete man – vielleicht deshalb, weil die Russen ihn nach wie vor unter Vertrag hatten. Schon 1951 stellte das MfS diese Verbindung zu Müller wieder ein und führte ihn nicht mehr als Geheimen Informanten, sondern nur noch als »Gewährsmann«. In dieser Funktion arbeitete er mit dem MfS zusammen und, wie die Unterlagen der

Gauck-Birthler-Behörde beweisen, intensivierten sich diese Beziehungen zeitweise. Das MfS verpflichtete Müller, alle seine Westkontakte, die er als stellvertretender NDPD-Chef unterhielt und ausbaute, zu melden, was er auftragsgemäß tat – mit einer gravierenden Ausnahme: Über die Verbindungen zu Hermann Teske und Max Kemmerich, beide in der Wehrmacht Oberste i. G. und in den 50er Jahren wohnhaft in Ulm und München, ließ er die Stasi inhaltlich oftmals im unklaren. Er gab zwar die Kontakte an, wickelte aber einen Teil des Schriftverkehrs konspirativ ab und informierte das MfS auch über die Inhalte der persönlichen Treffen nur teilweise.

Beide Oberste außer Diensten nahmen unabhängig voneinander Anfang der 50er Jahre von sich aus Verbindung zu Vincenz Müller auf, beide unterrichteten aber nach der Kontaktaufnahme die Organisation Gehlen bzw. den Bundesnachrichtendienst über die Treffen in Ostberlin und den Schriftverkehr.

Hermann Teske, 1941 Bevollmächtigter Transportoffizier im Armeeoberkommando 17 und Oberst i. G., stellte im Frühjahr 1950 über einen Mittelsmann die Verbindung zu Müller her.[174] Im sowjetischen Sektor von Berlin kam es zu einer ersten, zweistündigen Unterhaltung zwischen beiden. Müller war gesund und energiegeladen, der 55jährige gab sich seinem Besucher gegenüber ruhiger und abgeklärter als früher. Seine Tätigkeit bei der Volkspolizei habe er unter dem Vorwand einer Schilddrüsenerkrankung aufgegeben, in Wahrheit aber deshalb beendet, weil Rahmen und Auswirkung der Stellung zu klein gewesen seien, so Müller zu Teske.

Seine inzwischen gewonnene Weltanschauung schilderte Müller seinem alten Kameraden aus Wehrmachttagen als vom »Primat der Wirtschaft« geprägt: Aus wirtschaftlichen Gründen befürworte er die Wiedervereinigung der »beiden Hälften Deutschlands«, die aber erst nach Abzug der Besatzungsmächte möglich wäre.

Der General behauptete ferner, daß er zwar kein eifriger, aber doch ein »gläubiger Katholik« sei. Dieser Einlassung kann man aber nur schwer Glauben schenken, denn Müller galt amtlich als konfessionslos – er selbst bezeichnete sich in einem Lebenslauf für das DDR-Innenministerium 1953 als »glaubenslos« – und er soll 1949 einen katholischen Geistlichen, der ihn unangemeldet aufsuchte, um ihn zur Rückkehr in die katholische Kirche zu bewegen, des Hauses verwiesen haben.

Das zweistündige Gespräch wurde von Teske als harmonisch bezeichnet; der Generalleutnant a. D. hatte sich ihm gegenüber geöffnet und seine Fragen bereitwillig beantwortet. Müller hätte ein starkes Bedürfnis nach Beziehungen zu ehemaligen Kameraden im Bundesgebiet zu erkennen gegeben, »ein menschliches Verlangen nach dem alten Lebenskreis und seinen Menschen«. Die beiden Männer verabredeten einen »schriftlichen Gedankenaustausch«.[175]

Dieser Briefwechsel setzte im Juli 1950 ein und sollte sich über mehrere Jahre, manchmal unterbrochen durch wochenlanges Schweigen, hinziehen. Teske eröffnete den Austausch mit neun Fragen an den General. Die Antwort wollte er in den westlichen Medien veröffentlichen. Aber schon hakte der Kontakt, Müller reagierte lange nicht und gab erst später einen »Zwischenbescheid«. Als Absender des Briefes war die Adresse von Teskes Mutter in Westberlin angegeben. Müller ließ das Schreiben also in den Westsektoren aufgeben, um sich der MfS-Briefzensur zu entziehen. Teske, hartnäckig und entschlossen, die einmal hergestellte Verbindung unter allen Umständen aufrechtzuerhalten, schrieb Ende Oktober 1950 abermals an Müller. Nun erfolgte, wiederum erst einen Monat später, eine längere Antwort des Generals, die noch heute lesenswert ist und einen Einblick in sein Denken gestattet (siehe S. 162–165)

Auf ein Interview konnte oder wollte Müller sich auch im November 1950 nicht einlassen, das erschien dem General zu riskant. Und ihn ärgerten westliche Zeitungsmeldungen, wonach er »mehrmals« inkognito im Westen gewesen sein sollte, um – unter anderem – »ehemalige Offiziere für die sowjetzonale Volkspolizei« zu werben. Soweit bekannt, war der General Anfang der 50er Jahre wirklich einige Male im Westen, allerdings nur, um private Angelegenheiten zu regeln: In Aichach und München gehörte ihm Grundbesitz, und in der bayerischen Landeshauptstadt gab es ein Bankkonto auf seinen Namen, auf das Mietzahlungen eingingen.[176]

Ende 1950 besuchte Teske den General der Infanterie a. D. Georg von Sodenstern, den ehemaligen Chef des Stabes der Heeresgruppe Süd, der mit Vincenz Müller seit der Vorkriegszeit befreundet war und der auch nach seiner Rückkehr aus sowjetischer Gefangenschaft mit ihm Verbindung hielt, diese aber bald einschlafen ließ, weil er Müllers politische Neuorientierung ablehnte. Die Ehefrauen der beiden Generale blieben jedoch in Kontakt, auch nach der Übersiedlung von Maria Müller und Sohn Fritz nach Ostberlin im Jahr 1949.

Sodenstern informierte Teske über Privates der Familie Müller, so beispielsweise darüber, daß die Ehe nicht so intakt sei, wie nach außen

Berlin-Zehlendorf
Teltower Damm 65 b
24. November 1950

30.11

Herrn
Hermann Teske
Ulm - Donau
Gneisenaustraße 50

Sehr geehrter lieber Herr Teske!

Besten Dank für Ihren Brief vom 29. Oktober! Ich habe Ihnen gegenüber ein sehr schlechtes Gewissen, aber meine Arbeitsüberlastung - namentlich im Zusammenhange mit den Wahlen - hat es mir einfach nicht ermöglicht, das Interview zu bearbeiten. Denn da muß ja jedes Wort wohlüberlegt sein und fest sitzen. Ich hoffe, daß ich in nächster Zeit dazu komme, die Sache zu erledigen.

Sofort aber will ich Ihren letzten Brief beantworten, der mir 2 gezeigt hat, daß wir beide, und wohl auch viele andere ehemalige Kameraden, in den wesentlichen Punkten durchaus übereinstimmen. Es kommt nicht darauf an, was wir hier anders machen oder was Sie dort anders sehen. Wir müssen feststellen, was wir gleiches zu machen haben, um den gleichen gemeinsamen Zielen zu dienen.

Ich bin einig mit Ihnen, daß es für uns Deutsche mehr gibt, als Gegensätze zwischen Ost und West, nämlich die gesamtdeutsche Frage. Zum Beispiel, bin ich nicht der Meinung, daß die einzigen Verbindungsmöglichkeiten auf soldatischer Grundlage liegen; aber wenn Sie diese Auffassung haben, möchte ich auch dem nicht widersprechen. Wir müssen jede Möglichkeit ausnützen, um die Wiedervereinigung Deutschlands zu fördern. Der beste Verbündete, den wir heute dafür haben, das ist der allgemeine Wunsch unseres

- 2 -

In einem Brief an Oberst i. G. Hermann Teske, der im Auftrag der bundesrepublikanischen Organisation Gehlen Kontakt zu ihm hält, plädiert Müller 1950 für eine Politik, die der »Einheit und Unabhängigkeit Deutschlands« dient.

Volkes nach Frieden.

Sie schreiben, daß Sie mehr nach dem Westen orientiert seien, und ich nach dem Osten. Von mir darf ich sagen, daß, was mich betrifft, diese Ihre Auffassung nicht richtig ist, wie ich es letztenendes auch von Ihnen nicht glaube. Wir sind beide auf Deutschland und auf den Frieden orientiert.

Aber gerade deshalb muß ich doch auf einen wichtigen Punkt eingehen. Sehen Sie, ich habe aus meiner Kriegsgefangenschaft vor allem einen Eindruck mitgenommen, daß es in Rußland keinen Menschen gibt, der an einem Kriege etwas verdienen kann, sondern nur Menschen, die durch einen Krieg zu verlieren haben. Und Sie werden mir zugeben, daß es auch in Amerika viele gibt, die durch einen Krieg nur verlieren, daß es aber auch solche gibt, die durch den Krieg verdient haben und durch einen neuen Krieg wieder verdienen wollen. Überlegen Sie einmal, ob meine Auffassung nicht richtig ist, daß ein neuer Krieg nur von denen drohen kann, die bei einem Kriege verdienen. Ich schlage weder eine westliche noch eine östliche Politik vor, sondern eine Politik, die der Wiedererlangung der Einheit und Unabhängigkeit Deutschlands dient, und darum eine Garantie für die Erhaltung des Friedens bietet.

Sie erwähnen den York von 1812/13, dessen großer und richtiger Entschluß die Befreiung Deutschlands durch einen Krieg ermöglichte. Der York, der unter unseren ehemaligen Kameraden in Westdeutschland erstehen muß, muß einen anderen richtigen und nach der historischen Lage gerechtfertigten großen Entschluß fassen -

- 3 -

nämlich den Entschluß, einen Mißbrauch des deutschen Volkes für einen neuen Krieg zu verhindern, denen das Handwerk zu legen, die an einem Kriege verdienen zu können glauben und ihnen zum Trotz den Frieden zu erhalten. York hat durch seine Entscheidung für den Befreiungskampf bewirkt, daß der Gegner Deutschlands geschlagen wurde. Ein neuer York kann nur durch die Entscheidung für den Frieden Deutschlands Gegner an diesem Frieden zugrunde gehen lassen. Es ist klar, daß ebenso, wie unser Volk den Frieden braucht, um wiederaufzubauen, die Menschen, die am Kriege verdienen, am Frieden verlieren.

Soweit müssen wir, auch wenn wir nur an Deutschland denken, berücksichtigen, wie es in der Welt aussieht.

Ich kann Ihnen versichern, daß in Ostdeutschland niemand daran denkt, auf Deutsche zu schießen. Die Erhaltung des Friedens ist die Voraussetzung für alle Vorhaben unserer Regierung. Und ebenso weiß ich, daß auch im Westen die überwiegende Mehrheit unserer Bevölkerung nicht daran denkt, auf Deutsche zu schiessen. Ich glaube, daß ich mit diesen meinen Ausführungen im großen ganzen auch schon Stellung genommen habe zu den von Ihnen beigefügten Zeitungsartikeln.

Es ist nicht entscheidend, daß ich dabei den einen oder anderen Punkt anders sehe oder anders mich ausdrücken würde. Entscheidend ist nur, das möchte ich wiederholen, daß wir im Wesentlichen einig sind. Und ich glaube, daß diese Einmütigkeit nicht nur für uns beide gilt, sondern noch für sehr viele andere von unseren alten Kameraden. Und darum wollen wir uns beide bemühen, in möglichst weitem Umfange diese wesentliche

- 4 -

Erkenntnis zu verbreiten, ohne uns durch einen Unterschied in einzelnen Auffassungen beirren zu lassen.

Ich stelle Ihnen anheim, nach Ihrem Belieben von diesem Briefe Gebrauch zu machen, ihn andere lesen zu lassen oder gar ganz oder in Teilen zu veröffentlichen.

Den Hinweis auf Heusingers Buch habe ich vor einiger Zeit schon in der Zeitung gelesen. Ich bin Ihnen aber sehr dankbar, daß Sie mich daran erinnert haben, damit ich es mir nunmehr beschaffe.

Mit herzlichen Grüßen
auch an die genannten alten Kameraden und andere alte Bekannte, besonders aber für Sie

bin ich
Ihr sehr ergebener
Vincenz Müller

vorgezeigt wurde, weil Vincenz Müller ein »übernatürlich starkes erotisches Bedürfnis« habe, die Ehefrau aber nicht von ihm loskomme.

Im übrigen glaube er – Sodenstern – nicht, daß Müller seine Wandlung aus opportunistischen Gründen vorgenommen habe, da er schon früher zu »ideologischen Auffassungen« neigte. Der hohe Offizier stand aber den Absichten Teskes, Müller für den Westen zurückzugewinnen, wohlwollend gegenüber und versprach seine Unterstützung. Bei dieser Bereitschaftserklärung Sodensterns blieb es, aktiv konnte er nicht mehr werden, weil er schwer erkrankte.[177]

Müller intensivierte als stellvertretender Chef der NDPD in Absprache mit der Westabteilung der SED und den Sowjets seine politischen Kontakte in Richtung Westen durch verschiedene Kampagnen, die 1950 einsetzten und mehrere Jahre fortgesetzt werden sollten.

Auf dem zweiten NDPD-Parteitag im Juni 1950 in Leipzig wurde ein »Offener Brief an alle ehemaligen Mitglieder der NSDAP, Offiziere und Berufssoldaten in Westdeutschland« verabschiedet, der in Randbereichen der westdeutschen Soldaten- und Traditionsverbände Aufmerksamkeit erregte, letztlich aber folgenlos blieb. Der von Müller initiierte Brief enthielt einen flammenden Aufruf zur Einheit und zum Frieden in Deutschland, unterschrieben hatten ihn eine Reihe von ehemaligen Offizieren und Generalen, die in der DDR lebten und Mitglieder der NDPD waren, darunter auch Vincenz Müller selbst als »ehemaliger Generalleutnant und Führer der 4. Armee«. Das war bei Lichte besehen Hochstapelei, denn Müller hatte nur wenige Tage im Juli 1944 die stellvertretende Führung der 4. Armee wahrgenommen.[178]

In den folgenden Monaten und Jahren scheute sich Müller nicht, seine Westkontakte weit nach rechts auszudehnen und unterhielt Verbindungen zur Nationaldemokratischen Partei in Hessen, zur Bruderschaft, einer Gruppierung früherer NS-Leute und Offiziere, sowie später zum Führungsring deutscher Soldaten. Darüber hinaus suchte er Gesprächskontakte mit allen national-neutralistischen Kreisen Westdeutschlands und ging auch auf Einzelpersönlichkeiten zu, die den Westkurs der Regierung Adenauer ablehnten.

Die Ergebnisse dieser vielfältigen Kontakte entsprachen jedoch nie den Erwartungen, die Müller und andere in sie setzten. Trotzdem verzichtete man nicht auf die Gespräche, im Gegenteil, bis 1952 verstärkte die NDPD ihre »Westarbeit«, um auch die letzte Chance zu nutzen, die in Aussicht genommene Europäische Verteidigungsgemeinschaft zu verhindern und das »Verlassen der Bonner Republik aus dem Nationalverband«(so die damalige NDPD-Diktion) abzuwenden.

»Wer der DDR die Treue hält, hält ganz Deutschland die Treue«, hieß es im Parteiprogramm von 1951, ein Slogan, der von Müller persönlich hätte sein können. Es scheint, er und seine Partei waren in dem Glauben befangen, sie könnten auf die deutsche Frage Einfluß nehmen und die Blockbildung rückgängig zu machen.

Die deutsche Einheit war ein Thema, das Leute wie Müller stark beschäftigte und ihr derzeitiges Handeln bestimmte. Das zeigte sich bei jeder Gelegenheit, bei öffentlichen Auftritten ebenso wie bei privaten Gesprächen. Müller suchte nach eigenen Wegen, seine Vorstellungen durchzusetzen, manchmal auch an der SED vorbei oder ohne ihre ausdrückliche Zustimmung. So engagierte er sich dafür – und es sollte schließlich in mehreren Etappen gelingen –, ehemalige NSDAP-Mitglieder, Offiziere und Berufssoldaten, die sich keiner Verbrechen schuldig gemacht hatten, an den neuen Staat heranzuführen. Wer als früherer »Parteigenosse« der Nazis, als ehemaliger Berufssoldat und Offizier Bereitschaft zeigte, am Aufbau der DDR aktiv mitzuwirken, sollte die Absolution der Kommunisten erhalten. Dazu brachte die Fraktion der NDPD in der Volkskammer, die Müller leitete, entsprechende Gesetzesinitiativen ein, die nach ihrer Verabschiedung wirklich die Situation der »Ehemaligen« in der frühen DDR, die bislang Diskriminierungen ausgesetzt waren, verbesserte.

Wenn es aus heutiger Sicht überhaupt Verdienste der Blockpartei NDPD gab, dann war es ihr Bestreben, Hunderttausenden ein wenig mehr Gerechtigkeit widerfahren zu lassen.

Teske und Müller setzten ihren privaten Schriftwechsel im Jahre 1951 fort und übersandten sich gegenseitig Bücher und Broschüren über den Kalten Krieg und den Zweiten Weltkrieg.

Am 10. März 1951 tauchte in der Wohnung von Teske unangemeldet ein Kamerad auf, der aus dem Osten angereist war: Oberst i. G. außer Diensten Günter Assmann, der im Auftrag von Müller nach Ulm gekommen war, um Teske für die Zeit zwischen dem 26. und 31. März nach Ostberlin einzuladen. Teske sagte zu, unter der Bedingung, daß Geheimhaltung und persönliche Sicherheit gewährleistet seien. Die beiden Herren kannten sich flüchtig, da Assmann 1941 als Stabschef in der 24. Infanteriedivision diente und diese im Verband der17. Armee handelte, in dessen AOK Teske damals Generalstabsoffizier war.

Der Abgesandte aus der DDR informierte Teske »vertraulich« über Ansichten des Generals, die dieser nicht schriftlich niederlegen wollte. Er machte insbesondere darauf aufmerksam, daß Müller nicht daran glaube, jemals eine Einigung zwischen den Regierungen in Bonn und Ostberlin zu erleben. Deshalb seien Gespräche zwischen Ost und West nur durch »Vermittler« zu führen, die »ihrer Mentalität nach weder östlich-kommunistisch noch westlich-demokratisch«, sondern »unabhängig« sein müßten; dafür kämen in erster Linie ehemalige Generalstabsoffiziere in Betracht.[179]

Die Bevorzugung von Generalstäblern für dieses Geschäft war jedoch einer der vielen Irrtümer Müllers, denn diese Leute waren zwar besser ausgebildet als andere Offiziere, menschlich aber keinesfalls integrer oder vertrauenswürdiger. Assmann, gelernter Generalstabsoffizier, war mit Sicherheit nicht »unabhängig«, sondern eher »östlich-kommunistisch« orientiert, denn der Oberst i. G. diente im »Nebenberuf« dem MfS als Geheimer Informant »Gustav Ackermann«.

Vertraulich blieben deshalb weder Reise noch Inhalt der Gespräche, die Assmann im Auftrag von Müller mit Teske in Ulm führte; die Stasi erhielt vom Abgesandten einen Bericht mit allen Einzelheiten. Müller hatte also einen ausgesprochen schlechten Griff mit dem Mann getan, was die Geheimhaltung betraf – seine privaten Kontakte zu Teske wurden spätestens durch Assmann dem Ministerium für Staatssicherheit bekannt. Möglicherweise konnte sich das MfS aus den Spitzelberichten einen Reim darauf machen, wie Müller wirklich dachte, vielleicht dienten diese Berichte auch nur dazu, die Zuverlässigkeit des Generals zu testen, der die Verbindung zu Teske der Stasi gemeldet hatte. Jetzt war das MfS in der Lage, die Angaben Müllers über die Gespräche mit Teske zu überprüfen und konnte sich vorstellen, daß viele der Informationen »privat« ausgetauscht wurden. Daß ein ehemaliger Oberst i. G. der Wehrmacht im Solde des MfS stand, warf im übrigen ein bezeichnendes Licht auf die Integrität von höheren Offizieren, sie waren genauso käuflich, verlogen und erpreßbar, wie andere auch, von einer »Elite« konnte keine Rede sein.

Allerdings sah es auf den ersten Blick bei Oberst i. G. Hermann Teske nicht anders aus, denn er informierte seinerseits die bundesrepublikanischen Geheimdienstler in der Organisation Gehlen über seine geplante Reise nach Ostberlin und hatte zuvor bereits die Kontakte zu Müller gemeldet. Die Gehlen-Leute führten diese unter der Bezeichnung »Operation Schwaben-Preußen«. Sie erhielten von Teske regelmäßig Berichte über die Treffen mit Müller, und sie bezuschußten die Reisen Teskes nach Berlin. Die Geheimdienste beider Seiten waren also von Anfang an über die Kontakte und den Inhalt der Gespräche informiert und hatten sie zum Teil initiiert.[180]

Ob östlicher oder westlicher Geheimdienst – die Methoden glichen sich. Hermann Teske hatte zwar zunächst eigenständig den Erstkontakt zu Vincenz Müller hergestellt und dann erst die Organisation Gehlen informiert, Müller gegenüber bewahrte er darüber aber Stillschweigen, so wie auch Assmann über seine MfS-Verpflichtung schwieg.

Beide mißbrauchten damit das Vertrauen Müllers. Dennoch gibt es einen Unterschied: Teske war Überzeugungstäter, wollte den General zum Übertritt in den Westen veranlassen, ihn dem stalinistischen System entziehen, aber er wollte ihm nicht schaden. Assmann dagegen diente einem Geheimdienst, der an der Unterdrückung der Bevölkerung unmittelbar beteiligt war, und schadete mit seinen Berichten dem General.

Aber Teske sollte mit seiner Mission keinen Erfolg haben, obwohl er Gelegenheiten genug hatte, Müller zu überzeugen. Im März des Frühjahrs 1951 trafen sich die beiden zweimal in Ostberlin, und Dauer und Intensität der Gespräche brachten sie an die Grenzen ihrer psychischen und physischen Möglichkeiten. Die Unterredungen wurden im PKW, im NDPD-Büro und im Restaurant geführt und hatten grundsätzliche Fragen zum Inhalt. Der General ließ gegenüber seinem Besucher durchblicken, daß er weder Anhänger des »reinen« Sozialismus noch des Kapitalismus sei (was an eine entsprechende Aussage Schleichers in seiner Regierungserklärung Ende 1932 erinnerte). Allerdings hielt Müller den Osten »für gesünder«, obwohl noch mit Kinderkrankheiten behaftet; der Westen würde dagegen zwar mehr individuelle Freiheiten bieten, sei aber »überentwickelt«. Da schimmerte nationalbolschewistisches Gedankengut durch; Ernst Niekisch vertrat in den 20er und 30er Jahren des 20. Jahrhunderts ähnliche Ansichten und glaubte eher an die Kraft östlich-autoritärer Systeme als an westlich-pluralistisch verfaßte Ordnungen.

Im Zentrum der Gespräche standen, wie nicht anders zu erwarten, Fragen Deutschlands und der Friedenssicherung, denn im geteilten Korea führte man Krieg. Vincenz Müller unterstellte sowohl dem Osten, also der UdSSR und der DDR, als auch den Westmächten ein Interesse an »Deutschlands weiterer Zweiteilung«, er sah im Verbleib der östlichen und westlichen Besatzungsmächte im Lande die größte

Gefährdung des Weltfriedens. Der Regierung der DDR bzw. der SED warf er vor, durch Koppelung der kommunistischen Idee mit dem allgemeinen Streben nach Frieden und Einheit letztere zu absorbieren; er bezweifelte den Willen, »in Etappen« zur Einheit zu kommen, weil beide Regierungen – in Bonn wie in Ostberlin – damit überflüssig geworden wären.

Müller hielt nicht mit Kritik an innenpolitischen Entscheidungen der DDR/SED zurück und erwähnte seine Aktivitäten zum Erhalt des Stadtschlosses in Berlin, des Denkmals Friedrichs des Großen Unter den Linden und des Invalidenfriedhofs, zugleich erzählte er von seinen Bemühungen, eine Ehrung von gefallenen deutschen Soldaten im Osten einzuführen und eine Kriegsgräberfürsorge zuzulassen.

Derlei Initiativen Müllers gab es tatsächlich; sie wurden auch innerhalb der NDPD und ihrer Volkskammerfraktion diskutiert und führten sogar zu einem Gesetzesentwurf, der aber niemals verabschiedet wurde – die führende SED lehnte ab.

In den deutschen Angelegenheiten erhoffte sich Müller eine Art »Bewegung« jenseits der bestehenden Parteien, einen Kreis von Menschen aus Ost und West, der sich für ein »unabhängiges Gesamtdeutschland« engagiert. Das Ziel der Einheit nannte der General »seine Lebensaufgabe«.[181]

Wenn Teske die Äußerungen Müllers richtig wiedergegeben hat, woran kein Zweifel besteht, war der General weder Kommunist noch Marxist, sondern ein deutscher Patriot zwischen allen Stühlen, der sich Illusionen über die aktuelle Politik hingab.

Müller scheint geahnt zu haben, daß er beobachtet und sein Schriftverkehr mit Teske vom MfS »gefiltert« wurde. Jedenfalls machte er seinem Besucher den Vorschlag, den Briefwechsel zu anonymisieren, und ab sofort tauschten die beiden Herren fingierte Liebesbriefe miteinander aus: Vincenz Müller war nun »Viktoria«(Vorname seiner Mutter), Hermann Teske schrieb unter »Hans«. Müller schaltete gleichzeitig einen Überbringer ein, der die Briefe persönlich beförderte.[182] Ob der Überbringer zuverlässig war und nicht für das MfS arbeitete, bleibt unklar, die Briefe erreichten aber die Adressaten. Sie enthielten verklausulierte Formulierungen, die von Witz und Phantasie zeugen. Wirklich wichtige Fragen berührten die beiden Männer nur in persönlichen Gesprächen.

Teske erhielt nicht nur Einblick in die politischen Auffassungen und Absichten Müllers, auch seine private Situation erschloß sich ihm. Das

18.3.1952

Liebe Viktoria!

Über das großzügige Angebot Deiner Mutter zu unserer endlichen Vereinigung bin ich restlos begeistert. Ich bin nur neugierig, wie meine über alle Maßen skeptische Familie darauf reagieren wird. Du weißt: die gegenseitigen Schwiegereltern sind immer mißtrauisch.

Ein sofort angesetzter Familienrat hat natürlich gleich die entsprechenden Zweifel geäußert: wie denkt sich Deine Mutter die Durchführung? Sind wir von jedem elterlichen Zwang befreit? Können wir die Form unserer Lebensweise selbst bestimmen - und wenn ja, wie? - oder müssen wir weiter jeder seinem Eltern=teil gehorchen? Auch in mir tauchen Zweifel auf: will Deine Mutter durch ihre scheinbare Großzügigkeit Dich - und dadurch auch mich - ganz für ihre Bestrebungen gewinnen?

Wenn Du Zeit hast, schreibe mir darüber. Meine mit allen Zweifeln behaftete Familie braucht Aufklärung.

Vor allem aber teile mir bald mit, wann wir uns treffen können, damit wir uns mündlich aussprechen.

Mit allen guten Wünschen grüßt Dich herzlichst

Deine

S.

Mit einem »Liebesbrief« an Vincenz Müller alias »Viktoria« täuscht Hermann Teske den Geheimdienst über den politischen Charakter des Inhalts. Das »Angebot Deiner Mutter« meint die Stalin-Note vom 10. März 1952 über einen Friedensvertragsentwurf, wonach Deutschland als »einheitlicher, unabhängiger, demokratischer und friedliebender Staat« wiederhergestellt werden sollte.

half Teske, seine Kenntnisse vom »komplizierten und undurchdringlichen Charakter« seines Gastgebers zu erweitern, wie es in seinem Abschlußbericht hieß, den er nach vier Treffen im Sommer 1951 verfaßte.

Bei einer dieser Gelegenheiten war Teske Gast in Müllers Privathaus. Er fand die Wohnung Müllers eingerichtet mit alten, wertvollen Stilmöbeln aus der Vorkriegszeit, die der General unter »großen Schwierigkeiten« aus Deggendorf nach Ostberlin gebracht hatte. An »auffälliger Stelle« stand eine Madonnenkopie, an verschiedenen anderen Plätzen des Hauses sah man Holzskulpturen, die christliche Figuren darstellten, darunter auch einen echten »Riemenschneider«. Müller hatte diese Kunstgegenstände bis zum Ausbruch des Zweiten Weltkrieges gesammelt.

Müller wohnte seinerzeit in Berlin-Johannisthal in einem kleinen Haus (Teske: »Villa«) nur wenige 100 Meter von der Grenze zum amerikanischen Sektor Westberlins entfernt, in der Fielitzstraße 22. Bei seinem Besuch lernte Teske auch die Ehefrau des Generals kennen, eine Person von damals 50 Jahren, aber schon mit schneeweißen Haaren, schlank, witzig, geistreich und optimistisch, wie der Besucher vermerkte. Sie gab ihm gegenüber offen zu, westdeutsche Zeitungen zu lesen und Theater und Kinos in den Westsektoren Berlins zu besuchen. Sie fühle sich jetzt, nach der Übersiedlung von Deggendorf nach Ostberlin, recht wohl in ihrer neuen Umgebung, erklärte sie Teske; dem widersprachen aber Beobachtungen anderer Besucher, die bei ihr ein starkes Heimweh nach Bayern festzustellen glaubten.

Teske meinte in Maria Müller eine glückliche Ehefrau zu erkennen, was aber ebenfalls nicht mit Äußerungen anderer übereinstimmte. Und eigentlich sprach die Situation im Haus sogar dagegen: Eingeladen war die »aparte Intendantin des Potsdamer Stadttheaters«, seinerzeit 44jährig und geschieden, die anscheinend mit Müller befreundet war und in der Teske eine »polnische Agentin« vermutete.

Ein weiterer Besucher, den Teske im Hause des Generals antraf, bestätigte, daß Müller eine ausgeprägt unglückliche Hand in der Wahl seiner Freunde und Bekannten hatte: Im Sessel saß Heinrich Homann, damals politischer Geschäftsführer der NDPD, später langjähriger Chef der Partei und stellvertretender Vorsitzender des DDR-Staatsrates. Homann war ehemaliger Berufsoffizier und in Stalingrad als Major in Gefangenschaft geraten. Im Sommer 1943 wurde er einer der Mitbegründer des Nationalkomitees Freies Deutschland. Von 1932 bis 1934 war er Mitglied der SS, seit 1933 Mitglied der NSDAP. Seine

SS-Mitgliedschaft war zu DDR-Zeiten kaum bekannt und wurde verschwiegen; es hätte sich auch schlecht gemacht für einen Vertreter Ulbrichts, Stophs und Honeckers im DDR-Staatsrat zwischen 1960 und 1989.

Den früheren Korpsstudenten einer »schlagenden Verbindung« und Reedersohn aus Bremerhaven erlebte Teske im Hause Müller als »weltgewandt und elegant«, so daß er nicht so recht in die östliche Umgebung paßte, wie der Besucher anmerkte. Vincenz Müller stellte Homann als »seinen vertrautesten Freund« vor. Er wurde wie auch Müller vom MfS 1950/51 als Geheimer Informant geführt und danach als Gewährsmann. Es gilt als sicher, daß er seit 1943 enge Beziehungen zum sowjetischen Geheimdienst unterhielt.

1951/52 stand der ehemalige Wehrmachtmajor rangmäßig noch hinter Müller, der stellvertretender Vorsitzender der NDPD war und damit Vorgesetzter Homanns und von diesem – wenigstens zunächst – bewundert wurde. Überhaupt genoß Müller in diesen frühen 50er Jahren in der »Partei der Offiziere« Ansehen, Achtung und manchmal auch Verehrung; er galt als starke Persönlichkeit und als Integrationsfigur der Partei.

Der »Gesellschaftsabend« bei den Müllers verlief weitgehend harmonisch, unruhig wurde der Hausherr nur, als Teske ihn auf seine letzte Rede auf dem NDPD-Parteitag ansprach, in der Müller die ihm persönlich bekannten Ex-Generalleutnante Adolf Heusinger und Hans Speidel rüde angegangen war. Er habe sich, so die Antwort an Teske, in Form und Inhalt dem üblichen Parteitagsstil anpassen müssen, seine wahre Einstellung sei eine andere. Das konnte Teske glauben oder nicht. Müller bat diesen jedenfalls, das den beiden Generalskameraden so zu übermitteln; insgesamt war ihm die Sache peinlich. Er unterstellte damit, daß Teske Kontakt zu den beiden Generalen hatte, die in der Bundeswehr noch eine führende Rolle spielen sollten.

Heute vor allem interessant an Teskes abschließenden Bewertungen ist, daß er den Eindruck gewann, der General habe sich im Sommer 1951 im Vergleich zu den vorangegangenen Besuchen unsicherer gezeigt, seine Position zur Regierung der DDR sei »nicht mehr so fest« wie bisher gewesen. Darüber hinaus bemerkte er bei Müller einen »Hunger nach westlicher Verbindung und Lektüre«. Außerdem glaubte Teske, der General habe sich überwacht gefühlt. Müller hätte es erneut durchblicken lassen, aber »letzte Hemmungen«, sich offen auszusprechen, auch unter Alkoholeinfluß (noch) nicht abgelegt.[183]

In den folgenden Monaten machten Müller und Teske gesundheitliche Probleme zu schaffen, und geplante Treffen in Ostberlin mußten verschoben werden. Beibehalten werden konnte ein etwas schleppender Briefwechsel zwischen »Viktoria« und »Hans«, wobei auffällt, daß Müller nicht mehr selbst schrieb, sondern seine Frau die Zeilen zu Papier brachte – aus Gründen der besseren Tarnung. An der Form der »Liebesbriefe« wurde festgehalten.

Anfang Dezember 1951 kam man dann erneut mehrmals in Ostberlin zusammen. Teske hatte im Vorfeld versucht, die anstehenden Gespräche zu strukturieren, was sich aber nicht umsetzen ließ, weil Müller, wie üblich, häufig die Themen wechselte. Teske sprach davon, daß ihn das tagelange Zusammensein mit dem »geistigen Vulkan Vincenz Müller« auslauge und überanstrenge.

Bei einem dieser Treffen vertrat Müller die Ansicht, die DDR würde die sogenannte österreichische Lösung (Einigung unter Beibehalt der Besatzungsmächte) als notwendiges Übel und Vorstufe zur endgültigen Lösung (Abzug) akzeptieren, wofür es aber von Seiten der SED keinen offiziellen Hinweis gab. Es ging in den langen Gesprächsrunden abermals um die deutsche Frage und um Möglichkeiten ihrer Lösung. Inzwischen begannen sich die Unterredungen im Kreise zu drehen, denn alle Argumente und Gegenargumente waren ausgetauscht.

Müller glaubte nicht mehr an eine ideelle Einstellung der Russen zur deutschen Einheit, er hielt aber eine eventuelle Preisgabe der DDR für möglich, weil das für Moskau das kleinere Übel sei, bevor man einen Krieg verlieren würde. Grundsätzlich schätzte der General die Politik der UdSSR als »weitsichtiger« ein als die des Westens. In diesem Zusammenhang zitierte er die Äußerung des damaligen sowjetischen Außenministers, Wjatscheslaw M. Molotows, alle Wege würden heute zum Kommunismus führen. Zugleich aber betonte Müller, selbst kein Kommunist zu sein. Das wirft die Frage auf, warum er sich dann aber auf Meinungen wie diese bezog.

Es scheint, Müller hatte sich die Theorie von der Gesetzmäßigkeit gesellschaftlicher Entwicklungen, die die Marxisten-Leninisten vertraten, teilweise zu eigen gemacht. Offenbar hielt er in dieser Phase einen Sieg des Sozialismus/Kommunismus weltweit und damit auch in Deutschland für möglich. Um nicht historisch ins Abseits zu geraten, glaubte er, sich mit dieser »Gesetzmäßigkeit« anfreunden zu müssen – deshalb die »Ostorientierung« seines Denkens und Handelns. Eine kommunistische Zukunft schien zwangsläufig, doch er rechnete sich die Chance auf einen schmalen eigenen, deutschen Handlungsspielraum aus; seiner Ansicht nach ließ diese Entwicklung durchaus eine »deutsche Nische« unter einer nichtkommunistischen Regierung zu, wenn das die Billigung Moskaus gefunden hätte. Solches Denken war ein Produkt der Zeit und eingedenk der damaligen Machtverhältnisse irgendwie verständlich.

Eine ihrer Zusammenkünfte im Dezember 1951 nutzten Müller und Teske für eine Autofahrt an die Ostsee, auf der der General befreit redete und angeregt aus seiner Vergangenheit erzählte; offensichtlich war Müller der Ansicht, daß sein Fahrer nicht auf der Gehaltsliste des MfS stand, was eine seiner vielen Illusionen war.

Der General kam u.a. auf die Weimarer Republik zu sprechen und erwähnte mehrfach seinen alten Freund und Förderer Kurt von Schleicher. Von ihm habe er vor allem folgendes gelernt – erstens: Man kann keine Politik betreiben, wenn man nichts hinter sich hat; zweitens: Man darf sich in der Politik nie auf andere verlassen.

Dieses mehrtägige Dezembertreffen endete mit der Vereinbarung, in Kontakt zu bleiben und sich gegenseitig weiter konspirativ brieflich zu informieren.[184]

Die recht banalen politischen Lehren hielten Vincenz Müller nicht davon ab, insbesondere gegen die erste Regel zu verstoßen: Er bemühte sich zwar um eine Hausmacht in seiner Partei, konnte aber nie mehr als ein Dutzend Anhänger und Mitstreiter in den Führungsgremien hinter sich bringen, die für ihn durchs Feuer gegangen wären. Er sammelte zwar ehemalige Offiziere um sich, die zu ihm – dem bekannten General – mehr oder weniger aufblickten, doch bildeten diese Leute nie eine homogene Gruppe. Vielmehr handelte es sich dabei mehrheitlich um Personen, denen es in erster Linie darum ging, ihren Sozialstatus abzusichern, denn eine NDPD-Mitgliedschaft konnte seinerzeit Türen öffnen und Diskriminierungen mildern. Kämpfernaturen wie Müller waren diese Parteifreunde in aller Regel nicht, es ging ihnen in erster Linie darum, wieder akzeptiert und gebraucht zu werden.

Außer verbalen Bekundungen gab es kaum Unterstützung für die gesamtdeutschen Ambitionen des Generals. Nach den Erfahrungen der NS-Zeit scheuten die meisten jedes politische Risiko, verhielten sich unauffällig bis ängstlich und bewiesen vor allem ihre Anpassungsbereitschaft. Sie betonten ihre Treue gegenüber der führenden SED und gegenüber dem Staat, wurden »Muß-Kommunisten«, wie

Müller es ausdrückte, weil kein anderer Weg der Integration möglich war.

Mit solchen Parteifreunden im Rücken konnte man keinesfalls eigenständige Politik gestalten, das hätte Müller erkennen müssen, schon damals, 1951. Er war zu diesem Zeitpunkt 56 Jahre alt und in seiner Funktion als stellvertretender Chef der NDPD arbeitsmäßig stark belastet. Das verantwortete Müller im wesentlichen selbst; er mutete sich über die Maßen viel zu und hielt sich für unersetzlich. Die Folge war ein erster Herzinfarkt, der ihn zwang, kürzer zu treten. Doch sein Ehrgeiz und Temperament ließen keine längere Ruhephase zu, viel zu früh kehrte er an seinen Schreibtisch zurück. Immerhin schränkte er nun seinen Alkoholkonsum ein, das Rauchen hatte er inzwischen schon aufgegeben. Zuhause belastete eine schwer erkrankte Schwiegermutter die sowieso schon gereizte Stimmung, und auch die Ehefrau des Generals kränkelte. Dazu kamen immer öfter und heftiger politische Auseinandersetzungen mit seinem Sohn Fritz, der der DDR sehr kritisch gegenüberstand. Man durfte mit Fug und Recht behaupten, daß Vincenz Müller Anfang der 50er Jahre gesundheitlich und privat in schwieriges Fahrwasser geraten war, auch seine politischen Ambitionen ließen ihn kaum noch zur Ruhe kommen. Eine erkennbare Veränderung seines Lebensstils trat aber nicht ein, der ehrgeizige und sinnenfrohe Endfünfziger lebte nach wie vor wie ein »Vollblutbayer« und schonte sich nicht.

Ein Lichtblick in Müllers Privatleben tat sich – wenn auch außerhalb des familiären Rahmens – 1951 auf, als der General bei diversen Aufenthalten im Regierungskrankenhaus in der Ostberliner Scharnhorststraße die 32 Jahre jüngere Krankenschwester Eveline Wunderlich (1926–2002) kennenlernte. Aus der Bekanntschaft wurde später – Ende 1953 – eine Liebesbeziehung, die bis zum Tode Müllers andauern sollte.[185]

Als Teske und Müller im Mai 1952 zusammentrafen, hat Teske offenbar den ausgebrannten Zustand seines Kriegskameraden gespürt; »erschöpft und kampfesmüde« hätte er gewirkt, ein wenig resignativ, viel Alkohol sei im Spiel gewesen (der Besucher registrierte bei diesen Zusammenkünften »jeweils acht große und schwere südrussische Kognaks«).

Ärgerlich hätte Müller auf einen Artikel in der Hamburger Illustrierten »Der Stern«[186] reagiert. Unter dem Titel »Der große Schwindel« waren ihm darin Vorwürfe in Bezug auf sein Verhalten im Krieg

[redacted]

Oberst a. D.

München [redacted]

BStU
000017

München, 1.April 1952

An die Schriftleitung
der Illustrierten „DER STERN"

Hamburg 1
Curienstraße 1

Betrifft: General Vinzenz Müller
Bezug: Heft 13 vom 30.März 1952:„Der große Schwindel" Verf.Dr.Kurt Zentner und Erik G. Verg

Sehr geehrte Schriftleitung!

Als früherer Untergebener und späterer Freund des General Vin=cens Müller, der ich ihm seit über 20 Jahren verbunden bin, bitte ich Sie Nachstehendes berichtigend zur Kenntnis zu nehmen und bin ich für eine Veröffentlichung unter den „Leserbriefen" des „STERN" dankbar:

1) Das charakterliche Bild des General V.Müller ist in allen wesentlichen Punkten verzeichnet. Er war niemals ein Karrieremacher unter Adolf Hitler. Von seltener charakterlicher und geistiger Höhe wie einem je=den Rahmen sprengenden soldatischen Können hätte er in jedem Regime seinen Weg nach oben genommen. Lange vor der Machtergreifung 1933 war General Müller Adjutant bei Schleicher und ein Generalstabsoffizier, auf den der Feldmar=schall von Rundstedt besondere Stücke hielt. Im Jahre 1931/32 stand er als Komp.-Chef bei den Münchner Pionieren, um anschliessend bis 1935 in München bei der 7. Division bezw. dem VII. A.K. Genst.-Offz. zu sein.

Der ehrwürdige Feldmarschall von Leeb, dessen Ia General Müller 1939/40 war, schrieb ihm in seine Beurteilung u.a. „...Lässt bedingungslos seine Person hinter der Sache zurückstehen" - wohl das Schönste, was man über einen Mann äussern kann.

2) General V.Müller hat mit den Judenerschiessungen in Arte=mowsk nichts zu tun!

3) General V.Müller hat mit der Volkspolizei nichts zu tun! Nach seiner Rückkehr aus der russ. Kriegsgefangenschaft, die den gleichen Ge=setzen unterlag, wie bei den anderen hohen Offizieren, war er im September 48 ein paar Wochen lang orientierungshalber der Vopo zugeteilt. Seit dieser Zeit aber ist er stellv. Vorsitzender der „Nationaldemokratischen Partei", d e m Gegenpol der SED. Als solcher ringt er mit der ihm eigenen Tatkraft um den Zusammenschluss Restdeutschlands, die Vermeidung der westlichen Wiederbewaff=nung und damit um den Frieden - 3 Ziele, die den Vorrang haben vor allen an=deren. Fallweise jedoch werden diejenigen, die sich dazu bekennen, als Bol=schewisten oder Neo-Faschisten diffamiert...

4) Der auf Seite 13 Ihrer einschlägigen Nummer abgebildete Of=fizier (1. von rechts unter den 3 Photos) ist nicht General Müller, sondern ein anderer Offizier.

Hochachtungsvoll!

[redacted]

Müllers treuer Freund Max Kemmerich reagiert 1952 mit einem Leserbrief an den »Stern« auf Vorwürfe gegen den alten Kameraden und benennt ungewollt Müllers Verhängnis: »Er [hätte] in jedem Regime seinen Weg nach oben genommen.«

und seinen politischen Wandel gemacht worden. Während Müller die Angriffe auf seine derzeitige politische Einstellung kalt ließen, erbosten ihn Unterstellungen wegen seiner Haltung im Rußlandkrieg, wie Teske berichtete.

Auch das Ministerium für Staatssicherheit nahm den »Stern«-Artikel zu den Akten und fügte noch eine Kopie eines Leserbriefes von Oberst i. G. Max Kemmerich aus München an die Illustrierte bei, in dem der Kamerad Müllers seinen alten »Chef« heftig verteidigte (siehe S. 177).

Wenige Monate später erhob die »Deutsche Soldaten-Zeitung« in München ähnliche Vorwürfe gegen Müller, auf die wiederum Kemmerich in einem Leserbrief energisch reagierte.

Ob der »Blutordensträger« Kemmerich, Hitlerputschteilnehmer von 1923, der richtige Mann für diese Dementis war, sei dahingestellt. Vielleicht machte der Oberst i. G. auf die rechtsradikale Soldatenzeitung Eindruck, bestimmt aber nicht auf den »Stern«.

Das Treffen im Mai 1952 endete mit einem »sehr ernsten Abschied«; der General forderte seinen Besucher erstmals nicht mehr zum Wiederkommen auf. Teske vermutete, daß Müllers Verhalten nicht dessen freiem Willen entsprach. Das scheint naheliegend, denn Müller war von Partei- und Staatsführung dazu ausersehen worden, eine Führungsfunktion bei den kasernierten Verbänden der Volkspolizei zu übernehmen. Westkontakte waren deshalb ab sofort weniger erwünscht.

Den Bericht für die Organisation Gehlen ergänzte Teske diesmal durch einen Sonderbericht, in dem er seine Beobachtungen von einer gemeinsamen Autobahnfahrt mit Müller auf der Strecke »Berlin–Frankfurt–Eberswalde« festhielt. Er lieferte darin umfangreiche Informationen über den Zustand im Lande – vom Ausmaß der Kriegsschäden über den Wiederaufbau, die Bewirtschaftung der Felder, die Versorgung und Stimmung der Bevölkerung bis hin zur Lage sowjetischer Militärstützpunkte.[187] Strenggenommen betrieb Teske auf den »Ausflügen« in die DDR-Provinz Spionage. Ob der westdeutsche Geheimdienst allerdings Nutzen daraus gezogen hat, darf bezweifelt werden, denn es gab zu dieser Zeit ganz andere Zuträger, die »vor Ort« lebten. Außerdem berichteten Hunderttausende von Flüchtlingen nach ihrem Übertritt in den Westen über die Verhältnisse in der DDR.

Im Juni 1952 fand in Leipzig der 4. Parteitag der NDPD statt, bei dem Müller die wichtigste Rede seiner politischen Laufbahn in der

DDR hielt. Der mehrstündige Vortrag stand unter der optimistischen, aber fragwürdigen Überschrift »Deutschlands Zukunft – nicht Schicksal, sondern Selbstbestimmung« und wurde auch als Broschüre in hoher Auflage verteilt. Die Rede enthielt eine breite Wertung der jüngsten deutschen Geschichte, vor allem die der beiden Weltkriege mit harter Kritik am »preußischen Militarismus«. Sie stellte den »nationalen Befreiungskampf des deutschen Volkes« heraus, nannte die DDR »das unabhängige Vaterland der Demokratie auf deutschem Boden« und endete mit einem Aufruf an die Frontgeneration des Zweiten Weltkrieges.

Die Grundsatzrede Müllers stand unter dem Eindruck einer weiteren Verschärfung der Lage in und um Deutschland, da in der Bundesrepublik Ende Mai der Deutschlandvertrag und das Abkommen über die EVG unterzeichnet worden war und die Ostseite das zum Anlaß nahm, an der Demarkationslinie ein Grenzregime einzuführen. Außerdem hatte der Westen endgültig Verhandlungen über den Friedensvertragsentwurf Stalins abgelehnt.

Müller benutzte den Plan des Westens zur Bildung einer Europaarmee für heftige verbale Ausfälle gegen die Politik Bonns und Washingtons und unterstellte beiden, einen Eroberungskrieg vorzubereiten, zu dem sich dann deutsch-preußische und amerikanische Militaristen zusammentun würden. Die bevorstehende Wiederbewaffnung Westdeutschlands stellte er als Gefahr für den Weltfrieden dar, die Wiederbewaffnung in der DDR, seit langem betrieben, war für ihn ein Beitrag zum Frieden. Und er bereitete die Delegierten in Leipzig auf eine Volksarmee vor, die alsbald entstehen und zum Abbild des nationalen Bündnisses aller »schaffenden Schichten« der DDR werden sollte, bestehend aus »Deutschen guten Willens vom Antifaschisten bis zu den ehemaligen Offizieren und Berufssoldaten und den ehemaligen Mitgliedern der NSDAP, die heute als überzeugte Demokraten ihrem Volke ehrlich dienen«. Die Bundesrepublik sei amerikanisches Protektorat auf deutschem Boden, die DDR dagegen »das unabhängige Vaterland der Demokratie«.

Es ist kaum anzunehmen oder vielmehr ausgeschlossen, daß Müller ernsthaft davon überzeugt gewesen war, die DDR sei unabhängig und demokratisch, dagegen sprachen allein seine Erfahrungen mit der Demokratie aus der Weimarer Zeit. Müller leistete also wieder einmal einen propagandistischen Beitrag, ausschließlich auf die Wirkung in der DDR bedacht, zugeschnitten für die Delegierten des 4. NDPD-Parteitages und die anwesenden SED- und Sowjetbeobachter.

Glaubwürdig war lediglich sein Bekenntnis zu einer friedlichen Lösung der Deutschlandfrage und darüber hinaus sein Appell an die ehemaligen Soldaten des Zweiten Weltkrieges in Ost und West, sich für »einen wahrhaft deutschen Weg« zur Unabhängigkeit des Vaterlandes einzusetzen. Müller hatte einen »Ruf an die deutsche Frontgeneration des zweiten Weltkrieges« vorbereitet, der auf dem Parteitag verabschiedet wurde und mit der Aufforderung endete: »Nehmen wir Deutsche die Gestaltung unserer Zukunft endlich in die eigenen Hände! Dann werden wir Herren in ganz Deutschland sein!« Dutzende ehemalige Berufssoldaten und Offiziere unterschrieben das Dokument noch während des 4. Parteitags, an dritter Stelle: »Vincenz Müller, Berlin NW 7, ehemaliger Generalleutnant.«[188]

Wie nicht anders zu erwarten, bestätigten die Delegierten Müller nicht nur im Amt, sie werteten ihn sogar auf und machten ihn zum Ersten stellvertretenden Vorsitzenden der NDPD. Damit stand er in der offiziellen Rangliste unmittelbar hinter Lothar Bolz, dem Chef der Partei und späterem DDR-Außenminister. Außerdem leitete er nach wie vor die Volkskammerfraktion seiner Partei und war zugleich einer der Vizepräsidenten der obersten DDR-Volksvertretung.

Wenige Wochen nach dem 4. NDPD-Parteitag beschloß die II. Parteikonferenz der führenden SED am 9. Juli in Ostberlin den Aufbau der Grundlagen des Sozialismus in der DDR.[189] Die leitenden NDPD-Funktionäre, so auch Vincenz Müller, waren in Vorbereitung ihres Parteitages von diesem wichtigen gesellschaftspolitischen Schritt nicht informiert worden und dementsprechend verärgert, was natürlich nicht nach außen dringen durfte.

Weniger überrascht war man von Ausführungen des damaligen Generalsekretärs des Zentralkomitees der SED, Walter Ulbricht, der am selben Tag ankündigte, daß demnächst in der DDR »nationale Streitkräfte« aufgestellt werden würden, die erfüllt sein sollten vom »Haß gegen die amerikanischen, englischen und französischen Imperialisten« und »vom Willen zur Wiederherstellung der Einheit des Vaterlandes«. Letzteres konnten die nationalen Demokraten in der DDR unterschreiben, auch Müller. Ob das auch für die Ulbrichtsche Forderung zutraf, wonach diese Streitkräfte ebenso bereit sein sollten zur »unverbrüchlichen Freundschaft mit der Sowjetunion und zum Führer der Völker, Generalissimus Stalin«, darf dagegen bezweifelt werden.

Die deutsche Frage stand wiederum im Mittelpunkt der Gespräche, die Müller und Teske bei ihrem Treffen Mitte August 1952 führten. Sie enthielten nichts Überraschendes, interessanter waren nur Müllers Bemerkungen zum Aufbau »nationaler Streitkräfte«. Er bezeichnete die bisherige Aufrüstung der DDR als »politischen Bluff«, da man einfach nicht die personellen Kapazitäten und materiellen Mittel habe, diese zu forcieren. Außerdem habe Moskau ein »traditionelles Mißtrauen« gegen »bürgerkriegsfähige Satellitenarmeen«.

Als Teske bei diesem Thema den General als den »künftigen Verteidigungsminister der DDR« ansprach, war Müller »weder erstaunt, noch erhob er Widerspruch«.[190] Diese Möglichkeit muß ihm also gar nicht so abwegig vorgekommen sein, ja mehr noch: Seine gelassene Reaktion wirft die Frage auf, ob Vincenz Müller etwa tatsächlich als DDR-Verteidigungsminister vorgesehen war – er, der ehemalige »faschistische General«!

Nach allem, was man heute weiß, muß man davon ausgehen. Offenbar haben die Sowjets den Kreis um Walter Ulbricht 1952 dazu gedrängt, Müller zum Minister zu berufen. Doch die Altkommunisten verweigerten sich diesem Ansinnen und wandten ein, ein ehemaliger »Hitlergeneral« dürfe die neuen DDR-Streitkräfte nicht führen. Ganz zu schweigen von den zu erwartenden hämischen Kommentaren aus Westdeutschland – auch den eigenen Genossen könne man eine derartige Entscheidung kaum klarmachen. Die Russen akzeptierten die Einwände, verlangten aber für Müller eine hohe Führungsposition in der Armee.

In den Sommermonaten 1952 kurierte sich Müller, mit einigen Unterbrechungen, bis in den September hinein im Regierungskrankenhaus aus. Seinen schlechten Gesundheitszustand hatte man höheren Orts zwischenzeitlich auf Sabotage zurückgeführt und von Regierungsseite eine Ärztekommission eingesetzt, um Behandlungsfehler aufzudekken. Bei seiner Entlassung wies man ihm eine ständige Begleitkrankenschwester zu, die sich um seine akuten Gesundheitsprobleme, vor allem seine Herzbeschwerden, kümmern sollte. Sie tat das nicht nur in medizinischer Hinsicht – Eveline Wunderlich wurde Müllers Geliebte.

Irgendwann im Mai 1952 sollte sich Vincenz Müller bei Armeegeneral Wassilij I. Tschuikow einfinden, damals Oberbefehlshaber der sowjetischen Truppen in Deutschland. Müller ahnte, was ihm bevorstand. Der sowjetische General redete ihm ins Gewissen, wieder Uniform anzuziehen – man brauche Leute wie Müller beim Aufbau der neuen Streitkräfte und habe in der DDR keine militärischen Fachleute seines Kalibers, schon gar nicht ehemalige Generalstäbler mit seiner Erfahrung.

Die Russen kannten seine Fähigkeiten; in ihren Augen war er der einzige hohe Offizier der Wehrmacht, der sich in sowjetischer Gefangenschaft überzeugend gewandelt hatte und zum Antifaschisten geworden war, und der einzige, der für die vorgesehene Funktion infrage kam – man wollte Müller zum Stabschef der DDR-Streitkräfte machen, die zukünftig auf 100 000 Mann anwachsen sollten.

Müller wandte ein, daß es gesundheitlich mit ihm nicht zum besten stehe und verwies auf seine leitende Tätigkeit in der NDPD, aber das beeindruckte den Armeegeneral nicht. Nach Ansicht Tschuikows dürfe es kein Überlegen für Müller geben; was seine Gesundheit betreffe, da werde ihm geholfen, auch durch sowjetische Spezialisten. Seine Arbeit für die NDPD habe er zwar einzuschränken, müsse sie aber nicht aufgeben.

Müller konnte sich diesem Angebot nicht entziehen, es schmeichelte wohl auch seiner Eitelkeit und forderte erneut seinen Ehrgeiz heraus. Daß er sich damit unter Leute begab, die ihm alles andere als wohlgesonnen waren, sollte er schon bald merken, von Anfang an wurde gegen ihn intrigiert, noch vor seinem offiziellen Dienstantritt. Auch von »Parteifreunden«. Siegfried Dallmann, NDPD-Funktionär und ehemaliger Wehrmachtoffizier, erzählte Heinz Hoffmann, den er aus einem sowjetischen Umerziehungslager kannte, daß ihn Müller während einer Autofahrt nach Hause – man hatte zum Teil den gleichen Weg – gefragt habe:

»Was halten Sie denn von Hoffmann? Kennen Sie ihn? Hat er denn militärische Fähigkeiten? Er ist wohl ein guter Kommunist, aber wo hat er sich denn militärische Fähigkeiten erworben? Ich werde sein Chef.«[191]

Müller hätte wissen müssen, daß Dallmann zu Hoffmann seit der sowjetischen Kriegsgefangenschaft in enger Beziehung stand und er seine leicht ironisch-kritischen Fragen nicht für sich behalten würde.

Die am 1. Juli 1952 gegründete Kasernierte Volkspolizei wurde von SED-Leuten geführt, Mitglieder anderer Parteien in ihren Reihen waren von Anfang an nur geduldet. Auch die Mitglieder der NDPD in der Volkspolizei wurden längst nicht immer loyal behandelt; Müller legte gegen ihre Diskriminierung Beschwerde ein – bei seinem Parteivorsitzenden Lothar Bolz, der sich direkt an den Oberbefehlshaber der sowjetischen Streitkräfte wandte.

Das war weniger nach dem Geschmack der SED-Oberen, die Müller diese »Sonderkanäle« zu den Russen nicht verziehen. Sie hielten sein Verhalten für einen Verstoß gegen den Führungsanspruch der SED auf allen Ebenen. Damals aber konnte sich Müller solche Extratouren noch erlauben, weil man ihn brauchte. Er gehörte nicht zu denen, die Druck sofort nachgaben, sein Selbstbewußtsein bewahrte ihn davor, sich sogleich unterzuordnen, er widersprach gern und oft. In der Wehrmacht wie in der Kasernierten Volkspolizei.

Militärkarriere im »Arbeiter-und-Bauern-Staat«

Russen und SED-Politbüro entschieden im Juli/August 1952 endgültig darüber, Vincenz Müller als Stabschef der Kasernierten Volkspolizei einzusetzen. Müller war zu dieser Zeit erkrankt, und die Sowjets nahmen seinen Zustand so ernst, daß sie ihn in ihr Krankenhaus nach Berlin-Karlshorst einwiesen. Der General erholte sich bald. Unter seinen ersten Besuchern befand sich Generalmajor Bernhard Bechler (1911–2002), Chefinspekteur der Volkspolizei und bislang Stabschef der Hauptverwaltung für Ausbildung, ein ehemaliger Major der Wehrmacht, der in Stalingrad in Gefangenschaft geriet und Antifaschist wurde. Bechler sollte fortan als Erster Stellvertreter des Stabschefs fungieren, eine Zurückstufung, die er nur schwer verwinden konnte, die aber durch seine mangelnde Qualifikation zum Aufbau eines größeren Stabes gerechtfertigt war.

Trotzdem trat Bechler seinem neuen Vorgesetzten heiter gegenüber, als er ihn im Krankenhaus besuchte, gab sich nach außen kameradschaftlich-kollegial und offen und brachte dem General auch einen gewissen Respekt entgegen. Man plauderte über die Aufbauarbeit der bewaffneten Organe und über militärische Fachfragen – in seinem ersten Bericht für das Ministerium für Staatssicherheit schlußfolgerte Bechler aus dem Frage- und Antwortspiel, daß Müller »nichts hinzugelernt habe«. In diesem längeren Spitzelbericht nahm Bechler Gelegenheit, sich für seine Kränkung Genugtuung zu verschaffen, und belastete Müller schwer, indem er ihm eine antisowjetische Grundhaltung unterstellte. Er warnte davor, daß Müller sich der Unterstützung alter Kameraden versichern wolle, um ihre »alte Ideologie« ins Spiel zu bringen. Bechler ließ ebenfalls nicht die Chance ungenutzt, darauf hinzuweisen, Müller wäre so krank, daß dieser die Stabsarbeit nicht werde bewältigen können und deshalb die meiste Arbeit von ihm, Bechler, geleistet werden müsse.[192]

Damit hatte sich der Stellvertreter in eine günstige Ausgangslage gebracht und vom ersten Tage an dem Ansehen Müllers geschadet. Mit seinen Antipathien gegen den General stieß er bei Altkommunisten im KVP-Stab auf Gegenliebe, darauf konnte Bechler bauen. Die Offiziere und Generale schätzten zwar Müllers militärische Qualifikation, lehnten ihn ansonsten aber ab, weil sie seiner Wandlung mißtrauten.

Als Müller am 23. September 1952 sein neues Amt antrat, wurde er als Erster Stellvertreter des Ministers des Innern und Chef der Hauptverwaltung Organisation der Kasernierten Volkspolizei eingeführt. Damit bekleidete er eine herausragende Position im Machtapparat des Staates und war die militärische Nummer eins – in der Rangfolge gleich nach Innenminister Willi Stoph (SED). Anderen Stellvertretern des Ministers war das gar nicht recht, sie wollten sich nicht dem NDPD-Mann Müller unterordnen und opponierten von Anfang an verdeckt gegen ihn.

Entsprechend deutscher Tradition hatte zwar der Stabschef keine direkte Befehlsgewalt über die Truppe, konnte aber auf Grund seiner Stellung auf diese hinsichtlich Aufstellung, Ausbildung, Ausrüstung und Dislozierung maßgeblichen Einfluß ausüben. Im wesentlichen oblag ihm die Koordinierung aller »Verwaltungen« des KVP-Stabes.

Kurz nach seiner abermaligen Reaktivierung führte die Kasernierte Volkspolizei im Oktober 1952 militärische Dienstgrade ein, Müller wurde wieder Generalleutnant und hatte damit den gleichen Dienstgrad, den er zuletzt in der Wehrmacht einnahm. Gleichgestellt waren ihm die Generalleutnante Heinz Hoffmann, Heinz Kessler und Rudolf Dölling, aber als Erster Stellvertreter des Ministers war er ihnen gegenüber offiziell weisungsberechtigt – offiziell, inoffiziell entzogen sich die genannten Generale und andere seinen Wünschen, Anweisungen und Befehlen oder widersetzten sich sogar. Mehrmals wurde Müller deshalb in den folgenden Monaten beim Minister selbst vorstellig, um sich über Insubordination zu beschweren, und Stoph half, wo er konnte. Zwischen Müller und ihm entwickelte sich ein freundlich-entspanntes Verhältnis, vom Minister fühlte er sich akzeptiert, was ihn über manche Boshaftigkeit seiner »Generalskameraden« hin-

Abteilung I/1

Berlin, den 15.11.1952
Kr/Sz

BStU
000054

Betr.: General M ü l l e r

Generalmajor B e c h l e r sagte mir am 14.11.1952 über M ü l l e r folgendes:

"Nach wie vor hat sich an dem Zustand noch nichts geändert, daß M ü l l e r keine Kleinarbeit macht. Ich habe den Entwurf eines Befehls von den Freunden bekommen, den eigentlich M ü l l e r hätte bearbeiten müssen. Er hat ihn abgezeichnet, ohne einen Federstrich dazu zu tun und hat ihn mir zur weiteren Bearbeitung übergeben. Mir gegenüber spricht er nach wie vor nur "v o n d e n R u s s e n", während er im Beisein des Ministers auch von den Freunden spricht.

KOPIE BSTU

Er ist neulich mit H o f f m a n n wegen Uniformen bei den Freunden gewesen. Über die Farbe der Uniformen hat er sich dann etwa so ausgedrückt:

"Na, wenn die Russen eben haben wollen, daß wir eine braune Uniform anziehen sollen, dann müssen wir eben eine braune Uniform anziehen".

Man muß auch beachten, daß sich M ü l l e r Offiziere, die ihm nahestehen, in seine Wohnung bestellt, um sich stundenlang mit ihnen zu unterhalten. So hat er kürzlich den Stellvertreter von Oberst G ö h r i n g e r, Oberstleutnant [redacted], zu sich bestellt und sich stundenlang mit ihm unterhalten. Göhringer hat [redacted] gefragt, ob es denn etwas Dienstliches gegeben hätte. Daraufhin hat [redacted] geantwortet:

"Nein, nichts Dienstliches".

M ü l l e r betont in jeder Besprechung, daß man ehemalige Offiziere heranziehen muß. Ich bin jetzt schon selbst soweit gekommen, daß ich auch in die Kerbe von Müller betreffs der ehemaligen Offiziere hineinhaue."

Bechler sagte noch: "Ich muß mich immer im Zaum halten, denn es soll nirgends der Eindruck entstehen, daß ich gegen Müller intrigiere".

Kroszewski
(Kroszewski)
VI-Inspekteur

Kopie BStU
AR 8

Generalmajor Bernhard Bechler, Erster Stellvertreter Müllers in der Funktion als Stabschef der Kasernierten Volkspolizei, liefert dem MfS genaue Berichte über seinen Chef.

wegtröstete. Beide – Müller und Stoph – waren ausgesprochene »Arbeitstiere« und neigten zu beinahe preußischen Pflichtauffassungen, verzichteten weitgehend auf Eitelkeiten und stellten »die Sache« in den Vordergrund.

Diese »Sache« bestand für den neuen Stabschef zunächst in erster Linie darin, verbindliche Dienstvorschriften für die sich schnell vergrößernde Kaderarmee der künftigen NVA aufzustellen. Der Generalleutnant griff dabei, zum Entsetzen der Altkommunisten und Opportunisten, auf »faschistische« Dokumente zurück, während sich die Ausbildung bisher ausschließlich auf »bewährte« sowjetische Vorschriften gestützt hatte. Müller, der die Vorbehalte ahnte, war geschmeidig genug, einen »mittleren Kurs« zu fahren. Er argumentierte dahingehend, daß die sowjetische Armee gute Vorschriften habe, die teilweise aus anderen Armeen – darunter sogar der deutschen – übernommen worden waren. Jetzt ginge es aber darum, in der DDR nationale Streitkräfte aufzubauen, und da sollte man gewisse deutsche Eigenheiten beibehalten. Das sei auch, so Müller, die Meinung der sowjetischen Berater, die überall im Ministerium tätig waren und den Aufbau der DDR-Streitkräfte überwachten.

Damit waren die heftigsten Kritiker erst einmal ruhiggestellt, es hielt sie aber nicht davon ab, Müllers Vorgehen bei nächster Gelegenheit erneut zu monieren, dessen Argumentation natürlich fragwürdig war, weil sich die »Berater« (die sogenannten Sowjetniks) selbstverständlich nur auf ihre eigenen Vorschriften beriefen und keineswegs auf die der ehemaligen Wehrmacht. Da aber Heeresdienstvorschriften so grundverschieden nicht sind auf der Welt, gelang es Müller, wenigstens zum Teil seine »Mischung« durchzusetzen, und er war Experte genug, um dafür plausible Gründe zu finden. Stoph scheint ihm dabei Rückendeckung gegeben zu haben.

Riskanter als die partielle Berücksichtigung »faschistischer Vorschriften« beim Aufbau der KVP war die Kritik Müllers an Generalleutnant Rudolf Dölling und seiner politischen Verwaltung. Der Stabschef stellte die ketzerische Frage, ob die »Polit-Kultur-Offiziere«, die späteren Politoffiziere, die den politischen Einfluß der SED in der Truppe sicherstellen sollten, überhaupt etwas von militärischen Dingen verstehen würden. Jeder wußte, daß dies damals in aller Regel nicht der Fall war, und einzig und allein deren ideologische Prinzipientreue zählte. Die Provokation sollten ihm die obersten SED-Parteiorgane nicht verzeihen, genausowenig wie seine anhaltenden Versuche, Parteifreunde aus der NDPD als Offiziere – vor allem für den

Stab – zu gewinnen. Dagegen machte die SED mobil und bremste fast alle seine Bemühungen, so daß schließlich kaum Offiziere mit NDPD-Mitgliedsbuch Aufnahme in der Kasernierten Volkspolizei fanden. Und die, die im Stab saßen, darunter die wenigen reaktivierten ehemaligen Wehrmachtgenerale, wurden von den SED-Verantwortlichen sehr aufmerksam beobachtet, vom Ministerium für Staatssicherheit überwacht und von Spitzeln umstellt.

Bis gegen Ende 1952 versuchte Müller, neben seiner Stabsarbeit in der KVP weiterhin Aufgaben als leitender Funktionär der NDPD wahrzunehmen. Dabei unterstützte ihn Willi Diez als persönlicher Sekretär, dem er zum Rang eines Hauptmanns (später Majors) im Ministerium des Innern verhelfen konnte, obwohl dieser NDPD-Mitglied war. Wegen Arbeitsüberlastung gab Müller aber im Dezember 1952 alle Parteifunktionen und öffentlichen Ämter (Fraktionsvorsitz/Vizepräsidentschaft in der Volkskammer) auf und blieb lediglich Mitglied des Hauptausschusses der NDPD (erweitertes Führungsgremium) und Mitglied der Volkskammer (bis 1958).

Seine Westkontakte schränkte er auf Wunsch der SED und des MfS ein. Briefe von Hermann Teske beantwortete er nicht mehr, hielt aber über Mittelsleute eine lose Verbindung aufrecht. Dafür wurde jetzt sein »vertrautester Freund« Heinrich Homann aktiviert, der in der Folgezeit Teske mehrfach in Ostberlin empfing. Es schien, als wolle man den Oberst i. G. außer Diensten aus dem Westen nicht mehr an den reaktivierten General heranlassen, zwei Ausnahmen sollte es allerdings noch geben ...

Während Müllers Erster Stellvertreter, Bernhard Bechler, ihn dienstlich ausforschte und seine Absichten und Ansichten dem MfS mündlich und schriftlich meldete, stellte ab 14. Oktober 1952 Hauptmann Heinz Sperling die »Abschirmung« und Bespitzelung des Generals auch außerdienstlich sicher. Man hatte Müller diesen Offizier »zur besonderen Verwendung« zugeteilt, als eine Art Chefadjutant. Sperling leitete Müllers Büro als persönlicher Sekretär, und der knapp 30jährige Offizier fand bald das uneingeschränkte Vertrauen seines Vorgesetzten. Der Hauptmann, der es noch zum Oberstleutnant bringen sollte, war SED-Mitglied und arbeitete ebenfalls dem Ministerium für Staatssicherheit zu; schriftlich wurde er aber erst Ende 1958 zur inoffiziellen Mitarbeit verpflichtet. Der 1923 geborene Offizier begleitete den General überallhin und erhielt so auch Einblick in dessen

Privatleben. Die Geliebte Müllers lehnte ihn strikt ab und verdächtigte ihn von vornherein der Stasitätigkeit. Eveline Wunderlich will den General vor Sperling gewarnt haben, doch Müller habe den Verdacht vertrauensselig zurückgewiesen.

Dem »Chef des Stabes« im Ministerium des Innern (MdI) unterstanden 1952/53 rund 800 Bedienstete, die in Bereichen, Verwaltungen und selbständigen Abteilungen beschäftigt waren. Eine der Hauptaufgaben Müllers bestand darin, die Koordinierung aller dieser Dienststellen sicherzustellen. Dabei nahm die Verwaltung für »operative Fragen« (Verwaltung 1) unter der Leitung von Generalmajor Kurt Wagner eine vorrangige Stellung ein.

Einer der Abteilungsleiter dieser Verwaltung war Oberst Helmut Ritter, zuletzt Regimentskommandeur der NVA, der in den 50er Jahren im Stab mindestens einmal wöchentlich, mitunter auch täglich mit Generalleutnant Müller zusammenkam. Ritter schildert den General in seiner Erinnerung als »komplizierte Persönlichkeit«, die zwar nicht von seinem Vorgesetzten, aber von Minister Stoph gestützt wurde. Seiner militärischen Fähigkeiten wegen hätte Müller ein gewisses Ansehen genossen, die seien aber – so Ritters Eindruck – zunehmend weniger abgerufen worden, weil man sich mehr und mehr am sowjetischen Vorbild orientiert habe.

Der Oberst habe Müller zuweilen als »aufbrausend« und »ungehalten« gegenüber Unterstellten erlebt, zu denen er Distanz hielt. Als Stabschef sei er oft übergangen worden, so habe beispielsweise sein Vorgesetzter, Generalmajor Wagner, die Weisung erteilt, sich bei Schwierigkeiten nicht – wie vorgeschrieben – an Müller, sondern gleich an den Minister zu wenden.

Schon 1953/54 habe man deutlich gemerkt, daß Müller krank war, weshalb er eine Menge Medikamente einnehmen mußte. In späterer Zeit sei der General zunehmend »innerlich unzufrieden« gewesen und habe an Selbstvertrauen verloren. Obwohl der General nie »vom Kollektiv« angenommen worden sei, gesteht der frühere Oberst zu, daß Müller in den Aufbaujahren der Truppe die einzige Persönlichkeit gewesen sei, »die auf Grund der theoretischen und praktischen Erfahrungen in der Lage war, eine Armee in dieser komplizierten Zeit ... aufzubauen und zu leiten« – ein bemerkenswertes und faires Urteil Ritters, der als Abteilungsleiter des ehemaligen Stabes bzw. Hauptstabes von KVP und NVA und Mitglied der SED eher dem kritischen Lager zuzurechnen war.[193]

Zwei Monate nach seiner zweiten Reaktivierung setzte Müller in der »Täglichen Rundschau«, der Zeitung der sowjetischen Besatzungsmacht in Ostberlin, einen längeren Artikel über die Sowjetarmee ab und betonte darin die angebliche Verbundenheit dieser Armee mit dem Volk. Eine solche Verbundenheit müsse auch in der DDR hergestellt werden, war zu lesen, und in blumigen Sätzen schilderte Müller die »Aufgabe künftiger nationaler Streitkräfte«. Zugleich nannte er die Republik einen freien und unabhängigen Staat des »nationalen Stolzes« und die DDR eine »wahrhaft deutsche und wahrhaft demokratische Republik«.

Er hatte seine Lektion gelernt und formulierte wider besseres Wissen Dinge, die er privat bei ganz anderem Namen nannte. Seine öffentlichen Äußerungen waren linientreu und verrieten nichts von den Zweifeln, die er nur im engsten Kreise auszudrücken wagte. Die Deformierungen seiner Persönlichkeit unter stalinistischen Verhältnissen waren unübersehbar und fanden ihren bezeichnenden Ausdruck, als Müller die »Trauerbotschaft« anläßlich von Stalins Tod am 5. März 1953 im Ministerium des Innern der DDR verlas und ihm ein peinlicher und zugleich vielsagender Versprecher unterlief: »Stalin war und wird immer bleiben der beste Feind des deutschen Volkes«, war da von ihm zu hören. Er verbesserte sich zwar sofort und korrigierte in »Freund des deutschen Volkes«, doch die Umstehenden behielten den Vorgang nicht für sich; Generalmajor Heinz-Bernhard Zorn machte darüber eine Meldung an das MfS, die in der »Akte Müller« archiviert wurde (siehe S. 190).

Das Ereignis wirft ein Licht auf die damalige angeschlagene Verfassung Müllers und das schwierige Verhältnis zu den Sowjets, die offenbar ihre schützende Hand von Müller zurückgezogen hatten und auf Distanz zu ihm gegangen waren. Zwischen dem sowjetischen Chefberater, Generalleutnant Kossiakin, und Müller kam es nämlich im Frühjahr 1953 zu heftigen Auseinandersetzungen über die Finanzausstattung der KVP. Es spricht für den Mut Müllers, daß er sich nicht alles bieten ließ und widersprach – etwas, das der Sowjetgeneral sicher nicht gewohnt war, schon gar nicht von einem ehemaligen General der Wehrmacht. Die Reaktion war dementsprechend: Der Russe spielte seine Machtbefugnisse voll aus. Müller wird sich bei aller Empörung seine Hilflosigkeit eingestanden haben – er wußte, die Besatzungsmacht hatte nun einmal das Sagen. Er ließ es sich trotzdem nicht nehmen, den Vorfall dem Minister zu melden, sein Stellvertreter Bechler informierte vorab seinerseits das MfS.[194]

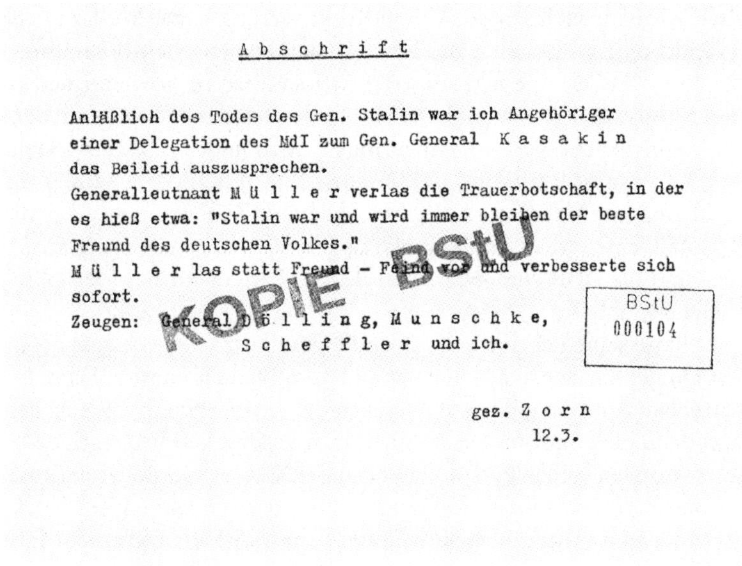

A b s c h r i f t

Anläßlich des Todes des Gen. Stalin war ich Angehöriger einer Delegation des MdI zum Gen. General K a s a k i n das Beileid auszusprechen.
Generalleutnant M ü l l e r verlas die Trauerbotschaft, in der es hieß etwa: "Stalin war und wird immer bleiben der beste Freund des deutschen Volkes."
M ü l l e r las statt Freund – Feind vor und verbesserte sich sofort.
Zeugen: General D ö l l i n g, M u n s c h k e,
S c h e f f l e r und ich.

gez. Z o r n
12.3.

KOPIE BStU
BStU
000104

Müller unterläuft ein vielsagender Versprecher: In der Trauerbotschaft des MdI zum Tode Stalins am 5. März 1953 macht er aus dem Freund einen Feind, was umgehend dem Ministerium für Staatssicherheit gemeldet wird.

Müller verhielt sich von jetzt an vorsichtiger, mehr und mehr fühlte er sich beobachtet und überwacht. Vor allem in Sachen »Westkontakte« mußte er zurückhaltender werden, um sich nicht selbst zu gefährden. Anfang Juni 1953 sah er sich deshalb genötigt, seinem Minister die Ankunft eines Päckchens mit Büchern aus München zu melden, das ihm offenbar unter einem Scheinabsender zugegangen war. »In Wirklichkeit« verberge sich hinter dem Absender »der ehemalige Oberst [Max Kemmerich] ... politisch ein Gegner Adenauers« (Name vom BStU geschwärzt), zu dem er seit September 1952 keinen Briefverkehr mehr unterhalte (siehe S. 192), ließ er Stoph wissen. Müller unterrichtete also den Minister über die wahre Identität des Absenders, obwohl er davon ausgehen mußte, daß der Vorgang dem Ministerium für Staatssicherheit bekannt war. Vielleicht wollte er durch diese »Offenheit« von seiner nach wie vor bestehenden konspirativen Verbindung zu Teske ablenken.

Im Juni 1953 hielt sich Müller zu einem vierwöchigen Sanatoriumsaufenthalt in der UdSSR auf (den das SED-Politbüro am 19. Mai genehmigt hatte), anschließend schickte man ihn zur Kur an die Schwarzmeerküste, die er aber vorzeitig abbrechen mußte, weil ihm das Klima nicht guttat. So kam es, daß er sich während der Ereignisse am 17. Juni nicht an seinem Platz im Ministerium des Innern befand und sein Erster Stellvertreter, Bernhard Bechler, wieder einmal Gelegenheit hatte, ihn zu vertreten. Später legte man Müller absurderweise seine Abwesenheit als Drückebergerei aus.

Bechler ließ keine Gelegenheit verstreichen, seinen Chef in Mißkredit zu bringen. Auch als nach über zehnjähriger Gefangenschaft in der Sowjetunion Generalfeldmarschall Friedrich Paulus am 26. Oktober 1953 nach Deutschland zurückkehrte und zu seinem Empfang ein Treffen mit »Ehemaligen« aus Stalingrad und Mitgliedern der DDR-Regierung arrangiert wurde, an dem auch DDR-Ministerpräsident Otto Grotewohl teilnahm, versäumte es Bechler (GI/IM »Wölfi«) nicht, in seinem Spitzelbericht darauf hinzuweisen, daß »der größere Teil« der höheren Funktionen im Stab der KVP mit ehemaligen Generalen und Offizieren der »faschistischen Wehrmacht« besetzt sei, was an diesem Begrüßungstag besonders aufgefallen wäre. Auch die anstößigen Tisch- und Trinksitten der ehemaligen Offiziere und Generale, die offenbar bei den Kommunisten Aufsehen erregt hatten, waren Bechler eine Erwähnung wert. Konsterniert stellte er in diesem Zusammenhang fest, daß Vincenz Müller (der seit Jahren in Brief-

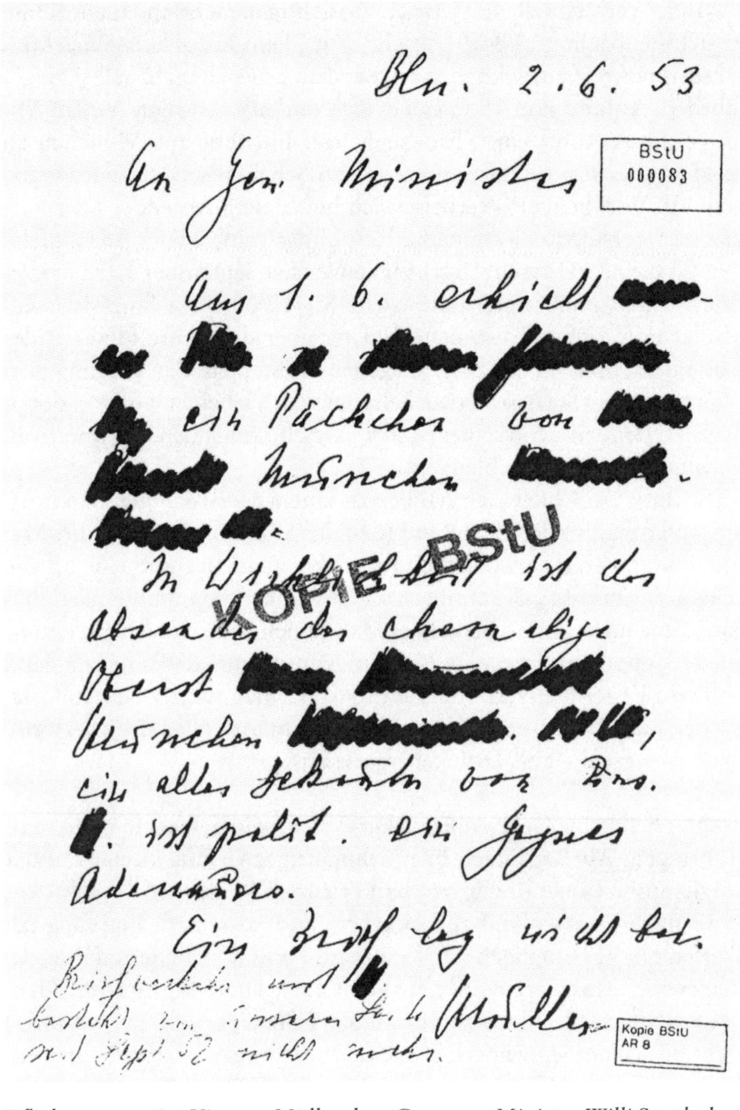

Bln. 2.6.53

BStU
000083

An Gen. Minister

Am 1.6. erhielt [redacted] ein Päckchen von [redacted] München [redacted].

In Wirklichkeit ist der Absender der ehemalige Oberst [redacted] München [redacted], ein alter Bekannter von uns. [redacted]. ist polit. ein Gegner Adenauers.

Ein Brief lag nicht bei.

Briefverkehr [redacted] besteht von unserer Seite seit Sept. 52 nicht mehr.

Müller

KOPIE BStU

Kopie BStU
AR 8

Pflichtgetreu zeigt Vincenz Müller dem Genossen Minister Willi Stoph den Empfang eines Westpäckchens an und versäumt es nicht, auf die politische Integrität seines Freundes Kemmerich hinzuweisen: »Am 1.6. erhielt [ich] ein Päckchen von [...] München [...]. In Wirklichkeit ist der Absender der ehemalige Oberst [Max Kemmerich] München, ein alter Bekannter von uns. [K.] ist polit. ein Gegner Adenauers. Ein Brief lag nicht bei. Briefverkehr besteht von unserer Seite seit Sept. 52 nicht mehr. Müller«.

kontakt zu Paulus stand und anläßlich dessen Ankunft vom Regierungskrankenhaus beurlaubt wurde) »3 Glas Wodka und 2 Glas Rheinwein« konsumiert hatte.[195]

Müller und Paulus erneuerten in den folgenden Monaten und Jahren ihre enge Bekanntschaft; der General besuchte den Generalfeldmarschall an seinem neuen Wohnsitz in Dresden, oder man traf sich in Ostberlin. Zeitweise hatte man sogar eine Standleitung zwischen Ostberlin und Dresden geschaltet, um jederzeit miteinander reden zu können – überwacht vom MfS, wie überhaupt jeder Kontakt zwischen Paulus und Müller registriert wurde. Möglicherweise hatte aber auch Müller vom sowjetischen Geheimdienst den Auftrag erhalten, Paulus weiter zu »bearbeiten« und den eher zögerlichen Militär für das Regime zu erwärmen. Paulus vertraute dem General weitgehend und suchte durchaus dessen Rat – mehrere öffentliche Auftritte des Feldmarschalls wurden in enger Absprache mit Müller vorbereitet – trotzdem blieb das Verhältnis zueinander distanziert, eine Freundschaft zwischen beiden Männern entstand nicht.

Ende 1953 nahm Müller nach zwei längeren Krankenhausaufenthalten und einer Kur seine Arbeit im Stab der KVP wieder auf. Gesundheitlich war er aber derartig angeschlagen, daß er auf Dauer seinen Dienst nicht mehr regelmäßig absolvieren konnte. Täglich mußte er längere Pausen einlegen, und immer wieder fiel er nach wenigen Monaten für einige Wochen ganz aus. Herzprobleme belasteten ihn am meisten, dazu kamen Schilddrüsenstörungen. Nervlich war er am Boden, sein Medikamenten- und Alkoholkonsum stiegen an.

Müller, jetzt 59 Jahre alt, und Eveline Wunderlich, seine ständige medizinische Betreuerin, waren seit dem Jahresende 1953 ein Paar, was in der Folge zu versteckten und offenen Vorwürfen seiner Vorgesetzten führte, die seinen Lebenswandel, sprich: seine außerehelichen Kontakte, nicht tolerierten und auf Scheidung drängten. Müller hatte aber nicht die Absicht, Eveline Wunderlich zu heiraten, weil ihm der Altersunterschied zu groß erschien. Auch die Krankenschwester scheint an einer Ehe nicht interessiert gewesen zu sein – beide hatten neben ihrer Verbindung noch weitere Beziehungen.

Im Spätherbst 1953 gelang es Hermann Teske erneut, sich mit Vincenz Müller in Ostberlin zu treffen.

Das Wiedersehen verlief herzlich, und der General informierte seinen Besucher aufgeräumt über die Ereignisse der letzten Monate. Einen schweren Malariaanfall habe er im September nur knapp überlebt, worauf er in ein Sanatorium bei Friedrichroda in Thüringen gekommen sei, inzwischen habe er sich aber erholt und sei wieder im Vollbesitz seiner Kräfte. Teske stellte fest, daß Müller nicht mehr rauchte und kaum noch Alkohol trank.

Eine »Umstrukturierung« im Ministerium des Innern und in der Kasernierten Volkspolizei hatte im September dazu geführt, daß Müller nicht mehr als Erster Stellvertreter des Minister des Innern fungierte, sondern seither »nur« noch als Stabschef der KVP Dienst leistete. Bei einem erneuten Treffen mit Teske im November darauf bezeichnete er sich selbst als »Chef des Generalstabes der Kasernierten Volkspolizei«. Seine militärische Stellung entspräche nunmehr einer Wehrmachtposition und über ihm stehe nur als »formaler Oberbefehlshaber« Heinz Hoffmann als »Chef der KVP«. Aus der aktuellen Politik halte er sich heraus und bei seiner Partei, der NDPD, werde er nur noch »honoris causa« geführt. Demnächst könne er eine größere Wohnung »etwas weiter weg von Berlin« beziehen (gemeint war damit eine Villa in Berlin-Schmöckwitz im äußersten Südosten der deutschen Hauptstadt, am Langer See gelegen, die er 1954 tatsächlich bezog).

Mit diesen Einlassungen schönte Müller zweifellos die Situation, denn der Verlust des Ersten Stellvertreterpostens des Ministers bedeutete natürlich eine Zurücksetzung und war DDR-intern auch als solche verstanden worden. Die Veränderungen vollzogen sich im Ergebnis des abgewehrten Aufstands vom 17. Juni 1953; im Sommer begann man damit, das Ministerium zu reorganisieren und die KVP zu verkleinern. Mit Wirkung vom 1. August 1953 machte man Heinz Hoffmann zum Stellvertreter des Ministers und Chef der KVP, der damit Vorgesetzter aller Bereiche der KVP (also auch der Volkspolizei-See und Volkspolizei-Luft) wurde und somit die uneingeschränkte Verantwortung für die gesamte militärische und politische Ausbildung trug.

Hoffmann war nicht nur ein »formaler Oberbefehlshaber«, wie Müller sich gegenüber Teske ausdrückte, er war die Nummer eins in der Kadertruppe der DDR-Streitkräfte. Ihm unmittelbar nachgeordnet wurden – unter anderen – der Chef der Politischen Verwaltung und die Chefs von Volkspolizei-See und -Luft sowie der Chef des Stabes; alle fungierten auch als Stellvertreter des Chefs der KVP. Müller kam also als Stabschef zwar nach wie vor eine herausragende, jedoch keine einzigartige Funktion mehr zu.

Die organisatorischen Veränderungen im MdI der DDR führten zu einer Verselbständigung der KVP und zu größerer Eigenständigkeit der Polizei- und Kadertruppe, die im September ein »Kollegium« erhielt, das aus elf Generalen und Admiralen bestand – darunter auch Vincenz Müller als Stabschef. Dieses Gremium hatte Beratungsfunktion und war vor allem geschaffen worden, um geplante Entscheidungen des Ministers bzw. der Truppe im Detail zu diskutieren und abzusegnen.

Da sich die SED- und DDR-Führung auf Anraten der Sowjetregierung entschlossen hatte, die forcierte Aufrüstung zu beenden und aus ökonomischen Gründen zu einer verlangsamten Form überzugehen, wollte die KVP rund 24 000 Angehörige entlassen, was aber nicht zur Gänze realisiert wurde; schließlich zählte die Truppe Ende 1953 noch knapp 100 000 Mann.

Müller räumte Teske gegenüber ein, daß die DDR »eine Fülle eigener Fehler« gemacht habe, die zum 17. Juni 1953 geführt hätten, aber auch »Einwirkungen des Ministeriums Kaiser« (gemeint war das Bundesministerium für Gesamtdeutsche Fragen) zu diesem Aufstand beigetragen hätten. Ferner war er der Meinung, daß sich die Russen während der Unruhen insgesamt sehr zurückhaltend verhalten hätten, weshalb der Westen von einer Friedensabsicht der UdSSR ausgehen könne.

Erneut von Teske auf die deutsche Frage angesprochen, erklärte der General die Wiedervereinigung zu einer innenpolitischen Angelegenheit. Die Ost-West-Spannungen könnten erst dann beendet werden, wenn Deutschland als Mittler tätig werden würde – das setze allerdings den Abzug der Besatzungsmächte voraus. Ausdrücklich befürwortete er jetzt ein neutrales Deutschland mit eigener, nationaler Armee. Wert und Sinn der Treffen mit Teske sah Müller Ende 1953 in der »Verhinderung eines Krieges um und wegen Deutschland«, man wollte die Gespräche im März 1954 fortsetzen.[196]

Im Vorfeld eines erneuten Treffens schrieb Teske am 28. Februar 1954 an Heinrich Homann und bat ihn, »Viktoria« die Treffabsicht mitzuteilen. Homann wußte also, wer sich hinter »Viktoria« verbarg, und damit dürfte auch das MfS Bescheid gewußt haben, denn der »vertrauteste Freund« Müllers unterhielt ständige Kontakte zur Stasi.

Es war mehr als blauäugig von Teske und Müller, Homann als »Briefträger« zu benutzen.

Am 1. April 1954 verbrachten Müller und Teske sechs Stunden bei anregenden Gesprächen. Zunächst unterrichtete der Besucher den General über seine Karlshorster Kontakte: Im März/April des Jahres 1954 kam Hermann Teske im Auftrag oder mit Wissen der Organisation Gehlen in Ostberlin mehrere Male mit einem (angeblichen) »Oberst Alexandrow« von der sowjetischen »Oberkommission« in Berlin-Karlshorst zusammen. Wer diese Kontakte initiiert hatte, blieb unklar. Müller bezeichnete Teskes Vorstoß als »sehr mutigen Schritt« und gab ihm Ratschläge für künftige deutsch-russische Zusammentreffen; wichtig sei:

– restlose Offenheit in der politischen Auseinandersetzung;
– Verständnis für die russische bzw. sowjetische Mentalität;
– Nützlichkeitserwägung für Deutschland bei allen Fragen;
– Berücksichtigung der russischen Angst vor Krieg.

Teske solle sich nichts gefallen und sich nicht einschüchtern lassen. Im weiteren Verlauf des Gesprächs setzte sich Müller dafür ein, daß Deutschland als »natürlicher geopolitischer Ausgleichsfaktor zwischen Ost und West« wirken solle, um die Gefahr eines Dritten Weltkrieges zu bannen.

Müller, der Teske mit einem sowjetischen PKW der Marke »SIM« vom Treffpunkt abgeholt hatte, hinterließ bei seinem Besucher einen gesundheitlich stark angeschlagenen Eindruck (Müllers Hände hätten ständig gezittert). Und der General bestätigte zwei schwere Malariaanfälle und gab zu, oft Schlafmittel einzunehmen. Außerdem stellte Teske abermals erhöhten Alkoholkonsum fest: nachmittags ungarischen Sekt, abends Pilsner Bier und russischen Kognak. Müllers Lebenshaltung, der fast 60 und herzkrank war, nahm Teske mit Sorge zur Kenntnis.

Auf besondere Geheimhaltung des Zusammentreffens legte Müller offenbar keinen Wert mehr, denn er bewegte sich mit ihm in der Öffentlichkeit, vermied es aber, den »Klarnamen« seines Besuchers zu nennen.

Abends besuchte man das vornehme Restaurant »Budapest« in der Stalinallee, wo es zu einer überraschenden Begegnung kam, die Müller ziemlich peinlich war: Gegen 21 Uhr betrat SED-Generalsekretär Walter Ulbricht in Begleitung des stellvertretenden Sowjetischen Ministerpräsidenten Anastas I. Mikojan und anderer das Lokal. Auf der Suche nach Plätzen war es unvermeidbar, daß sie den Stabschef der Kasernierten Volkspolizei sahen, trotzdem kam es weder zu einer Begrüßung noch zu einem Grußwechsel. Müller, unruhig geworden, versuchte die Situation zu überspielen, was ihm aber nicht glücken sollte: Teske bemerkte seine Verunsicherung. Und es war in der Tat kaum zu glauben, daß der erste Mann der SED und de facto auch der DDR seinen KVP-Stabschef »übersah«.

Teske schrieb über dieses Treffen mit Müller einen längeren Bericht für den Geheimdienst. Dort war man an weiteren Kontakten zu Vincenz Müller interessiert, und Teske versuchte deshalb auch in den folgenden Monaten, den Draht zum General nicht abreißen zu lassen, was aber mißglückte.[197]

Er wandte sich in Briefen offen an den »sehr verehrten Herrn General«, bekam aber von Müller keine Antwort, da das MfS die Schreiben abfing. Im September 1954 versuchte er abermals über Heinrich Homann die Verbindung zu Müller herzustellen bzw. zu erneuern – wieder ohne Erfolg. Schließlich besuchte er Heinrich Homann in Ostberlin. Der Besuch endete jedoch mit einem Eklat; als der Oberst darauf bestand, Müller zu treffen, speiste Homann ihn mit den Worten ab: »Es warten Hunderte von Menschen ... Vincenz Müller sprechen zu dürfen, Menschen, die wichtiger sind als Sie, und kommen auf Grund seiner Überlastung nicht dazu. Und da kommen Sie und wollen ›privat‹ mit ihm ›plaudern‹!«[198]

Teske brach das Gespräch daraufhin ab und fuhr nach Westberlin zurück. Im Bericht an die OG äußerte er die Vermutung, daß Homann ihn bewußt vom General fern halte, weil »er weiß, daß Vincenz Müller mir gegenüber stets sehr offen war«. In einem Brief vom 31. Oktober 1954 informierte Teske den General über sein unerfreuliches Gespräch mit Homann, erhielt aber keine Antwort, da möglicherweise Müller den Brief nie bekam.

Nun versuchte er es über »Fleurop« und ließ Müller einen »Begleitbrief« zukommen, aber wiederum erfolgte keine Reaktion.

Teske gab nicht auf und bat jetzt Oberst i. G. Max Kemmerich aus München, Müller seinen Brief auszuhändigen, wenn er – Kemmerich – wieder einmal nach Ostberlin fahren würde.

Anscheinend gelang es von nun an nur noch dem alten Freund, bis zu Müller vorzustoßen und damit einen »nachrichtendienstlichen Kanal« zu ihm aufrechtzuerhalten. Wie lange und von welcher Qualität diese Verbindung war, ist nicht klar ersichtlich, auf jeden Fall besuchte Kemmerich den General öfter in Schmöckwitz und wurde auch im Familienkreis empfangen, und sicher ist auch, daß er noch 1960 Gast im Haus am Langer See war. Während eines der letzten Treffen mit ihm äußerte sich Müller gegenüber seinem Westbesuch enttäuscht und niedergeschlagen.[199]

Alle Versuche, mehr oder minder verdeckt, Müller zum Übertritt in den Westen zu bewegen, scheiterten. Weder dem CIC noch der Organisation Gehlen gelang es über ihre Mittelsmänner, den General zu diesem Schritt veranlassen, obwohl sich bei Müller zeitweise starke Zweifel an der Sinnhaftigkeit seines Frontwechsels von 1944 zeigten und er schmerzlich feststellen mußte, daß man ihn im Osten nie voll integrieren wollte und allenfalls »auf Zeit« seine militärischen Erfahrungen brauchte.

Es bleibt zu vermuten, daß er den Schritt vielleicht gewagt hätte, wenn die Westseite ihm ein Angebot gemacht hätte, das bestimmte Zusagen wie eine auskömmliche Pension und Nichtverfolgung durch die Justiz eingeschlossen hätte. Man darf natürlich nicht unterschätzen, daß Müller die Feindschaft vieler ehemaliger Kameraden fürchtete, die ihm seine Wandlung nicht verziehen und denen er im Westen schutzlos ausgesetzt gewesen wäre. Letztlich fehlte es ihm an Kraft, sich erneut in eine »andere Welt« zu begeben, auch wenn sie ihm von Herkunft, Erziehung und Erfahrung näher stand als eine Gesellschaftsordnung, die von der DDR als Sozialismus ausgegeben wurde.

Daß Müller nach seiner zweiten Reaktivierung als General im September 1952 weiter »Westkontakte« unterhielt, hat die Verantwortlichen in ihrem Mißtrauen gegen ihn bestärkt und ihre Furcht vor Spionage erhöht, da Müller in seiner Funktion natürlich Zugang zu allen geheimen Unterlagen hatte – und das, obwohl er keine der üblichen Voraussetzungen dafür erfüllte; er war nicht »Genosse« und hatte Westverwandtschaft ersten Grades: In Bayern lebte sein Bruder Eugen (1889–1964) als katholischer Pfarrer im Bistum Augsburg, mit dem er losen Kontakt hielt.

Die SED-Oberen in Partei und Armee versuchten deshalb, Müller so weit wie möglich von Geheimunterlagen fernzuhalten, was nicht gerade einfach war, denn ein Generalstabschef mußte selbstverständlich Kenntnisse über alle Belange der Streitkräfte haben, ansonsten hätte er seinen Dienst nicht ausüben können. Spätestens wenn Hoffmann nicht anwesend war und Müller ihn zu vertreten hatte, erhielt Müller Einblick in Dokumente, die ansonsten an ihm vorbeigeleitet wurden, wie ihm bei solchen Gelegenheiten bewußt wurde. Dafür sorgte sein Erster Stellvertreter, Generalmajor Bechler, der seinem unmittelbaren Vorgesetzten hochbrisante Papiere vorenthielt und diese direkt Heinz Hoffmann zuleitete; damit blieben die Vorgänge »unter Genossen«.

Im Januar 1954 forderte Müller eine republikweite Aufstellung über die Struktur und Standorte der Kasernierten Volkspolizei an – ein nicht eben ungewöhnliches oder gar extravagantes Ansinnen eines Generalstabschefs. Doch sofort vermuteten MfS-Leute der Hauptabteilung I, daß »hier der Zusammenhang einer Spionage zu sehen ist«. Allen Ernstes leiteten sie eine umfängliche interne Untersuchung ein, die klarstellte, daß Müller das Papier »im Auftrag« von MfS-Generalleutnant Erich Mielke angefordert hatte (siehe S. 200/201). Daß Müller das Dokument zu Gesicht bekam, stieß indes auf die Kritik des sowjetischen Chefberaters, der ihm diese Information vorenthalten wollte. Müller kommentierte im nachhinein die Angelegenheit gelassen-ironisch: Endlich hätte er eine Übersicht darüber erhalten, »was man sonst nicht zu sehen bekommt«. Es war den SED-Leuten in der KVP also offensichtlich bis dahin gelungen, ihren Generalstabschef über Struktur und Diskolation der Kadertruppe nicht oder nur teilweise in Kenntnis zu setzen. Ein unglaulicher Umstand! Wie sollte ein Stabschef der Streitkräfte erfolgreiche Arbeit leisten, wenn er nicht einmal wußte, wie viele Soldaten in welchen Einheiten und in welchen Orten Dienst taten. Hauptstörenfried und Intrigant Nummer eins war und blieb Bernhard Bechler, der alles daran setzte, seinen unmittelbaren Vorgesetzten auszugrenzen und dessen Einfluß zu mindern.

Müller, mit wenig Menschenkenntnis gesegnet, merkte aber doch bald, daß er von seinem Stellvertreter hintergangen wurde, und reduzierte die Kontakte zu Bechler auf das dienstlich erforderliche Mindestmaß, was wiederum Bechler spürte und unwillig kommentierte. Das Klima im Stab der KVP, der immerhin rund 800 Leute zählte, verschlechterte sich rapide, besonders in der Spitze, der Generalität. Ganze zehn Personen davon gehörten der NDPD an, eine kleine Gruppe, die von den Altkommunisten in der KVP wie ein Fremdkörper behandelt wurde. Die NDPD-Führung übte sich im Kotau und verpflichtete diese Gruppe, »innerhalb der KVP keine Parteiarbeit durchzuführen«; das Monopol dafür hatte man der SED zugestehen müssen. NDPD-Mitglieder in der Truppe waren allenfalls geduldet, neue Offiziere aus den Reihen der Blockpartei durften nur im Ausnahmefall aufgenommen werden. Müller machte sich von Fall zu Fall dafür stark, doch zumeist ohne Erfolg. Mehr als zwei, drei Dutzend sollten es nie werden.

Von der »Gruppe« der NDPD im KVP-Stab, die das besondere Interesse des MfS auf sich zog, wurden mindestens zwei Mitglieder als Geheime Informanten geworben: Oberst Günter Assmann (GI »Gustav

Hauptabteilung I/1 Berlin, den 16.1.1954
Bi/Pz

BStU
000110

2. Ermittlungsergebnis

Betr.: Mündlicher Auftrag des Leiters der Hauptabteilung I über Stärken, Struktur und Standorte der KVP.
Bezug: Ermittlungsergebnis vom 16.1.54

KOPIE BStU

In Ergänzung des vorläufigen Ermittlungsergebnisses wird folgendes mitgeteilt:

Am 8.1.54 von 16.oo Uhr bis 19.oo Uhr fand beim Minister in der Schnellerstraße eine Sitzung statt. Durchgesprochen wurden die vorzubereitenden Maßnahmen zur Viererkonferenz. Teilnehmer dieser Sitzung waren

der Minister		
Generalleutnant	M i e l k e	SfS
Generalleutnant	M ü l l e r	KVP
Generalmajor	G a r t m a n n	Grenze
Generalleutnant	M a r o n	HVdVP
Genosse	H e g e n	inn. Angelegenheite

Generalmajor W a g n e r, Chef der operativen Verwaltung der KVP, erzählte mir in der Aussprache am 16.1.54 betr. der Maßnahmen der Viererkonferenz folgendes:

Generalleutnant M ü l l e r ließ den Gen. W a g n e r am 9.1.54 rufen und erklärte, daß der Generalleutnant M i e l k e vom SfS auf der Sitzung am 8.1. beim Minister ihn gebeten hätte, eine genaue Aufstellung über die Einheiten, Stärken, Ausrüstungen und Standorte der um Berlin liegenden Einheiten, zu geben, insbesonde von den Einheiten, die für einen eventuellen Einsatz vorgesehen wären.

Diese Aufstellung, die streng vertraulichen Charakter trägt, hat der Generalleutnant M ü l l e r von Generalmajor W a g n e r persönlich erhalten.

Das MfS ermittelt, wie Müller in den Besitz von streng vertraulichen Angaben über die KVP gelangt ist; man braucht zwar nach wie vor sein militärisches Können, aber der Generalstabschef soll nicht zu genau informiert sein.

BStU
000111

- 2 -

Generalleutnant M ü l l e r wollte diese Aufstellung zur Weiterleitung an Generalleutnant M i e l k e an den Genossen Minister geben.

Die Genossen Berater, die davon erfuhren, insbesondere der Chefberater, Genosse K o s o a k i, waren mit dieser Maßnahme nicht einverstanden. Die Aufstellung war aber bereits dem Generalleutnant M ü l l e r übergeben.

Diese Aufstellung steht im Zusammenhang mit den Maßnahmen in der KVP für die bevorstehende Viererkonferenz. Es handelt sich nicht um die im ersten Ermittlungsbericht erwähnte zentrale Stärke- und Ausrüstungsmeldung der KVP.

KOPIE BStU

Maßnahme: Ich habe mich beim Genossen Minister anmelden lassen zur Klärung der Frage, ob Generalleutnant M ü l l e r dem Genossen Minister diese Aufstellung übergeben hat und wann das war.

(Bitter)
Oberstleutnant

Kopie BStU
AR 8

Ackermann«) und Oberstleutnant Gerhard Bechly (GI »Platzmeister«), die die Hauptaufgabe hatten, über »Parteiinterna« und »Parteifreunde« zu berichten.

Im Herbst 1954 standen Wahlen zur DDR-Volkskammer an, und Vincenz Müller, nach wie vor Abgeordneter, erhielt am 17. Oktober ein Mandat, das er bis 1958 ausübte. Gegen seine Kandidatur hatte man jedoch an der KVP-Basis Bedenken und Widerspruch angemeldet. In einem Geheimbericht informierte die SED-Führung ihren damaligen Generalsekretär Walter Ulbricht über den »politisch-moralischen Zustand der KVP« und hielt fest, daß sich »ein Teil der Soldaten und Offiziere«, also »keine Einzelfälle«, gegen die Kandidatur ehemaliger Generale und Offiziere der »Hitlerwehrmacht« aussprach. Ein Angehöriger der Volkspolizei-See wurde mit den Worten wiedergegeben: »Ich bin nicht einverstanden mit den Kandidaten General Müller … und Oberst Adam …, weil sie faschistische Offiziere waren und als Kriegsverbrecher anzusprechen sind. Deshalb sind sie es nicht wert, in die Volkskammer gewählt zu werden.«[200]

SED- und NDPD-Führung waren anderer Ansicht, Müller und Adam erhielten ihr Mandat in der DDR-Volkskammer, die kritischen Stimmen wurden nicht öffentlich.

Kurz nach den Wahlen, am 5. November 1954, beging Vincenz Müller seinen 60. Geburtstag. Zu einem Empfang ihm zu Ehren wollte der General, inzwischen mit dem »Vaterländischen Verdienstorden in Silber« ausgezeichnet, auch Friedrich Paulus einladen. Bechler aber gab ihm zu verstehen, daß man von höherer SED-Seite den ehemaligen »faschistischen Generalfeldmarschall« nicht dabeihaben wollte. Müller rächte sich auf seine Weise und sagte aus Gesundheitsgründen eine geplante Privatfeier ab, lud aber trotzdem Paulus und mehrere leitende NDPD-Mitglieder zu sich nach Hause ein. Das blieb natürlich nicht unbemerkt. Bechler meldete den Vorgang dem MfS, und auch Heinz Hoffmann, Müllers Chef, der nicht eingeladen war, erfuhr davon. Der Affront verschlechterte das ohnehin gespannte Verhältnis Müller–Hoffmann noch mehr. Müller selbst war daran nicht unschuldig: Er ließ bei jeder Gelegenheit durchblicken, daß er von den militärischen und menschlichen Qualitäten seines Chefs nicht viel hielt.

Hoffmann, Altkommunist, Rotspanienkämpfer, Dozent in sowjetischen Antifalagern für deutsche Kriegsgefangene und nun KVP-Chef,

Hauptabteilung I/1 Strausberg, den 10.11.1954

Bi/Pz

BStU
000155

Bericht

Beim Treff mit Gi " Wölfi " am 9.11.1954 berichtete dieser folgendes:

Betr.: ..Generalleutnant Müller..........

Am Freitag, dem 5.11.54 hatte der Chef des Stabes .Generalleutnant..Müller.. seinen 60. Geburtstag. Bei dieser Gelegenheit wurde eine Geburtstagsfeier veranstaltet, woran der Minister des Innern und seine Stellvertreter teilnahmen.

In einer persönlichen Aussprache mit .....Müller........, einige Tage vor seinen Geburtstag, fragte mich dieser, wie ich dazu denke. Er möchte gern zu dem Frühstück auch den ehemaligen General-feldmarschall ...Paulus.... einladen. Als ich ihm darauf erwiderte, daß diese Geburtstagsfeier doch veranstaltet wird vom Ministerium des Innern, sagte er ziemlich verlegen zu mir, dann möchte ich diese Frage nicht gestellt haben.

Als der Chef der KVP mit dem Generalleutnant ...Müller..... am Tage seines Geburtstags in humorvoller Weise sagte, na da werden wir aber heute Abend bei ihnen tüchtig feiern, entschuldigte sich ....Müller..... unter dem Vorwand seines Gesundheitszustandes und erklärte, er möchte doch von einer Feier absehen. Festgestellt wurde aber, daß ......Müller..... am Abend zu Hause mit verschiedenen Mitgliedern der NDPD zu seiner Geburtstagsfeier zusammen war unter anderem auch ...Paulus.... Von den allen und dem Landesvorstand der NDPD soll ....Müller..... wertvolle Geschenke erhalten haben.

Vom Ministerium des Innern erhielt er einen Fernsehempfänger.

Feststellung: Berichte über ....Müller.. liegen bereits vor.

KOPIE BStU

Müllers private Geburtstagsfeier zu seinem 60. findet ohne den KVP-Chef Heinz Hoffmann statt, dafür aber mit dem ehemaligen Generalfeldmarschall Friedrich Paulus. Stellvertreter Bechler in seiner Doppelrolle als Geheimer Informant »Wölfi« unterrichtet das MfS über diesen Affront.

tat sich außerordentlich schwer im Umgang mit dem früheren »Hitler-General«. Aber die Sowjets hielten ihre schützende Hand über Müller, und (noch) war er unabkömmlich. Also arrangierte sich Hoffmann notgedrungen mit seinem Stabschef, doch sie kamen weder menschlich, noch fachlich oder politisch miteinander zurecht – eigentlich hätte man sich längst trennen müssen.

Müller, der keinem Streit aus dem Wege ging, bot immer dann, wenn die Situation eskalierte, seinen Rücktritt an, was aber regelmäßig abgelehnt wurde. DDR-Innenminister Willi Stoph, Müller eher zugetan, vermittelte, wenn sich Müller und Hoffmann zu sehr »in die Haare gerieten«. Daß die Qualität der Stabsarbeit dadurch leiden mußte, liegt auf der Hand – die Beschwerden von leitenden Mitarbeitern des KVP-Stabes häuften sich. Es werde einfach zuviel neben- statt miteinander gearbeitet, das sei der Hauptfehler, meinte die Parteileitung in einer internen Untersuchung. An dieser Situation sollte sich auch in naher Zukunft nichts ändern, und die Stabsarbeit blieb unbefriedigend und gekennzeichnet von Kompetenzgerangel und Eifersüchteleien leitender Offiziere.

Auch Müllers Privatleben sorgte im Ministerium für Mißklänge. Seine zahlreichen Affären waren allgemein bekannt – ein Parteifreund aus Thüringen hatte ihm als Anspielung darauf 20 Puppen zum 60. Geburtstag geschenkt, die dekorativ den Gabentisch geschmückt hatten. Müller sah sich immer wieder Vorwürfen wegen seiner »Liebschaft« (Heinz Sperling) ausgesetzt, gemeint war seine Beziehung zu Eveline Wunderlich. Der KVP-Chef selbst machte seine Mißbilligung deutlich. Ausschlaggebend werden dafür weniger ethisch-moralische Gründe gewesen sein als vielmehr das Sicherheitsrisiko, das durch dieses Verhältnis nach Ansicht der »Genossen« entstand. Die Stasi rechnete offenbar damit, daß westliche Geheimdienste Kontakt zu der Krankenschwester aufnehmen würden, und überwachten sie, kontrollierten die Post zwischen Müller und seiner Geliebten, hörten ihre Telefonate ab, forschten den Bekannten- und Kollegenkreis der Krankenschwester aus, setzten Spitzel auf sie an und stellten ihre politische Zuverlässigkeit auf die Probe, obwohl sie Mitglied der SED war.

Beide versuchten, ihre Beziehung zu verharmlosen, doch Müllers Familie blieb das Verhältnis nicht verborgen; es kam zu heftigen Auseinandersetzungen im Hause Müller, wo Ehefrau, Sohn und Schwiegertochter in einem gemeinsamen Haushalt lebten. Unter Druck versprach der General mehrmals, die außereheliche Beziehung zu beenden, und zeitweise kühlte das Verhältnis auch wirklich ab, wurde aber immer wieder erneuert.

Gemeinsame Reisen von Müller und Eveline Wunderlich in der DDR fanden allerhöchste Aufmerksamkeit beim MfS. Zweimal nahm der General seine Geliebte – offiziell ausgewiesen als medizinische Begleitung – mit zu Friedrich Paulus nach Dresden. Zu den Gesprächen zogen sich die beiden Herren allerdings in ein separates Zimmer zurück oder gingen in den Garten. Mehrere Spitzel in der unmittelbaren Umgebung von Paulus und Müller berichteten ausführlich über die Besuche.

Im Stab der KVP setzten sich die Bemühungen der führenden SED-Leute fort, Müller von wichtigen Informationen und Aufgaben fernzuhalten. Anfang Juni 1955 wollte man verhindern, daß der Stabschef Kenntnis von der geplanten Bildung eines DDR-Verteidigungsministeriums erhielt. Auf keinen Fall sollte das NDPD-Mitglied Müller Einblick in interne Parteibeschlüsse erhalten, die die Gesamtperspektive künftiger regulärer DDR-Streitkräfte zum Inhalt hatten. Man beschloß deshalb, nur Bechler, seinen Ersten Stellvertreter, zu unterrichten, nicht Müller selbst – abermals ein skandalöser Vorgang, bei dem sich letztlich abzeichnete, daß Müllers Zeit zu Ende ging. Als Reaktion darauf bot er wieder einmal seine Demission an, die – wie gehabt – abgelehnt wurde. Man bereitete jetzt ohnehin seine Auswechselung vor, weil man ihn bei der baldigen »Umwidmung« der KVP zur Armee nicht mehr dabeihaben wollte. Aber das war leichter geplant als verwirklicht, denn die SED fand keinen geeigneten Nachfolger; niemand hatte die fachlichen Voraussetzungen, Müller als Stabschef zu ersetzen.

Im Juli 1955 besprachen Heinz Hoffmann, Chef der KVP, und Walter Ulbricht, Erster Sekretär des Zentralkomitees der SED und Vorsitzender der (neuen) Sicherheitskommission des SED-Politbüros, die Personalfrage. Hoffmann schlug Bechler als Nachfolger Müllers vor, war aber gezwungen, auf »charakterliche Schwächen« – seine intrigante Art und Redseligkeit – hinzuweisen. Außerdem gab es einen »Kaderrucksack«; seine geschiedene Frau saß in politischer Haft.[201]

Bechler selbst hätte sich mit der Berufung zum Stabschef am Ziel seiner Wünsche gesehen, er hatte alles getan, um sich der SED und dem MfS gegenüber als geeigneter Nachfolger zu empfehlen. Dennoch: Sein Ehrgeiz, seine Spitzeltätigkeit als Geheimer Informant »Wölfi« und seine politische Zuverlässigkeit reichten nicht aus, um seinen »Chef« zu beerben – Vincenz Müller blieb im Amt, zwar mehr denn je unter Druck und angefeindet, aber immer noch unersetzlich wegen seiner hohen militärischen Qualifikation.

Die Klagen über seine Arbeit rissen nicht ab, die Intrigen gegen ihn verdichteten sich, zu vielen Vorgängen wurde er nicht mehr hinzugezogen, immer deutlicher spürte er das Mißtrauen seiner »Kameraden«.

Als sich Heinz Hoffmann im vierten Quartal 1955 auf einen zweijährigen Lehrgang an der sowjetischen Generalstabsakademie in Moskau vorbereitete und vorab seine zeitweilige Nachfolge geregelt werden sollte, stemmte sich NDPD-Mitglied Vincenz Müller offenbar gegen den von der SED-Führung vorgesehenen Generalmajor Heinrich Dollwetzel als Interimschef, weil dieser in der Vergangenheit gegenüber ehemaligen Wehrmachtsoffizieren eine strikt ablehnende Haltung an den Tag gelegt hatte. Müller ließ durchblicken, daß er selbst bereit wäre, für zwei Jahre Chef der KVP zu werden. Das lehnte man in der SED sofort ab, und DDR-Innenminister Willi Stoph, der Müller nach wie vor gewogen war, zog unter das Thema einen Schlußstrich, indem er Müller fragte: »Sind Sie der Meinung, daß es zweckmäßig ist, an die Spitze der KVP einen ehemaligen faschistischen General zu setzen?« Diese Suggestivfrage konnte Müller nur verneinen. Er versäumte es nicht zu erwähnen, daß »er voll und ganz in seiner Funktion als Chef des Stabes seine arbeitsmäßige Befriedigung findet«, und der Innenminister versicherte, man wolle ihn als Chef des Stabes behalten.[202]

Von den anstehenden personellen Veränderungen erhoffte sich der Stabschef Erleichterung; es war geplant, Bechler zur Territorialverwaltung Süd zu versetzen, um das Klima im Stab zu verbessern. Doch aus der Versetzung sollte nichts werden, die SED-Führung und das MfS hielten an Bechler als Erstem Stellvertreter des Stabschefs und »Erstem Spitzel« des KVP-Stabes fest.

Anfang 1956 wurde aus der KVP die Nationale Volksarmee. Seit dem 14. Mai 1955 war die DDR bereits Mitglied des Warschauer Pakts, seit dem 6. Mai gehörte die Bundesrepublik der NATO an. Nun befanden sich die beiden deutschen Staaten endgültig in unterschiedlichen, einander feindlich gegenüberstehenden Militärblöcken und verfügten über zwei Armeen; am 12. November 1955 hatten die ersten 101 Soldaten der Bundeswehr ihre Ernennungsurkunden erhalten. In der DDR traten die meisten KVP-Angehörigen zur NVA über,

Hauptabteilung I/1

Strausberg, den 14.7.1955
Bi/Pa

BStU
000047

A k t e n n o t i z

In einer Aussprache mit dem Chef der KVP über Fragen der neuen Besetzung in der Leitung des Stabes der KVP berichtete mir der Genosse .... folgendes:

Betr.: ....

Auf Grund der Tatsache, daß der Genosse ....Müller.... mit allen Beratern bisher keinen Kontakt fand und keine positive Zusammenarbeit hat, habe ich diese Sache beim Polit-Büro vorgetragen und es wurde festgelegt, um eine ordnungsgemäße koordinierte Arbeit in der Leitung der KVP durchzuführen, ...Müller.... von seiner jetzigen Funktion abzulösen. Vielleicht geben wir ihm zwei Jahre Urlaub in Beibehaltung des alten Dienstgrades und bauen ihn in Forschungsarbeiten und Beratungsfragen ein oder finden für ihn eine andere Möglichkeit. Das ist noch nicht genau fest.
Er soll auch Mitglied des Kollegiums bleiben und uns in einigen Fragen beraten können, aber eine Veränderung ist hier erforderlich.

Dabei stellte mir Genosse .... die Frage; " Wer hat die Eignung als Chef des Stabes ? "
Darauf mußte ich ihm natürlich erklären, daß wir im gesamten Dienstbereich keinen geeigneten Genossen mit den fachlichen und politischen Voraussetzungen haben. Ich erklärte aber, am geeignetsten erscheint mir .... Zweifelsohne ist .... ein Mensch, der viel arbeitet und auf Grund seiner Tätigkeit einen großen Überblick über das gesamte Dienstbereich der KVP hat.
Wenn auch seine fachliche Qualifikation für die Besetzung Chef des Stabes nicht ausreichend sind, wird er sie aber erreichen.
Er ist äußerst ehrgeizig und entwicklungsfähig. ....
hat nur zwei charakterliche Schwächen. [redacted]

KVP-Chef Hoffman ist ratlos: Der schwierige Stabschef soll gehen, doch es gibt »keinen geeigneten Genossen«, der für Müller die Leitung des Stabes der KVP übernehmen könnte; auch Intrigant und Spitzel Bechler, der jahrelang darauf hingearbeitet hat, kommt nicht in die engere Wahl.

deren Gesamtstärke zunächst auf 120000, ab Juni 1956 auf 90000 Soldaten festgelegt wurde.

Aus dem Stab der Kasernierten Volkspolizei in Strausberg bei Berlin entstand das Ministerium für Nationale Verteidigung bzw. der Hauptstab der NVA; die Volkskammer verabschiedete am 18. Januar 1956 das Gesetz über die Schaffung der NVA. Verwaltungen und Stäbe der neuen Armee, die sich überwiegend aus der Kadertruppe der KVP rekrutierte, sollten bereits am 1. März ihre Arbeit aufnehmen, was im wesentlichen gelang, denn die personelle und materielle Basis für die »nationalen Streitkräfte« war bereits seit Jahren gelegt worden.

Vincenz Müller wurde als Generalleutnant und Stellvertreter des Ministers für Nationale Verteidigung und Chef des Hauptstabes in die NVA übernommen und erhielt bald, wie alle anderen auch, eine neue Uniform, die sehr an die alte deutsche Wehrmachtuniform erinnerte; die KVP-Uniformen waren eher an der Bekleidung sowjetischer Soldaten orientiert.

Willi Stoph wurde von der SED-Führung als Minister für Nationale Verteidigung im Range eines Generaloberst eingesetzt, Erster Stellvertreter des Ministers wurde zunächst Generalmajor Heinrich Dollwetzel.

Müller ersuchte man auf Grund seiner Erfahrungen, alle Maßnahmen aufzulisten, die für den Aufbau der neuen, regulären Armee notwendig seien. Schon Anfang März 1956 legte er ein Papier über sieben Seiten vor, das als »Geheime Verschlußsache« galt. Darin schlug der alte und neue Stabschef vor – in Ergänzung des Gesetzes über die Schaffung der NVA vom Januar – ein Wehrgesetz der DDR zu verabschieden, das die Grundsätze der soldatischen Dienstleistungen, der Disziplinarordnung, der Pflichten und Rechte der Vorgesetzten und Soldaten, der Beförderungen und der Versorgung enthalten sollte und das im April/Mai der Volkskammer vorzulegen sei.

Dazu kam es damals nicht und auch nicht später, erst das DDR-Verteidigungsgesetz vom 20. September 1961 und das DDR-Wehrpflichtgesetz vom 24. Januar 1962 faßten die von Müller erarbeiteten Grundsätze in Gesetzesform zusammen – Müller weilte da schon nicht mehr unter den Lebenden. Der Generalstabschef hatte also Anfang 1956 für den Papierkorb gearbeitet; das sollte ihm noch öfter passieren.

Vincenz Müller, in der DDR wieder zum hohen Militär (bei der KVP) und zum Parteipolitiker (in der NDPD) aufgestiegen, bereits von Krankheit und Belastung gezeichnet, Anfang der 50er Jahre in Berlin-Johannisthal.

Außer seiner Ehefrau Maria (2.v.l.) leben auch Sohn Fritz und Schwiegertochter Mathilde (l.u.r.) mit Vincenz Müller in einem gemeinsamen Haushalt in Berlin, Aufnahmen von 1953.

Eveline Wunderlich, die langjährige Krankenschwester, Geliebte und Gefährtin an Müllers Seite, Mitte der 50er Jahre.

Pilzesammeln mit dem vertrauten (Partei-)Freund Heinrich Homann (l.) 1955 in Bad Liebenstein. Schon ein Jahr später ist das Tischtuch zwischen ihnen zerschnitten.

Landeinheiten der Kasernierten Volkspolizei bei der technischen Ausbildung, 1953.

Angehörige der Teilstreitkräfte KVP-Land, VP-Luft, VP-See (v.l.n.r.), deren Stabschef Vincenz Müller seit 1952 ist.

Bei der Vereidigung durch Minister Willi Stoph (l.) am 27. April 1956: die Generale der NVA Heinz Hoffmann, Vincenz Müller, Heinrich Dollwetzel, Rudolf Dölling und Oberst Erwin Freyer (im Hintergrund v.l.n.r.).

Panzertruppenteile der Nationalen Volksarmee auf der Parade am 1. Mai 1957 in der Berliner Stalinallee.

Vincenz Müller unterschreibt seine Vereidigungsurkunde. Auch beim Aufbau der Nationalen Volksarmee ist er unentbehrlich, er wird Chef des Hauptstabes und stellvertretender Verteidigungsminister. 27. April 1956 in Strausberg, hinter ihm: General Dollwetzel, daneben General Dölling.

Vincenz Müller in KVP-Generalsuniform auf dem Parteitag der NDPD 1955. Bis zu seinem Tod bleibt er Mitglied des Hauptausschusses.

NDPD-Parteitag in den Leipziger Messehallen, 50er Jahre.

Walter Ulbricht, Partei- und Staatschef (vorn r., neben ihm Verteidigungsminister Heinz Hoffmann), übt 1957 interne Kritik an Müller.

Generalmajor Bernhard Bechler, von 1952 bis 1958 Erster Stellvertreter Müllers im Stab der KVP/NVA und Geheimer Informant »Wölfi«, schreibt für das MfS ausführliche Berichte über seinen Chef, dessen Stellung er allzugern eingenommen hätte.

Aufnahme der Morduntersuchungskommission der Volkspolizei vom Schlafzimmer des Hauses in der Windwallstraße 9 wenige Stunden nach dem Selbstmord des Generals. Die Tür zur Loggia steht offen, an der Brüstung ein Stuhl, davor Müllers Hausschuhe.

Müllers Grabstein. 1983 wird die Urne auf Befehl der NVA in einen Ehrenhain des Friedhofs Berlin-Adlershof umgebettet.

Müller fiel auch 1956 für viele Wochen wegen Krankheit aus und hatte sich mehrmals ins Regierungskrankenhaus begeben müssen, um sein Herzleiden behandeln zu lassen; an diese Aufenthalte schlossen sich dann mehrwöchige Erholungskuren an.

Der erneut bestätigte Chef des Hauptstabes der NVA und stellvertretende DDR-Verteidigungsminister machte im April 1956 den Versuch, die Eigenständigkeit seiner Partei zu stärken. Ihn störte die enge Anbindung an die SED, und er vermißte selbständiges Agieren der Parteiführung, der er als Mitglied des Hauptausschusses wenigstens formal selbst angehörte. Vor allem seinem langjährigen »vertrautesten Freund« Heinrich Homann warf er Liebedienerei gegenüber der SED vor.

Müller nutzte die 39. Tagung des NDPD-Hauptausschusses, um seine Kritik an führenden Funktionären öffentlich zu machen. Seine Worte: »Es handelt sich nicht darum, daß wir uns jemand an den Hals werfen, sondern daß wir enger zusammenarbeiten, nicht daß wir schmusen, sondern die Wahrheit sagen«[203], schlugen wie eine Bombe ein, und daß Müller sie sagen konnte, ohne sofort Folgen befürchten zu müssen, verdankte er nur seiner jetzigen Stellung. Seine Kritik kam einem Tabubruch gleich, der an den Grundfesten von Staat und Regierung rüttelte. Daß an der führenden Rolle der SED nicht zu rühren war, wird Müller bewußt gewesen sein – wer das ernsthaft wollte, hätte es politisch nicht überlebt. Ihm ging es in erster Linie darum, den Spielraum seiner Partei zu erweitern in Richtung auf mehr Eigenständigkeit, in Richtung auf weniger Wohlverhalten gegenüber der SED.

Eine solche Forderung, das wußte die engere NDPD-Führung, war durchaus mehrheitsfähig in der Partei, und sie betrieb deshalb eilig Schadensbegrenzung: Müller wurde vorgeladen, »bearbeitet« und zum Widerruf gezwungen, er entschuldigte sich dann während der 40. Tagung des Hauptausschusses am 22. April in Weimar und gestand »einen politischen Fehler« ein.[204] Intern war er nach Aussagen von Günter Hartmann, früher leitender NDPD-Funktionär und 1989/90 zeitweise Chef der Partei, allerdings nicht bereit, vollends Abbitte zu leisten, sondern blieb bei seiner Kritik. Damit zerschnitt er das Tischtuch zum kommenden Mann der NDPD, seinem Ex-Freund Heinrich Homann, der dem General dieses Verhalten nie verzeihen sollte.

Die NDPD-Führung erkannte sehr genau, daß Müller mit dem Vorwurf der Liebedienerei, einer Politik des »Schmusens« gegenüber der

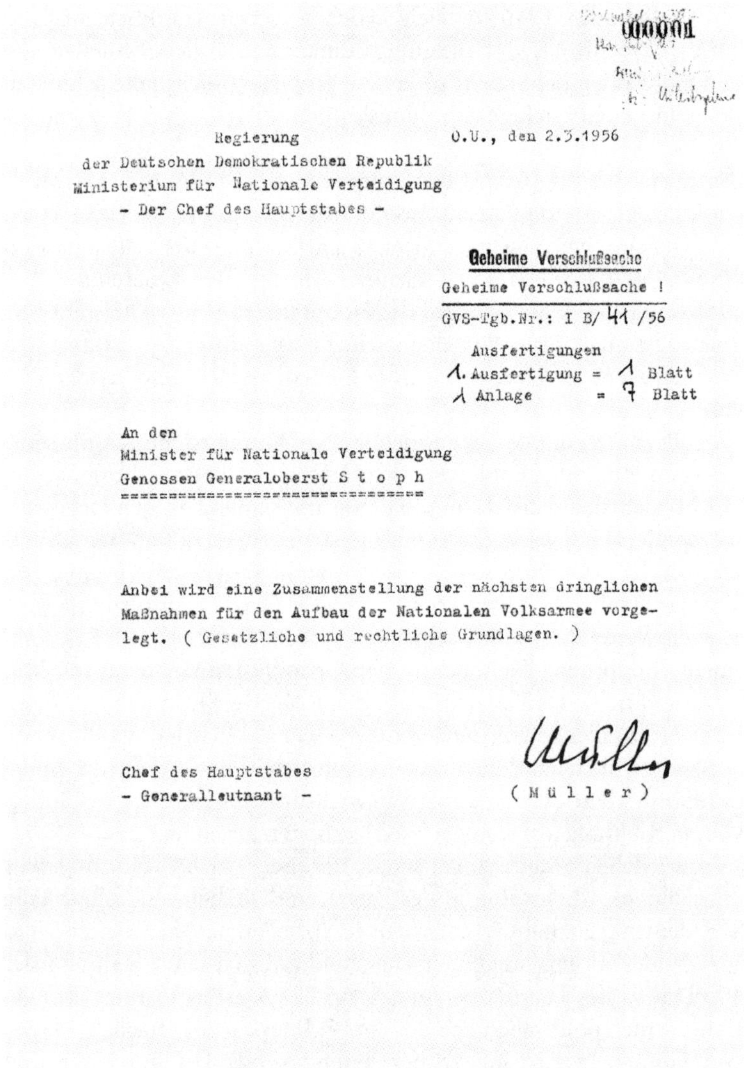

000001

Regierung
der Deutschen Demokratischen Republik
Ministerium für Nationale Verteidigung
- Der Chef des Hauptstabes -

O.U., den 2.3.1956

Geheime Verschlußsache

Geheime Verschlußsache !

GVS-Tgb.Nr.: I B/ 41 /56

Ausfertigungen
1. Ausfertigung = 1 Blatt
1 Anlage = 7 Blatt

An den
Minister für Nationale Verteidigung
Genossen Generaloberst S t o p h

Anbei wird eine Zusammenstellung der nächsten dringlichen Maßnahmen für den Aufbau der Nationalen Volksarmee vorgelegt. (Gesetzliche und rechtliche Grundlagen.)

Chef des Hauptstabes
- Generalleutnant -

Müller
(M ü l l e r)

Auf sieben Seiten legt der alte und neue Stabschef 1956 Maßnahmen für den Aufbau der Nationalen Volksarmee fest, aber das Papier bleibt in der Schublade – ein Verteidigungsgesetz wird erst 1961 verabschiedet, ein Wehrpflichtgesetz der DDR tritt erst 1962 in Kraft.

Geheime Verschlußsache

00002

1. Anlage zur GVS-Tgb.Nr.: IB/ 41 /56 = 7 Blatt

Schaffung der gesetzlichen und sonstigen staatsrechtlichen und rechtlichen Grundlagen für die Nationale Volksarmee

Das Gesetz vom 18. Januar 1956 bestimmt in Kürze die Aufgaben der Nationalen Volksarmee. Durch Beschluß des Präsidiums des Ministerrates sind die Aufgaben des Ministers für Nationale Verteidigung festgelegt. Aus politischen, staatsrechtlichen und zivilrechtlichen Gründen sind noch eine Reihe von Gesetzen und Verordnungen oder die Ergänzung von solchen notwendig.

Um die besonderen Verhältnisse in Westdeutschland zu berücksichtigen und jede Gelegenheit zur Popularisierung der Nationalen Volksarmee auszunützen, wird es sich verschiedentlich empfehlen, einen Teil dieser Maßnahmen vor die Volkskammer zu bringen, wenn es auch nach unseren sonstigen Gepflogenheiten nicht unbedingt notwendig wäre.

Im Großen handelt es sich um folgende Fragen:

a) Was ist notwendig, um innerhalb der Nationalen Volksarmee alle die rechtlichen Grundlagen zu schaffen, die für die Ausübung des Dienstes wie für die Festlegung der Stellung der Angehörigen der Nationalen Volksarmee erforderlich sind?

b) Was ist notwendig, um die Stellung der Nationalen Volksarmee gegenüber Wirtschaft und Bevölkerung festzulegen ?

I. 1. Ein Wehrgesetz, so bezeichnet in der Weimarer Republik, in Westdeutschland heute "Soldatengesetz" genannt, für die Dienstleistung auf der Grundlage der Freiwilligkeit.

Das Gesetz muß ausgehen von der Verfassung, wonach jeder vaterlandsliebende junge Deutsche sich freiwillig zum Dienst in die Nationale Volksarmee meldet. Es muß gleichzeitig sicherstellen, daß die, die sich freiwillig melden, in ihrer persönlichen Entwicklung keine Nachteile, sondern eher Vorteile haben.

- 2 -

SED, der Realität sehr nahegekommen war. Und hätte es eine Atmosphäre innerparteilicher Demokratie in der NDPD gegeben, hätte er für diese Attacke viel Zustimmung erfahren, denn viele Parteimitglieder dachten wie er, und Müller war in seiner Partei eine Respektsperson, deren Stimme Gewicht hatte und nicht ohne weiteres zum Schweigen gebracht werden konnte. Deshalb mußten die Leitungsmitglieder die Notbremse ziehen und ihn zum öffentlichen Widerruf veranlassen, anderenfalls wäre die Diskussion ausgeufert und hätte den Führungsanspruch der SED infrage gestellt.

In dieser Aktion Müllers bündelten sich noch einmal seine Intelligenz und sein persönlicher Mut. Von nun an war er bei der obersten NDPD-Führung nur noch geduldet (und man versuchte weitere öffentliche Auftritte – mit Erfolg – zu verhindern). Ab April 1956 befand er sich somit in einem Zwei-Fronten-Kampf: Er mußte sich zum einen gegen »Genossen« im NVA-Hauptstab wehren und zum andern gegen »Parteifreunde« im NDPD-Hauptauschuß, die nichts sehnlicher wünschten als sein Ausscheiden aus dem aktiven Dienst und aus der aktiven Parteipolitik.

Mitte 1956 verschärfte sich noch einmal die Kritik an seiner Tätigkeit im NVA-Hauptstab, Müller kam nicht mehr zur Ruhe, und nun ging auch Willi Stoph, der »Genosse Minister«, der ihn bisher gedeckt hatte, auf Distanz. Es gab Beschwerden über seinen Arbeitsstil, über die Dauer der Behandlung von Vorlagen, nach Ansicht der »Genossen« ließ sich Müller zuviel Zeit bei der Bearbeitung von Anordnungen, Befehlen und sonstigen Dokumenten.

»Kleinarbeit« lag Müller nie, und jetzt erstickte er in ihr, denn ihm wurden völlig unsinnige Entscheidungen abverlangt, die jeder Abteilungsleiter besser hätte bearbeiten können. Der Hauptstab der NVA übte den Papierkrieg und das in der Form des »totalen Krieges«, denn kein Aufgabengebiet der Armee sollte ohne Richtlinien bleiben, die Regelungswut kannte kaum Grenzen.

Dem MfS berichtete Bechler ab und an über eigenwillige und eigentümliche Dienstauffassungen im Hauptstab: Manche Generale verbanden dienstliche und private Aktivitäten, fuhren zum Einkaufen, gingen zur Jagd, ließen es an jeglicher Disziplin fehlen und sprachen dem Alkohol zu. Besonders schlimm sei es dann, so der »Erste Spitzel« des Hauptstabes, wenn der Minister in Urlaub sei, dann würden fast alle ihre Hemmungen ablegen.

Der Ton war rauh, aber nicht herzlich, man ging ruppig bis brutal miteinander um, das Binnenklima des Hauptstabes ließ kein gedeihliches Zusammenarbeiten zu, und es herrschte eine gereizte und vergiftete Atmosphäre.

In einem solchen Klima waren die Tage eines »Bürgerlichen« wie Vincenz Müller gezählt.

In geheimer Mission – Treffen mit einem Bundesminister (1955/56)

Bis heute geheimnisumwittert blieben zwei Treffen Müllers mit Bundesfinanzminister Fritz Schäffer (CSU) in Ostberlin, die im Juni 1955 und im Oktober 1956 stattfanden. Der General war zu dieser Zeit Chef des Stabes der Kasernierten Volkspartei bzw. Chef des Hauptstabes der Nationalen Volksarmee und stellvertretender DDR-Verteidigungsminister, also im weitesten Sinne Mitglied der Regierung.

Die Familien Müller und Schäffer kannten sich aus der Vorkriegszeit, als Ferdinand Müller, der Vater des Generals, als Abgeordneter der Bayerischen Volkspartei im Landtag in München saß. Fritz Schäffer hatte der Partei ebenfalls angehört und über ein Landtagsmandat verfügt; von 1929 bis 1933 war er Vorsitzender der BVP.

Die Bekanntschaft nahm Vincenz Müller zum Anlaß, im Jahre 1955 Kontakt zu Fritz Schäffer zu suchen, um mit ihm über die Lage in Deutschland zu sprechen. Es sollten informelle Gespräche sein, man wollte Vertraulichkeit wahren und sagte sich das gegenseitig zu. Aber natürlich meinten beide Männer, mit diesem Kontakt etwas zu bewegen in Richtung auf ein künftiges einheitliches Deutschland. Schäffer ging es dabei allem Anschein nach weniger um Gespräche mit Müller, als vielmehr um eine Unterredung mit dem Sowjetbotschafter in Ostberlin. Der General sollte da so etwas wie ein Türöffner sein, Vincenz Müller hatte weitergehende Absichten: Er wollte große Politik mitgestalten, er wollte den Kontakt zu einem Bundesminister des Kabinetts Adenauer nutzen, um seine Haltung zur deutschen Frage einzubringen. Dabei handelte er weniger »im Auftrag« der DDR-Regierung als vielmehr der Sowjets und vielleicht auch zum Teil auf eigene Verantwortung.

Mittelsmann war Wolfgang Sauter, ein Textilkaufmann aus Straubing, der die Müllers noch aus Deggendorf kannte und der – das weiß man heute – als Geheimer Informant bzw. Inoffizieller Mitarbeiter unter dem Decknamen »Markgraf« für die Hauptverwaltung Aufklärung des Markus Wolf arbeitete, zugleich aber auch Handelsbeziehungen zu DDR-Firmen unterhielt und deshalb häufig die innerdeutsche Grenze passieren konnte.

Sauter war ein guter Bekannter von Maria Müller, der Ehefrau des Generals, und besuchte sie öfter während seiner Aufenthalte in Ostberlin, was Müller pflichteifrig dem Minister anzeigte, denn Westbesuche waren meldepflichtig bzw. verboten.

Es ist anzunehmen, daß Müller auf Wunsch der Sowjets bei den Gesprächen mit Schäffer »letzte« Möglichkeiten einer Verständigung in und um Deutschland ausloten sollte. Noch immer schien es in der Kreml-Führung und in der Ostberliner Sowjetbotschaft Leute zu geben, die an einem neutralen Gesamtdeutschland mehr interessiert waren als an der DDR. Sie wollten die Westbindung Bonns rückgängig machen und boten möglicherweise einen Preis an. Wie dieser Preis ausgesehen haben könnte, ist unklar, vielleicht wäre eine enge, festgeschriebene und dauerhafte wirtschaftliche Verbindung zwischen einem Gesamtdeutschland und der UdSSR ein solcher Preis gewesen.

In dieser Zeit geisterten Modelle einer deutsch-deutschen Konföderation durch den Raum als Alternative für das zweigeteilte Land, auch eine »Österreich-Lösung« schloß man nicht völlig aus. Über Fritz Schäffer wurde berichtet, daß er solchen Plänen und Überlegungen aufgeschlossen, auf jeden Fall nicht ablehnend gegenüberstehen würde.

Vincenz Müller lud also Schäffer im Mai 1955 nach Ostberlin ein und deutete ihm an, ein Gespräch mit dem sowjetischen Botschafter in Ostberlin, Georgij M. Puschkin, zu vermitteln. 1992 dokumentierte der Bonner Politologe Hanns Jürgen Küsters den gesamten Vorgang umfassend und gründlich.[205] Markus Wolf, bis 1986 Chef der Hauptverwaltung Aufklärung des MfS, informierte 1997 in seinen Memoiren über die Treffen aus seiner Sicht.[206]

Aus beiden Veröffentlichungen, jeweils aus höchst unterschiedlicher Perspektive verfaßt, wird deutlich, daß Schäffer guten Willens war und als deutscher Patriot aus Bayern gehandelt hat, zumindest der erste Besuch in Ostberlin aber von ihm und Müller nicht gründlich genug vorbereitet worden war. Denn als der Bundesminister am 11. Juni 1955 mit der S-Bahn von West- nach Ostberlin fuhr und am S-Bahnhof Marx-Engels-Platz (heute Hackescher Markt) eintraf, war der sowjetische Botschafter nicht zu sprechen. Man hatte ihn über einen solchen Besuchswunsch nicht informiert, weil es dem MfS ganz unwahrscheinlich erschienen war, daß Schäffer wirklich in Ostberlin auftauchen würde. Als er tatsächlich kam, traf er nur auf hohe Offiziere des MfS in Zivil, darunter auch Markus Wolf, die sich aber nicht zu erkennen gaben und den Bundesminister in dem Glauben ließen, er hätte sowjetische Bedienstete der Botschaft vor sich.

Schäffer besuchte Müller bei dieser Gelegenheit in seinem Haus und sprach mehrere Stunden mit ihm, dann wieder mit den MfS-Leuten, immer in der Erwartung, bald Gelegenheit für eine Unterredung mit dem russischen Botschafter zu haben.

Markus Wolf informierte inzwischen DDR-Ministerpräsident Otto Grotewohl über den Gast aus Bonn. Der wollte gern mit Schäffer sprechen, was dieser aber ablehnen mußte – schließlich war er Mitglied des Bundeskabinetts; Kontakte zu »Pankow« waren da eher heikel.

Als Schäffer nach Stunden feststellen mußte, daß ein Gespräch mit dem Sowjetbotschafter nicht zustande kommen würde, reiste er enttäuscht wieder nach Westberlin zurück; der erste Kontaktversuch war gescheitert.

Vincenz Müller war verärgert, Schäffer sicher auch, aber man hielt Verbindung zueinander und bereitete einen zweiten Besuch vor, der dann allerdings erst am 20. Oktober 1956, fast eineinhalb Jahre später, stattfand.

Abermals reiste Schäffer inkognito nach Ostberlin und konnte dieses Mal den Botschafter Puschkin sprechen. Zu Beginn des Gesprächs, das mehrere Stunden dauerte, war auch Vincenz Müller anwesend. Im Nachlaß von Walter Ulbricht fand sich eine Niederschrift der Unterredung unbekannter Herkunft, die von einem Botschaftsangehörigen zur Information der SED-Führung verfaßt worden sein könnte.[207] Demnach führte Müller den Bundesminister bei Puschkin ein und erläuterte diesem, worüber bereits gesprochen worden sei und welche Grundansichten Schäffer vertreten habe – er wolle die Wiedervereinigung Deutschlands auf der Grundlage einer Föderation und befürworte ein »wiedervereinigtes Deutschland, das keiner Gruppierung angehört«.

Im anschließenden Gespräch zwischen Schäffer und Puschkin über die deutsche Frage und Chancen zu ihrer Lösung habe der Botschafter nicht erkennen lassen, ob er Sympathien für Konföderationsmodelle hege, sondern habe sich aufs Zuhören beschränkt. Gegen Ende habe er Schäffer auf die Notwendigkeit verwiesen, mit der DDR zu verhandeln. Ergebnisse hätte die Unterredung, über die Vertraulichkeit vereinbart worden sei, nicht erbracht.

Wenige Tage später brach der ungarische Aufstand gegen das Sowjetregime los, und die Russen konnten das Land nur gewaltsam im eigenen Block halten.

Walter Ulbricht sollte zwei Jahre später die Vertraulichkeit brechen, als er – im Zusammenhang mit eigenen Konföderationsvorschlägen – behauptete, diese stammten ursprünglich aus der »Bonner Küche«. Kurz zuvor hatte die Bundesrepublik solche Vorschläge strikt abgelehnt, was Ulbricht geärgert haben mag und weshalb er vielleicht die Indiskretion beging. Doch in Bonn gab man sich zunächst einmal uninformiert. Daraufhin zwang Ulbricht den Ruheständler Vincenz Müller, den Namen seines damaligen Besuchers Fritz Schäffer preiszugeben. Ferner nötigte er den General zu allerlei »Erklärungen«, unter anderem in der »Berliner Zeitung«, und sogar zu einem Fernsehinterview, um zu belegen, daß 1955/56 »Verhandlungen« zwischen der Regierung der DDR und der Bundesrepublik geführt worden seien. Wenn sich Müller diesem Ansinnen verweigere, müsse er mit Verhaftung und einem Hochverratsprozeß rechnen, drohte der SED-Chef.[208]

Bonn bzw. Schäffer mußten schließlich die Kontakte zu »Pankow« eingestehen, was die Regierung Adenauer innenpolitisch ein wenig in Bedrängnis brachte. Doch der Bundeskanzler hatte sich bereits vor dem ersten Kontakt zwischen Müller und Schäffer abgesichert und Washington informiert. Er hatte die Mission Schäffers nicht begrüßt, wollte sie aber auch nicht unterbinden. Alle diese Gespräche wurden in Ost und West nachrichtendienstlich »begleitet« und ausgewertet.

Was die Ostseite betraf, räumte Markus Wolf ein, daß alle Unterredungen zwischen Müller und Schäffer unter Kontrolle des MfS standen, also abgehört wurden. Dazu hatte man in Müllers Haus entsprechende Technik eingebaut, die man später auszubauen »vergaß«. Das bestätigen die Angaben von Müllers Schwiegertochter in einem Brief von 2003:

»Wir sind 1954 in das Haus in Schmöckwitz eingezogen. Das erste Abhörgerät wurde wahrscheinlich schon vor unserem Einzug eingebaut, vermuteten wir später. Mit Sicherheit kann ich sagen, daß Abhörtechnik einige Tage vor dem zweiten Besuch im Oktober 1956 installiert wurde. Es geschah ganz offen – wir waren anwesend – und mit Billigung von V. M. Es wurde sogar Anweisung gegeben, wo der Gast zu sitzen habe: im Wohnzimmer neben dem Telefon. Da saß er dann aber nur nach der Begrüßung, zum Kaffee und bei einem konventionellen Familiengespräch. Zur Besprechung der Angelegenheit zogen sich die Herren in die Bibliothek zurück ... die Abhörtechnik wurde nie wieder ausgebaut. Da wir von den Abhörgeräten wußten, konnten wir uns schützen.

- Das Gerät im Wohnzimmer war immer mit einem Kleinmöbel verstellt und mit Sofakissen abgedeckt;
- Bei Gesprächen, auch harmlosen, stellten wir grundsätzlich das Radio an als Geräuschkulisse und um das Abhören zu stören;
- Gäste wurden nicht neben das Telefon platziert;
- Gespräche regimekritischen Inhalts wurden grundsätzlich nicht im Hause geführt;
- Wir vermieden bewußt alle politisch-ideologischen Äußerungen, die uns hätten belasten können. Wir waren uns klar darüber, daß sie eines Tages als Beweis unserer Regimefeindlichkeit hätten verwendet werden können;
- Stand Dringendes zu besprechen an, wurde der Hund gassi geführt, oder ein längerer Spaziergang gemacht.

Während der Anwesenheit Schäffers im Hause im Oktober 1956 war außerdem ein großer Abhörwagen aufgestellt. Er stand ca. 200 Meter vom Haus entfernt im Wald. Mein Mann und ich entdeckten ihn zufällig, als wir mit dem Hund einen Spaziergang machten.

Nach der Abreise Schäffers erzählten wir V. M. davon. Er hatte es nicht gewußt.«[209]

Der General selbst war vom MfS auf den Besuch »eingestimmt« worden und soll »aus politischer Überzeugung« mit der HVA kooperiert haben, so jedenfalls Wolf in seinen Erinnerungen. Deshalb seien auch Behauptungen von Franz Josef Strauß abwegig, die Müller massive Anti-DDR-Äußerungen unterstellen und wonach der General den Bundesminister dahingehend unterrichtet haben soll, daß möglicherweise demnächst Walter Ulbricht gestürzt und die NVA die Macht im Staate übernehmen werde und es in Folge zu einer Österreich-Lösung für die DDR käme, also zu einem neutralen Status des Landes als Vorspiel zur deutschen Einheit, und daß hinter diesen Absichten sowjetische Kreise gestanden hätten.[210]

Äußerungen dieser Art gegenüber Schäffer wären Hoch- und Landesverrat gewesen. Da Müller die Abhörpraktiken des MfS kannte und von den Mikrophonen in seinem Haus wußte, wird er sich kaum derartig gefährdet haben, sondern für solche Erklärungen freies Gelände oder eine Gelegenheit in seinem Auto oder auf seinem Boot »Pandora« gesucht haben. Leider ließ sich Bundesminister Fritz Schäffer dazu nicht näher aus, aber daß Vincenz Müller »staatsfeindliche« Erklärungen abgab, ist belegt.

Der Gehlen-Agent Hermann Teske, der Müller in Ostberlin bis 1954 mehrmals traf, suchte acht Jahre nach dem zweiten Treffen zwischen Müller und dem Bundesminister direkten Kontakt zu Schäffer und veranlaßte ihn dazu, seine Gesprächserinnerungen zu Papier zu bringen: Mit einem Schreiben vom 25. November 1964 informierte Schäffer den damaligen Oberarchivrat und ersten Leiter des Freiburger Militärarchivs, Hermann Teske, über die Vorgänge der Jahre 1955/56 in Ostberlin. Der Bundesminister a. D. berichtete, daß Müller gleich zu Beginn des Gesprächs mit dem russischen Botschafter ausgeführt habe, daß eine deutsch-deutsche Verständigung notwendig sei und alle militärischen Maßnahmen im Osten Unsinn wären, weil sich die Ostdeutschen zu Kriegsmaßnahmen gegen die Bundesrepublik nie hergeben würden.[211]

In diesen Sätzen steckte politisches Dynamit, und Sowjetbotschafter Puschkin dürfte bestimmte Ostberliner Stellen über die Einlassungen Müllers informiert haben; in der erwähnten Niederschrift der Gespräche Puschkin–Schäffer im Nachlaß Ulbricht tauchten sie allerdings nicht auf.

Wenn diese Sätze so gefallen sind, wie Schäffer sie wiedergab, beinhalteten sie ein klares Mißtrauensvotum gegen die offizielle DDR-Sicherheitspolitik seitens des Generalstabschefs der DDR-Armee. Hatte sich Müller wirklich soweit vorgewagt und damit seine Existenz aufs Spiel gesetzt? Markus Wolf bezeichnete die Ausführungen von Strauß als »abenteuerliche Version der Schäffer-Initiative«, und er bestätigte diese Aussage noch einmal im Juni 2003 gegenüber dem Autor; er verwies die Angaben in das Reich der Phantasie. Wer ist näher an der Wahrheit? Schäffer oder Wolf? Warum sollte Schäffer sich nicht an die Wahrheit gehalten haben? Was hätte er davon gehabt? Bei Wolf liegen die Gründe näher, denn er ist bis heute daran interessiert, die Ehre seiner HVA zu wahren. Und er ist im »Nebelwerfen« und im Täuschen von Berufs wegen erfahren, das war sein Geschäft (und soll kein Vorwurf sein).

Wie schon vermutet, könnte auch Puschkin »geplaudert« haben; jedenfalls schrieb Müller 1958 an Schäffer, daß die DDR-Regierung ein Verfahren gegen ihn eröffnet habe. Weitere Belege fanden sich nicht, möglicherweise blieb es bei »Voruntersuchungen«, da Müller damals schon aus dem aktiven Armeedienst ausgeschieden war.

Heute ist sicher, daß Walter Ulbricht gegen Müller etwas in der Hand gehabt haben muß, um ihn zu erpressen: Er konnte den General 1958 zwingen, in der Öffentlichkeit die aktuelle Ulbrichtsche Version der Gespräche Schäffer–Müller–Puschkin zu verbreiten, das Konföderationsangebot stamme aus dem Westen und Schäffer sei zu »Verhandlungen« in Ostberlin gewesen. Und er konnte Müller dazu veranlassen, das in Presseerklärungen und einem Fernsehinterview (am 19. November 1958) wider besseres Wissen zu behaupten. Zwar hatte er sich zunächst geweigert und auf die vereinbarte Vertraulichkeit berufen, doch eingelenkt, als Ulbricht ihm massiv mit einem Hochverratsprozeß drohte, wenn er sich nicht »einsichtig« zeige – der Erste Sekretär des ZK der SED mußte also Kenntnis von »gewissen« staatsfeindlichen Äußerungen Müllers gehabt haben.

Bis heute wird darüber spekuliert, welche Motive Schäffer und Müller zu ihrer Mission bewegt haben könnten. Als die Kontakte 1958 im Westen bekannt wurden, ergoß sich ein Schwall von Häme über den CSU-Politiker in der bundesdeutschen Presselandschaft. Der liberale Staatsrechtler Theodor Eschenburg nannte die Besuche in der Wochenzeitung »Die Zeit« einen »Patrouillenritt« Schäffers nach Pankow, unterstellte ihm eine »rührende Naivität« und »gefühlsbewegtes Denken«, meinte aber auch, daß an der »Courage« Schäffers nicht zu zweifeln sei. Insgesamt attestierte ihm Eschenburg Mut und zollte ihm Respekt, schloß aber mit der Bemerkung, ein Staatsmann sei Schäffer nicht.

Konrad Adenauer, Bundeskanzler und Garant der Westbindung Bonns, riet nach den erfolglosen Treffen, besser zu schweigen. Und er lag mit seiner Vermutung, die dreistündigen Gespräche zwischen Schäffer und Müller seien auf Band aufgenommen worden, nicht so falsch. Irgendwann einmal werden diese Bänder auftauchen. Möglicherweise sind sie heute im Besitz eines westlichen Geheimdienstes, vielleicht existiert aber auch noch eine Kopie irgendwo in Moskau oder im Archiv der Bundesbeauftragten …

Die Kontakte Schäffer–Müller wurden nach 1956 noch eine Zeitlang über Mittelsleute fortgesetzt, versandeten dann aber. Die Ereignisse in Ungarn im Oktober/November 1956, die brutale Niederschlagung der Freiheitsbestrebungen führten zur Verschärfung des Kalten Krieges zwischen Ost und West und ließen Konföderationsplänen keine Chance mehr; das sowjetische Berlin-Ultimatum vom 27. November 1958, das für Westberlin einen »entmilitarisierten Status« mit Abzug der Schutzmächte verlangte, würgte letzte Möglichkeiten ab.

Schäffer und Müller wagten – die eigene politische Existenz gefährdend – 1955/56 den Versuch, den Kalten Krieg in und um das geteilte Vaterland zu beenden. Aussschlaggebend für das Handeln der beiden waren ohne Zweifel patriotische Motive.

Schäffers Einsatz fand anläßlich des 50. Gründungstages der CSU im Jahre 1996 doch noch eine späte Würdigung. In einer Sonderausgabe der »Politischen Studien« kam der konservative Staatsrechtler Dieter Blumenwitz zu folgendem Urteil:

»Obgleich die konspirativen Gespräche nicht erfolgreich waren ... war der Ansatz richtig: Wie jede Ware hatte auch die Wiedervereinigung ihren Preis; den Preis in Anbetracht der sowjetischen Schwierigkeiten in der Schlußphase der Verhandlungen um den Österreichischen Staatsvertrag und gewisser Liberalisierungstendenzen nach Stalins Tod auszuloten, war nicht illusionär.«[212]

Wenn etwas bewahrens- und erinnerungswert bleibt von den deutschlandpolitischen Ideen und Experimenten des Vincenz Müller, dann die Treffen mit Bundesminister Fritz Schäffer.

Krise und Verwendungsende – Entlassung aus der Nationalen Volksarmee (1957/58)

Fünf Jahre nach seiner Reaktivierung als General hatte Vincenz Müller seine Schuldigkeit getan und konnte gehen, denn der Aufbau der DDR-Streitkräfte war zwar längst noch nicht abgeschlossen, die Grundlagen der Wiederaufrüstung Ost aber waren inzwischen gelegt worden. Daran hatte der ehemalige »faschistische General« in führender Position mitgewirkt. Nun schien es den leitenden SED-Funktionären an der Zeit, sich von den »Ehemaligen« endgültig zu verabschieden.

Anfang 1957 entschied das SED-Politbüro dementsprechend; alle ehemaligen Generale und Offiziere der Wehrmacht sollten in Etappen aus der NVA aussscheiden. Im Beschluß vom 15. Februar 1957 hieß es im Abschnitt 1.b):

»Die ehemaligen Offiziere, die aktiv führend in der Reichswehr und Hitler-Armee tätig waren, z.B. Offiziere des Generalstabes, Kandidaten für den Generalstab, Teilnehmer am Überfall in Spanien usw.«, sind bis Ende 1957 zu entlassen.[213]

Das las sich wie eine »Lex Müller«, und nun waren die Tage des ersten Chefs des NVA-Hauptstabes wirklich gezählt, er selbst erfuhr davon aber zunächst nichts.

Die Atmosphäre im Stab war nach wie vor angespannt, und die Konflikte nahmen eher zu als ab. Im Dezember 1956 hatte es eine »sehr ernste Aussprache mit dem Genossen Minister« gegeben, in der Müller wieder einmal massiv angegriffen wurde und sein Stellvertreter Bechler ihm abermals unterstellte, daß bestimmte NVA-Vorschriften denen der »faschistischen Wehrmacht« nachempfunden waren (das bezog sich konkret auf die Disziplinar- und Innendienstordnung sowie auf die Standortvorschrift). Außerdem verdächtigte er Müller, im Ministerium für Nationale Verteidigung »strukturelle Veränderungen« zu planen, die »nach dem Muster der ehemaligen faschistischen Wehrmacht« durchgeführt werden sollten.[214]

Zugleich warf man ihm vor, er würde krankheitsbedingt zu oft ausfallen und könne deshalb seinen Aufgaben nicht voll nachkommen, was den Tatsachen teilweise entsprach: Krankenhausaufenthalte und Erholungskuren zwangen den Stabschef, immer häufiger zu pausieren und die Arbeit seinem Stellvertreter zu überlassen. Auch während seines Dienstes mußte Müller inzwischen Ruhezeiten einlegen. Sein Chefadjutant und MfS-Spitzel Heinz Sperling meldete, daß im Ruhezimmer des Generals im Ministerium »ca. 30 verschiedene Medikamente, Flaschen und Pillen« ständen, auch andere Offiziere im Stab berichteten von einem starken Medikamentenkonsum Müllers.

Im März 1957 beklagte sich Bechler erneut über organisatorische Schwächen Müllers im täglichen Dienstablauf. Und er suggerierte, der General würde sich in komplizierten politischen Situationen der Verantwortung entziehen, was nun wirklich aus der Luft gegriffen war. Müller mußte sich ganz einfach ein Mindestmaß an Schonung gönnen nach zwei Herzinfarkten (1951 und 1955) sowie mehreren schweren Malariaanfällen. Hinter Bechlers Anschuldigungen stand freilich nach wie vor dessen Absicht, Nachfolger seines Chefs zu werden. Das hatte auch Müller inzwischen erkannt. Um der dienstlichen Überwachung und Denunziation durch seinen Stellvertreter zu entgehen, vermied er mehr denn je alle nicht unbedingt erforderlichen Kontakte und informierte Bechler nur noch über das Wichtigste; im Ergebnis nahmen die Reibungsverluste und Informationsmängel im Hauptstab weiter zu.

Bechler mußte seine Hoffnungen allerdings begraben, denn er fiel als ehemaliger Major der Wehrmacht auch unter den Politbürobeschluß vom 15. Februar 1957 und sollte die NVA verlassen. Letztlich »lagerte« man ihn aber zu einem längeren Lehrgang in die UdSSR »aus« und setzte ihn anschließend als einen der stellvertretenden Chefs der Militärakademie »Friedrich Engels« in Dresden ein.

Müller, selbst gesundheitlich mehr als angeschlagen, mußte erleben, daß am 1. Februar 1957 Generalfeldmarschall Friedrich Paulus in Dresden nach längerer Krankheit verstarb. Ein Ärzteteam, dem als einziger Nichtmediziner auch Vincenz Müller angehörte, hatte zuvor eine Operation als zu gefährlich bezeichnet und abgelehnt, weil sie keinen sicheren Erfolg versprach. Der Generalfeldmarschall hatte unter einer Verringerung der Zelltätigkeit des Gehirns, die zu Lähmungserscheinungen und Sprechschwierigkeiten führte, gelitten. Seine im Westen lebende Familie hatte ihm nahegelegt, sich einem Kuraufenthalt in Bad Gastein (Österreich) zu unterziehen, was er aber – auch auf Anraten von Müller – abgelehnt hatte bzw. ablehnen mußte, da man ihn nicht ausreisen lassen wollte.

Vincenz Müller traf der Tod des Feldmarschalls deshalb besonders, weil er die politischen Ansichten von Paulus weitgehend geteilt und in ihm einen Verbündeten im Kampf um ein blockfreies Gesamtdeutschland gesehen hatte.

Trotz aller Beteuerungen brach Vincenz Müller die privaten Beziehungen zu Eveline Wunderlich nicht ab. Das führte zu heftigen Auseinandersetzungen im Hause Müller; Ehefrau, Sohn, und Schwiegertochter mißbilligten sein Verhalten scharf und drohten Sanktionen an. Die Krankenschwester hatte in Schmöckwitz Hausverbot. Müller aber ließ sich nicht unter Druck setzen, sondern ging auch hier seine eigenen Wege. Was Frauen betraf, führte er ein bewegtes Leben, und neben Eveline Wunderlich gab es durchaus noch andere »Bekanntschaften«, die der General ganz offen in seinem Hause einführte und sie seiner Ehefrau vorstellte. Es waren da – unter anderen – Frieda, Ivonka, »Butterbrot-Ilse« und Daphne ... Manche wurden Freundinnen seiner Frau, andere verschwanden nach einiger Zeit wieder.

Nach Dienstschluß im Ministerium begab sich der General gelegentlich in Zivil mit dem Auto zur Wohnung seiner Geliebten, bepackt mit Lebensmitteln aus den Beständen der Militär-HO (Handelsorganisation), und verbrachte einige Stunden bei ihr, bevor er sich von seinem Fahrer und in Begleitung seines Adjutanten nach Hause kutschieren ließ. Fahrer und Adjutant wurden zum Stillschweigen

»vergattert«[215], doch sickerten Informationen über derlei Privatbesuche im Dienstfahrzeug der NVA natürlich durch. Der Ehefrau werden die »Ausflüge« ihres Mannes ebenfalls nicht entgangen sein.

Maria Müller war im August 1949 aus Bayern nach Ostberlin gezogen, um mit ihrem Mann wieder zusammenzuleben, was sich aber mit den Jahren als schwierig erwies. Dessen außereheliche Beziehungen – insbesondere die zu Eveline Wunderlich – waren trotz ihrer großen Toleranz auf Dauer eine starke Belastung, mit der sie zunehmend schlechter zurechtkam.

Auch über allgemeinpolitische Fragen gab es Streit zwischen den Eheleuten, die beide der NDPD angehörten. Maria Müller stand der DDR ablehnend gegenüber und glaubte nicht, daß diese Gesellschaft eine Zukunft habe. Die Eheleute mieden schließlich Gespräche über aktuelle Politik. Außerdem plagte Maria Müller Heimweh nach Bayern.

Kritisch wurde ihr Zustand, als ihre Mutter Maria Brandl, geb. Schuh (1878), am 6. Januar 1957 verstarb. Sie war die engste Vertraute von Maria Müller und seit 1950 bei ihrer Tochter in Berlin. Schon in Deggendorf in den Jahren der Abwesenheit von Vincenz Müller hatten die beiden zusammengelebt und sich gegenseitig gestützt. Nach dem Tod der Mutter verschlechterte sich der Gesundheitszustand von Frau Müller rapide – sie litt unter chronischen Magengeschwüren –, und es stand eine Operation an, vor der sie Angst hatte. Das verstärkte ihre ohnehin schweren Depressionen, und am 23. September 1957, einen Tag vor dem 34. Hochzeitstag der Müllers, wählte die 56jährige den Freitod mit Leuchtgas.[216]

Die Umstände ihres Todes wurden geheimgehalten, nur den engsten Verwandtschaftskreis informierte man über das, was sich zugetragen hatte. Vincenz Müller selbst gab gegenüber Freunden noch Jahre später die Version aus, seine Frau sei »überraschend verstorben«, und erwähnte den Selbstmord nicht. Im Ministerium sprach man aber bald hinter vorgehaltener Hand darüber, wie die Frau des Stabschefs ums Leben gekommen war.

Für Vincenz Müller kam der Selbstmord seiner Frau einer Katastrophe gleich, weil er sich mitschuldig fühlte und sich eingestehen mußte, daß das Verhältnis zu Eveline Wunderlich vermutlich einer der Gründe für ihren Freitod war. Dieser Ansicht waren auch Sohn und Schwiegertochter, die nach dem Ableben von Maria Müller im Hause wohnen blieben. Sie machten dem General heftige Vorwürfe und verboten Eveline Wunderlich weiterhin das Haus.

Die Geliebte hielt sich zum Zeitpunkt des Selbstmords von Maria Müller als medizinische Betreuerin des Dorfensembles der DDR in der Volksrepublik China auf, wurde aber von Vincenz Müller über die DDR-Botschaft in Peking von dem Geschehen unterrichtet.[217]

In aller Stille setzte man Frau Müller auf dem Friedhof Berlin-Grünau bei.

Nach diesen Ereignissen fiel der General für mehrere Wochen dienstlich aus. Sein Herzleiden hatte sich verschlimmert, und er mußte sich erneut ins Regierungskrankenhaus begeben. Sein bisheriger Erster Stellvertreter Bechler war inzwischen schon nach Moskau abkommandiert worden, was Müller sicher nicht bedauerte.

Die SED-Führung unter Walter Ulbricht hatte sich jetzt endgültig dazu entschlossen, Müller demnächst aus dem aktiven Armeedienst zu entfernen. Offiziell wurden Gesundheitsgründe genannt, die aber letztlich nur den willkommenen Anlaß boten: In Wahrheit wollte man den unbequemen und »klassenfremden« ehemaligen Wehrmachtgeneral endlich aufs Altenteil abschieben, weil man ihn nun nicht mehr brauchte und weil man ihm noch immer politisch mißtraute und er unbequem war.

Am 3. November 1957 kritisierte Walter Ulbricht im Ministerium für Nationale Verteidigung in Strausberg bei Berlin ausdrücklich den bisherigen Chef des Hauptstabes, der sich seiner Ansicht nach gegen die Führungsrolle der SED in der NVA gewandt und eigene politische Absichten verfolgt habe, die zersetzerisch auf Offiziere gewirkt hätten.[218] Während der 18. Sitzung der Sicherheitskommission des ZK der SED bzw. des Politbüros am 12. Dezember 1957 unter dem Vorsitz von Walter Ulbricht wurde entschieden: »Generalleutnant Müller wird zu Beginn des Jahres 1958 von seiner Funktion als Chef des Hauptstabes ... entbunden und pensioniert.«[219] Den Vorwürfen war die Suspendierung gefolgt, die amtliche reguläre Entlassung fiel auf den 28. Februar 1958.

Auf den ersten Blick schien Müllers Pensionierung ein ganz normaler Vorgang zu sein, von den eigentlichen Hintergründen drang nichts an die Öffentlichkeit. Der General hatte mit einem Handschreiben vom 20. Januar 1958 persönlich seine Entlassung aus gesundheitlichen Gründen bei DDR-Verteidigungsminister Willi Stoph beantragt (siehe S. 225).

Tatsächlich aber handelte es sich um einem Rausschmiß erster Klasse, der alles vermissen ließ, was bei einem »ehrenvollen Abschied«

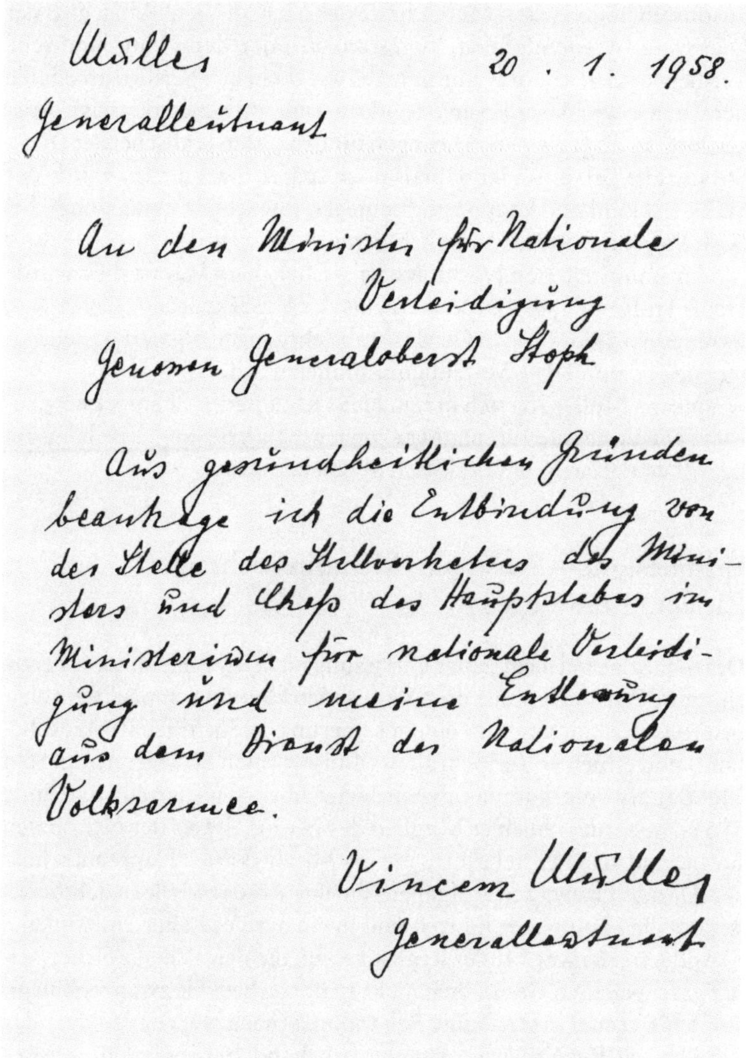
Müller 20. 1. 1958.
Generalleutnant

An den Minister für Nationale
Verteidigung
Genossen Generaloberst Stoph

Aus gesundheitlichen Gründen
beantrage ich die Entbindung von
der Stelle des Stellvertreters des Mini-
sters und Chefs des Hauptstabes im
Ministerium für nationale Verteidi-
gung und meine Entlassung
aus dem Dienst der Nationalen
Volksarmee.

Vincenz Müller
Generalleutnant

Längst ist die Pensionierung Müllers beschlossene Sache, da bittet der stellvertretende Minister und Chef des Hauptstabes im Ministerium für Nationale Verteidigung »aus gesundheitlichen Gründen« offiziell um seine Entlassung.

ansonsten üblich war – Müller hätte der nächsthöhere Rang, also der Dienstgrad Generaloberst, zugestanden oder der »Vaterländische Verdienstorden in Gold«; die ihm 1959 verliehene »Verdienstmedaille der DDR« war kein Ersatz, sondern eine eher zweitklassige Auszeichnung. Angemessene Ehrungen für den ersten Stabschef der DDR-Streitkräfte gab es weder damals noch später. Statt dessen wurde der Stabschef kühl und knapp verabschiedet, nur seine »Abmeldung« bei Willi Stoph fiel etwas freundlicher aus.

Sein unmittelbarer Nachfolger als Chef des Hauptstabes wurde Heinz Hoffmann, der Ende 1957 aus der UdSSR zurückgekehrt war, wo er einen zweijährigen Generalstabslehrgang absolviert hatte; später stieg er zum DDR-Verteidigungsminister auf.

Vincenz Müller zog sich in sein Haus nach Berlin-Schmöckwitz zurück. Die Entlassung empfand er zunächst als Erlösung. Erst langsam begriff er, daß man ihn praktisch abgesetzt hatte.

Unruhestand – Pensionär, Memoirenschreiber, Patient (1958–1961)

Der 64jährige fiel nach seiner Entlassung nicht ins Bodenlose, er bezog eine gute Pension, konnte im NVA-eigenen Haus in Schmöckwitz bleiben (das sich allerdings in einem sanierungsbedürftigen Zustand befand) und erhielt von seinem alten Minister einen Beratervertrag. Sein Mandat als Volkskammerabgeordneter übte er weiter aus (bis Ende 1958), außerdem blieb er Mitglied des Nationalrates der Nationalen Front, und seine Partei führte ihn als Mitglied ihres Hauptausschusses. Daraus erwuchsen Aufgaben, die ihn aus der Idylle in Schmöckwitz in die Hauptstadt führten und in ein aktives Leben einbanden.

Andererseits war Müller Realist genug, die deutlichen Zeichen seiner geschwächten Gesundheit nicht zu übersehen. Sie zwangen ihn im Juli 1958 erneut in stationäre Behandlung (nach wie vor genoß er das Privileg, im Regierungskrankenhaus behandelt zu werden), und er nahm das zum Anlaß, sein Testament zu verfassen – nach zwei überstandenen Herzinfarkten und angesichts seiner akuten Beschwerden konnte er seinen baldigen Tod nicht ausschließen. Am 17. Juli 1958 brachte er seinen »letzten Willen« zu Papier (siehe S. 228).

Während seiner letzten Dienstjahre war Müller bereits von leitenden SED-Leuten auf seine Memoiren angesprochen worden. Er konnte sich aber zunächst nicht mit dem Gedanken anfreunden, seine Erinnerungen schriftlich festzuhalten. Es bedurfte erst eines offiziellen Auftrags von Verteidigungsminister Willi Stoph, der den General 1958 zu einem Sinneswandel veranlaßte. Vorab hatte Walter Ulbricht persönlich sein Interesse bekundet, Müllers Memoiren veröffentlicht zu sehen. In einem Gespräch mit Müller hatte er geäußert: »Wenn ein Mann, der früher in der Zentrale des Klassenfeindes arbeitete [gemeint war das Reichswehrministerium bzw. der Generalstab], heute für uns zeugt und seine Wandlung schildert, dann ist dies die beste Propaganda, die wir uns denken können.«[220]

Müller sah sich also von Stoph und Ulbricht in die Pflicht genommen und erfüllte den Auftrag – vielleicht auch deshalb, so später sein Sohn, um abermals seine »gesellschaftliche Nützlichkeit« dem Regime gegenüber zu beweisen und um einen »weiteren Sturz« in die Bedeutungslosigkeit zu verhindern.[221] Im ersten Ruhestandsjahr ging Müller daran, Material zu sammeln und erste Konzepte zu erstellen.

Ansprüche und Erwartungen, wie die Erinnerungen des Generals aussehen sollten, wurden gleich von mehreren Seiten vorgebracht: von seiner Partei, von der NVA-Politverwaltung und – nicht zuletzt – vom Chefpropagandisten der SED, Albert Norden.

Während die NDPD eine mehr anekdotische Darstellungsweise favorisierte, um damit breite Leserschichten zu erreichen, wollte die NVA-Politverwaltung ein militärwissenschaftliches Werk veröffentlicht wissen, das als Gegengewicht zu westdeutschen Publikationen gedacht war. Die SED-Führung bzw. Albert Norden forderte schließlich eine Propagandaschrift im Sinne der Nationalen Front der DDR, in der ein ehemaliger Nazigeneral seinen Teil des Aufbaus am »Arbeiter-und-Bauern-Staat« schilderte und zugleich die angeblich »nationale Rolle« der KPD der Weimarer Republik betonen sollte. Es müsse, so die SED, ein Erinnerungsbuch entstehen, das vom breiten Bündnis der »Partei der Arbeiterklasse« mit den anderen »werktätigen Schichten« zeuge, und das auch in der Bundesrepublik Leser finden könne. Diese Gestaltungswünsche waren praktisch Auflagen und gingen dem General in Befehlsmanier zu, so daß er sich gezwungen sah, den Erwartungen zu genügen.

Aber Müller wäre nicht Müller gewesen, wenn er nicht von Anfang an seinen eigenen Ansichten gefolgt wäre. Er wollte sich nicht ohne weiteres den Auflagen beugen, was – wie sich zeigen sollte – in der Praxis nicht ganz einfach war. Denn dem Ex-Stabschef wurden zwei überzeugte Marxisten-Leninisten als »Helfer« zur Seite gestellt: der

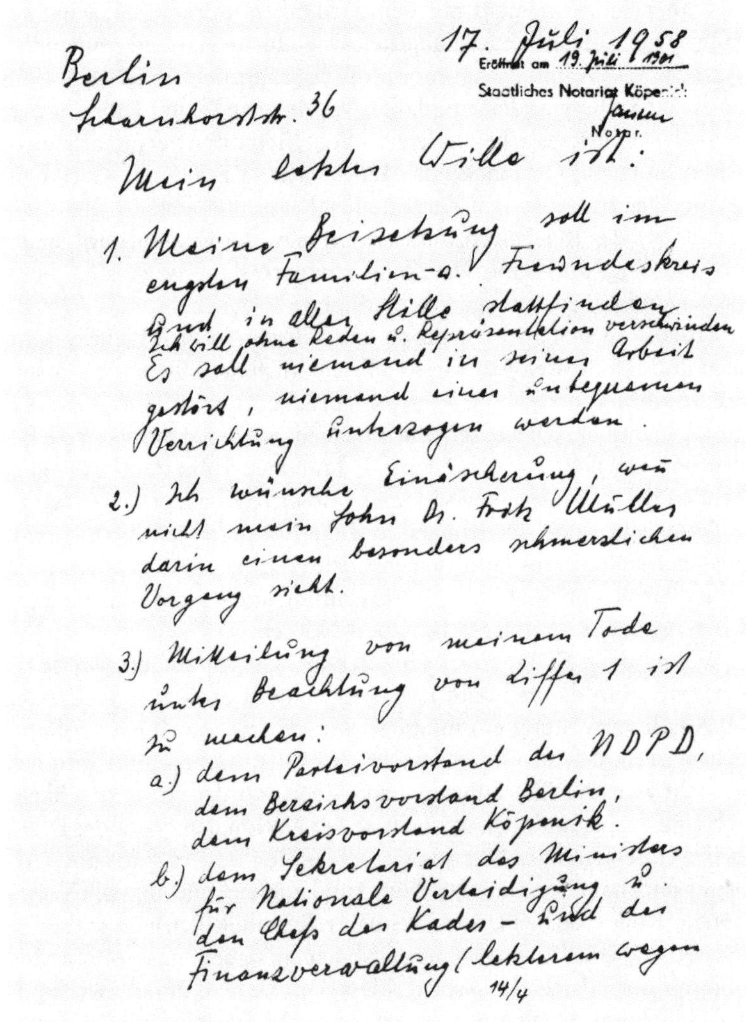

Berlin
Scharnhorststr. 36

17. Juli 1958

Eröffnet am 19. Juli 1961
Staatliches Notariat Köpenick
Jansen
Notar.

Mein letzter Wille ist:

1. Meine Beisetzung soll im engsten Familien- u. Freundeskreis und in aller Stille stattfinden. Ich will ohne Reden u. Repräsentation verschwinden. Es soll niemand in seiner Arbeit gestört, niemand einer unbequemen Verrichtung unterzogen werden.

2.) Ich wünsche Einäscherung, wenn nicht mein Sohn Dr. Fritz Müller darin einen besonders schmerzlichen Vorgang sieht.

3.) Mitteilung von meinem Tode ist unter Beachtung von Ziffer 1 zu machen:
a.) dem Parteivorstand der NDPD, dem Bezirksvorstand Berlin, dem Kreisvorstand Köpenick.
b.) dem Sekretariat des Ministers für Nationale Verteidigung u. den Chefs der Kader- und der Finanzverwaltung (letzterem wegen

14/4

Vincenz Müller nimmt die Zeichen seiner geschwächten Gesundheit ernst und schreibt im Sommer 1958 sein Testament, in dem er festlegt: »1.) Meine Beisetzung soll im engsten Familien- und Freundeskreis und in aller Stille stattfinden. Ich will ohne Reden und Repräsentation verschwinden. Es soll niemand in seiner Arbeit gestört, niemand einer unbequemen Verrichtung unterzogen werden.

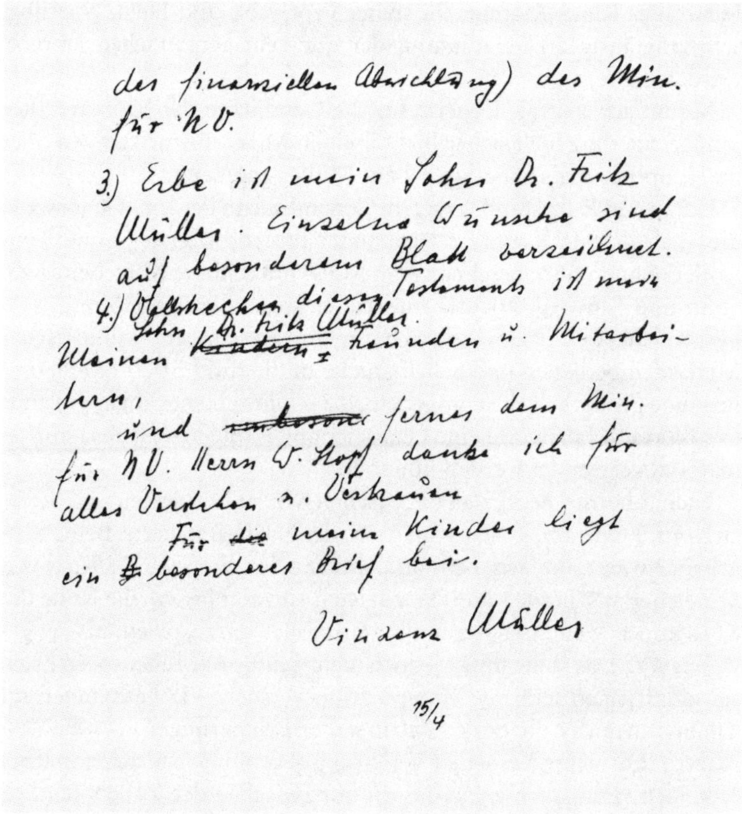
der finanziellen Abteilung) des Min.
für NV.
3.) Erbe ist mein Sohn Dr. Fritz
Müller. Einzelne Wünsche sind
auf besonderem Blatt verzeichnet.
4.) Vollstrecker dieses Testaments ist mein
Sohn Dr. Fritz Müller
Meinen ~~Kindern~~ Freunden u. Mitarbei-
tern,
und ~~insbesond~~ ferner dem Min.
für NV. Herrn W. Stoph danke ich für
alles Verstehen u. Vertrauen
Für ~~die~~ meine Kinder liegt
ein ~~B~~ besonderer Brief bei.
Vincenz Müller
15/4

2.) Ich wünsche Einäscherung, wenn nicht mein Sohn Dr. Fritz Müller darin einen besonders schmerzlichen Vorgang sieht.
3.) Mitteilung von meinem Tode unter Beachtung von Ziffer 1 ist zu machen:
a.) dem Parteivorstand der NDPD, dem Bezirksvorstand Berlin, dem Kreisvorstand Köpenick.
b.) dem Sekretariat des Ministers für Nationale Verteidigung und den Chefs der Kader- und der Finanzverwaltung … des Min. für NV.
3.) Erbe ist mein Sohn Dr. Fritz Müller. Einzelne Wünsche sind auf besonderem Blatt verzeichnet.
4.) Vollstrecker dieses Testaments ist mein Sohn Dr. Fritz Müller.

Meinen Freunden und Mitarbeitern, und ferner dem Min. für NV Herrn W. Stoph, danke ich für alles Verstehen und Vertrauen.
Für meine Kinder liegt ein besonderer Brief bei. Vincenz Müller«.

Historiker Klaus Mammach, später Professor, und Heinz Sperling, sein langjähriger Chefadjutant, der nun sein persönlicher Sekretär werden sollte.

Mammach galt als Experte für die Geschichte der Weimarer Republik, Sperling hielt sich selbst für einen Militärhistoriker, war aber im Hauptberuf als Stasi-Spitzel auf Müller angesetzt.

Der in den Ruhestand versetzte General sah in beiden »Genossen«, die auch private Kontakte zueinander hatten, in erster Linie Kontrolleure und nur in bescheidenem Maße brauchbare Mitarbeiter. Zu Sohn und Schwiegertochter äußerte er sogar die Befürchtung, sein persönlicher Sekretär würde sich, um ihm zu schaden, stalinistischer Methoden bedienen und Schriftstücke in die rund 3000 Bände umfassende Bibliothek einschmuggeln, die – sollte er eines Tages vollends in Mißkredit fallen und eine Haussuchung erfolgen – als Belastungsmaterial verwendet werden könnten.

Nicht überraschend, daß es zwischen Müller und seinen »Helfern« zu Konflikten kam, je weiter man sich der Nazizeit näherte. Beide Mitarbeiter waren intensiv bemüht, Müller seine Vorliebe für Kurt von Schleicher auszureden und ihn zugleich zu veranlassen, die Rolle der KPD in der Weimarer Republik glanzvoller darzustellen, als sie gewesen war. Das sollte ihnen jedoch nicht gelingen; Müller sperrte sich standhaft gegen derartige Manipulationsversuche – Lobeshymnen auf Thälmann und Stalin finden sich in seinen Erinnerungen über die Weimarer Jahre nicht. Aus seiner Verehrung gegenüber Schleicher machte er keinen Hehl, auch wenn das oft nur zwischen den Zeilen deutlich wurde.

Trotzdem hat er sich mit den Erinnerungen an diese Zeit besonders schwer getan, das wußte Müllers Sohn zu berichten wie auch sein persönlicher Sekretär. Heinz Sperling meldete das seinem MfS-Führungsoffizier Arthur Hoetzel, mit dem er sich regelmäßig traf, um über Müller und seine Fortschritte bei der Anfertigung der Memoiren zu berichten.

Die Aufgabe von Oberstleutnant Sperling, der inzwischen am Deutschen Institut für Militärgeschichte in Potsdam beschäftigt war, aber wöchentlich mehrere Male zu Müller nach Schmöckwitz fuhr, bestand darin, den General nicht nur bei der Erstellung seiner Erinnerungen zu unterstützen, sondern ihn auch politisch zu überwachen und festzustellen, ob »er Initiator irgendwelcher Maßnahmen unter ehemaligen Offizieren [ist], die sich gegen unsere Partei oder Regierung richten«.[222] Nach wie vor zweifelten offenbar die Verantwortlichen in

SED und MfS an der Zuverlässigkeit des Generals und hielten ihn selbst als Pensionär noch für gefährlich. Vor allem interessierte sie »Westbesuch« im Hause Müller, darüber hinaus alle Personen, die zu Müller Kontakt hatten. Sperling war gehalten, besonders aufmerksam alle Vorkommnisse (einschließlich der Privatsphäre) zu registrieren und zu melden, was der Offizier mit Akribie und krimineller Energie tat. Sohn und Schwiegertochter bespitzelte er gleich mit.

Nach Ausstrahlung des Interviews im »Deutschen Fernsehfunk« am 19. November 1958 in der Sache Fritz Schäffer, in dem Müller hypernervös und gereizt Rede und Antwort stand, was nicht verwundert, weil er von Walter Ulbricht zu diesem Auftritt genötigt wurde, erhielt Sperling beispielsweise den Auftrag zu beobachten, ob es Personen gab, die nach diesem Ereignis zu Müller Kontakt suchten, was aber nicht der Fall war.

Im Frühjahr 1959 erledigte Müller eine Auftragsarbeit des Instituts für Militärgeschichte in Potsdam, die sich mit den Angriffsplanungen der Wehrmacht auf die UdSSR 1940/41 befaßte. Außerdem widmete er sich einer längeren Ausarbeitung für eine Rede vor der Militärakademie in Dresden, die er aber nie halten sollte, weil ein Auftritt Müllers an der höchsten militärischen Bildungseinrichtung der DDR den Verantwortlichen dann doch nicht ins Konzept paßte.

Der Gesundheitszustand Müllers mußte in den Jahren 1958/59 weiterhin als angeschlagen, wenn auch nicht als kritisch bezeichnet werden. Den Tod seiner Frau schien er inzwischen überwunden zu haben; das Verhältnis zu Eveline Wunderlich war wieder herzlicher und intensiver geworden, was er aber nach wie vor seiner Umwelt verbergen wollte.

Mitte Mai 1959 erhielt Müller eine vierwöchige Kur in Karlsbad (ČSR) zur »Stärkung seiner Arbeitskraft« (Heinz Sperling). Der General reiste allein ins benachbarte Böhmen, da seine Geliebte zur gleichen Zeit in Bulgarien Urlaub machte. In Karlsbad und auch in Prag, das er besuchsweise aufsuchte, tröstete er sich aber gleich mit mehreren Damen, darunter zwei jungen Frauen des Pflegepersonals.

In einem sehr persönlich gehaltenen Tagebuch, das er später Eveline Wunderlich widmete und übergab, informierte er über Details seiner Bekanntschaften.[223] Müller brachte 116 eng beschriebene DIN-A5-Seiten zu Papier, auf denen er seine Gefühle für seine Geliebte und seine Ansichten zum Thema Frauen überhaupt schilderte, außerdem gab er künstlerisch-philosophische Ansichten zum besten. Aus den Zeilen wird deutlich, wie sehr der pensionierte General in Karlsbad unter der Trennung von Eveline Wunderlich litt und wie sehr ihn seine 32 Jahre jüngere Freundin stabilisierte. Aus einer Mischung von Melancholie und Trotz vertraute er seinem Tagebuch bzw. seiner Geliebten an: »Meine Lebenszeit ist kurz noch! Du hast noch viel vor Dir zu Deiner Vollendung, wenn Du besser auf Deine Gesundheit achtest. Aber unterkriegen lassen will ich mich nicht. Diese neuen Lebensfreuden verdanke ich in jeder Hinsicht Dir, nur Dir, weil Du doch mein vergangenes Leben so gut und fein verstehst und so gut zu mir bist!«

Als Müller aus Karlsbad nach Ostberlin zurückkehrte, fühlte er sich gestärkt, obwohl er – wie Sperling an das MfS berichtete – »übermäßig an Körpergewicht verloren« hatte (der untersetzte General wog jetzt noch 70 Kilogramm) – die Lust am Leben war dem unruhigen Ruheständler offensichtlich noch nicht abhanden gekommen.

Auch nach dem erlebnisreichen Kuraufenthalt des Generals in Karlsbad kam die Arbeit an den Memoiren nur schleppend voran. Das MfS forderte jetzt Sperling auf, einmal »Einsicht zu nehmen« in fertige Teile der Müllerschen Erinnerungen und darüber Mitteilung zu machen, worauf der Oberstleutnant kurzerhand zeitweilig einige Male Schriftsätze entnahm und diese seinem Auftraggeber zeigte. Das aber hatte Folgen für Sperling, denn Müller bemerkte den (zeitweiligen) Verlust der Papiere und stellte seinen persönlichen Sekretär zur Rede. Der aber leugnete alles ab, und Müller »knickte ein« und meinte, sich wohl geirrt zu haben. Vielleicht hatte er ja wirklich die Übersicht verloren.

Die war ihm auf jeden Fall bei manchen seiner S-Bahn-Fahrten vom Südosten Berlins ins Zentrum abhanden gekommen: Er landete einige Male in Westberlin, weil er versehentlich nicht auf der letzten Station, Bahnhof Friedrichstraße, im »Demokratischen Sektor« (Ostberlin) ausgestiegen war, sondern erst im Lehrter Stadtbahnhof, der ersten Station im Westen. Damit hatte sich der ehemalige Generalstabschef der DDR-Streitkräfte auf dem Territorium des »Klassenfeinds« befunden, was nicht im Sinne der »Organe« gewesen sein dürfte. Müller will aber sofort, nachdem er seinen Irrtum bemerkte hatte, jedes Mal die nächste S-Bahn am gegenüberliegenden Bahnsteig zur Rückfahrt in die »Hauptstadt der DDR« benutzt haben.

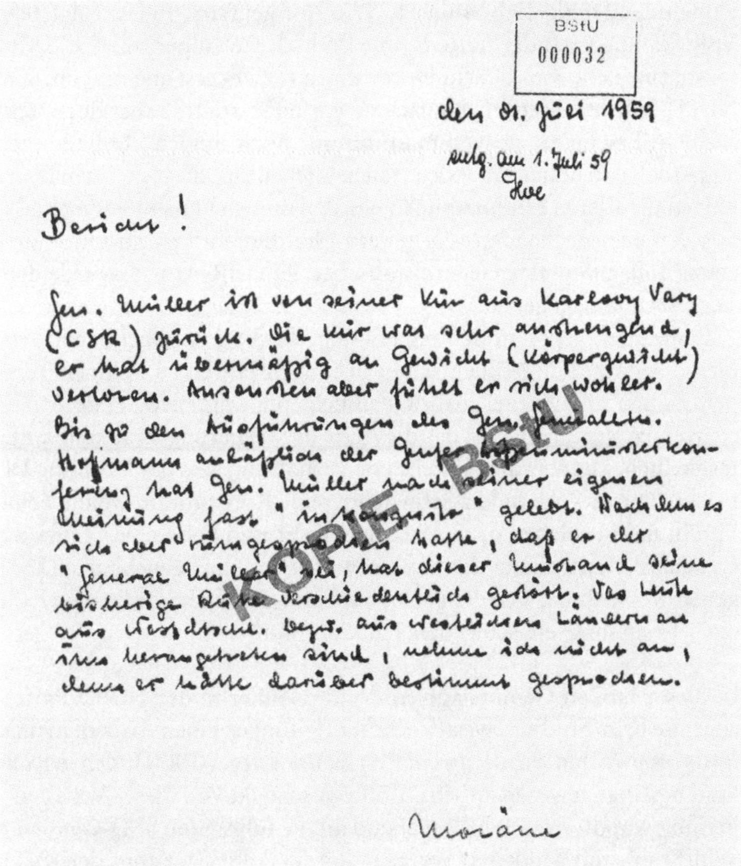

BStU
000032

den 01. Juli 1959

aufg. am 1. Juli 59
Hoe

Bericht!

Gen. Müller ist von seiner Kur aus Karlovy Vary (CSR) zurück. Die Kur war sehr anstrengend, er hat übermäßig an Gewicht (Körpergewicht) verloren. Ansonsten aber fühlt er sich wohler. Bis zu den Ausführungen des Gen. Generalltn. Hoffmann anläßlich der Genfer Außenministerkonferenz hat Gen. Müller nach seiner eigenen Meinung fast "inkognito" gelebt. Nachdem es sich aber herumgesprochen hatte, daß er der "General Müller" sei, hat dieser Umstand seine bisherige Ruhe verschiedentlich gestört. Das Leute aus Westdeutschl. bezw. aus westlichen Ländern an ihn herangetreten sind, nehme ich nicht an, denn er hätte darüber bestimmt gesprochen.

Moräne

KOPIE BStU

Müllers persönlicher Sekretär und Geheimer Informant »Moräne« berichtet dem MfS über den Kuraufenthalt des Generals in Karlovy Vary: »… er hat übermäßig an Gewicht … verloren … Bis zu den Ausführungen des Gen. Generalltn. Hoffmann anläßlich der Genfer Außenministerkonferenz [am 29. Mai 1959] hat Gen. Müller nach seinen eigenen Angaben fast ›inkognito‹ gelebt. Nachdem es sich aber herumgesprochen hatte, daß er der ›General Müller‹ sei, hat dieser Umstand seine bisherige Ruhe verschiedentlich gestört …«
Für das MFS ist aber offenbar nicht nur Müllers Körpergewicht von Interesse, »Moräne« muß vor allem die Westkontakte Müllers im Visier behalten.

Zunehmend fühlte sich Müller 1959/60 ausgegrenzt und verfolgt: Sein Volkskammermandat hatte er mit Ende der Wahlperiode 1958 verloren, eine neue Kandidatur wurde ihm gar nicht erst angetragen, dem NDPD-Hauptausschuß gehörte er zwar noch an, trat aber dort nicht mehr in Erscheinung, weil man ihn nur noch duldete. Einladungen aus Anlaß von hohen Staatsfeiertagen blieben aus, die bisherigen Platzkarten für allerlei Ehrentribünen wurden ihm nicht mehr zugeschickt, aus den entsprechenden »Verteilern« hatte man ihn entfernt – Vincenz Müller, der erste Generalstabschef der DDR-Armee, wurde dem Vergessen preisgegeben.

Erste Altersdepressionen zeigten sich, die die gesundheitlichen Probleme verstärkten. Müller, schon in jungen Jahren zu heftigen Temperaments- und Zornesausbrüchen neigend, zeigte jetzt erste Anzeichen eines Nervenleidens, das die Ärzte des Regierungskrankenhauses feststellten. Die ständige Furcht vor Verhaftung, seit der Drohung Ulbrichts immer vorhanden, schwächte seine Konstitution weiter. Seine Furcht nahm solche Formen an, daß Vater und Sohn eines Tages die Orden des Generals aus dem Zweiten Weltkrieg im benachbarten Langer See versenkten, weil der Pensionär befürchtete, sie könnten im Falle einer Festnahme ein schlechtes Licht auf ihn werfen.

In dieser labilen Gemütslage entdeckte Müller in der NDPD-Parteizentrale beim Studium westdeutscher Zeitungen einen Artikel, in dem ihm vorgeworfen wurde, an der Erschießung von 90 000 Juden in Rußland beteiligt gewesen zu sein. Völlig geschockt von dieser Veröffentlichung wandte er sich hilfesuchend an die führenden SED-Genossen Willi Stoph und Waldemar Verner (Chef der Politverwaltung der NVA), die ihn beruhigen konnten: Die UdSSR habe ihn »für diese Sache rehabilitiert«, und außerdem sei er ohnehin nicht der Hauptschuldige, entgegnete man ihm milde. Ob man Müller damit wirklich von seiner inneren Bedrängnis befreite, ist zweifelhaft – die Anschuldigungen aus dem Westen hatten ihn schwer getroffen. Er sollte sich davon nur langsam erholen, und es blieben Anzeichen von Verzweiflung zurück, die sich in Selbstmordabsichten niederschlugen, was die Verantwortlichen bzw. das MfS wohl registrierten.[224]

Wenige Wochen nach dieser Erschütterung mußte sich Müller abermals ins Regierungskrankenhaus begeben und blieb hier 12 Wochen, bis zum 17. Dezember 1960 – eine ungewöhnlich lange Zeit. Man behandelte ihn wegen seines Herzleidens, aber auch wegen psychischer Auffälligkeiten. Anzeichen einer Schizophrenie wurden diagnostiziert.

Möglicherweise hatte man ihn auch wegen seiner Selbstmordgefährdung so lange in stationärer Behandlung behalten.

Behandelnde Ärzte waren die Chefärztin des Krankenhauses, Prof. Dr. Helga Wittbrodt, und der Nervenarzt Dr. Müller von der Nervenklinik der Charité (letzterer war zugleich Geheimer Informant der Stasi).[225] Eveline Wunderlich, Geliebte und zugleich Krankenschwester des Patienten und mit der Chefärztin befreundet, konnte die Behandlung ihres Lebensgefährten aus nächster Nähe verfolgen und unterstützen.

Als Vincenz Müller nach fast drei Monaten entlassen wurde, galt er nicht als geheilt, sondern hatte sich einer weiteren ambulanten Behandlung zu unterziehen. Für ihn brachen schwere Zeiten an: Sohn und Schwiegertochter sparten nicht mit Vorwürfen wegen seines Lebensstils, und damit meinten sie vor allem seine Beziehung zu Eveline Wunderlich. Ein Grundvertrauen bestand aber trotzdem zwischen ihnen.

Fritz Müller und seine Frau sahen in einer Flucht in den Westen schließlich die Lösung vieler Fragen und Probleme. Der General mußte sich inzwischen mehrfach eingestehen, daß er gescheitert war und auch im Osten keine Zukunft mehr haben würde. Seit der Erpressung durch Walter Ulbricht hatte er endgültig mit dem Regime gebrochen und sich von ihm innerlich abgewandt. Ein Neuanfang im Westen schien denkbar, wurde vor allem von Sohn und Schwiegertochter befürwortet. Und noch waren die Grenzen zu Westberlin offen. Die Kinder versuchten ihren Vater davon zu überzeugen, daß für sie alle drei eine Flucht von Vorteil wäre. Der General verweigerte sich diesem Ansinnen nicht, zögerte aber mit seiner Zustimmung bzw. dem ersten Schritt.

Irgendwann im Frühjahr 1961, vermutlich im März, hatte er sich zu der Entscheidung durchgerungen und stimmte dem geplanten Übertritt in den Westen zu. Die drei fuhren ohne Gepäck mit der S-Bahn zum Bahnhof Baumschulenweg in Treptow, von da konnte man mit einer anderen S-Bahn Westberlin erreichen. Was dann in Baumschulenweg geschah, beschreibt Mathilde Müller in einem Brief vom Januar 2003 an den Autor:

»Als wir auf dem Bahnsteig standen und auf die S-Bahn Richtung West-Berlin warteten, sagte der Vater plötzlich, daß er doch lieber wieder umkehren und nach Hause fahren möchte, er fürchte, man habe ihn wieder beobachtet. Wir hielten dies für einen Vorwand, denn wir hatten darauf geachtet, ob uns jemand folgte, und nichts Auffälliges entdeckt. Ohne Einwand und ohne zu fragen, traten wir den Heimweg an. Wir wußten, daß er einfach am Ende seiner Kräfte war und nicht mehr konnte.

Erst viel später machten wir uns Gedanken darüber, was die Gründe für seinen plötzlichen Rückkehrwunsch gewesen sein mochten. Als wir auf dem Bahnsteig standen und warteten, mochte er zu der Einsicht gekommen sein, daß es eigentlich keine Chance und keinen Neuanfang mehr für ihn gab. Er mochte sich gefragt haben, was ihn im Westen erwartete:

- daß er nun das Objekt einer anderen deutschen Regierung und ihres Geheimdienstes wurde,
- oder Schauobjekt eines sensationslüsternen Publikums,
- daß ihm die Schadenfreude und die Vorwürfe der alten Nazis, die wieder in den Ämtern saßen, entgegenschallten
- sowie der Vorwurf, daß er nun ein zweites Mal zum Verräter geworden sei.

Das mag vielleicht, als wir an diesem Ort vor dem Grenzübertritt warteten, das Bild seiner Zukunft gewesen sein, das plötzlich vor ihm auftauchte und das er nicht annehmen wollte – konnte.

Schien ihm da ein Selbstmord gnädiger?«[226]

Der Fluchtversuch wurde abgebrochen, man kehrte nach Schmöckwitz zurück.

Obwohl alle drei Stillschweigen über die Angelegenheit gelobten, machte Vincenz Müller gegenüber Eveline Wunderlich Andeutungen über die abgebrochene Flucht; die Lebensgefährtin konnte sich noch im Jahre 2002 genau an den Vorgang erinnern.

Auch das MfS bekam im nachhinein Wind von der Sache, die dem Hausspitzel Sperling allerdings verborgen blieb.

Welche Gründe auch immer Müller im letzten Augenblick dazu bewogen haben, das Fluchtunternehmen abzubrechen, die Furcht vor einer Anklage wegen seiner »Beteiligung« an Judenmorden in Rußland wird eine Rolle gespielt haben.

Daß der erste DDR-Generalstabschef im Frühjahr 1961, wenige Monate vor dem Bau der Berliner Mauer, kurz vor einem Übertritt in den Westen gestanden hatte, dürfte in SED-Kreisen für einige Aufregung gesorgt haben.

Nach dem abgebrochenen Fluchtversuch nahmen – glaubt man den Spitzelberichten Sperlings – die Auseinandersetzungen im Hause Schmöckwitz an Heftigkeit zu, und der nervliche Zustand des Generals verschlimmerte sich weiter. Müller bat Sohn und Schwiegertochter, sich von ihm loszusagen, weil er davon überzeugt war, daß seine Verhaftung vor der Tür stehe. Man wolle ihn, so der 66jährige, wegen seiner Treffen mit Bundesminister Fritz Schäffer belangen, außerdem wäre er mitschuldig an den Ereignissen des 17. Juni 1953 – die Drohung Walter Ulbrichts, ihn wegen Hochverrats vor Gericht zu stellen, wenn er nicht im DDR-Fernsehen in seinem Sinne auftreten würde, hatte sein Restvertrauen in die SED-Führung erschüttert und in einen geradezu paranoischen Zustand versetzt: Permanent fühlte er sich beobachtet und verfolgt; in den Abendstunden löschte er deshalb das Licht im Haus, um Abwesenheit vorzutäuschen.

Zu diesem Zeitpunkt scheint er sich aber noch gegen den Gedanken an Selbstmord gewehrt zu haben. Die beiden besorgten Familienangehörigen versuchte er eines Tages mit den Worten zu beruhigen:

»Ihr müßt Euch keine Sorgen darüber machen, daß ich mir das Leben nehmen könnte. Ich bin kein Selbstmörder. Ich habe nur einmal in meinem Leben daran gedacht, mich zu töten, aber es dann doch nicht getan. Es war im Juli 44, als ich vor der Entscheidung stand, den Führerbefehl zu befolgen und bis zum letzten Mann zu kämpfen, oder zu kapitulieren und die Armee in die Gefangenschaft zu führen …«

Daraufhin holte er bei dieser Gelegenheit, ohne darum gebeten worden zu sein, seine Pistole und übergab sie seinem Sohn mit den Worten: »Da, nimm und bewahr sie auf, wenn es Dich beruhigt.«[227]

Im April 1961 verschlechterte sich der Allgemeinzustand des Generals weiter, vielleicht auch deshalb, weil er die angeordnete ambulante Behandlung des diagnostizierten Nervenleidens ablehnte. Müller hielt sich selbst nicht für nervenkrank und mißtraute generell allen medizinischen Maßnahmen, die damit im Zusammenhang standen. Als Ende April Sohn und Schwiegertochter die Situation als unerträglich empfanden und ihren Vater ultimativ aufforderten, sich in Behandlung zu begeben, machte der General ihnen Vorwürfe, ihn nur loswerden zu wollen, auch das Wort »vergiften« fiel in einer dieser »Aussprachen«. So jedenfalls hält es der Abschlußbericht des Hausspitzels fest, wobei die Zuordnung der gemachten Äußerungen wegen der Schwärzungen des BStU nicht mit letzter Sicherheit klar wird.[228]

Mathilde Müller bestritt im Frühjahr 2003 energisch und mit guten Argumenten, daß es zwischen den Bewohnern des Hauses Windwallstraße 9 zu Zerwürfnissen gekommen sei. Sie hält die MfS-Unterlagen, konkret also den »Abschlußbericht« von Heinz Sperling, diesbezüglich für eine Fälschung und zwar aus folgendem Grund: Ihrer Ansicht nach legte das MfS wert auf einen persönlichen, privaten Anteil der Familienangehörigen am Nervenleiden des Vaters, um von den politischen Ursachen der Erkrankung abzulenken.

Sohn Fritz habe – nach MfS-Aktenlage, was aber die Schwiegertochter heute bestreitet – von sich aus die behandelnden Ärzte konsultiert, und man sei übereingekommen, den Pensionär unter dem Vorwand, ein Nierenleiden untersuchen zu wollen, zur Visite ins Regierungskrankenhaus vorzuladen. Die schriftliche Vorladung, angeblich veranlaßt vom Sohn, ausgesprochen von Frau Prof. Wittbrodt, sei Müller am 10. Mai zugegangen. Als Termin sei der 12. Mai 1961, 12 Uhr mittags, festgelegt worden.

Den Kindern habe der General versprochen, den Termin wahrzunehmen, habe aber wissen wollen, ob sie mit der Vorladung etwas zu tun hätten, worauf er eine ausweichende Antwort erhalten habe. Das aber hätte sein Mißtrauen gesteigert[229] – so jedenfalls steht es in dem Bericht des Geheimen Informanten »Moräne« alias Heinz Sperling.

Vincenz Müller fürchtete offenbar auf dem Hintergrund der Anfeindungen Walter Ulbrichts, in eine Nervenheilanstalt eingewiesen zu werden, und scheint es für möglich gehalten zu haben, daß seine Kinder das billigen würden. Das aber war eher Ausdruck seiner Paranoia, denn zwischen den Familienmitgliedern bestand bei aller Kritik an Müllers Lebensführung grundsätzlich ein sehr herzliches Verhältnis; Fritz Müller hing sehr an seinem Vater. Der Verdacht war also unbegründet und ungerecht, falls er überhaupt so ausgesprochen wurde oder so gemeint gewesen war (die BStU-Dokumente sind an entscheidenden Stellen so »gekonnt« geschwärzt, daß eine einwandfreie Deutung der Aussagen unmöglich ist).

Mathilde Müller betonte 2003 gegenüber dem Autor, daß es ihr und ihrem Mann ausschließlich darum gegangen sei, den Vater einer medizinischen und psychiatrischen Behandlung zuzuführen, um seinen Gesundheitszustand zu stabilisieren. An eine Einweisung in eine Nervenheilanstalt sei ihrerseits nie gedacht worden. Es gibt keinen Grund, an dieser Aussage zu zweifeln, auch deshalb nicht, weil die Kinder sich durch ihren im Hause lebenden Vater geschützt sahen vor Anfeindungen und Behinderungen seitens der »Organe«.

Tägliche Telefonate mit Eveline Wunderlich bestärkten den General in seiner Auffassung, im wesentlichen gesund zu sein. Von einer Nervenkrankheit war zwischen den beiden nie die Rede, eventuell verdrängten sie auch das Problem. Sie waren immer nur stundenweise zusammen, und Müller verfügte über genügend Selbstdisziplin, so daß die Geliebte möglicherweise keine nennenswerten Anzeichen einer solchen Erkrankung bemerkte. Über den bisherigen Krankheitsverlauf ihres Lebensgefährten war sie aber sicher informiert.

Von Selbstmordabsichten will Frau Wunderlich nichts gewußt haben.[230] Auch das erscheint glaubwürdig; der General wollte vermutlich seine 32 Jahre jüngere Partnerin nicht mit seinen Ängsten und Todesgedanken belasten.

Am Ende – Selbstmord (1961)

Am frühen Morgen des 12. Mai 1961, kurz nach 4 Uhr, vernahm die Schwiegertochter des Generals ein »lautes klatschendes Geräusch«, was zunächst nicht zu lokalisieren war. Mathilde Müller weckte daraufhin ihren Mann, und beide versuchten in das Schlafzimmer des Vaters, das im ersten Stock lag, zu gelangen. Aber die Türen, die in diesen Raum führten, waren verschlossen – von innen. Das war ungewöhnlich. Sohn Fritz verschaffte sich gewaltsam Einlaß, wobei er laut und aufgeregt nach seinem Vater rief, der aber nicht antwortete. Endlich im Schlafzimmer, fanden die Kinder den General nicht vor, und da die Tür zur Loggia offenstand, befürchteten sie das Schlimmste. Ihre Ängste sollten sich bestätigen: Als sie über die Brüstung nach unten schauten, sahen sie ihren Vater in etwa sieben Meter Tiefe auf den Steinplatten der Gartenterrasse liegen. Sie liefen zu ihm nach unten und stellten fest, daß Vincenz Müller noch Lebenszeichen von sich gab, aber nicht mehr ansprechbar war.[231] Über sein Nachtgewand hatte der General einen Straßenanzug gezogen; er wollte nicht im Nachthemd gefunden werden.

Fritz Müller stürzte aufgewühlt aus dem Haus und wollte einen in der Nähe wohnenden Arzt alarmieren, der jedoch in Urlaub war. Laut rufend »Mein Vater ist tot«, lief er weiter zum nahegelegenen Stützpunkt der »Deutschen Grenzpolizei« (die Grenze Ostberlins zur DDR, an der damals noch Kontrollen stattfanden, war nicht weit), um Hilfe zu holen. Die Grenzpolizisten verständigten die Volkspolizei, die einen Krankenwagen der freiwilligen Feuerwehr losschickten.

Zeitgleich hatte Mathilde Müller das Regierungskrankenhaus angerufen, und auch von dort sollte ein Krankenwagen kommen.

Die Schwiegertochter hielt den Sterbenden eine Stunde lang auf der Terrasse im Arm, bis endlich Hilfe kam. Die Bediensteten der freiwilligen Feuerwehr trafen als erste im Hause Müller ein, wurden aber vom Sohn daran gehindert, einzugreifen, da man jeden Augenblick mit dem Fahrzeug aus dem Krankenhaus rechnete und Aufsehen vermeiden wollte. Dem Streifenführer der Feuerwehr gelang es aber, die Kinder des Generals davon zu überzeugen, daß dem Verletzten sofort geholfen werden mußte, und Vincenz Müller wurde abtransportiert. Noch in Köpenick begegnete das Feuerwehrfahrzeug dem Krankenauto aus der Stadt. Man entschied, zusammen das nächstgelegene Krankenhaus Köpenick anzusteuern, wo man nur noch den Tod Vincenz Müllers feststellen konnte. So jedenfalls schildert es der amtliche Bericht der Morduntersuchungskommission der Volkspolizei vom 12. Mai 1961.

Anderen Angaben zufolge starb der General erst gegen 8.30 Uhr im Regierungskrankenhaus in der Scharnhorststraße im Zentrum Berlins, wohin er aus Köpenick gebracht wurde: Eveline Wunderlich, die ihren Dienst an diesem Tag schon um 6 Uhr früh angetreten hatte, erinnerte sich 2002 noch genau daran, ihren Geliebten angesprochen zu haben, der bei der Einlieferung noch Lebenszeichen von sich gegeben hätte, aber nicht mehr habe sprechen können. Kurz darauf sei Vincenz Müller verstorben.

Welche Version der Wahrheit entspricht, muß offen bleiben. Glaubwürdiger erscheint die Aussage von Frau Wunderlich.

Auf Befehl der Politischen Verwaltung der NVA und auf Weisung seines MfS-Führungsoffiziers erschien wenige Stunden nach dem Ableben des Generals sein Chefadjutant und persönlicher Sekretär Heinz Sperling im Hause Müller und blieb dort bis zum 16. Mai »zur Unterstützung« der Angehörigen. Noch einmal trug der Spitzel zusammen, was sich zugetragen hatte, und notierte eifrig, was sich jetzt aus „Gesprächen, Bemerkungen und Einzelhinweisen« ergab. Das faßte er dann in einem achtseitigen Bericht für das MfS zusammen.[232] Darin schilderte er die familiäre Situation im Hause Müller und listete auf, welche Umstände den Selbstmord des Generals seiner Meinung nach begünstigt hatten. Sperling erwähnte die heftigen Streits zwischen Vater, Sohn und Schwiegertochter, die sogar zu Tätlichkeiten geführt hätten, er stellte die Rolle der »Liebschaft« heraus, die die Zerrüttung der Familie Müller verursacht und ständig weiter vertieft habe.

Tatsächlich hatte die verständliche Feindschaft der Kinder gegenüber Eveline Wunderlich das Verhältnis der Müllers untereinander weiter verkompliziert, zumal der General die Beziehung nicht aufgab. Andererseits existierte bis zuletzt eine betont herzliche Beziehung zwischen Vater und Sohn über alle Gegensätze und Meinungsunterschiede hinweg. In dem »Begleitbrief« zu seinem Testament vom 17. Juli 1958 an seine Kinder bedankte sich Vincenz Müller ausdrücklich für »alles Liebe und Gute« und wünschte ihnen Glück. »Vergeßt alles, was Euch oder uns mal geärgert hat,« bittet er sie darin.

Unmittelbarer Anlaß, den Selbstmord zu begehen, war die nicht auszuschließende Einweisung in eine Nervenheilanstalt, die sich mit der Vorladung vom 12. Mai 1961 andeutete. Sohn und Schwiegertochter waren zwar an der »Behandlungslegende« (Nierenleiden) beteiligt, wenn die MfS-Akten die Wahrheit wiedergeben, werden aber nicht geahnt haben, daß ihr Vater eventuell der Psychiatrie überantwortet werden könnte. Dafür gab es aber seitens der Ärzte offenbar Vorbereitungen.

Die SED-abhängigen Medien meldeten das Ableben des ersten Generalstabschefs der DDR-Streitkräfte eher beiläufig – von Selbstmord war nirgendwo die Rede. Dagegen vermuteten die Westmedien sofort einen Selbstmord des Generals, manche deuteten sogar dunkel an, es könne sich auch um Mord gehandelt haben. Betont nüchtern sprach nur das Hamburger Nachrichtenmagazin »Der Spiegel« von einem »Unfall«: Vincenz Müller sei während eines Asthmaanfalls, einer Ohnmacht nahe, vom Balkon auf die Terrasse gestürzt.[233]

Heute ist klar, daß es sich anders verhielt, denn die Belege für den Selbstmord sind zweifelsfrei, auch wenn kein Abschiedsbrief existiert. Wahrscheinlich hat der General diese letzte Entscheidung seines Lebens spontan gefaßt, zuvor noch einen Straßenanzug über sein Nachthemd gezogen, die Türen zu seinem Schlafzimmer von innen verschlossen, was er sonst nie tat, und ist dann von der Loggia gesprungen. Vorstellbar ist, daß er nachts einen Anruf erhalten hat (eine Drohung oder Warnung), der ihn zu diesem letzten Schritt veranlaßte – so jedenfalls vermutet die Schwiegertochter Mathilde Müller. Belegbar ist aber nichts.

Doch selbst die Lebensgefährtin Eveline Wunderlich äußerte noch im Frühjahr 2002 starke Zweifel an einer Selbsttötung, sie ging von einem Unfall aus, da sie am Vorabend des Geschehens gegen 21 Uhr noch mit Vincenz Müller vom Schwesternhaus aus telefoniert habe und der General während des rund einstündigen Gesprächs nicht den

Eindruck eines Lebensmüden gemacht habe, der innerhalb der nächsten acht Stunden Selbstmord begehen würde.

Andererseits: Hätte er etwas durchblicken lassen, wäre seine Lebensgefährtin sicher aktiv geworden, um das zu verhindern.

Eveline Wunderlich, die am 3. Juli 2002 in Berlin verstarb, war erst nach Einblick in die MfS-Akten über Vincenz Müller bereit, von einem Selbstmordgeschehen auszugehen. Aber es fiel ihr schwer, das zu akzeptieren. Ebenfalls Zweifel an einem Selbstmord hatte angeblich Heinz Sperling, der Hausspitzel des MfS bei Müller. Gegenüber Fernsehjournalisten verbreitete er noch 1998 – wider besseres Wissen – die Version vom möglichen Unfalltod des Generals. Dabei hatte der Geheime Informant Zugang zu den Untersuchungsunterlagen des MfS und der Volkspolizei und war durch seinen Führungsoffizier über das Ergebnis der Ermittlungen informiert worden.

Im Schlußbericht der Morduntersuchungskommission der Volkspolizei vom 15. Mai 1961 hieß es: »Im Ergebnis der Untersuchung wurde objektiv und subjektiv festgestellt, daß Generalleutnant a. D. Vincenz Müller in selbstmörderischer Absicht den Tod suchte. Es fanden sich keine Anzeichen für das Vorliegen eines Verbrechens.«[234]

Die Gerüchteküche brodelte aber dennoch, angeheizt durch angebliche oder tatsächliche Äußerungen von Personen, die der DDR und der SED ablehnend bis feindlich gegenüberstanden. Man befand sich nach wie vor im Kalten Krieg, da waren ziemlich »wilde« Verdächtigungen nicht ausgeschlossen: Müller sei »aus dem Fenster geworfen« worden – von Leuten, die mit einem schwarzen PKW vorgefahren wären.

Der General hatte in seinem Testament bestimmt, von staatlichen Ehrungen beim Begräbnis verschont zu bleiben, dennoch bereiteten die Verantwortlichen von SED, NDPD und NVA ein Staatsbegräbnis für ihn vor.

Das handgeschriebene Testament, verfaßt Mitte 1958, gelangte aus unerfindlichen Gründen in den Besitz seines persönlichen Sekretärs Heinz Sperling, der dieses Dokument noch heute verwahrt.[235]

Das »Vertrauensverhältnis« zwischen Müller und Sperling war nicht von der Qualität, wie es der MfS-Spitzel den Medien nach der Wende in der DDR weißmachen wollte; der General stand dem Oberstleutnant durchaus mißtrauisch gegenüber, wenigstens ab 1959/60. Und er ahnte immer, daß ein Spitzel in seiner unmittelbaren Nähe postiert war. Daß es Sperling war, konnte oder wollte er nicht glauben.

Der Geheime Informant erhielt nach dem Tod des Generals vom MfS den zusätzlichen Auftrag, das Manuskript der Müllerschen Er-

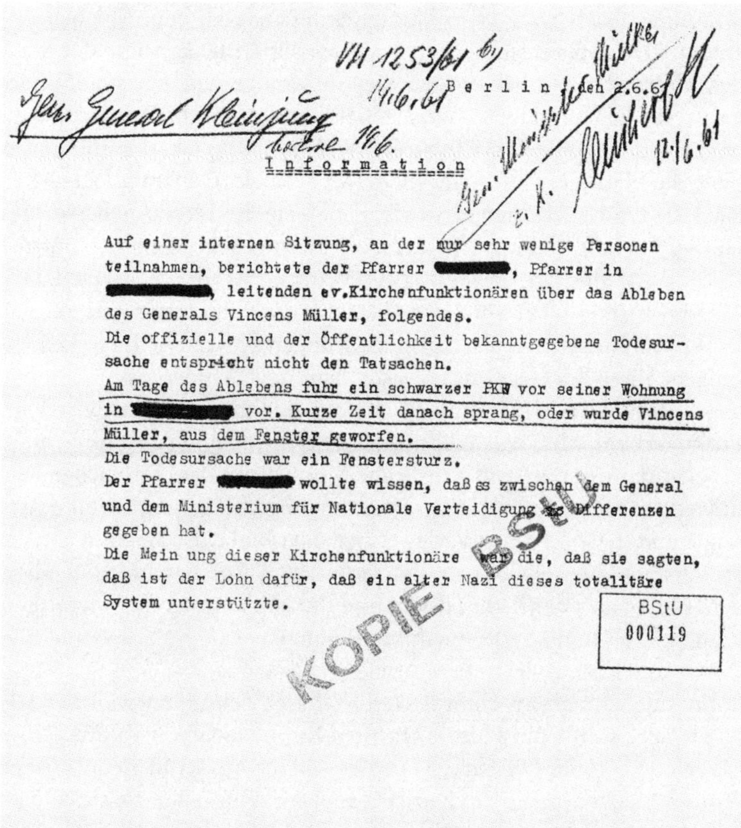

VII 1253/61
14.6.61

Gen. General Kleinjung

Berlin, den 2.6.61

Gen. Minister Mielke z. K. 12.6.61

I n f o r m a t i o n

Auf einer internen Sitzung, an der nur sehr wenige Personen teilnahmen, berichtete der Pfarrer [redacted], Pfarrer in [redacted], leitenden ev.Kirchenfunktionären über das Ableben des Generals Vincens Müller, folgendes.
Die offizielle und der Öffentlichkeit bekanntgegebene Todesursache entspricht nicht den Tatsachen.
Am Tage des Ablebens fuhr ein schwarzer PKW vor seiner Wohnung in [redacted] vor. Kurze Zeit danach sprang, oder wurde Vincens Müller, aus dem Fenster geworfen.
Die Todesursache war ein Fenstersturz.
Der Pfarrer [redacted] wollte wissen, daß es zwischen dem General und dem Ministerium für Nationale Verteidigung ~~es~~ Differenzen gegeben hat.
Die Meinung dieser Kirchenfunktionäre war die, daß sie sagten, daß ist der Lohn dafür, daß ein alter Nazi dieses totalitäre System unterstützte.

KOPIE BStU

BStU
000119

Beiläufig melden die SED-treuen Medien den Tod des ersten Generalstabschefs der DDR-Streitkräfte, von Selbstmord ist keine Rede. Umso gründlicher fallen die Informationen über Gerüchte zum Ableben Müllers an den »Gen. Minister Mielke« im MfS aus. Auf die richtige Schreibweise seines Namens (Vincens!) wird allerdings weniger Mühe verwendet.

innerungen sicherzustellen. Wenige Stunden nach dem Ableben des ersten DDR-Generalstabschefs transportierten Bedienstete der Stasi das Material mit unbekanntem Ziel ab; wenige Wochen später übergaben sie die Unterlagen – zwischengeschaltet war die Politische Verwaltung der NVA – dem Historiker Klaus Mammach, der nun daran ging, die Memoiren fertigzustellen. Der Sohn des Generals, Fritz Müller, selbst promovierter Historiker, behielt die Herausgeberrechte. Deshalb gelang es ihm, einen ersten Entwurf von Mammach abzuwehren und eine Überarbeitung des Manuskripts durchzusetzen. Der SED-Historiker hatte versucht, die geplante Publikation mit aktuellen kommunistischen Geschichtsdeutungen zu versehen, die keinesfalls im Sinne des Generals gewesen wären.[236] Müllers Sohn polemisierte gegen Klaus Mammach, indem er ihm vulgärmarxistische Praktiken vorwarf, was nicht ungeschickt war und Änderungen ermöglichte. Anschließend wurde das Manuskript dem Deutschen Militärverlag in Ostberlin zur Veröffentlichung übergeben, aber die Parteigruppe (der SED) des Verlages riet davon ab, das Buch in Druck zu geben – aus den bekannten Gründen. »Auf Befehl« von oben druckte man es dann aber doch, und die Müllerschen Erinnerungen kamen 1963 in die DDR-Buchhandlungen.

Sohn und Schwiegertochter hatten zu dieser Zeit schon die DDR »illegal« verlassen – mit Hilfe eines alten Kameraden von Vater Müller, Oberst i. G. außer Diensten Max Kemmerich aus München. Im September 1962 stiegen sie in Zürich aus einem Flugzeug, das sie eigentlich nach Afrika bringen sollte, wo Fritz Müller in Nigeria eine Dozentur übernehmen wollte.

Die Flucht in den Westen löste in Ostberlin Überraschung aus, und man wird darüber nachgedacht haben, die beiden Republikflüchtigen »zurückzuführen«, weil beide Geheimnisträger waren. Der bundesdeutsche Nachrichtendienst nahm sich der Sache an – Reinhard Gehlen hatte den Generalleutnant Vincenz Müller gekannt – und gab Müllers Sohn und Schwiegertochter eine neue Identität, besorgte ihnen Arbeit beim BND und eine Wohnung.

Mit beiden Neubundesbürgern hatte der »Dienst« aber Probleme, da sich für sie keine Tätigkeiten fanden, die ihrer Qualifikation entsprachen, und beide komplizierte Charaktere waren, die nicht leicht zu integrieren waren.

Im Jahre 1969 wurde Fritz Müller vom BND als »Sicherheitsrisiko« eingestuft und entlassen. Es gibt Vermutungen, daß der Osten seine

Hände im Spiel hatte und der promovierte Historiker denunziert wurde. Offenbar spielten auch Alkoholprobleme eine Rolle.

Wirklich angekommen im Westen sind beide Müllers nicht: Fritz Müller beging am 29. Juni 1979 – ebenso wie seine Mutter und sein Vater – Selbstmord und sprang vom 6. Stock eines Münchener Hochhauses in den Tod. Er wurde nur 53 Jahre alt.

Seine Ehefrau Mathilde (genannt »Hilde«) Müller (geb. Konrad) lebt heute (2003), inzwischen 78 Jahre alt, völlig zurückgezogen in der bayerischen Landeshauptstadt.

Am 16. Mai 1961 erwiesen Angehörige der SED-, NDPD- und NVA-Führung Vincenz Müller die letzte Ehre: Im Haus der NDPD in der Ostberliner Friedrichstraße hielt sein ehemals »vertrautester Freund«, Heinrich Homann, seinerzeit stellvertretender Vorsitzender des DDR-Staatsrates und seiner Partei, die Gedenkrede.[237] Am gleichen Tag fand eine Trauerfeier im Krematorium des Friedhofes Berlin-Baumschulenweg statt; wenige Wochen zuvor hatten hier, nur einige Meter entfernt, die Müllers ihren Fluchtversuch abgebrochen.

An der Trauerveranstaltung nahmen unter anderen Erich Honecker, Mitglied des SED-Politbüros und ZK-Sekretär für Sicherheitsfragen, DDR-Verteidigungsminister Heinz Hoffmann, Volkskammerpräsident Johannes Dieckmann (LDPD) und der Chef der Politischen Hauptverwaltung der NVA teil, außerdem natürlich Müllers Sohn und Schwiegertochter.

Anwesend war auch Eveline Wunderlich, die sich aber im Hintergrund hielt. Im »Begleitbrief« zu seinem Testament vom 17. Juli 1958 hatte der General seine Kinder ausdrücklich darum gebeten, sie auch zur Beisetzung einzuladen, außerdem bat er Sohn und Schwiegertochter, »gut zu ihr zu sein« und ihr einen Stich, einen Teppich und zwei Porzellanfiguren aus seinem Nachlaß zu schenken.

Offiziere der NVA standen Ehrenwache am Sarg des Toten, eine Ehrenkompanie schoß Trauersalut für den ersten DDR-Generalstabschef, sein Kamerad Arno von Lenski hielt eine (weitere) Trauerrede. Walter Ulbricht, Vorsitzender des DDR-Staatsrates und Erster Sekretär des ZK der SED, schickte ein »Beileidstelegramm« an die Familie.

Die Urne des Generals wurde später neben seiner Frau auf dem Waldfriedhof Berlin-Grünau beigesetzt. 1983 erfolgte auf Befehl der NVA die Umsetzung in einen »Ehrenhain« des Friedhofs Berlin-Adlershof. Neben ihm liegen Sozialisten und Kommunisten geringeren Bekanntheitsgrades unter Grabsteinen gleichen Formats, die in ihrer

Schlichtheit und Farbe an Soldatengräber des Ersten und Zweiten Weltkrieges erinnern.

Filmaufnahmen des Trauerakts waren unerwünscht und wurden nicht zugelassen, Fotoaufnahmen gestattete man.

Die DDR-Medien schenkten dem Ereignis kaum Beachtung, lediglich die »National-Zeitung« der NDPD und das »Mitteilungsblatt der Arbeitsgemeinschaft ehemaliger Offiziere« widmeten dem Trauergeschehen größeren Raum. Nirgendwo, auch nicht in den Trauerreden, gab es einen Hinweis auf den Selbstmord des Generals.

Vincenz Müller wollte, so hatte er es in seinem letzten Willen bestimmt, »ohne Aufsehen verschwinden«. Diesen letzten Wunsch erfüllte man ihm nicht. Mit dem Staatsbegräbnis wollten die Offiziellen der DDR die tatsächlichen Vorgänge kaschieren und der Öffentlichkeit vorgaukeln, der Tod Müllers sei ein ganz normaler Vorgang gewesen.

Danach wurde es sehr schnell still um den General, weder die NDPD noch die NVA pflegten die Erinnerung an Müller, und selbst die sonst übliche Namensverleihung an Einheiten und Einrichtungen der Armee entfiel.

Kurzzeitig fanden im Jahre 1963 noch einmal seine Memoiren unter dem Titel »Ich fand das wahre Vaterland« Aufmerksamkeit, die von Klaus Mammach im Deutschen Militärverlag herausgegeben wurden, der auch ein über 100 Seiten umfassendes »zeitgemäßes« Vorwort schrieb. Es blieb bei einer einzigen Auflage.

Patriot im zerrissenen Vaterland – Eine Bilanz

Müllers Biographie ist eine Biographie von Brüchen, die durch die Katastrophen seiner Epoche verursacht oder wenigstens begünstigt worden sind. Der Militär aus Leidenschaft stellte sich aufrecht jeder veränderten Situation, glaubte sie zu beherrschen und geriet in die Fänge der Macht.

Den heftigsten Bruch in seinem 66jährigen Leben vollzog er zweifellos mit der konsequenten Abkehr vom NS-System und vom Katholizismus im Sommer 1944: Während seiner Gefangenschaft in Rußland ab Juli 1944 setzte ein rasanter Prozeß des Umdenkens ein, der alle Beobachter und die meisten seiner Kameraden überraschte und sofort Mißtrauen auslöste. Konnte es wirklich mit rechten Dingen zugehen, daß ein »faschistischer General«, drei Monate zuvor noch mit dem Ritterkreuz wegen Tapferkeit vor dem Feind ausgezeichnet, innerhalb von Wochen oder Tagen die Seite wechselte? War der Auslöser wirklich das mehrstündige Gespräch mit einem sowjetischen General gleich zu Anfang der Gefangenschaft? Mußte man nicht annehmen, daß Müller nur deshalb so schnell von der Hakenkreuzflagge abließ, weil er ein routinierter Opportunist war? Oder führte er seine Wandlung nur vor, um sowjetischen Nachforschungen über seine Vergangenheit zu entgehen? Seiner Vergangenheit als Chef des Generalstabes der 17. Armee, in der er an Verbrechen beteiligt war, für dic man ihn hätte anklagen können, wie etwa 70 Prozent der gefangenen deutschen Generale, mit denen die Russen so verfuhren.

Oder hatte er sich, wie er gegenüber Mitgefangenen erklärte, schon seit langem innerlich vom NS-System gelöst und nur noch »mitgemacht«, solange er keine Alternative sah?

Selten sind Motive einer Umkehr völlig klar und unzweideutig, auch für Müller wird es mehrere Gründe gegeben haben, die Seite zu wechseln. Unstrittig ist die Tatsache, daß Müller nie ein Nazi oder Bewunderer Adolf Hitlers war; nie hätte er verdrängen können, daß der »Führer« der Mörder seines Freundes und Förderers Kurt von Schleicher war. In der »Militäropposition« von 1939/40 zeigte er Engagement und Mut und gefährdete sich selbst ernstlich durch seine enge Verbundenheit mit den Hauptverschwörern. Wäre er nicht vor dem 20. Juli 1944 in sowjetische Gefangenschaft gekommen, hätte ihn die Gestapo sicher wenigstens »befragt«, möglicherweise auch festgesetzt.

Als er den Kampf im Mittelabschnitt der Ostfront gegen Widerstände in den eigenen Reihen Anfang Juli 1944 aufgab, wollte er sich erschießen, verwarf aber den Gedanken daran schnell wieder. Bis zuletzt hatte er selbst offenbar an einen Ausweg geglaubt und durch recht forsche Äußerungen in seiner Umgebung Optimismus verbreitet und diesen auch nach »oben« gemeldet, weil er ein Entkommen aus dem sich bildenden Kessel im Raum Minsk bis in die ersten Julitage 1944 noch für möglich hielt. Dieser Glaube an den Erfolg der eigenen Waffen wurde aber durch das völlige Versagen der obersten Führung unterminiert, die nicht einmal in der Lage war, eine halbwegs stabile Nachrichtenverbindung zu den abgeschnittenen Truppenteilen herzustellen, geschweige denn, diese mit dem Nötigsten aus der Luft zu versorgen. Mit aller Energie sträubte sich der Kommandierende General gegen eine Kapitulation und ließ nichts unversucht, dieser zu entgehen. Selbst als er sich dann völlig desillusioniert und ausgebrannt am 8. Juli in Gefangenschaft begab, wollte er zunächst nur »den Kampf einstellen« und nicht förmlich kapitulieren; so hatte es auch Friedrich Paulus in Stalingrad praktiziert. Auch Müller wollte der Kapitulation entgehen, weil das in der Wehrmacht als unehrenhaft galt.

Wie im Jahr zuvor schon viele andere Stalingrader Generale waren die gefangenen Generale der Heeresgruppe Mitte im Sommer 1944 bereit, sich gegen die Kriegsführung Hitlers zu wenden. Die Russen und das Nationalkomitee Freies Deutschland mußten sie nicht einmal drängen: Man sah jetzt mehr denn je die Katastrophe auf sich zukommen und wollte den Untergang des Reiches verhindern. Sie taten es aus patriotischen Gründen, und es ist tragisch, daß die hohe aktive Wehrmachtgeneralität nicht Kraft und Mut fand, den »Führer« zu beseitigen und sich von ihm loszusagen.

Vincenz Müller beließ es nicht dabei, sich in Gefangenschaft zu begeben, sondern ging gleich einen Schritt weiter und gab den Sowjets zu erkennen, daß er künftig auf ein Deutschland bauen wollte, das mit der UdSSR in Frieden und Freundschaft verbunden sein sollte. Damit setzte der Generalleutnant voll auf die sowjetische Karte und die Moskowiter Deutschlandpolitik, die damals ein künftiges Gesamtdeutschland zu tolerieren schien, das im Innern nichtkommunistisch gewesen wäre. Und der gefangene General glaubte, in diesem neuen Deutschland eine Rolle spielen zu dürfen, das hatte ihm schließlich ein hoher russischer Offizier angeboten. Dafür war er bereit, »Kröten zu schlucken«, vermutlich mit dem Hintergedanken, eingegangene Verpflichtungen später, wenn die Situation sich geändert hätte, wieder abstreifen zu können.

Wendig wie sein Vorbild Schleicher, meinte er, Politik machen zu können. Doch die Herrschaftspraktiken Moskaus unterschieden sich von denen der Weimarer Republik, die Stalinisten setzten auf die Benutzung und Zersetzung von Menschen, auf die Deformation der Persönlichkeit, auf eine Politik ohne jede Moral.

Müller war auf eine solche Politik nicht vorbereitet und erkannte zunächst auch nicht die Gefahren des Marxismus-Leninismus in seiner stalinistischen Form.

Als ihn der sowjetische Geheimdienst um Mitarbeit bat – im Interesse »der Sache«, versteht sich – wird Müller nicht die Verstrickungen geahnt haben, in die er nun geraten sollte und aus denen er sich zeitlebens nicht mehr zu lösen vermochte.

Die Aufträge, die er in Gefangenschaft erhielt, bezogen sich auf die Ausforschung seiner Offiziers- bzw. Generalskameraden sowie auf deren Beeinflussung im Sinne des NKFD. Letzteres mag ihm leicht gefallen sein, denn er glaubte, was er sagte. Müller argumentierte im Sinne der Gewahrsamsmacht, wenn er das NKFD unterstützte, aber er agierte bald wie die kommunistische Fraktion in dieser Vereinigung, nicht wie die Nationalkonservativen um General Walter von Seydlitz.

Die russischen Geheimdienstoffiziere waren überzeugt, daß der Wandel des Generals echt war, und sie vertrauten ihm. Dazu hatten sie allen Grund. Seinerseits Vertrauen faßte Müller zu Wolf Stern, einem Mitarbeiter des sowjetischen Geheimdienstes NKWD, der sich – selbst mit deutsch-österreichischem Hintergrund – auf die Vernehmungen hoher deutscher Offiziere spezialisiert hatte.

Stern hatte entscheidenden Anteil an dem Beschluß der Sowjets, Müller als einen der ersten »Hitlergenerale« in die sowjetische Besatzungszone zu repatriieren; er war es auch, der ihm eine erste Position verschaffte. Daß Müller sie nur kurzzeitig wahrnahm, war zwar nicht geplant, aber bei seinem Temperament nicht ungewöhnlich; er hatte höhere Ziele.

In Absprache oder wenigstens mit Duldung der sowjetischen Besatzungsmacht propagierte Müller in der SBZ und frühen DDR die baldige deutsche Einheit und einen demokratischen, unabhängigen Staat – zunächst ohne jeden Hinweis auf die Gesellschaftsordnung eines künftigen Gesamtdeutschlands. Das Zusammengehen von Einheit und »Sozialismus« war eine spätere Variante (ab 1952) und wurde von Müller abgelehnt. In seinen öffentlichen Auftritten nahm er den Gedanken zwar auf, aber eher beiläufig. Immer ließ er erkennen, daß für ihn auch ein bürgerlich-demokratisches Vaterland denkbar wäre. Er stellte damit – unausgesprochen – den Sozialismus der frühen DDR zur Disposition für den Fall, daß die Einheit Realität werden würde. Und das entsprach wahrscheinlich auch den damaligen sowjetischen An- und Absichten.

Intern bezeichnete er seine Parteifreunde von der NDPD ironisch als »Mußkommunisten« und gab damit Spekulationen Raum, die davon ausgingen, daß es auch einmal anders kommen könne.

Die Mitglieder seiner Partei verstand er als »Patrioten in Wartestellung«, als eine Art »nationaler Reserve« für den Tag, an dem sich politische Umbrüche ergeben würden. Er selbst sah sich lange Zeit als ein solcher Patriot und wartete auf neue Brüche und Umbrüche in Gesellschaft und Staat. Mit der NDPD wollte er sich eine Hausmacht schaffen, um seine politischen Ziele verwirklichen zu können. Ohne eine solche Basis, das hatte er von Schleicher gelernt, durfte man nicht aktiv werden – Müller war überzeugt davon, noch eine wichtige politische Rolle in Deutschland zu spielen, spielen zu müssen; er glaubte an sich. Und überschätzte sich dabei permanent.

Die deutsche Einheit war ihm Anliegen und Verpflichtung, sie steuerte sein Wirken, bestimmte sein Leben.

Den Parteien in ganz Deutschland – außer der eigenen – traute er hinsichtlich der deutschen Frage nicht über den Weg, hielt die meisten von ihnen für fremdgesteuert. Er sah nicht – oder wollte es nicht sehen –, daß die DDR-Nationaldemokraten im wesentlichen selbst ein »Fremdprodukt« im Dienst der Sowjets und der deutschen Kommunisten in der SED waren. Ohne Zweifel gab es aber in der frühen NDPD auch Kräfte, denen die deutsche Einheit »über alles« ging und die bereit waren, wie Müller darum zu kämpfen.

Vor dem Hintergrund seiner Ausbildung als Generalstabsoffizier in der Weimarer Republik kam er auf den Gedanken, Kameraden mit gleicher Ausbildung um sich zu sammeln. Über die Zonengrenzen hinweg! Er dachte an ein loses Bündnis von ehemaligen »gelernten« Generalstäblern in ganz Deutschland, das eine Klammer bilden sollte um das geteilte Land. Diese Kameraden wollte Müller ermuntern, sich als »Gesamtdeutsche« zu verstehen, die das Gemeinsame über das Trennende stellen konnten, weder eine West- noch eine Ostbindung zuließen, der Wiederbewaffnung abschworen und erst dann nationale Streitkräfte schaffen sollten, wenn alle Besatzungsmächte Deutschland verlassen hätten.

Das war vielleicht seine beste Idee von allen, denn die Generalstäbler der Reichswehr und Wehrmacht verstanden sich als Elite und verfügten über einen gewissen inneren Zusammenhalt, da man sich oft persönlich kannte und gegenseitig schätzte. Aber: Im Westen neigten diese Leute mehr oder weniger zu den Westmächten, setzten auf eher rechte, national-liberale oder christlich-demokratische Kräfte und wurden beim Aufbau der Bundeswehr ab 1955/56 wiederverwendet, die bekanntlich Teil der NATO wurde. Wirklich unabhängige Persönlichkeiten ohne Westbindung waren die Ausnahme. Und noch etwas: Müller konnte schlecht von sich behaupten, selbst unabhängig zu sein, er hatte eine einwandfreie Ostbindung und unterstützte öffentlich die Wiederbewaffnung in der DDR. Und als ehemaligem NKFD-Mitglied standen die meisten seiner Westkameraden ihm mehr als reserviert gegenüber, besonders in der 50er Jahren, mitten im Kalten Krieg. Er galt als »Russenfreund«.

Neben den Generalstäblern wollte Müller Kräfte in ganz Deutschland mobilisieren, die kompromißlos auf Frieden setzten, um einen Krieg wie in Korea (1950–1953) auszuschließen. Vom Ansatz her ein guter Gedanke. Dafür war er bereit, mit allen Offizieren und Generalen zusammenzuarbeiten, die diese Ziele mittrugen, einschließlich rechter Kreise, einschließlich von Teilen der Waffen-SS. Auf Ablehnung stießen bei ihm nur die Funktionäre der Sozialistischen Reichspartei, also Anhänger der alten NSDAP; mit Leuten wie dem Generalmajor a. D. Otto Ernst Remer wollte Müller nichts zu tun haben.

Er führte selbst zahlreiche Gespräche mit »Ehemaligen« in Ostberlin und korrespondierte mit Dutzenden seiner Kameraden aus dem Zweiten Weltkrieg, er verpflichtete die Gremien der NDPD, gesamtdeutsche Kontakte, insbesondere zu früheren Offizieren, herzustellen. Bei aller kommunistenfreundlichen Tendenz in einigen zentralen Aussagen der NDPD (und der Nationalen Front) zeigten doch alle Äußerungen eines deutlich: Den Wunsch und den Willen der Absender, die deutsche Frage friedlich zu lösen. Und nicht irgendwann im 21. Jahrhundert, sondern möglichst sofort.

Daß alle die Verbindungen, Kontakte, Gespräche und Zusammenkünfte zwischen Ost und West von den Geheimdiensten beider Lager beobachtet, kontrolliert und zum Teil auch gesteuert wurden, gehört zur Tragik der deutschen Nachkriegsgeschichte. Aber man befand sich im Kalten Krieg, und ein Dritter Weltkrieg schien damals möglich.

Auch Müllers Westkontakte wurden von Anfang an vom sowjetischen Geheimdienst und dem MfS beobachtet, zum Teil sogar initiiert oder fanden zumindest mit Billigung der »Dienste« statt. Der General war mehrfach verpflichtet worden, alle diese Kontakte offenzulegen, dem kam er aber nicht immer hundertprozentig nach. Konspirative Briefverbindungen, z. B. der Schriftwechsel mit Hermann Teske (1950–1954) bestätigen, daß Müller auch »auf eigene Rechnung« arbeitete. Allerdings reichlich unvorsichtig und naiv, denn für das MfS war es ein leichtes, die Vorgänge aufzuklären.

Daß Teske ihn nicht nur aus eigenem Antrieb, sondern im Auftrag der Organisation Gehlen besuchte, hätte Müller ahnen können oder ahnen müssen. Bei den Treffen mit Teske verhielt er sich gegenüber seinem Westbesucher so, als spräche er nur mit einem alten Kameraden aus Wehrmachtzeiten, er agierte also ohne »innere Handbremse«. Daß er über die Treffen mit Teske »Berichte« anfertigte und dem MfS zuleitete, ist unwahrscheinlich, in der MfS-Akte des Generals gibt es keinen Hinweis. In Hermann Teskes Nachlaß dagegen fanden sich »Berichte« über die Treffen an seinen »Verbindungsführer« in der Organisation Gehlen.

Die Geheimdienste beider Seiten begleiteten auch die Treffen des Bundesfinanzministers Fritz Schäffer mit Vincenz Müller und dem Sowjetbotschafter in Ostberlin 1955 und 1956. Müller wurde vom MfS auf die Gespräche »vorbereitet«, und alle Kontakte mit Schäffer wurden »technisch kontrolliert«, also abgehört.

In seinen Privatgesprächen mit Schäffer in Ostberlin öffnete sich Müller beim zweiten Treffen 1956 in überraschender Weise. Die Einlassungen des Generals über eine mögliche Ablösung Ulbrichts durch die NVA und über den Unsinn der Wiederbewaffnung in der DDR erfüllten den Straftatbestand des Hochverrats. Müller gefährdete sich damit selbst, denn er wußte, daß man ihn abhörte.

Müller hatte diese Ankündigung sicher nicht ohne Grund gemacht; seinerzeit scheint es noch sowjetische Politiker gegeben zu haben, die den Ulbrichtschen Kurs in der DDR ablehnten und über seine Ablösung nachdachten. Mit denen stand Müller offenbar in Verbindung.

Die ungarischen Ereignisse unmittelbar nach Schäffers zweitem Besuch in Ostberlin haben dann alle Planungen, Ulbricht abzulösen, hinfällig gemacht: Die Sowjets setzten von nun an auf Erhalt ihres Machtblocks einschließlich der DDR, ohne Wenn und Aber. An ein neutrales Gesamtdeutschland – etwa nach dem Modell Österreichs – dachte man nicht mehr.

Hatte sich die Entlassung Müllers aus der NVA Anfang des Jahres 1958 bereits unter fast unehrenhaften Umständen vollzogen, bewirkte die Erpressung durch Ulbricht im Herbst desselben Jahres den endgültigen Bruch mit dem Regime. Er begriff, daß man ihn nicht mehr brauchte, daß er zur Unperson geworden war. Wenn man so mit ihm umging, konnte er sich ausrechnen, daß seine »bürgerliche« Existenz gefährdet war und die Verantwortlichen vor einer Festnahme nicht zurückschrecken würden. Gerade weil er es offensichtlich für undenkbar gehalten hatte, gezwungen zu werden, die zugesagte Vertraulichkeit der Kontakte mit Schäffer zu brechen, verfiel er nun in tiefe Resignation und sah sich in seiner Offiziersehre verletzt. Da er sich als »glaubenslos« bezeichnete, fand er auch keinen Halt mehr im christlich-katholischen Bekenntnis. Er war geschockt von der Brutalität des Stalinisten Ulbricht, konnte sich aber nicht wehren, weil er selbst Angriffsflächen bot wegen seiner Äußerungen gegenüber Schäffer. Psychische Auffälligkeiten, vor allem Wahnvorstellungen, scheinen sich in dieser Zeit verstärkt zu haben; auf jeden Fall geriet der General in eine Situation, die er nicht mehr selbst steuern konnte, die nicht mehr beherrschbar war.

Eine aussichtslose Lage also, der er sich ausgesetzt sah und in der ein harter Schnitt angebracht gewesen wäre, den er früher – in jüngeren Jahren – sicher getan hätte: Noch einmal die Seite wechseln!

Seine Kinder rieten ihm dazu. Die DDR war nicht länger seine politische Heimat, wenn sie es überhaupt je gewesen war. Man hatte ihn fallengelassen, ausgegrenzt, aufs Altenteil abgeschoben. Vincenz Müller stand damit nicht mehr in einem Treueverhältnis zum System, es wäre kein Verrat gewesen zu gehen. Viel zu lange war er den falschen Leuten gefolgt, die ihn schließlich aus der Verantwortung gedrängt und erpreßt hatten. Müller rang sich immerhin dazu durch, zusammen mit seinen Kindern die »Republikflucht« einzuleiten, im letzten Augenblick verließ ihn aber der Mut, diesen Schritt wirklich zu tun.

Offenbar sah er auch im Westen keine Perspektive mehr für sich und ahnte die Reaktionen seiner »Kameraden«, die ihn im Westen erwartet hätten. Da war er bekanntermaßen sehr empfindlich, dem wollte und konnte er sich nicht mehr aussetzen.

Müller mußte sich eingestehen, daß er gescheitert war, menschlich wie politisch. Menschlich, weil er seine Privatsphäre nicht so ordnen konnte, daß Verletzungen Dritter hätten vermieden werden können; am Selbstmord seiner Frau trug er eine Mitschuld, an der er schwer zu tragen hatte. Politisch, weil seine Vorstellungen von einem geeinten Deutschland mit Stalinisten nicht zu verwirklichen und die »nationalen Kräfte« seiner NDPD viel zu schwach waren, um etwas bewirken zu können.

Seine Treffen 1955/56 mit Fritz Schäffer werden in Erinnerung bleiben und sind der Erinnerung wert, gerade im jetzt vereinten Deutschland. Müller und Schäffer, beide Politiker, beide Bayern, handelten aus eindeutig patriotischen Beweggründen, auch wenn sie dabei weder bei Konrad Adenauer noch bei Walter Ulbricht auf Verständnis stießen. Sie wollten ein längeres Abdriften der beiden Staaten in Deutschland ins jeweils andere Weltlager verhindern. Das ist ihnen nicht gelungen, war aber den Versuch wert.

Das Leben von Vincenz Müller verlief so ungewöhnlich wie kein anderes eines deutschen hohen Militärs. Er war Täter und Opfer zugleich: Als General der Wehrmacht wurde er mitschuldig an Verbrechen im Osten; als Mitarbeiter des sowjetischen Geheimdienstes beeinflußte und bespitzelte er Kameraden in Kriegsgefangenschaft; als General in der DDR diente er Machthabern, die die Einheit des Vaterlandes nur verbal verfolgten und die Bürger ihres Staates unterdrückten; als Politiker der DDR wurde er Opfer seiner Illusionen und falscher Bündnispartner, von denen er sich nicht mehr zu trennen vermochte. Zuletzt war er innerlich genauso zerrissen wie das Land, in dem er lebte.

Allein in den nationalen Angelegenheiten, in Fragen der Einheit Deutschlands, wurde er nie schwankend, da blieb er guten Willens und ein suchender Patriot, ein »Märtyrer seiner Zeit«, wie es Hermann Teske ausdrückte.

Der optimistische Titel von Müllers Erinnerungen, »Ich fand das wahre Vaterland«, deren Veröffentlichung er nicht mehr erlebte, suggeriert, was die Offiziellen der DDR sehen wollten – in Wahrheit hat Vincenz Müller das wahre Vaterland nie gefunden.

Anhang

Abkürzungen

a. D.	außer Dienst
AK	Armeekorps (mehrere Divisionen unter dem Befehl eines Generalkommandos)
Antifa	Antifaschistische Bewegung in sowjetischer Kriegsgefangenschaft
AOK	Armeeoberkommando
BND	Bundesnachrichtendienst
BVP	Bayerische Volkspartei
CDU	Christlich-Demokratische Union (Deutschlands)
CIC	Counter Intelligence Corps
CSU	Christlich-Soziale Union
Geb.AK	Gebirgs-Armeekorps
GFM	Generalfeldmarschall
HVA	Hauptverwaltung für Ausbildung (des MdI)
HV A	Hauptverwaltung Aufklärung (des MfS)
i. G.	im Generalstab (Bezeichnung für Offiziere mit Generalstabsausbildung)
KPD	Kommunistische Partei Deutschlands
KVP	Kasernierte Volkspolizei
KZ	Konzentrationslager
LDPD	Liberal-Demokratische Partei Deutschlands
MdI	Ministerium des Innern
MfNV	Ministerium für Nationale Verteidigung
MfS	Ministerium für Staatssicherheit
NATO	Nordatlantische Verteidigungsgemeinschaft
NDPD	National-Demokratische Partei Deutschlands (DDR)
NKFD	Nationalkomitee Freies Deutschland
NKWD	Volkskommissariat für Innere Angelegenheiten der UdSSR (Geheimdienst)
NPD	Nationaldemokratische Partei Deutschlands (BRD)
NSDAP	Nationalsozialistische Deutsche Arbeiterpartei
NVA	Nationale Volksarmee
OG	Organisation Gehlen (Vorläufer des BND)
OKH	Oberkommando des Heeres
OKW	Oberkommando der Wehrmacht
SA	Sturmabteilung (der NSDAP)
SBZ	Sowjetische Besatzungszone
SED	Sozialistische Einheitspartei Deutschlands
SMAD	Sowjetische Militäradministration (in Deutschland)
SPD	Sozialdemokratische Partei Deutschlands
SRP	Sozialistische Reichspartei
SS	Sturmstaffel (der NSDAP)
Stasi	Staatssicherheitsdienst
UdSSR	Union der Sozialistischen Sowjetrepubliken
ZK	Zentralkomitee (der SED)

Anmerkungen

1 Vgl. Generalleutnant a.D. Vincenz Müller: Ich fand das wahre Vaterland. Hrsg. von Klaus Mammach, Berlin (Ost) 1963, S. 123 (im folgenden: Müller: Vaterland).
2 Zit. nach Müller: Vaterland, S. 103.
3 Vgl. ebd., S. 106.
4 Zit. nach ebd., S. 117.
5 Vgl. ebd.
6 Vgl. ebd., S. 144.
7 Ebd., S. 159.
8 Vgl. ebd., S. 165.
9 Hans von Seeckt (1866–1936) war von März 1920 bis Oktober 1926 Chef der Heeresleitung und der eigentliche Begründer der Reichswehr.
10 Vgl. Müller: Vaterland, S. 178.
11 Vgl. Manfred Zeidler: Militärgeschichte der Weimarer Republik 1918–1933. Die Reichswehr im demokratischen Staat, in Grundzüge der deutschen Militärgeschichte, Band 1, 6. Abschnitt, Freiburg 1993, S. 268 ff.; Hans von Seeckt: Aus seinem Leben (1918–936). Unter Verwendung des schriftlichen Nachlasses im Auftrage von Frau Dorothee von Seeckt. Hrsg. von General der Artillerie Dr. h. c. Friedrich Rabenau (Chef der Heeresarchive), Leipzig 1940, S. 248 ff.; Rainer Wohlfeil/Hans Dollinger: Die Deutsche Reichswehr. Bilder-Dokumente-Texte. Zur Geschichte des Hunderttausend-Mann-Heeres 1919–1933, Wiesbaden 1977, S. 62 ff.; Otto- Ernst Schüddekopf: Das Heer und die Republik. Quellen zur Politik der Reichswehrführung 1918–1933, Hannover und Frankfurt a. M. 1955, S. 115 ff.
12 Vgl. Walter Görlitz: Kleine Geschichte des deutschen Generalstabes, Berlin (West) 1967, S. 244 ff.; Christian E. O. Millotat: Das preußisch-deutsche Generalstabssystem. Wurzeln – Entwicklung – Fortwirken, Zürich 2000, S. 116 ff.
13 Zit. nach Müller: Vaterland, S. 192 f.
14 Zit. nach ebd., S. 195.
15 Vgl. Görlitz, a. a. O, S. 245.
16 Kurt von Schleicher (1882–1934) war in der Weimarer Republik als Leiter der politischen Abteilung im Reichswehrministerium ein Offizier mit Einfluß auf die Politik, wurde 1932 Reichswehrminister und im Dezember 1932 letzter Reichskanzler der Weimarer Republik.
17 Vgl. Müller: Vaterland, S. 199.
18 Vgl. Friedrich-Karl von Plehwe: Reichskanzler Kurt von Schleicher. Weimars letzte Chance gegen Hitler, Esslingen 1983, S. 87.
19 Zit. nach Georg Meyer (Hrsg.): Generalfeldmarschall Wilhelm Ritter von Leeb. Tagebuchaufzeichnungen und Lagebeurteilungen aus zwei Welt-

kriegen. Aus dem Nachlaß und mit einem Lebensabriß versehen, Stuttgart 1976, S. 28 (Anmerkung 36).

20 Hans Speidel: Aus unserer Zeit. Erinnerungen, Berlin (West) – Frankfurt a. M. – Wien 1977, S. 125.

21 Müller: Vaterland, S. 305.

22 Vgl. ebd., S. 304.

23 Vgl. ebd., S. 312 ff.

24 So Heinz Sperling (Jg. 1923), Chefadjutant und persönlicher Sekretär von Vincenz Müller in den Jahren 1952 bis 1961, in einem Fernsehinterview 1998.

25 Vgl. Hans Mommsen: Die verspielte Freiheit. Der Weg der Republik von Weimar in den Untergang 1918–1933, Frankfurt a. M. – Berlin 1990, S. 321 ff.

26 Vgl. Plehwe, a. a. O., S. 227 ff.

27 Vgl. ebd., S. 184 ff.

28 Vgl. ebd., S. 215 ff.; Mommsen, a. a. O., S. 453 ff.

29 Müller: Vaterland, S. 337.

30 Zit. nach ebd., S. 339.

31 Vgl. Plehwe, a. a. O., S. 215 ff.

32 Vgl. Schüddekopf, a. a. O., S. 374 f.; Neue Dokumente zur Geschichte der Reichswehr 1930–1933 (Dokumentation), in Vierteljahrshefte für Zeitgeschichte, 2. Jg. (1954), Heft 4, S. 426 ff.

33 Vgl. Plehwe, a. a. O., S. 275 ff.

34 Vgl. ebd., S. 283.

35 Vgl. Müller: Vaterland, S. 347 ff.

36 Zit. nach ebd., S. 353.

37 Zit. nach ebd., S. 356.

38 Zit. nach ebd., S.357.

39 Zit. nach ebd., S. 361.

40 Vgl. ebd., S. 366; Walther Hofer (Hrsg.): Der Nationalsozialismus. Dokumente 1933–1945, Frankfurt a. M. 1957, S. 69 ff.; Klaus-Jürgen Müller: Das Heer und Hitler. Armee und nationalsozialistisches Regime 1933–1940, Stuttgart 1988, S. 606.

41 Vgl. Klaus-Jürgen Müller, a. a. O., S. 140 f.

42 Müller: Vaterland, S. 367.

43 Vgl. Georg Meyer: Adolf Heusinger. Dienst eines deutschen Soldaten 1915 bis 1964, Hamburg–Berlin–Bonn 2001, S. 271.

44 Vgl. Klaus-Jürgen Müller, a. a. O., S. 477 ff.

45 Vgl. ebd., S. 371.

46 Vgl. ebd., S. 374.

47 Zit. nach Georg Meyer: v. Leeb, a. a. O., S. 53.

48 Vgl. Georg Meyer: Heusinger, a. a. O., S. 143.

49 Vgl. Ulrich de Maizière: In der Pflicht. Lebensbericht eines deutschen Soldaten im 20. Jahrhundert, Herford – Bonn 1989, S. 61.

50 Vgl. ebd., S. 60 f.

51 Vgl. Georg Meyer: v. Leeb, a.a.O., S. 256 (Anmerkung 417).
52 Vgl. Carl Dirks/Karl-Heinz Janssen: »Plan Otto«, in Die Zeit vom 12. 9. 1997, S. 56.
53 Vgl. Georg Meyer: v. Leeb, a.a.O., S. 253 ff.
54 Vgl. Müller: Vaterland, S. 53, 388, 401.
55 Vgl. Nachlaß Vincenz Müller, BA-MA, N 774/41, Bl. 10 ff. (im folgenden: NL Müller).
56 Weisung Nr. 21. Fall Barbarossa, in Walther Hubatsch: Hitlers Weisungen für die Kriegführung 1939–1945. Dokumente des OKW, Frankfurt a.M. 1962, S. 84 ff.
57 Vgl. Kriegstagebuch, AOK 17, Anlagen zum Kriegstagebuch, 12.2. bis 3.3.1941, BA-MA, RH 20-17/46.
58 Vgl. Lew Besymenski: Stalin und Hitler. Das Pokerspiel der Diktatoren, Berlin 2002, S. 193 ff.
59 NL Müller, Bl. 27.
60 Vgl. Müller: Vaterland, S. 376 ff.
61 Generaloberst Franz Halder: Kriegstagebuch. Tägliche Aufzeichnungen des Chefs des Generalstabes des Heeres 1939–1942, Band II, Stuttgart 1962, S. 335 ff.
62 Zit. nach Gerd R. Ueberschär/Wolfram Wette (Hrsg.): Der deutsche Überfall auf die Sowjetunion. »Unternehmen Barbarossa« 1941, Frankfurt a.M. 1991, S. 259.
63 Vgl. Hermann Teske: Die silbernen Spiegel. Generalstabsdienst unter der Lupe, Heidelberg 1952, S. 106.
64 Anatomie des SS-Staates, Band 2, München 1982, S. 187 (Dok. Nr. 11).
65 Generaloberst Franz Halder: Kriegstagebuch. Band III. Der Rußlandfeldzug bis zum Marsch auf Stalingrad (22.6.1941–24.9.1942), Stuttgart 1964, S. 23 (im folgenden: Halder: Kriegstagebuch III).
66 Jörg Friedrich: Das Gesetz des Krieges. Das deutsche Heer in Rußland 1941–1945. Der Prozeß gegen das OKW, München 1996, S. 956.
67 Vgl. Fall 12. Das Urteil gegen das OKW, gefällt am 28.10.1948 in Nürnberg vom Militärgerichtshof V der USA, Berlin (Ost) 1960, S. 88 f. (im folgenden: Fall 12).
68 Vgl. Kriegstagebuch, AOK 17, Anlage 7 zum Kriegstagebuch Nr. 1 (Wichtige Ferngespräche und Vorgänge taktischer Art vom 20.6.–24.7.41), BA-MA, RH 20-17/46.
69 Ebd., Bl. 44 f.
70 Vgl. ebd., Bl. 85.
71 Vgl. Philipp-Christian Wachs: Der Fall Theodor Oberländer (1905–1998). Ein Lehrstück deutscher Geschichte, Frankfurt a.M. – New York 2000, S. 69; Hermann Rauschhofer: Der Fall Oberländer, Eine vergleichende Rechtsanalyse der Verfahren in Pankow und Bonn, Tübingen 1962, S. 23 ff.; Alfred M. de Zayas: Die Wehrmacht-Untersuchungsstelle, München 1981, S. 333 ff.

72 Vgl. Verbrechen der Wehrmacht. Dimensionen des Vernichtungskrieges 1941–1944. Ausstellungskatalog, hrsg. vom Hamburger Institut für Sozialforschung, Hamburg 2002, S. 94 ff.; Gerd R. Ueberschär (Hrsg.): NS-Verbrechen und der militärische Widerstand gegen Hitler, Darmstadt 2000, S. 91 f.

73 Helmut Krausnick: Hitlers Einsatzgruppen. Die Truppe des Weltanschauungskrieges 1938–1942, Frankfurt a. M. 1985, S. 205.

74 Vgl. Kriegstagebuch, AOK 17, Anlage 7 zum Kriegstagebuch Nr. 1, a. a. O., Bl. 117 f.

75 Vgl. Wachs, a. a. O., S. 230 ff.

76 Vgl. ebd., S. 305 ff.

77 Vgl. ebd., S. 65 ff.

78 Vgl. Führungsabteilung AOK 17, IIa, Kriegsrangliste zum Kriegstagebuch Nr. 1 und 2 vom 15.5.41–10.3.42, BA-MA, RH 20-17/86.

79 Erklärung (Geheime Verschlußsache) vom 19.11.1959, VA-P-01/10399, Bl. 409–420 (Bl. 412 ff.), im Besitz des Autors.

80 Vgl. Kriegstagebuch, AOK 17, Anlage 7 zum Kriegstagebuch Nr. 1, a. a. O., Bl. 144 a.

81 Ebd., Bl. 161 ff.

82 Anordnung des Generals der Infanterie Carl-Heinrich von Stülpnagel, Oberbefehlshaber der 17. Armee, vom 7. Juli 1941 zur Unterbindung ukrainischer Selbständigkeitsbestrebungen sowie zur Errichtung lokaler Selbstverwaltungsorgane, in Dokumentenedition: Europa unterm Hakenkreuz. Sowjetunion. Die faschistische Okkupationspolitik in den zeitweilig besetzten Gebieten der Sowjetunion (1941–1944), Berlin 1991, S. 158 f.

83 Vgl. Anlage 7 zum Kriegstagebuch Nr. 1, a. a. O., Bl. 173.

84 ebd., Bl. 184 f.

85 Vgl. Hermann Teske: Die Offensiv-Operationen im Osten der 17. Armee bis zum Dnjepr 1941, 8 Bl., BA-MA, RH 20-17/15.

86 Vgl. Hans Steets: Gebirgsjäger bei Uman. Die Korpsschlacht des XXXXIX. Gebirgs-Armeekorps bei Podwyssokoje 1941, Heidelberg 1955, S. 85 ff.

87 Vgl. Heinrich Bücheler: Carl-Heinrich von Stülpnagel. Soldat – Philosoph – Verschwörer. Biographie, Berlin (West) – Frankfurt a. M. 1989, S. 211.

88 Vgl. Hermann Teske: Offensiv-Operationen 17. Armee, a. a. O., Bl. 7.

89 Vgl. Bücheler, a. a. O., S. 221 f.; Carl Wagener: Heeresgruppe Süd. Der Kampf im Süden der Ostfront 1941–1945, Bad Nauheim o. J. (1967).

90 Die Wehrmachtsberichte 1939–1945, Band 1: 1.9.1939–31.12.41, Köln 1989, S. 682.

91 Vgl. Halder: Kriegstagebuch III, S. 38.

92 Ebd., S. 170.

93 Ebd., S. 251 (26.9.41); S. 258 (28.9.41); S. 259 (29.9.41).

94 Ebd., S. 267 (4.10.41).

95 Vgl. Bücheler, a.a.O., 227 f.
96 Vgl. Müller: Vaterland, S. 382 f.
97 Armeebefehl des Oberbefehlshabers der 17. Armee, Generaloberst Hoth, vom 17.11.1941, zit. nach Ueberschär/Wette (Hrsg.): Der deutsche Überfall auf die Sowjetunion, a.a.O., S. 287 ff.
98 Kriegstagebuch, AOK 17, Ia/Ic/AO, Nr. 4020/41 vom 20.11.1941, 6 Bl., BA-MA, RH 20-17/83.
99 Verfügung des Oberkommandos der 17. Armee vom 25.11.1941 zur Errichtung eines Konzentrationslagers, zit. nach Europa unterm Hakenkreuz. Sowjetunion, a.a.O., S. 228 ff.
100 Kriegstagebuch, AOK 17, Ia/Ic/AO, Nr. 4020/41, a.a.O.
101 Vgl. ebd.
102 Vgl. Hermann Teske: Die silbernen Spiegel, a.a.O., S. 126.
103 Vgl. Fall 12, S. 176.
104 Ebd., S. 175.
105 Der Führer Nr. 003830/42 g.Kdos. OKW/WFSt., FHQ, den 18.10.1942, zit. nach Hubatsch (Hrsg.): Hitlers Weisungen, a.a.O., S. 206 ff.
106 Kriegstagebuch, AOK 17, Führungsanordnung Nr. 153, BA-MA, RH 20-17/148.
107 Vgl. Raul Hilberg: Die Vernichtung der europäischen Juden, Band 2, Frankfurt a.M. 1999, S. 316; Gerd R. Ueberschär: NS-Verbrechen und der militärische Widerstand, a.a.O., S. 93.
108 Zit. nach Christian Streit: Keine Kameraden. Die Wehrmacht und die sowjetischen Kriegsgefangenen 1941–1945, Stuttgart 1980, S. 113 f.
109 Vgl. ebd., S. 119.
110 Vgl. Ernst Jünger: Kaukasische Aufzeichnungen, in Strahlungen I, München 1998, S. 411, 438, 440, 473.
111 Vgl. Fall 12, S. 178 f.; Jörg Friedrich, a.a.O., S. 472 ff.
112 Parteiinformation, Bestand Zentrales Parteiarchiv der SED, SAPMO-BA, DY 30/IV 2/12, Bl. 187 ff. (Bl. 189 f.).
113 Vgl. Christian Streit, a.a.O., S. 10.
114 Zit. nach Ueberschär/Wette (Hrsg.): Der deutsche Überfall auf die Sowjetunion, a.a.O., S. 308.
115 Vgl. Christian Streit, a.a.O., S. 150 f.
116 Fall 12, S. 168 f.
117 Christian Streit, a.a.O., S. 152 f.
118 Kriegstagebuch, AOK 17, Ia, Nr. 2879/42 vom 23.7.1942, BA-MA, RH 20-17/125.
119 Vgl. Halder: Kriegstagebuch III, S. 315 (28. 11. 41); Wagener, a.a.O., S. 100 f.
120 Weisung Nr. 39, zit. nach Hubatsch (Hrsg.): Hitlers Weisungen, a.a.O., S. 171 ff.
121 Vgl. Wagener, a.a.O., S. 107.
122 Kriegstagebuch, AOK 17, BA-MA, RH 20-17/93, Bl. 671.
123 Vgl. ebd., Bl. 675 f.

124 Vgl. ebd., Bl. 680 f.
125 Vgl. ebd., Bl. 707.
126 Vgl. Wagener, a.a.O., S. 111 f.; Andreas Hillgruber/Gerhard Hümmelchen: Chronik des Zweiten Weltkrieges. Kalendarium militärischer und politischer Ereignisse 1939–1945, Düsseldorf 1978, S. 116.
127 Kriegstagebuch, AOK 17, BA-MA, RH 20-17/93, Bl. 725 f.
128 Vgl. Halder: Kriegstagebuch III, S. 392 (28. 1. 42); Horst Boog u. a. (Hrsg.): Der Angriff auf die Sowjetunion, Frankfurt a.M. 1991, S. 731.
129 Vincenz Müller, Brief an Max Kemmerich vom 16. 3. 1942, Privatsammlung Max Kemmerich (jun.).
130 Kriegstagebuch Nr. 2, vom 22.1.–10.3.1942, AOK 17, Führungsabteilung, BA-MA, RH 20-17/96.
131 Weisung Nr. 41, zit. nach Hubatsch (Hrsg.): Hitlers Weisungen, a.a.O., S. 183 ff.
132 Personalakte (PH 7/771) Vincenz Müller, BA-MA.
133 Vgl. Wagener, a.a.O., S. 125 ff.
134 Vgl. Hillgruber/Hümmelchen, Chronik, a.a.O., S. 135.
135 Vgl. Weisung Nr. 45, in Hubatsch (Hrsg.): Hitlers Weisungen, a.a.O., S. 196 ff.
136 Vgl. Albert Speer: Erinnerungen. Frankfurt a.M. – Berlin (West) – Wien 1969, S. 253.
137 Vgl. Walter Warlimont: Im Hauptquartier der deutschen Wehrmacht 1939–1945. Grundlagen – Formen – Gestalten, Frankfurt a.M. 1962, S. 266 ff.; Wagener, a.a.O., S. 163 ff.
138 Adolf Heusinger: Befehl im Widerstreit. Schicksalsstunden der deutschen Armee 1923–1945, Tübingen – Stuttgart 1950, S. 199 f.
139 Vgl. Hillgruber/Hümmelchen, Chronik, a.a.O., S. 143.
140 Vgl. Müller: Vaterland, S. 383 f.
141 Vgl. Kriegstagebuch, AOK 17, BA-MA, RH 20-17/132.
142 Ernst Jünger: Strahlungen I. Kaukasische Aufzeichnungen, München 1998, S. 473.
143 Wagener, a.a.O., S. 204 f.
144 Personalakte (PH 7/771) Vincenz Müller, a.a.O.
145 Vgl. Kriegstagebuch, AOK 17, BA-MA, RH 20-17/161.
146 Vgl. ebd., RH 20-17/178.
147 Personalakte (PH 7/771) Vincenz Müller, a.a.O.
148 Vgl. Kurt von Tippelskirch: Geschichte des Zweiten Weltkrieges, Bonn 1951, S. 459 ff.
149 Zit. nach Müller: Vaterland, S. 394 f.
150 Zit. nach Peter Strassner: Verräter. Das Nationalkomitee »Freies Deutschland« – Keimzelle der sogenannten DDR, Siegburg 1963, S. 225 (Anmerkung 25 a).
151 Vgl. Zum Zusammenbruch der Heeresgruppe Mitte im Sommer 1944 (Dokumentation), in Vierteljahrshefte für Zeitgeschichte, 3. Jg. (1955), Heft 3, S. 317 ff., S. 329 ff.; Gerd Niepold: Mittlere Ostfront Juni 1944.

Darstellung – Beurteilung – Lehren, Herford und Bonn 1985, S. 168 ff., S. 188.

152 Müller: Vaterland, S. 396 f.

153 Vgl. Wolfgang Leonhard: Die Revolution entläßt ihre Kinder, Frankfurt a. M. – Berlin (West) 1965, S. 262.

154 Zit. nach Erich Kosthorst: Die Geburt der Tragödie aus dem Geist des Gehorsams. Deutschlands Generäle und Hitler – Erfahrungen und Reflexionen eines Frontoffiziers, Bonn 1998, S. 68.

155 Müller: Vaterland, S. 397 f.

156 Ebd., S. 411.

157 Zit. nach Gerald Diesener: Der Beitritt kriegsgefangener Generale zur Bewegung »Freies Deutschland« 1944, in Militärgeschichte, 27. Jg. (1988), Heft 5, S. 455 ff.

158 Zit. nach Müller Vaterland, S. 75.

159 Vgl. Heinrich Graf von Einsiedel: Tagebuch der Versuchung. 1942–1950, Frankfurt a. M. – Berlin (West) – Wien 1985, S. 206; Leonid Reschin: Feldmarschall im Kreuzverhör. Friedrich Paulus in sowjetischer Gefangenschaft 1943–1953, Berlin 1996, S. 110 ff.

160 Wolfgang Leonhard, Die Revolution, a. a. O., S. 262.

161 Zit. nach Reschin: Feldmarschall, a. a. O., S. 112.

162 Müller: Vaterland, S. 80.

163 Brief von Vincenz Müller von Ende Januar 1942, verfaßt in Rußland. Sollte im Todesfall von Vincenz Müller an seine Ehefrau und seinen Sohn ausgehändigt werden, Privatsammlung Mathilde Müller.

164 Vgl. Heinz Hoffmann: Moskau – Berlin. Erinnerungen an Freunde, Kampfgenossen und Zeitumstände, Berlin (Ost) 1989, S. 87.

165 Zit. nach Erich Weinert: Das Nationalkomitee »Freies Deutschland« 1943–1945. Bericht über seine Tätigkeit und Auswirkung, Berlin (Ost) 1957, (Anhang S. 5 ff.).

166 Zit. nach Leonid Reschin: General zwischen den Fronten. Walter von Seydlitz in sowjetischer Gefangenschaft und Haft 1943–1955, Berlin 1995, S. 204.

167 Heinrich Graf von Einsiedel, Tagebuch, a. a. O., S. 193.

168 Vgl. Der Prozess gegen die Hauptkriegsverbrecher vor dem Internationalen Militärgerichtshof. Nürnberg, 14. November 1945–1. Oktober 1946, Band VII (Verhandlungsniederschriften 5.2.1946–19.2.1946), Nürnberg 1947, S. 283 ff. (11.2.1946).

169 Vgl. ebd., S. 294 ff.

170 Zit. nach Reschin: Feldmarschall, a. a. O., S. 196.

171 Vgl. Günther Glaser (Hrsg.): »Reorganisation der Polizei« oder getarnte Bewaffnung der SBZ im Kalten Krieg? Dokumente und Materialien zur sicherheits- und militärpolitischen Weichenstellung in Ostdeutschland 1948/49, Frankfurt a. M. 1995, S. 164; Torsten Diedrich: Das Jahr der Rückkehr – ein Jahr der Aufrüstung, in Annette Kaminsky (Hrsg.): Heimkehr 1948, München 1998, S. 243 f.

172 MfS-Lebenslauf über Vincenz Müller, BStU MfS-ZA, AGi. 167/51, Band 1, Bl. 2.
173 Vgl. Alaric Searle: »Vopo«-General Vincenz Müller and Western Intelligence, 1948–54: CIC, the Gehlen Organization and Two Cold War Covert Operations, in Intelligence and National Security, Volume 17, Summer 2002, Number 2, pp. 27–50.
174 Nachlaß Hermann Teske (im folgenden: NL Teske), BA-MA, N 407/50, Bl. 52.
175 NL Teske (N 407/50), Bl. 52–54.
176 Es handelte sich um das Haus der Familie Müller in Aichach, Stadtplatz 12.
177 NL Teske (N 407/49-50), Bl. 58 f.
178 Vgl. Der zweite Parteitag der NDPD, Leipzig, 15., 16. und 17. Juni 1950. Stenographische Niederschrift, Berlin (Ost) 1951, S. 293 f.
179 NL Teske (N 407/50), Bl. 59 f.
180 Vgl. NL Teske (N 407/49-52); Helmut Wagner: Schöne Grüße aus Pullach, Berlin 2000, S. 39 ff.
181 NL Teske (N 407/49-50), Bl. 60 f.
182 Vgl. NL Teske (N 407/49-50), Bl. 64 und 72 f.
183 Vgl. NL Teske (N 407/49-50), Bl. 68 ff.
184 Vgl. NL Teske (N 407/49).
185 So Eveline Wunderlich (1926–2002) am 27.2.2002 gegenüber dem Autor.
186 Kurt Zentner: Der große Schwindel, in Der Stern, Heft 13, März 1952.
187 Vgl. NL Teske (N 407/49).
188 Vincenz Müller: Deutschlands Zukunft nicht Schicksal, sondern Selbstbestimmung. Rede auf dem 4. Parteitag der NDPD, Leipzig, 16. Juni 1952, Berlin (Ost) 1952 (als Heft 19 der »National-Demokratischen Schriftenreihe«).
189 Vgl. Protokoll der II. Parteikonferenz der SED. 9. bis 12. Juli 1952, Berlin (Ost) 1952, S. 58 f.
190 NL Teske (N 407/49).
191 Akte Vincenz Müller, BStU MfS-ZA, AGi. 167/51, Band 1, Bl. 32.
192 Vgl. ebd., Bl. 17 ff.
193 So Helmut Ritter, Oberst der NVA a. D., in einem Gespräch am 15.4.2002 mit dem Autor in Jena.
194 Akte Vincenz Müller, a.a.O., Bl. 1, 76 f.
195 Ebd., a.a.O., AOP 709/57, Band 1, Bl. 148.
196 NL Teske (N 407/49).
197 Vgl. ebd.
198 Ebd.
199 So der Sohn von Max Kemmerich in einem Gespräch mit dem Autor.
200 Bestand Zentrales Parteiarchiv der SED, SAPMO-BA, DY 30/3674, Bl. 182 f.

201 Vgl. dazu: Margret Bechler: Warten auf Antwort. Ein deutsches Schicksal. Dokumentation: Jochen von Lang, Frankfurt a. M. – Berlin 1991.
202 Akte Vincenz Müller, a. a. O., AGi. 167/51, Band 2, Bl. 69 f.
203 Bestand NDPD, SAPMO-BA, DY 16/3075, Bl. 56 ff., Bl. 60.
204 Vgl. ebd., DY 16/3074, Bl. 107.
205 Vgl. Hanns Jürgen Küsters: Wiedervereinigung durch Konföderation? Die informellen Unterredungen zwischen Bundesminister Fritz Schäffer, NVA-General Vincenz Müller und Sowjetbotschafter Georgij Maksimowitsch Puschkin 1955/56. Dokumentation, in Vierteljahrshefte für Zeitgeschichte, 40. Jg. (1992), 1. Heft, S. 107–153.
206 Vgl. Markus Wolf: Spionagechef im geheimen Krieg. Erinnerungen, München 1997, S. 164 ff.
207 Vgl. Hanns Jürgen Küsters: Wiedervereinigung, a. a. O., S. 140 ff. (Dok. 4, Anhang).
208 So Mathilde Müller in einem Brief vom 10. 1. 2003 an den Autor.
209 Ebd.
210 Vgl. Franz Josef Strauß: Die Erinnerungen, Berlin 1998, S. 208.
211 Hermann Teske: Wenn Gegenwart Geschichte wird ..., Neckargemünd 1974, S. 18 ff.
212 Vgl. Dieter Blumenwitz: Die Christlich-Soziale Union und die deutsche Frage, in Geschichte einer Volkspartei. 50 Jahre CSU – 1945–1995. Sonderausgabe der »Politischen Studien«, hrsg. von der Hanns-Seidel-Stiftung, Grünwald 1995, S. 339.
213 Zitiert nach: Bericht über die Durchführung des Beschlusses vom 15.2.1957. Protokoll (Anlage 5) der 26. Sitzung der Sicherheitskommission des ZK der SED vom 3. August 1959 (BA-MA, DVW 1/39568).
214 Vgl. Akte Vincenz Müller, a. a. O., Band 3, Bl. 54 ff.
215 So Dr. Karlheinz Hähle, Oberst der NVA a. D., zeitweiliger Adjutant von Generalleutnant Vincenz Müller, in einem Gespräch mit dem Autor am 16.4.2002.
216 Vgl. Vincenz Müller, a. a. O., Band 2, Bl. 3.
217 Nach Auskunft von Eveline Wunderlich an den Autor.
218 Vgl. Fritz Kopp: Chronik der Wiederbewaffnung in Deutschland, Köln 1958, S. 147; Friedrich P. Martin: SED-Funktionäre in Offiziersuniform, Köln 1962, S. 150 f.
219 Protokoll der 18. Sitzung der Sicherheitskommission des ZK der SED vom 12. Dezember 1957, Bl. 2 (BA-MA, DVW 1/39560).
220 Zit. nach NL Teske (N 407/52).
221 Vgl. ebd.
222 Akte Heinz Sperling, BStU MfS HA I 1531/61, Band I/Teil 1, Bl. 14.
223 Vgl. Persönliches Tagebuch von Vincenz Müller (Mai/Juni 1959), gewidmet seiner Lebensgefährtin, Privatsammlung Eveline Wunderlich (im Besitz des Autors).
224 Akte Vincenz Müller, a. a. O., Band 4, Bl. 99.
225 Vgl. ebd., Bl. 47 ff.

226 So Mathilde Müller in einem Brief vom 10.1.2003 an den Autor.
227 Zit. nach ebd.
228 Akte Heinz Sperling, a.a.O., Band 2, Bl. 80 ff.
229 Vgl. Akte Vincenz Müller, a.a.O., AGi. 167/51, Band 4, Bl. 31 ff.
230 Nach Auskunft von Eveline Wunderlich an den Autor.
231 Vgl. Akte Vincenz Müller, a.a.O., Bl. 11 ff.
232 Akte Heinz Sperling, a.a.O., Band II, Bl. 80 ff.
233 Der Spiegel vom 24. Mai 1961 (Nr. 22), S. 21 f.
234 Akte Vincenz Müller, a.a.O., Band 4, Bl. 35.
235 Heinz Sperling zeigte dem Autor das Testament am 28.10.1998, nach einer Veranstaltung im »Haus der Geschichte der Bundesrepublik Deutschland« in Bonn.
236 Vgl. NL Teske (N 407/52).
237 Vgl. In memoriam Vincenz Müller, in Heinrich Homann: Auf Ehre und Gewissen, Berlin (Ost) o.J. (1963), S. 44 ff.

Quellen- und Literaturverzeichnis

Archive und Sammlungen

Bundesarchiv-Militärarchiv Freiburg (BA-MA):
Kriegstagebuch (RH 20–17) des Oberkommandos der 17. Armee (AOK 17);
Personalakte (PH 7/771) Vincenz Müller;
Nachlaß Vincenz Müller (N 774/21-41);
Nachlaß Hermann Teske (N 407/49-52);
Bestand Kasernierte Volkspolizei/Stab (DVH 3);
Bestand Ministerium für Nationale Verteidigung (DVW 1);
Bestand Sicherheitskommission des ZK der SED (DVW 1);
Bestand Militärgeschichtliches Institut der DDR – Arbeitsgruppe Befragungen/Erinnerungen: Erinnerungsbericht von Oberstleutnant d. R. Heinz Sperling über Struktur und Aufgaben des Stabes der Kasernierten Volkspolizei bei seiner Schaffung 1952. Veränderungen in Struktur und Aufgaben 1953. Allgemeine Probleme der Stabsarbeit. 1952–1953, Potsdam, im Januar 1970 (20 Blatt).

Stiftung Archiv der Parteien und Massenorganisationen der DDR im Bundesarchiv, Berlin (SAPMO-BA):
Zentrales Parteiarchiv der SED (DY 30);
Abteilung für Sicherheitsfragen des ZK der SED (IV 2/12/J IV 2/2 J/6);
Nachlaß Walter Ulbricht (NL 182/NY 4182);
Büro Walter Ulbricht (DY 30/3674-77);
NDPD (DY 16).

Die/Der Bundesbeauftragte für die Unterlagen des Staatssicherheitsdienstes der ehemaligen DDR, Berlin (BStU):
MfS-ZA 167/51, Band 1–4 (Akte über Vincenz Müller);
MfS-HA I 1531/61, Band 1–3 (Akte Heinz Sperling; IM »Moräne«).

Private Sammlung:
Max Kemmerich (jun.), Augsburg
Mathilde Müller, München
Eveline Wunderlich, Berlin

Adam, Wilhelm: Der schwere Entschluß. Autobiographie, Berlin (Ost) 1987
Amos, Heike: Die Westpolitik der SED 1948/49–1961. »Arbeit nach Westdeutschland« durch die Nationale Front, das Ministerium für Auswärtige Angelegenheiten und das Ministerium für Staatssicherheit, Berlin 1999
Anatomie des SS-Staates. Band 1: Hans Buchheim: Die SS – das Herrschaftsinstrument. Befehl und Gehorsam; Band 2, Martin Broszat: Nationalsozialistische Konzentrationslager 1933–1945; Hans-Adolf Jacobsen: Kommissarbefehl und Massenexekutionen sowjetischer Kriegsgefangener; Helmut Krausnick: Judenverfolgung, München 1982
Arbeitsgruppe Geschichte der NVA und Integration ehemaliger NVA-Angehöriger in Gesellschaft und Bundeswehr beim Landesvorstand Ost des Deutschen Bundeswehrverbandes: Was war die NVA? Studien – Analysen – Berichte. Zur Geschichte der Nationalen Volksarmee, Berlin 2001
Backerra, Manfred (Hrsg.): NVA. Ein Rückblick für die Zukunft. Zeitzeugen berichten über ein Stück deutscher Militärgeschichte, Köln o. J. (1992)
Badstübner, Rolf; Wilfried Loth (Hrsg.): Wilhelm Pieck – Aufzeichnungen zur Deutschlandpolitik 1945–1953, Berlin 1994
Bald, Detlef (Hrsg.): Die Nationale Volksarmee. Beiträge zu Selbstverständnis und Geschichte des deutschen Militärs von 1945–1990, Baden-Baden 1992
Besymenski, Lew: Stalin und Hitler. Das Pokerspiel der Diktatoren, Berlin 2002
Boog, Horst; Jürgen Förster; Joachim Hoffmann; Ernst Klink; Rolf-Dieter Müller; Gerd R. Ueberschär: Der Angriff auf die Sowjetunion, Frankfurt a. M. 1996
Boog, Horst; Werner Rahn; Reinhard Stumpf; Bernd Wegner: Die Welt im Krieg 1941–1943, Band I und II, Frankfurt a. M. 1992
Bradley, Dermont; Richard Schulze-Kossens (Hrsg.): Tätigkeitsbericht des Chefs des Heerespersonalamtes General der Infanterie Rudolf Schmundt (1. 10. 1942–29. 10. 1944), Osnabrück 1984
Brückl, Hans: Zwischen Braun und Rot. Der verordnete Antifaschismus der DDR und der »Fall« Wilhelm Kunze, Bergisch Gladbach 2001
Brühl, Reinhard (Ltr. des Autorenkollektivs): Armee für Frieden und Sozialismus. Geschichte der Nationalen Volksarmee der DDR, Berlin (Ost) 1987
Buch, Günther (Hrsg.): Namen und Daten wichtiger Personen der DDR, Berlin (West) und Bonn 1987
Bücheler, Heinrich: Carl-Heinrich von Stülpnagel. Soldat – Philosoph – Verschwörer. Biographie, Berlin (West) und Frankfurt a. M. 1989
Bundesministerium für innerdeutsche Beziehungen (Hrsg.): Dokumente zur Deutschlandpolitik. IV. Reihe, Band I, 10. November 1958–9. Mai 1959,

Erster Halbband (10. 11. 1958–31. 1. 1959), bearbeitet von Ernst Deuerlein und Hannelore Nathan, Frankfurt a.M. – Berlin (West) 1971
Carell, Paul: Unternehmen Barbarossa. Der Marsch nach Rußland, Frankfurt a.M. und Berlin (West) 1963
Carell, Paul: Verbrannte Erde. Schlacht zwischen Wolga und Weichsel, Frankfurt a.M. und Berlin (West) 1966
Cartier, Raymond: Der Zweite Weltkrieg, 2 Bände, München o.J.
Die Dritte Norm der Generale Korfes, Lattmann, Bamler, Lenski und Genossen – Eine Informationsschrift, Köln o.J. (1960)
Die Wehrmachtsberichte1939–1945, 3 Bände, Köln 1989
Diedrich, Torsten; Rüdiger Wenzke: Die getarnte Armee. Geschichte der Kasernierten Volkspolizei der DDR 1952–1956, Berlin 2001
Diedrich, Torsten; Rüdiger Wenzke: Im Dienste der Partei. Handbuch der bewaffneten Organe der DDR, Berlin 1998
Dokumentenedition: Europa unterm Hakenkreuz. Sowjetunion. Die faschistische Okkupationspolitik in den zeitweilig besetzten Gebieten der Sowjetunion (1941–1944), Berlin 1991
Ehlert, Hans (Hrsg.): Die Militär- und Sicherheitspolitik in der SBZ/DDR. Eine Bibliographie (1945–1995), München 1996
Einsiedel, Heinrich Graf von: Tagebuch der Versuchung. 1942–1950, Frankfurt a.M. – Berlin (West) – Wien 1985
Fall 12. Das Urteil gegen das OKW, gefällt am 28. September1948 in Nürnberg vom Militärgerichtshof V der USA, Berlin (Ost) 1960
Fingerle, Stephan: Waffen in Arbeiterhand? Die Rekrutierung des Offizierkorps der Nationalen Volksarmee und ihrer Vorläufer, Reihe: Militärgeschichte der DDR, Band 2, Berlin 2001
Fischer, Alexander (Hrsg.): Wiederbewaffnung in Deutschland nach 1945, Berlin (West) 1986
Flocken, Jan von; Michael F. Scholz: Ernst Wollweber. Saboteur – Minister – Unperson, Berlin 1994
Förster, Gerhard; Olaf Groehler: Der zweite Weltkrieg. Dokumente, Berlin (Ost) 1989
Fretter-Pico, Maximilian: Mißbrauchte Infanterie – verlassen von des Sieges Göttern, Wiesbaden 1969
Friedrich, Jörg: Das Gesetz des Krieges. Das deutsche Heer in Rußland 1941–1945. Der Prozeß gegen das OKW, München 1996
Froh, Klaus; Rüdiger Wenzke: Die Generale und Amirale der NVA. Ein biographisches Handbuch, Berlin 2001
Gallus, Alexander: Die Neutralisten. Verfechter eines vereinten Deutschland zwischen Ost und West 1945–1990, Düsseldorf 2001
Geserick, Gunther; Klaus Vendura; Ingo Wirth: Zeitzeuge Tod. Spektakuläre Fälle der Berliner Gerichtsmedizin, Leipzig 2001
Gessler, Otto: Reichswehrpolitik in der Weimarer Zeit. Hrsg. von Kurt Sendtner, Stuttgart1958

Glaser, Günther (Hrsg.): »Reorganisation der Polizei« oder getarnte Bewaffnung der SBZ im Kalten Krieg? Dokumente und Materialien zur sicherheits- und militärpolitischen Weichenstellung in Ostdeutschland 1948/49, Frankfurt a.M. 1995
Görlitz, Walter: Kleine Geschichte des deutschen Generalstabes, Berlin (West) 1967
Gretschko, Andrej Antonowitsch: Die Schlacht im Kaukasus, Berlin (Ost) 1971
Grundzüge der deutschen Militärgeschichte, Band 1 und 2, Freiburg 1993
Haas, Josef: Die National-Demokratische Partei Deutschlands (NDPD). Geschichte, Struktur und Funktion einer DDR-Blockpartei, Dissertation an der Universität Erlangen-Nürnberg (1987)
Hagemann, Frank: Parteiherrschaft in der Nationalen Volksarmee. Zur Rolle der SED bei der inneren Entwicklung der DDR-Streitkräfte (1956–1971), Reihe: Militärgeschichte der DDR, Band 5, Berlin 2002
Halder, Franz: Kriegstagebuch. Tägliche Aufzeichnungen des Chefs des Generalstabes des Heeres 1939–1942, 3 Bände, Stuttgart 1962–1964
Heider, Paul: Offiziere der Wehrmacht beim Aufbau bewaffneter Organe der DDR und die Rolle der Arbeitsgemeinschaft ehemaliger Offiziere, Forschungsstudie des Militärgeschichtlichen Forschungsamtes, Potsdam 2000
Helfert, Rolf: Deutschland: Erster Stabschef der NVA in Opposition zur SED-Führung. Gedient in fünf Armeen, in Junge Freiheit vom 24. 10. 1997 (Nr. 44), S. 17
Henzler, Christoph: Fritz Schäffer. Der erste bayerische Nachkriegs-Ministerpräsident und erste Finanzminister der Bundesrepublik Deutschland. 1945–1967. Eine biographische Studie, hrsg. von der Hanns-Seidel-Stiftung. Dissertation an der Ludwig-Maximilians-Universität zu München 1991, München 1994
Heusinger, Adolf: Befehl im Widerstreit. Schicksalsstunden der deutschen Armee 1923–1945, Tübingen – Stuttgart 1950
Hilberg, Raul: Die Vernichtung der europäischen Juden, 3 Bände, Frankfurt a.M. 1999
Hilger, Andreas; Ute Schmidt; Günther Wagenlehner (Hrsg.): Sowjetische Militärtribunale, Band 1: Die Verurteilung deutscher Kriegsgefangener 1941–1953, Köln – Weimar – Wien 2001
Hillgruber, Andreas; Gerhard Hümmelchen: Chronik des Zweiten Weltkrieges. Kalendarium militärischer und politischer Ereignisse 1939–1945, Düsseldorf 1978
Hofer, Walther (Hrsg.): Der Nationalsozialismus. Dokumente 1933–1945, Frankfurt a.M. 1957
Hoffmann, Heinz: Moskau – Berlin. Erinnerungen an Freunde, Kampfgenossen und Zeitumstände, Berlin (Ost) 1989
Hoffmann, Joachim: Stalins Vernichtungskrieg 1941–1945. Planung, Ausführung und Dokumentation, München 2001
Homann, Heinrich: Auf Ehre und Gewissen, Berlin (Ost) 1963

Hubatsch, Walther (Hrsg.): Hitlers Weisungen für die Kriegführung 1939–1945. Dokumente des OKW, Frankfurt a. M. 1962

Jablonsky, Walter; Wolfgang Wünsche (Hrsg.): Im Gleichschritt? Zur Geschichte der NVA, Berlin 2001

Jakobsen, Hans-Adolf; Hans Dollinger (Hrsg.): Der Zweite Weltkrieg in Bildern und Dokumenten, 3 Bände, München – Wien – Basel 1962

Jochmann, Werner (Hrsg.): Adolf Hitler. Monologe im Führerhauptquartier 1941–1944, Hamburg 1980

Joseph, Detlef: Nazis in der DDR. Die deutschen Staatsdiener nach 1945 – woher kamen sie? Berlin 2002

Jünger, Ernst: Kaukasische Aufzeichnungen, in Strahlungen I, München 1998

Kaltenegger, Roland: Schörner. Feldmarschall der letzten Stunde. Biographie, München 1994

Kaminsky, Annette (Hrsg.): Heimkehr 1948. Geschichte und Schicksale deutscher Kriegsgefangener, München 1998

Kempowski, Walter: Das Echolot. Barbarossa 41. Ein kollektives Tagebuch, München 2002

Klein, Fritz (Ltr. des Autorenkollektivs): Deutschland im ersten Weltkrieg. 3 Bände, Berlin (Ost) 1970/71

Kohl, Paul: Der Krieg der deutschen Wehrmacht und der Polizei 1941–1944. Sowjetische Überlebende berichten, Frankfurt a. M. 1998

Kopp, Fritz: Chronik der Wiederbewaffnung in Deutschland, Köln 1958

Kosthorst, Erich: Die Geburt der Tragödie aus dem Geist des Gehorsams. Deutschlands Generäle bei Hitler – Erfahrungen und Reflexionen eines Frontoffiziers, Bonn 1998

Krausnick, Helmut: Hitlers Einsatzgruppen. Die Truppe des Weltanschauungskrieges 1938–1942, Frankfurt a. M. 1985

Kurowski, Franz: Deutsche Kommandotrupps 1939–1945. »Brandenburger« und Abwehr im weltweiten Einsatz, Stuttgart 2001

Küsters, Hanns Jürgen: Wiedervereinigung durch Konföderation? Die informellen Unterredungen zwischen Bundesminister Fritz Schäffer, NVA-General Vincenz Müller und Sowjetbotschafter Georgij Maksimowitsch Puschkin 1955/56. Dokumentation, in Vierteljahrshefte für Zeitgeschichte, 40. Jg. (1992), 1. Heft, S. 107–153

Lapp, Peter Joachim: Ulbrichts Helfer. Wehrmachtsoffiziere im Dienste der DDR, Bonn 2000

Lemke, Michael: Einheit oder Sozialismus? Die Deutschlandpolitik der SED 1949–1961, Köln – Weimar – Wien 2001

Leonhard, Wolfgang: Die Revolution entläßt ihre Kinder, Frankfurt a. M. und Berlin (West) 1965

Liddell Hart, Basil Henry: Deutsche Generale des 2. Weltkriegs. Aussagen, Aufzeichnungen und Gespräche, Düsseldorf und Wien 1964

Maizière, Ulrich de: In der Pflicht. Lebensbericht eines deutschen Soldaten im 20. Jahrhundert, Herford – Bonn 1989

Martin, Friedrich P.: SED-Funktionäre in Offiziersuniform. Wer befiehlt in der »Nationalen Volksarmee«?, Köln 1962
Maser, Werner: Der Wortbruch. Hitler, Stalin und der Zweite Weltkrieg, München 1994
Masson, Philippe: Die deutsche Armee. Geschichte der Wehrmacht 1935–1945, München 1996
Meißner, Klaus-Peter (Ltr. des Autorenkollektivs): Die Militär- und Sicherheitspolitik der SED 1945 bis 1988. Dokumente und Materialien, Berlin (Ost) 1989
Meyer, Georg (Hrsg.): Generalfeldmarschall Wilhelm Ritter von Leeb. Tagebuchaufzeichnungen und Lagebeurteilungen aus zwei Weltkriegen. Aus dem Nachlaß und mit einem Lebensabriß versehen, Stuttgart 1976
Meyer, Georg: Adolf Heusinger. Dienst eines deutschen Soldaten 1915 bis 1964, Hamburg – Berlin – Bonn 2001
Meyer, Georg: Drei deutsche Generale. Dienst in der Diktatur und im Spannungsfeld des Kalten Krieges, in Thoß, Bruno (Hrsg.): Vom Kalten Krieg zur deutschen Einheit. Analysen und Zeitzeugenberichte zur deutschen Militärgeschichte 1945 bis 1995, München 1995
Michalka, Wolfgang (Hrsg.): Der Zweite Weltkrieg. Analysen – Grundzüge – Forschungsbilanz, München 1990
Millotat, Christian E. O.: Das preußisch-deutsche Generalstabssystem. Wurzeln – Entwicklung – Fortwirken, Zürich 2000
Mommsen, Hans: Die verspielte Freiheit. Der Weg der Republik von Weimar in den Untergang 1918 bis 1933, Frankfurt a. M. und Berlin (West) 1990
Müller, Klaus-Jürgen: Das Heer und Hitler. Armee und nationalsozialistisches Regime 1933–1940, Stuttgart 1988
Müller, Rolf-Dieter; Gerd R. Ueberschär: Hitlers Krieg im Osten 1941–1945. Ein Forschungsbericht, Darmstadt 2000
Müller, Rolf-Dieter; Hans-Erich Volkmann: Die Wehrmacht. Mythos und Realität, München 1999
Müller, Vincenz: Ich fand das wahre Vaterland. Hrsg. von Klaus Mammach, Berlin (Ost) 1963
Müller-Enbergs, Helmut; Jan Wielgohs; Dieter Hoffmann (Hrsg.): Wer war wer in der DDR? Ein biographisches Lexikon, Berlin 2001
Niekisch, Ernst: Die Legende von der Weimarer Republik, Köln 1968
Niemetz, Daniel: Besiegt, gebraucht, gelobt, gemieden. Zum Umgang mit ehemaligen Wehrmachtoffizieren im DDR-Militär, in Deutschland Archiv, 32. Jg.(1999), Heft 3, S. 378–392
Niepold, Gerd: Mittlere Ostfront Juni 1944. Darstellung – Beurteilung – Lehren, Herford und Bonn 1985
Otto, Helmut; Karl Schmiedel; Helmut Schnitter: Der erste Weltkrieg. Militärhistorischer Abriß, Berlin (Ost) 1968
Paetel, Karl O.: Versuchung oder Chance? Zur Geschichte des deutschen Nationalbolschewismus, Göttingen – Berlin (West) – Frankfurt a. M. – Zürich 1965

Picker, Henry (Hrsg.): Hitlers Tischgespräche im Führerhauptquartier 1941–1942, Bonn 1951
Pickert, Wolfgang: Vom Kuban-Brückenkopf bis Sewastopol. Flakartillerie im Verband der 17. Armee, Heidelberg 1955
Plehwe, Friedrich-Karl von: Reichskanzler Kurt von Schleicher. Weimars letzte Chance gegen Hitler, Esslingen 1983
Ploetz: Geschichte des Zweiten Weltkrieges, 1. und 2. Teil, Würzburg 1960
Poeppel, Hans; Wilhelm-Karl Prinz von Preußen; Karl-Günther von Hase (Hrsg.): Die Soldaten der Wehrmacht, München 1998
Post, Walter: Unternehmen Barbarossa. Deutsche und sowjetische Angriffspläne 1940/41, Hamburg – Berlin – Bonn 1995
Prokop, Siegfried: Ich bin zu früh geboren. Auf den Spuren Wolfgang Harichs, Berlin 1997
Rauschhofer, Hermann: Der Fall Oberländer. Eine vergleichende Rechtsanalyse der Verfahren in Pankow und Bonn, Tübingen 1962
Rees, Laurence: Hitlers Krieg im Osten, München 2000
Rehm, Walter: Wiederbewaffnung und Wiedervereinigung. Deutsch-deutsche Offizierskontakte in den 50er Jahren, in Fischer, Alexander (Hrsg.): Wiederbewaffnung in Deutschland, a.a.O.
Reschin, Leonid: Feldmarschall im Kreuzverhör. Friedrich Paulus in sowjetischer Gefangenschaft 1943–1953, Berlin 1996
Reschin, Leonid: General zwischen den Fronten. Walter von Seydlitz in sowjetischer Gefangenschaft und Haft 1943–1955, Berlin 1995
Safrian, Hans: Eichmann und seine Gehilfen, Frankfurt a.M. 1997
SBZ-Biographie. Ein biographisches Nachschlagebuch über die SBZ, Berlin (West) und Bonn 1964
Scheurig, Bodo: Freies Deutschland. Das Nationalkomitee und der Bund Deutscher Offiziere in der Sowjetunion 1943–1945, Köln 1984
Schmückle, Gerd: Ohne Pauken und Trompeten. Erinnerungen an Krieg und Frieden, Stuttgart 1982
Schramm, Percy E. (Hrsg,): Kriegstagebuch des OKW (Wehrmachtführungsstab), 1940–1945, 8 Bände, Herrsching 1982
Schröter, Rupert; Peter Grimm: Vom Kaiserreich zur Volksarmee. Leben und Tod des Generals Vincenz Müller, in Die Andere. Der Anzeiger für Politik, Kultur und Kunst, Nr. 33, 5. September 1990, S. 1–5
Schtemenko, Sergej Matwejewitsch: Im Generalstab, Band 1 und 2, Berlin (Ost) 1969
Schüddekopf, Otto-Ernst: Das Heer und die Republik. Quellen zur Politik der Reichswehrführung 1918 bis 1933, Hannover – Frankfurt a.M. 1955
Searle, Alaric: »Vopo«-General Vincenz Müller and Western Intelligence, 1948–54: CIC, the Gehlen Organization and Two Cold War Covert Operations, in Intelligence and National Security, Volume 17, Summer 2002, Number 2, pp. 27–50
Seeckt, Hans von: Aus seinem Leben (1918–1936). Unter Verwendung des schriftlichen Nachlasses im Auftrage von Frau Dorothee von Seeckt. Hrsg.

von General der Artillerie Dr. h.c. Friedrich von Rabenau (Chef der Heeresarchive), Leipzig 1940
Seydlitz, Walther von: Stalingrad. Konflikt und Konsequenz. Erinnerungen, Oldenburg und Hamburg 1977
Shirer, William L.: Aufstieg und Fall des Dritten Reiches, Köln – Berlin (West) 1963
Shukow, Georgij Konstantinowitsch: Erinnerungen und Gedanken, 2 Bände, Berlin (Ost) 1983
Speer, Albert: Erinnerungen, Frankfurt a.M. – Berlin (West) – Wien 1969
Speidel, Hans: Aus unserer Zeit. Erinnerungen, Berlin (West) – Frankfurt a.M. – Wien 1977
Staritz, Dietrich: Die National-Demokratische Partei Deutschlands 1948–1953. Ein Beitrag zur Untersuchung des Parteiensystems der DDR, Dissertation an der Freien Universität Berlin, 1968
Steets, Hans: Gebirgsjäger am Uman. Die Korpsschlacht des XXXXIX. Gebirgs-Armeekorps bei Podwyssokoje 1941, Heidelberg 1955
Strassner, Peter: Verräter. Das Nationalkomitee »Freies Deutschland« – Keimzelle der sogenannten DDR, Siegburg 1963
Strauß, Franz Josef: Die Erinnerungen, Berlin 1998
Streit, Christian: Keine Kameraden. Die Wehrmacht und die sowjetischen Kriegsgefangenen 1941–1945, Stuttgart 1980
Suckut, Siegfried; Süß, Walter (Hrsg.): Staatspartei und Staatssicherheit. Zum Verhältnis von SED und MfS, Berlin 1997
Teske, Hermann: Die silbernen Spiegel. Generalstabsdienst unter der Lupe, Heidelberg 1952
Teske, Hermann: Wenn Gegenwart Geschichte wird ..., Neckargemünd 1974
Thoß, Bruno (Hrsg.): Volksarmee schaffen – ohne Geschrei! Studien zu den Anfängen einer »verdeckten Aufrüstung« in der SBZ/DDR 1947–1952, München 1994
Thoß, Bruno (Hrsg.): Vom Kalten Krieg zur deutschen Einheit. Analysen und Zeitzeugenberichte zur deutschen Militärgeschichte 1945 bis 1995, München 1995
Tippelskirch, Kurt von: Geschichte des Zweiten Weltkrieges, Bonn 1951
Ueberschär, Gerd R. (Hrsg.): Das Nationalkomitee »Freies Deutschland« und der Bund Deutscher Offiziere, Frankfurt a.M. 1995
Ueberschär, Gerd R. (Hrsg.): NS-Verbrechen und der militärische Widerstand gegen Hitler, Darmstadt 2000
Ueberschär, Gerd R.: Hitlers militärische Elite. Band 1, Von den Anfängen des Regimes bis Kriegsbeginn; Band 2, Vom Kriegsbeginn bis zum Weltkriegsende, Darmstadt 1998
Ueberschär, Gerd R.; Wolfram Wette: Der deutsche Überfall auf die Sowjetunion. »Unternehmen Barbarossa« 1941, Frankfurt a.M. 1991
Uhle-Wettler, Franz: Höhe- und Wendepunkte deutscher Militärgeschichte, Hamburg – Berlin – Bonn 2000

Ulbricht, Walter: Zur Geschichte der deutschen Arbeiterbewegung. Aus Reden und Aufsätzen. Band I–X, Berlin (Ost) 1953–1966
Untersuchungsausschuß freiheitlicher Juristen (Hrsg.): Ehemalige Nationalsozialisten in Pankows Diensten, Berlin (West) 1965
Unverhau, Dagmar: Das »NS-Archiv« des Ministeriums für Staatssicherheit, Münster 1998
Verbrechen der Wehrmacht. Dimensionen des Vernichtungskrieges 1941–1944. Ausstellungskatalog, hrsg. vom Hamburger Institut für Sozialforschung, Hamburg 2002
Vogel, Thomas (Hrsg.): Aufstand des Gewissens. Militärischer Widerstand gegen Hitler und das NS-Regime 1933 bis 1945 (Begleitband zur Wanderausstellung des MGFA), Hamburg – Berlin – Bonn 2000
Wachs, Philipp-Christian: Der Fall Theodor Oberländer (1905–1998). Ein Lehrstück deutscher Geschichte, Frankfurt a. M. – New York 2000
Wagener, Carl: Heeresgruppe Süd. Der Kampf im Süden der Ostfront 1941–1945, Bad Nauheim o. J. (1967)
Wagner, Arnim: Walter Ulbricht und die geheime Sicherheitspolitik der SED. Der Nationale Verteidigungsrat der DDR und seine Vorgeschichte (1953–1971), Reihe: Militärgeschichte der DDR, Band 4, Berlin 2002
Wagner, Helmut: Schöne Grüße aus Pullach. Operationen des BND gegen die DDR, Berlin 2000
Walde, Karl J.: Guderian. Frankfurt a. M. – Berlin (West) – Wien 1976
Warlimont, Walter: Im Hauptquartier der deutschen Wehrmacht 1939–1945. Grundlagen – Formen – Gestalten, Frankfurt a. M. 1962
Wehrmachtsverbrechen. Dokumente aus sowjetischen Archiven, Köln 1997
Weinert, Erich: Das Nationalkomitee »Freies Deutschland« 1943–1945. Bericht über seine Tätigkeit und seine Auswirkung, Berlin (Ost) 1957
Welz, Helmut: In letzter Stunde. Die Entscheidung des Generals Arno von Lenski. Biographie nach umfangreichen Aufzeichnungen Arno von Lenskis, Berlin (Ost) 1978
Werth, Alexander: Rußland im Krieg 1941–1945, München – Zürich 1965
Wettig, Gerhard: Neue Erkenntnisse aus sowjetischen Geheimdokumenten über den militärischen Aufbau in der SBZ/DDR 1947–1952, in Militärgeschichtliche Mitteilungen, 53. Jg. (1994), Heft 2, S. 339–419
Wohlfeil, Rainer; Hans Dollinger: Die Deutsche Reichswehr. Bilder – Dokumente – Texte. Zur Geschichte des Hunderttausend-Mann-Heeres 1919–1933, Wiesbaden 1977
Wolf, Markus: Spionagechef im geheimen Krieg. Erinnerungen, München 1997
Wörterbuch zur deutschen Militärgeschichte, 2 Bände, Berlin (Ost) 1987
Wünsche, Wolfgang (Hrsg.): Rührt euch! Zur Geschichte der Nationalen Volksarmee der DDR, Berlin 1998
Zayas, Alfred M. de: Die Wehrmacht-Untersuchungsstelle, München 1981

Zeidler, Manfred: Militärgeschichte der Weimarer Republik 1918–1933. Die Reichswehr im demokratischen Staat, in Grundzüge der deutschen Militärgeschichte, a.a.O., S. 270ff.
Zeittafel militärpolitischer und militärischer Ereignisse 1945 bis 1964, hrsg. vom Institut für Deutsche Militärgeschichte, Berlin (Ost) 1965
Zeittafel zur Militärgeschichte der DDR 1949 bis 1988, hrsg. vom Militärgeschichtlichen Institut der DDR, 2. Aufl., Berlin (Ost) 1989

Gesprächspartner

Werner Adam, Oberstleutnant der NVA a.D., Bad Tölz
Hans Brückl, Bibliothekar/Autor, Bad Kösen
Dr. Torsten Diedrich, Militärhistoriker, Potsdam
Heinrich Graf von Einsiedel, München
Dr. Karlheinz Hähle, Oberst der NVA a.D., Dresden
Günter Hartmann, Berlin
Prof. Dr. Paul Heider, Militärhistoriker, Potsdam/Dresden
Josef Jeschke, Major der NVA a.D., Berlin
Max Kemmerich, Augsburg
Monika Krüger geb. Fritze, Brandenburg, 1960/61 Haushälterin in Schmöckwitz
PD Dr. rer. pol. habil. Hanns Jürgen Küsters, Politologe, Bonn
Erhard Lonscher, Berlin
Ulrich de Maizière, General der Bundeswehr a.D., Bonn
Prof. Dr. Klaus Mammach, Historiker, Berlin
Dr. Georg Meyer, Militärhistoriker, Freiburg
Daniel Niemetz, Historiker, Leipzig
Mathilde Müller, München
Prof. Dr. Siegfried Prokop, Historiker, Bernau
Helmut Ritter, Oberst der NVA a.D., Jena
MR Dr. Horst Rocholl, Stabsarzt a.D., Neuenhagen bei Berlin
Dr. Bodo Scheurig, Historiker, Berlin
Dr. Heinz Sperling, Oberstleutnant der NVA a.D., Potsdam
Günter Stephan, Archivar/Autor, Dresden
Dr. Sigrid Wegner-Korfes, Historikerin, Berlin
Markus Wolf, Berlin
Eveline Wunderlich, Berlin

Lebensdaten von Vincenz Müller

1894
5. November: Geburt in Aichach/Oberbayern

1904
Eintritt in das humanistische Klostergymnasium Metten bei Deggendorf

1913
Juli: Abitur
Oktober: »Einjährig-Freiwilliger« im 1. Bayerischen Pionier-Bataillon in München

1914
Januar: Fahnenjunker im 13. Württembergischen Pionier-Bataillon in Ulm
Mai: Besuch der Königlich-Preußischen Kriegsschule Kassel
1. August: Ausbruch des Ersten Weltkrieges
August: Beförderung zum Fähnrich
Ende August: »Feuertaufe« in Ostfrankreich und erste schwere Verwundung
September: Beförderung zum Leutnant

1915
Juni: Versetzung zur deutschen Militärmission nach Konstantinopel in die Türkei (Pionierkommando)
Beförderung zum osmanisch-türkischen Oberleutnant

Einsatz auf der Halbinsel Gallipoli (Dardanellen)
November: Verwundung durch englische Handgranate

1916
Mit deutschem Pionierkommando in Bagdad und Umgebung
Schwere Erkrankung an Malaria
Rückkehr nach Deutschland

1917
Lazarettaufenthalt
Juni: Lehroffizier an der türkischen Pionieroffiziersschule in Konstantinopel

1918
Ende Februar: Rückversetzung zum 13. Württembergischen Pionier-Bataillon in Ulm
Meldung zur Fronttruppe (Infanterie)
Ernennung zum Führer der 9. Kompanie im 2. Gardepionierersatzbataillon (Berlin)
Einsatz an der Westfront in Frankreich (Flammenwerferkompanie)
Juni: Beförderung zum Oberleutnant
11. November: Waffenstillstand
Rückkehr nach Deutschland (Berlin)

1919
»Grenzschutz Ost« in Lötzen und Bartenstein (Ostpr.)
Ordonnanzoffizier (Oberleutnant) u. a. bei Werner Freiherr von Fritsch

1920
Zugführer in einer Kompanie im 13. Württembergischen Pionier-Bataillon in Ulm
August: Auswahlprüfung zur »Führergehilfenausbildung«

1921
Erster und zweiter Teil der »Führergehilfenausbildung«
Vierwöchiger Urlaub in Italien

1922
Zugführer in einer Kompanie des 5. Pionier-Bataillons in Ulm

1923
24. September: Heirat mit der Rechtsanwaltstochter Maria Brandl (1901–1957) in Deggendorf
November: Versetzung als Adjutant und »Bürooffizier« von Major/Oberstleutnant Kurt von Schleicher in das Reichswehrministerium (Truppenamt/T 1 III; politische Abteilung)

1926
Dritter und letzter Teil der »Führergehilfenausbildung«
Zuerkennung der Qualifikation für den Generalstabsdienst
31. Mai: Geburt des ersten und einzigen Kindes Friedrich in Berlin
Urlaubsreise nach Italien

1927
Februar: Beförderung zum Hauptmann
Oktober: Versetzung in die militärische Abteilung des Reichsarchivs

1928
Oktober: Versetzung in die Wehrmachtabteilung des Reichswehrministeriums als Referent für Landes- und Grenzschutz

1930
Mai/Juni: Sechswöchige Dienstreise in die UdSSR

1931
Oktober: Chef der 2. Kompanie im 7. Pionier-Bataillon in München

1932
Juli bis November: Sonderbearbeiter (Berater) bei General Gerd von Rundstedt, Befehlshaber im Wehrkreis III (Berlin)
Beteiligung am »Preußenschlag«
Dezember: Bearbeiter der Vorschrift »Verwendung der Reichswehr im Reich« im Reichswehrministerium

1933
30. Januar: Adolf Hitler wird Reichskanzler
April: Berufung zum Leiter der neuen Mobilmachungsorganisation im Generalstab des Wehrkreiskommandos VII (München)
Dezember: Beförderung zum Major i. G.

1934
29./30. Juni: »Röhmputsch«, Zusammentreffen mit Adolf Hitler im bayerischen Innenministerium in München

1935
Berufung zum Leiter der Gruppe Mobilmachung im Generalstab des Heeres (Organisationsabteilung)

1936
April: Beförderung zum Oberstleutnant i. G.

1937
Delegierung zum Besuch der Wehrmacht-Akademie
Dezember: Dreiwöchige Dienstreise nach Spanien

1938
März: Erster Generalstabsoffizier (Ia) der Heeresgruppe 2 in Kassel, später der Heeresgruppe C in Frankfurt a. M.

1939
Januar: Beförderung zum Oberst i. G.
1. September: Beginn des Zweiten Weltkrieges

1940
Mai: Als Ia der Heeresgruppe C, Teilnahme am Westfeldzug
Dezember: Berufung zum Chef des Generalstabes der 17. Armee

1941
22. Juni: Überfall auf die UdSSR
Einsatz der 17. Armee in der Sowjetukraine im Rahmen der Heeresgruppe Süd

1942
Januar: »Deutsches Kreuz in Gold«
Februar: Beförderung zum Generalmajor
17. Armee geht in Richtung Südrußland, Kaukasus und Kubangebiet vor

1943
März: Beförderung zum Generalleutnant
März: Abschied als Chef des Generalstabes der 17. Armee
Fünfmonatiger Lazarettaufenthalt, Kur und Urlaub
September: Kommandeur der 56. Infanteriedivision (4. Armee/Heeresgruppe Mitte, Rußland)

1944
Januar: Kommandierender General des XXXIX. Panzerkorps (Vertretung)
Februar: Kommandierender General des XXVII. Armeekorps
April: Verleihung des »Ritterkreuzes«
Mai: Urlaub in Deutschland
Juni: Stellv. Kommandierender General des XII. Armeekorps
Juli: Stellv. Oberbefehlshaber der 4. Armee (Heeresgruppe Mitte)
8. Juli: Befehl von Vincenz Müller zur Einstellung des Kampfes und russische Kriegsgefangenschaft
17. Juli: Teilnahme am Marsch deutscher Kriegsgefangener durch Moskau
3. August: Beitritt zum Bund Deutscher Offiziere und zum Nationalkomitee Freies Deutschland
November: Lehrgang an der Zentralen Antifaschule in Krasnogorsk (bis Mai 1945)

1945
8. Mai: Kapitulation der Deutschen Wehrmacht

1946
8. Januar: Brief an die Regierung der UdSSR mit Zeugenaussage zum Nürnberger Prozeß

1948
Zweiter Lehrgang an der Zentralen Antifaschule in Krasnogorsk
September: Rückkehr nach Deutschland (SBZ)
Oktober: Chefinspekteur in der Hauptabteilung Grenze/Bereitschaften; Chef des Stabes
Dezember: Erkrankung; Eintritt in die NDPD

1949
Abschied als Chef des Stabes
Februar: Hauptamtlicher Politischer Geschäftsführer der NDPD
7. Oktober: Gründung der DDR; stellv. Vorsitzender der NDPD
Übersiedlung von Ehefrau und Sohn aus Bayern nach Berlin (Ost)

1950
Fraktionsvorsitzender der NDPD in der Volkskammer und einer ihrer Vizepräsidenten
September: Geheimer Informant; Deckname »Heinrich« (ohne schriftliche Verpflichtungserklärung, ab 1951 als Gewährsmann)
Mai: Erstes Treffen mit Hermann Teske

1951
Erster Herzinfarkt

1952
Wahl zum Ersten stellv. Vorsitzenden der NDPD
9. Juli: Walter Ulbricht erklärt vor der II. SED-Parteikonferenz den Aufbau der Grundlagen des Sozialismus in der DDR
23. September: Eintritt in die Regierung als Erster Stellvertreter des Ministers des Innern und Chef der Hauptverwaltung Organisation
Oktober: Ernennung zum Generalleutnant der Kasernierten Volkspolizei
Aufgabe der Parteiämter; Verbleib als Mitglied der Volkskammer sowie des NDPD-Hauptausschusses

1953
17. Juni: Arbeiteraufstand in Berlin (Ost) und der DDR
Aufenthalt in der UdSSR zur medizinischen Behandlung
September: Umstrukturierung im DDR-Innenministerium, Ernennung zum Chef des Stabes der KVP und zu einem der stellv. Chefs der KVP
Verlust des Amtes des Ersten Stellvertreters des Ministers des Innern
Dezember: Beginn der Beziehung zur Krankenschwester Eveline Wunderlich

1954
April: Letztes Treffen mit Hermann Teske in Berlin (Ost)
Oktober: Auszeichnung mit dem »Vaterländischen Verdienstorden der DDR in Silber«; Umzug von Berlin-Johannisthal nach Berlin-Schmöckwitz

1955
Juni: Erstes Treffen mit Bundesfinanzminister Fritz Schäffer in Berlin (Ost)
Zweiter Herzinfarkt

1956
18. Januar: Gesetz zur Schaffung der NVA in der Volkskammer; Ernennung zum Chef des Hauptstabes der NVA und Stellvertreter des Ministers für Nationale Verteidigung der DDR
April: Kritik an der NDPD-Führung
Oktober: Zweites Treffen mit Bundesfinanzminister Fritz Schäffer in Berlin (Ost)

1957
Februar: SED-Politbüro beschließt Entlassung aller ehemaligen Wehrmachtoffiziere aus der NVA
23. September: Selbstmord von Ehefrau Maria Müller
November: Interne Kritik Walter Ulbrichts an Vincenz Müller; Beschluß der Sicherheitskommission des ZK der SED zur Pensionierung Müllers

1958
Februar: Abschied von der NVA; Ruhestand
Verlust des Volkskammermandats

1960
September bis Weihnachten: Stationäre Behandlung im Regierungskrankenhaus; psychische Auffälligkeiten

1961
Verschlechterung des Gesundheitszustandes, Depressionen;
abgebrochener Fluchtversuch nach Berlin (West)
12. Mai 1961: Selbstmord

1962
September: Flucht von Sohn und Schwiegertochter in den Westen

1963
Veröffentlichung von Müllers Memoiren im Ostberliner Militärverlag

1979
29. Juni: Selbstmord von Fritz Müller (Sohn)

1983
Umbettung der Urne von Vincenz Müller auf Befehl der NVA auf einen Ehrenhain des Friedhofes Berlin-Adlershof

2002
3. Juli: Tod von Eveline Wunderlich

Bildnachweis

Archiv des Verlages: S. IV o., V u., VIII u., XII u.
Die Bundesbeauftragte für die Unterlagen des Staatssicherheitsdienstes der ehemaligen DDR, Berlin: S. XVI o.
Militärgeschichtliches Forschungsamt, Potsdam: S. XI u., XV o.
Militärhistorisches Museum der Bundeswehr, Dresden: S. VIII o., XI o., XII o., XIII, XV u.
Privatarchiv des Autors: S. I, II, III, IV u., V o., VI, VII, X, XIV

Die im Band abgebildeten Faksimiles befinden sich im Besitz des Autors.

Dank

Ich danke in erster Linie den Militärhistorikern Dr. Torsten Diedrich, Potsdam, und Dr. Georg Meyer, Freiburg, für wichtige Hinweise und Ratschläge, die mich erst auf die richtige Fährte geführt haben.

Außerdem bedanke ich mich bei den Archivarinnen und Archivaren der Gauck-Birthler-Behörde, des Bundesarchivs-Militärarchivs und der Stiftung Archiv der Parteien und Massenorganisationen der DDR (SAPMO) im Bundesarchiv für ihre Hilfe und ihre Tips im Umgang mit Akten, Dokumenten und Materialien.

Mein Dank gehört darüber hinaus der Familie H. Behrendt in Berlin, die mir aus dem Nachlaß von Frau Eveline Wunderlich ein privates Tagebuch des Generals überließen.

Nicht zuletzt gilt mein besonderer Dank Frau Mathilde Müller, München, der Schwiegertochter des Generals, für die Überlassung von Dokumenten und Fotos sowie für ihre Auskünfte, die mich vor allzu großer Aktengläubigkeit bewahrten.

Personenregister

Vincenz Müller wurde wegen zu häufiger Nennung nicht mit aufgenommen.

Ein Bauwerk besonderer Art

Jürgen Ritter
Peter Joachim Lapp
Die Grenze
Ein deutsches Bauwerk

4. Auflage
176 Seiten, 48 Farbabbildungen
125 s/w Abbildungen u. Karten
gebunden
ISBN 3-86153-162-3
34,80 €; 58,50 sFr

Die Autoren wollen eine erste rückwirkende Bestandsaufnahme liefern, und diese ist ihnen auch eindrucksvoll gelungen. Der Band enthält Photos, die noch einmal zeigen, wie ganze Landschaften von Sperranlagen zerschnitten wurden, und bringt eine Fülle von Fakten, Daten und Beschreibungen dieser einmaligen Grenze.
Die Zeit

Die Anatomie eines »deutschen Bauwerks«, die gerade in ihrer sachlichen Bestandsaufnahme zu erschüttern vermag.
Die Welt

Dieses Buch stellt mit seinem umfangreichen Bildmaterial, den detaillierten Recherchen und vor allem mit seiner unparteiischen Nachdenklichkeit eine überzeugende Aufforderung dar, sich ehrlich mit der jüngsten deutschen Geschichte auseinanderzusetzen und die verbleibenden Zeugnisse der DDR-Diktatur zu bewahren.
Das Parlament

Es ist schwer zu sagen, was an dem Band eindrucksvoller ist: die Ausdrucksfähigkeit der Fotos oder die sprachlichen Feinheiten des Textes. *Hessischer Rundfunk*

Ch. Links Verlag, Schönhauser Allee 36, 10435 Berlin

Die Grenze und ihre Folgen

Friedrich Christian Delius
Peter Joachim Lapp
Transit Westberlin
Ein deutsches Bauwerk

2. Auflage
192 Seiten, 166 Abbildungen
gebunden
ISBN 3-86153-198-4
34,80 €; 58,50 sFr

Friedrich Christian Delius und Peter Joachim Lapp lassen in ihrem Band »Transit Westberlin« die oft beklemmenden, manchmal unfreiwillig komischen Eindrücke von den DDR-Autobahnen wieder lebendig werden. Die gut ausgesuchten Bilder dokumentieren Reiseimpressionen – von der Warteschlange am Grenzübergang bis zur legendären Werbetafel für Plaste und Elaste aus Schkopau. *Süddeutsche Zeitung*

Das neue Buch über den Transitverkehr ist für »eingeborene« oder »gelernte« West-Berliner ein wichtiges Geschichtsbuch. Mit angemessener Akribie beleuchten die Autoren dieses Thema, das in einem Buch festgehalten zu werden längst überfällig war. *Tagesspiegel*

Ein Bilderbuch des Unbehagens, und so nah bringt es die vergangenen Gräuel, das Grau und das leise Grauen, daß dieses Buch allen ans Herz gelegt wird, die sich noch in unbewältigter Ostalgie ergehen sollten. *NDR Radio*

Ein komprimierter, äußerst interessanter Abriß der 45 Jahre herrschenden Anormalität auf den Verbindungswegen nach West-Berlin. *Deutschland Archiv*

Ch. Links Verlag, Schönhauser Allee 36, 10435 Berlin

Ch. Links